Thomas Seifert / Klaus Werner
Schwarzbuch Öl

Thomas Seifert / Klaus Werner

Schwarzbuch Öl

Eine Geschichte von Gier, Krieg, Macht und Geld

Büchergilde Gutenberg

www.buechergilde.de

Lizenzausgabe für die Büchergilde Gutenberg,
Frankfurt am Main, Wien und Zürich
Mit freundlicher Genehmigung des
Deuticke Verlags im Paul Zsolnay Verlag Wien

Satz: Eva Kaltenbrunner-Dorfinger, Wien
Druck und Bindung: Ebner & Spiegel, Ulm
Printed in Germany 2006

ISBN 3-7632-5678-4

Inhalt

1. **Der Homo Hydrocarbonensis *oder* Das Öl-Zeitalter** 7

Die Welt hängt am Tropf – Die Öl-Sucht der Industriegesellschaft 7

Das Kartell – Die Bedeutung der OPEC 17

Paper Barrels – Spekulation auf den Rohstoffmärkten 27

2. **Die Mutter aller Schlachten *oder* Blut und Öl am Golf** 31

3. **Petro-Politik *oder* Der Einfluss der Öl-Lobby** 105

Zu Gast bei Gaddafi – Ölgeschäfte mit dem Wüstenfuchs 105

The New Great Game – Ringen der Großmächte am Kaspischen Meer 119

Die Pipeline in den Westen – Europa im Griff von Zar Putin 131

Söldner, Spieler, Waffenhändler – Geschäfte mit dem Kampf ums Öl 144

4. **Die Petro-Tyrannei *oder* Öl als Treibstoff für Konflikte** 163

Das Demokratie-Antiserum – Ölreichtum, Diktatur und Bürgerkrieg 163

Der Ressourcen-Fluch –
Luxus für einige, Elend für alle anderen 187

Wenn Öl fließt, brennt der Regenwald –
Die Zerstörung der Umwelt am Amazonas 197

5. Wie lange noch? *oder*
Das Ende der Öl-Epoche 209

Das Erwachen des Petrodrachen –
Chinas Durst nach Öl 209

Der Ausstieg – Mögliche Wege aus der Erdölfalle 219

Peak Oil – Die Talfahrt der Ölförderung und
der Höhenflug des Ölpreises 235

Epilog 247

6. Firmenporträts 253

Anmerkungen 299

Lektüreliste 318

1. Der Homo Hydrocarbonensis *oder* Das Öl-Zeitalter

Die Welt hängt am Tropf – Die Öl-Sucht der Industriegesellschaft

Die *Boeing* 737/700NG des saudischen Petro-Konzerns *Saudi Aramco* setzt zur Landung auf die Piste des Ölfelds Schajbah an. Es war eine ruhige, ereignislose Flugstunde vom sechshundert Kilometer nordwestlich gelegenen Dahran in die Rub-Al-Khali-Wüste (»Leeres Viertel«) an der Grenze zu den Vereinigten Arabischen Emiraten. *Saudi Aramco* fliegt Journalisten gern an diesen unwirtlichen Ort, denn Schajbah – wo seit 1998 nach Öl gebohrt wird – ist das Juwel der Firma, ein eindrucksvolles Beispiel moderner Erdöl-Ingenieurkunst. Die Bohrtürme stehen zwischen majestätischen marsroten Sanddünen in den ansonsten flachen, steinharten Salzebenen. Ein imposanter Ort.

Eine neue Bohrtechnologie mit verzweigten Rohren – die, könnte man ins Erdinnere blicken, aussehen würde wie das Wurzelwerk eines Baums – liefert zehnmal mehr Rohöl zutage als traditionelle, rein vertikale Bohrlöcher. Eine halbe Million Barrel Öl wird täglich von hier durch eine 636 Kilometer lange Pipeline in die nördlich gelegene Stabilisierungsanlage Abkaik gepumpt. Die Reserven des Ölfelds sind gigantisch: Von sieben bis 15,7 Milliarden Barrel Öl (ein Barrel entspricht rund 159 Litern) ist die Rede, die noch unter dem Wüstensand schlummern sollen. Sollten die Optimisten von *Saudi Aramco* Recht behalten, wäre das alleine in diesem Erdölfeld mehr als die gesamten Reserven von Erdölexporteuren wie Mexiko oder Norwegen. Und dennoch könnte die lebendig sprudelnde Quelle den unstillbaren Durst der Welt nach Öl für nur neunzig bis 204 Tage stillen, wenn es nur dieses eine Bohrloch gäbe.

Mitten in der Sandwüste steht eine kleine Stadt, mit Flugplatz, Swimmingpool, Bibliothek, Moschee und Sporthallen. Die rund 700 Beschäftigten, darunter Bohrarbeiter der US-Firmen *Halliburton* und *Nabors* (die man hier »Driller« nennt) und die *Aramco*-Erdölfachleute sollen bei Laune gehalten werden.

In der Basketballhalle zeigt ein riesiges Foto-Plakat den Bau des Gebäudekomplexes. »Damals, als hier gebaut wurde, fuhren dutzende riesige Caterpillar-Schubraupen herum und trugen hundert Meter hohe Dünen ab, drei Millionen Kubikmeter insgesamt, Sandspielen für große Jungs«, erzählt *Aramco*-PR-Mann Khalid Altowelli. Der sympathische, jung ergraute Saudi mit Kinnbart und dunklen Augen kommt gern an diesen Ort. Die Förderanlagen in Schajbah machen die *Aramco*-Mitarbeiter stolz. Wenn es darum geht, Öl aus den verlassensten Winkeln des Königreichs auf die Weltmärkte zu bringen, kann man sich auf *Saudi Aramco* verlassen, lautet die unausgesprochene Botschaft.

Ein schneeweißes, dreihundert PS starkes *GMC*-Yukon-Allradungetüm bringt uns über eine sandverwehte Straße zum Gemeinschaftssaal auf einer Anhöhe, wo sich die Arbeiter manchmal abends zum Teetrinken treffen. Heute ist niemand da. Die Sonne wirft bereits lange Schatten, die Farben tauchen die Dünen in zartes, magisches Licht, die brütende Hitze lässt ein wenig nach, warmer Wind kommt auf. Unten in der Ölarbeiter-Siedlung von Schajbah, die von oben aussieht wie eine Modellstadt in einer riesigen Sandkiste, gehen die Lichter an. Schajbah liegt wie ein überdimensioniertes Wüstenschiff in einem ockerfarbenen Meer.

Die Mutter aller Ölquellen

Hier, in der saudischen Ostprovinz, kommt die Nabelschnur der westlichen Industriegesellschaft aus Mutter Erde. Aus den Ölfeldern Ghawar, Safanija und Schajbah werden annähernd sieben Millionen Barrel Öl und 25 Millionen Kubikmeter Gas pro Tag gefördert. Ghawar ist mit fünf Millionen Barrel Tagesförderung das größte Ölfeld der Erde, die Mutter aller Ölquellen, fast jeder zehnte Liter Öl, der weltweit gefördert wird, stammt aus den Bohrlöchern von Ghawar. Gigantische Felder wie dieses nennen die Ölleute Elefanten. Schajbah ist mit rund einer halben Million Barrel pro Tag verglichen dazu nur eine Maus.

Das Öl von Schajbah ist *light, sweet crude*, also leicht und süß. Leicht und süß ist heiß begehrt, denn Öl ist nicht gleich Öl. Jede Ölsorte hat bestimmte Eigenschaften, so wie Wein, der aus verschiedenen Anbaugebieten stammt. Mit 41,5 Grad API (American Petroleum Institute) ist das Rohöl von Shajbah dünnflüssig und enthält fast keinen Schwefel (daher süß; schwefelhaltiges Öl ist *sour*). Das Öl von Schajbah ist der Bordeaux unter den Rohöl-Sorten, derart leichtes Öl verspricht maximale Qualität, es lässt sich problemlos und billig in Raffinerien weiterverarbeiten. Genau jene Rohölsorte, die auf den Weltmärkten besonders begehrt ist. Zwei bis 2,5 Milliarden Dollar hat das Projekt gekostet, doch nun sprudelt Öl und damit spült es Petrodollars in die saudi-arabische Staatsschatulle. 91,7 Milliarden Dollar[1] hat Saudi-Arabien allein im Jahr 2004 aus Ölexporten erlöst, neunzig bis 95 Prozent der gesamten saudischen Exporte, siebzig Prozent der staatlichen Einnahmen und 35 bis 40 Prozent des Bruttosozialprodukts. An Orten wie Schajbah begründet sich der Reichtum des Königreichs Saudi-Arabien, aber auch jener der Öl importierenden Industrienationen. Für die ölsüchtigen Länder Amerikas, Europas und Asiens ist dieser Flecken Land, was das goldene Dreieck oder Afghanistan für einen Heroin-Süchtigen, was Kolumbien für einen Kokain-Abhängigen ist: das El Dorado, wo alles Begehren befriedigt wird.

Von den Ölfeldern wird das Rohöl zur Stabilisierungsanlage Abkaik gepumpt. Hier wird es aufbereitet und auf die zwei wichtigsten Pipelines des Königreiches verteilt. Durch Abkaik fließen täglich fast sieben Millionen Barrel Öl, Abkaik ist der Knotenpunkt der saudischen Ölindustrie und damit eine der verwundbarsten Industrieanlangen der Welt. Dort eine Besuchsgenehmigung zu erhalten, ist nicht ganz einfach: Das saudische Informationsministerium, der staatliche Ölkonzern *Saudi Aramco*, das Ölministerium sowie das Büro des Gouverneurs der Ostprovinz – sie alle müssen ihren Sanktus geben.

Abkaik dient als Einstiegskulisse für das Buch »Die Saudi-Connection«[2] des früheren CIA-Agenten Robert Baer. Gleich auf Seite eins lässt er eine Bombe unter dem Stabilisierungsturm Nr. 7, in dem Schwefel aus Rohöl extrahiert wird, detonieren. Baer schildert das fiktive Schreckens-Szenario in allen Details: wie ein weißer *Ford* Pickup an den Turm heranfährt; wie der Fahrer, »einer der tausenden Schiiten, die auf den saudischen Ölfeldern arbeiten«, den Motor abstellt, ein letztes Mal auf seine Uhr blickt und Verse aus dem Koran zu rezitieren beginnt. »Die Lichter der größten Öl-Verarbeitungsanlage blinken überall um ihn herum.« Dann folgt eine gewaltige Detonation – 6,8 Millionen Barrel Öl täglich sind plötzlich vom Markt verschwunden, noch Monate später würden immer noch vierzig Prozent weniger Öl produziert. »Mit sieben Millionen Barrel ist Abkaik der Gozilla unter den Öl-Verarbeitungsanlagen« – ein ideales Ziel für Terroristen, schreibt Baer.

Auch wenn der saudische Außenminister, seine Hoheit Prinz Saud al Faisal, bei einer Pressekonferenz im Wiener Traditionshotel *Imperial*[3] Buchautoren wie Baer als anti-saudische Propagandisten abtat: Baers spannender Buch-Einstieg könnte direkt aus einer CIA-Risiko-Analyse stammen. Seit die Al-Qaida-Terroristen im saudischen Königreich immer wieder zuschlagen, ist ein solches Horrorszenario nicht mehr ins Reich der Phantasie zu verweisen.

In Abkaik ist man sich des Risikos bewusst. Der 47-jährige Schichtführer Abdullah Al-Utaibi zeigt uns die Anlagen: Zwischen Diesel- und Ethyl-Street – die Straßen innerhalb der Anlage tragen allesamt Namen aus dem Ölgeschäft – stehen elf gewaltige Sphäroide, riesige Druckbehälter, in denen der Druck des Öl-Gas-Gemisches reduziert wird, sobald es aus den Pipelines eingespeist wird. Zwischen Carbon- und Ethyl-Street ragen die zehn Stabilisatoren-Türme, auf die es die fiktiven Terroristen in Baers Buch abgesehen haben, in den Himmel. Warnend steht auf einer grünen Tafel in Arabisch und Englisch: »Was in Jahren nicht geschehen ist, könnte durch einen Unfall in Sekunden passieren.« Nur durch einen Unfall?

Al-Utaibi schildert detailliert und mit dem Stolz eines Ingenieurs die genauen Abläufe in der Anlage: wie aus »saurem« Öl »süßes« wird, wie das Öl vom Erdgas getrennt wird; wie das verarbeitete Rohöl in die Raffinerien, Verladeterminals oder in die Pipeline gepumpt wird. Was passiert, wenn Terroristen hier zuschlagen? »Das ist so gut wie ausgeschlossen«, sagt er, »wir haben ausgeklügelte Sicherheitssysteme, Wachen, Spezialzäune und Patrouillen.« Und nicht nur das: Immer wieder ist das Donnern saudischer F-15-Kampfjets zu hören. Die saudische Luftwaffenbasis Dahran liegt keine 45 Autominuten von hier.

Von Abkaik wird das Rohöl weiter nach Ras Tanura und Juaimah gepumpt, wo Tanker mit der Fracht beladen werden. 271 000 Kubikmeter Rohöl werden in die Tanks der *Al Shuhadaa* gepumpt. Rund 36 Stunden dauert es, bis die Fracht im Schiffsbauch verschwunden ist. Dann legt der Supertanker ab, nimmt Kurs auf die enge Tiefwasserrinne im Persischen Golf und gewinnt an Fahrt. Mit fünfzehn Knoten Kurs Südost umschifft sie die Arabische Halbinsel und steuert das Rote Meer an, es geht Richtung Suez-Kanal. 3,8 Millionen Barrel pro Tag passieren den Flaschenhals. In den vergangenen Jahren waren das 2800 Öltanker pro Jahr. Nach vierzehn Stunden hat die *Al Shuhadaa* den Kanal passiert, nimmt am Terminal in Sidi Kerir wieder Ladung auf.

Die Passage durch den Suez-Kanal kommt trotz der Kanal-Gebühr von 305 000 Dollar pro Durchfahrt billiger als eine monatelange Reise um das Kap der Guten Hoffnung an der Südspitze von Afrika. Denn die Charter eines Tankers kostet 18 000 bis 23 000 Dollar am Tag. Die Reeder verdienen gut, ihre Kosten liegen zwischen elftausend und 14 000 Dollar täglich. Die Passage von Ras Tanura nach Rotterdam kostet rund eine halbe Million Dollar. Neben der Kanalgebühr fallen noch die Kosten für den Treibstoff, etwa 315 000 Dollar, und später noch 130 000 Dollar Hafengebühr in Rotterdam an. Insgesamt kostet es rund 1,25 Millionen Dollar, etwas über eine Million Euro, die Ladung von Saudi-Arabien nach Europa zu bringen.

Nach 25-tägiger Schiffsreise macht die *Al Shuhadaa* am *Maasvlakte Olie* Terminal in Rotterdam fest. Das größte Ölterminal

Ölproduktion (Millionen Barrel pro Tag)

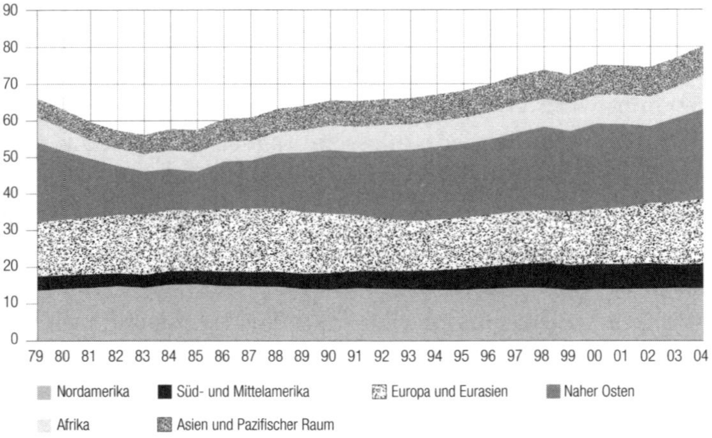

Die Ölproduktion stieg 2004 um mehr als drei Millionen Barrel pro Tag an, der größte Anstieg seit 1976. Die OPEC steigerte die Produktion um mehr als zwei Millionen Barrel pro Tag.

Quelle: BP Statistical Review of World Energy 2005

Europas an der Ausfahrt des 35 Kilometer langen Hafens westlich des Beer-Kanals ist ein Joint Venture von *BP, ExxonMobil, Kuwait Petroleum, Shell, Total* und *Vopak,* einer holländischen Reederei. Der Hafen ist sieben Tage die Woche rund um die Uhr in Betrieb. Gerade einmal vierzig Angestellte arbeiten hier in sieben Schichten.

Zweihundert Tanker (die größten sind 460 Meter lang, haben 405 000 Tonnen Ladekapazität und 22 Meter Tiefgang, die kleinsten haben immerhin noch 68 000 Tonnen Ladekapazität und 230 Meter Länge) liefern jedes Jahr zwischen 35 und vierzig Millionen Tonnen Öl hierher. Das ist ein Drittel der gesamten nach Rotterdam gelieferten Rohöl-Menge. Die *Al Shuhadaa,* die die Strecke Al Juajmah-Rotterdam regelmäßig fährt, gehört mit 322 Meter Länge und 57 Meter Breite zu den VLCC's (Very large Crude Carriers – sehr große Rohöl-Tanker). Sie legt an einem der zwei Jetties (Anleger) an. Ganz langsam nähert sie sich, Kameras und ein Laserentfernungsmesser liefern der Hafencrew exakte Angaben zum Einweisen des Kapitäns.

Hafenmeister Leo Kloet, ein sechzigjähriger Holländer und ehemaliger Kapitän auf Supertankern von *Esso*, überwacht jeden Schritt. Bei der Entladung werden Proben gezogen, in Flaschen abgefüllt und sorgfältig etikettiert. Alles wird genau protokolliert: Datum, Ladung, spezifisches Gewicht, Auftraggeber und Tankernamen. In dem dunklen Nebengebäude des Labors riecht es wie auf einer Tankstelle. Die mit Flaschen gefüllten Regale erinnern an einen Weinkeller. Die gezogenen Proben dienen als Beleg dafür, dass alles mit rechten Dingen zugeht.

Nachdem die Qualität der zu übernehmenden Ware überprüft ist, wird das Rohöl in einen der 36 Tanks gepumpt (ein Supertanker füllt zwei bis vier Tanks), jeder so hoch wie ein siebenstöckiges Haus mit einem Durchmesser von 85 Metern, was ungefähr der Fläche eines Fußballfeldes entspricht. Leo Kloet steigt einen der Behälter empor: Dort oben riecht es streng nach Öl, obwohl ein kräftiger Wind vom Meer weht. Der Hafenmeister blickt unter seinem weißen Arbeitshelm aufs Meer hinaus, wo gerade ein hoch mit Containern beladener Frachter langsam Richtung Hafen Rotterdam übers Wasser gleitet. Ob er jemals die See vermisst? »Immer wieder mal, natürlich. Ich war bei der Handelsflotte, dort habe ich meine Wurzeln. Es zieht mich immer wieder hinaus aufs Meer«, sagt Kloet, der Supertanker wie die *Esso Saba* (sie wurde irgendwann zum Bohrschiff *FPSO Brasil* umgebaut) und die *Esso Demetia* unter seinem Befehl hatte. »Ich habe gerne auf Tankern gearbeitet, denn bei Frachtschiffen ist man von den Hafenarbeitern abhängig, bei einem Tanker hat man das Be- und Entladen selbst unter Kontrolle.«

Kloet arbeitete später am Land in Schiedam, in der Nähe von Rotterdam, von wo aus *Esso* seine europäische Tankerflotte managte, und war für die Zusammenarbeit zwischen den Crews auf den Tankern und der Zentrale verantwortlich. Nach dem Tankerunfall der *Exxon Valdez* am 24. März 1989 in der Prinz-William-Bucht in Alaska gab *Esso* aber seine Tankerflotte auf, Kloet wurde Hafenmeister, zuerst bei der Raffinerie in Rotterdam, später in Maasvlakte. Bald wird er in Rente gehen. Dann möchte er gemeinsam mit seiner Frau eine Kreuzfahrt machen.

Er muss bei dem starken Wind da oben auf dem Tankbehälter

Ölverbrauch (Millionen Barrel pro Tag)

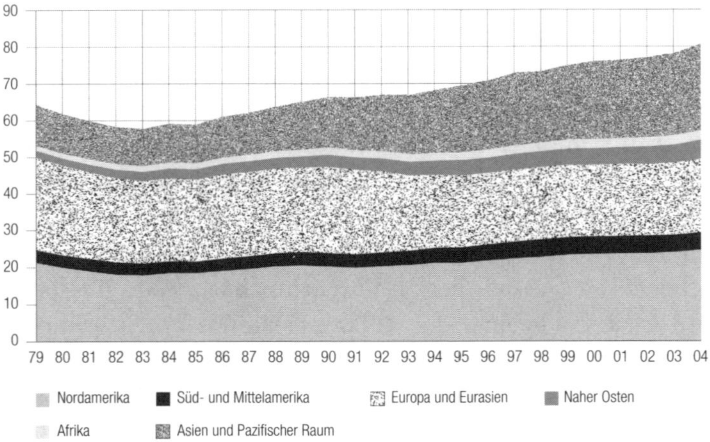

Der Anstieg des Welt-Öl-Verbrauchs war der stärkste seit 1978. Der Verbrauchsanstieg lag in jeder Region über dem durchschnittlichen Zehn-Jahres-Wert. Asien und der Pazifische Raum waren in den vergangenen zehn Jahren für fünfzig Prozent des Verbrauchsanstiegs verantwortlich.

Quelle: BP Statistical Review of World Energy 2005

lauthals brüllen: »So ein Tank fasst 114 000 Kubikmeter Öl. Würde man den Tankinhalt eines einzigen Behälters zu Benzin raffinieren, könnte man 90 000 Autos für ein Jahr damit betreiben. In alle Tanks zusammen passen über vier Millionen Kubikmeter, mehr als das Ladevermögen der gesamten Tankerflotte Kuwaits.« Langsam steigt er die Treppen des riesigen Tankbehälters wieder hinunter. Leo Kloet, Ex-Kapitän und Hafenmeister, wird diesen Job vermissen.

Die globale Pyromanie

Aus den Tanks von Maasvlakte wird das Öl in die umliegenden Raffinerien gepumpt, in die Rotterdam-Antwerpen-Pipeline, in die Rotterdam-Rhein-Pipeline über Wesel in die Raffinerie in Wesseling bei Köln oder über die Rhein-Main-Rohrleitung nach Ludwigshaven. 107 Tankfüllungen der gigantischen Ölbehälter von Maasvlakte werden jeden Tag auf den Straßen, in Kraftwerken und von der Industrie verfeuert. Man bräuchte jeden Tag drei Maasvlakte-Terminals, um diesen Bedarf zu decken.

Weltölverbrauch (Millionen Barrel pro Tag)

	2004*	2010	2020	2030	2002–2030**
USA und Kanada	22,7	23,2	25,8	27,6	1,0
Mexiko	1,9	2,3	2,9	3,4	2,0
OECD Europa	15,6	15,3	16,3	16,6	0,5
Australien, Korea, Japan, Neuseeland	8,6	8,9	9,4	9,5	0,5
OECD* **	**48,8**	**49,7**	**54,4**	**57,1**	**0,8**
Russland	2,6	3,1	3,6	4,2	1,6
China	7,0	7,9	10,6	13,3	3,4
Indonesien	1,2	1,6	2,1	2,6	2,9
Indien	2,6	3,4	4,5	5,6	2,9
Restliches Asien	4,2	5,1	7,0	8,8	3,0
Latein-Amerika	4,7	5,4	6,8	8,4	2,3
Brasilien	1,8	2,3	2,9	3,6	2,4
Afrika	2,6	3,1	4,4	6,1	3,4
Naher Osten	5,3	5,4	6,8	7,8	2,1
Non-OECD	**28,6**	**37,5**	**48,8**	**60,4**	**2,7**
Welt	**80,8**	**90,4**	**106,7**	**121,3**	**1,6**
Europäische Union	14,6	14,4	15,3	15,6	0,5

* Daten aus: *BP Statistical Review of World Energy 2005*

** Durchschnittliche jährliche Wachstumsrate

*** OECD (Organisation for Economic Co-operation and Development): Australien, Österreich, Belgien, Kanada, Tschechien, Dänemark, Finnland, Frankreich, Deutschland, Griechenland, Ungarn, Island, Irland, Italien, Japan, Südkorea, Luxemburg, Mexiko, Niederlande, Neuseeland, Norwegen, Polen, Portugal, Slowakei, Spanien, Schweden, Schweiz, Türkei, Großbritannien, USA

**** Enthält strategische und kommerzielle Vorräte

Quelle: IEA World Energy Outlook 2004, BP Statistical Review of World Energy 2005

Tanklager wie in Maasvlakte gibt es viele auf der Welt: Rotterdam, Antwerpen, Triest, Le Havre, Genua, Barcelona, Ipswitch, Deer Park/Texas, Shanghai, Durban, Singapur, Yokohama.

Die nackten Zahlen der globalen Pyromanie: Die Welt verbrennt rund achtzig Millionen Barrel Öl pro Tag. Um diese Menge mit der Eisenbahn zu transportieren, müsste jeden Tag ein Eisenbahnzug von rund 2500 Kilometer Länge fahren.

Dabei wächst der Durst der Welt nach Rohöl beständig weiter. Nach dem jüngsten »World Energy Outlook 2004«-Bericht der *Internationalen Energieagentur* in Paris wird der Welt-Ölverbrauch von 80 Millionen Barrel (2005) auf 90,4 Millionen Barrel (2010), 106,7 Millionen Barrel (2020) und 121,3 Millionen Barrel (2030) steigen.[4] Je heftiger die Feuer in den Motoren, Generatoren und Öfen lodern, desto mehr Wohlstand, lautet bis zum heutigen Tag

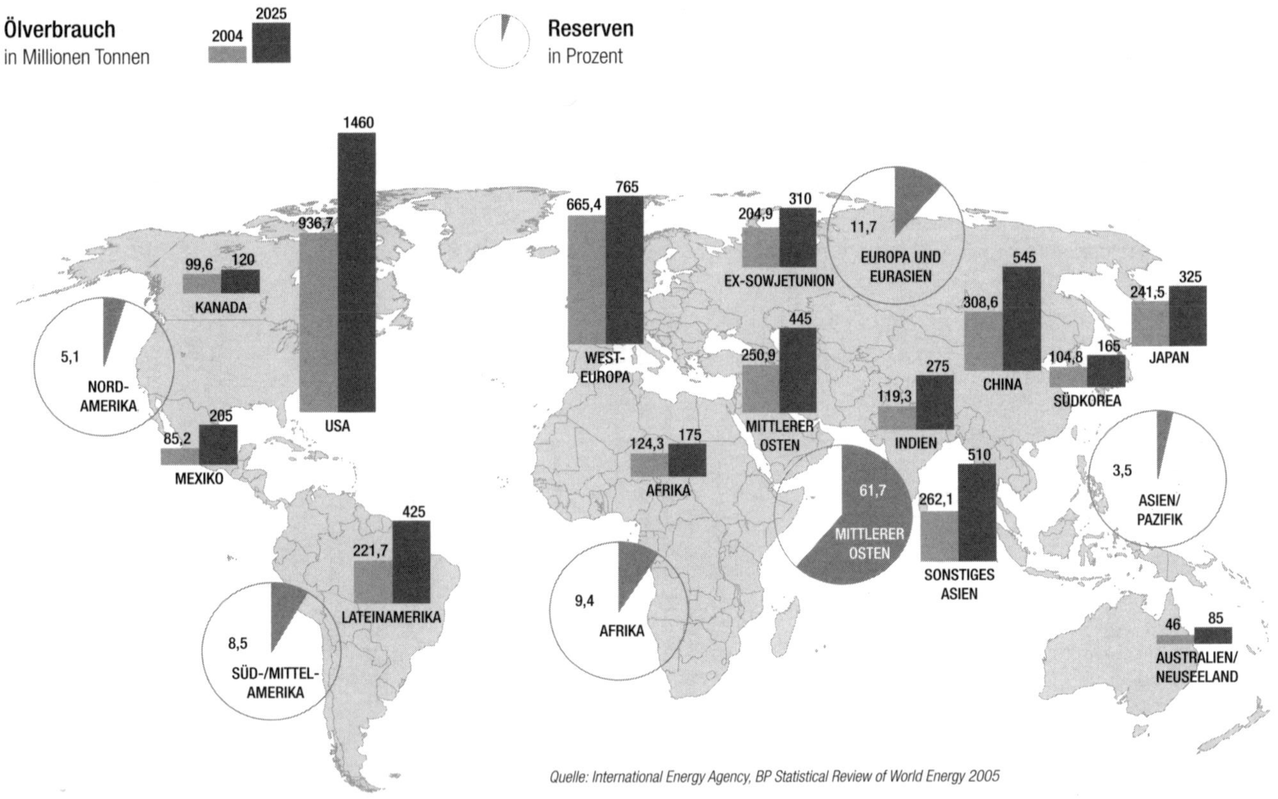

Quelle: International Energy Agency, BP Statistical Review of World Energy 2005

die Devise der Wachstums-Fetischisten. Bisher ging mit einem höheren Wirtschaftswachstum auch ein höherer Energieverbrauch einher. Ghawar, Schajbah oder Safanijah und all die anderen Ölquellen liefern Treibstoff und Schmiermittel für den sich immer schneller drehenden Motor der Weltwirtschaft.

Übers Jahr gerechnet verbraucht die Weltbevölkerung fast dreißig Milliarden Fass Öl. Das entspricht einem zwei Kilometer langen, zwei Kilometer breiten und drei Meter tiefen See. In weniger als elf Jahren fördert man so viel, dass man den Bodensee damit füllen könnte. Die Energiemenge, die Erdölingenieure und Bohrarbeiter jährlich aus der Erdkruste holen, entspricht unvorstellbaren 3 449 275 Hiroshima-Bomben. Im Jahr 2030: 5,42 Millionen Hiroshima-Bomben.

Allein in China – heute der zweigrößte Ölkonsument – wird der Ölverbrauch von heute sechs Millionen Barrel auf 13,3 Millionen Barrel im Jahr 2030 anwachsen. Beispiel Verkehr: 2001 wurden in China 2,37 Millionen Autos verkauft, 2002 waren es 3,24 Millionen und 2003 wuchs die Zahl auf 4,39 Millionen verkaufte Autos an. In Westeuropa wurden 2004 14,5 Millionen Autos verkauft, hier kommt auf jeden zweiten Bürger ein Auto. In China fahren insgesamt rund neunzehn Millionen Autos, bei einem Volk von 1,2 Milliarden Bürgern heißt das, auf 63 Chinesen und Chinesinnen kommt gerade einmal ein Auto.

Das Kartell – Die Bedeutung der *OPEC*

Ein charmeloses dreistöckiges graues Gebäude mit blauen Fassadenelementen duckt sich unscheinbar zwischen die Mitteleuropazentrale von *IBM* und ein Hochhaus von Österreichs mächtiger *Raiffeisen*-Bank. Im alten Wien stand an dieser Stelle einst das prächtige *Dianabad*, Johann Strauss hat hier die heimliche Hymne Österreichs uraufgeführt, den Walzer »An der schönen blauen Donau«. Heute ist an dem Fleck am Donaukanal das Hauptquartier der *OPEC – Organisation of the Petroleum Exporting Countries* (*Organisation der Erdöl exportierenden Staaten*). Nach der Gründung der Organisation Mitte September 1960 waren die »Herren der Ölventile« in Genf untergebracht, aber der damalige österreichische Außenminister und spätere Kanzler Bruno Kreisky bot den *OPEC*-Vertretern – im Gegensatz zu den Schweizern – Diplomatenstatus-Privilegien an, also ließ man sich am 1. September 1965 an der schönen blauen Donau nieder.

Die Geschichte der *OPEC* beginnt auf dem arabischen Ölkongress 1959 in Kairo. Die Stimmung war aufgeheizt. Die internationalen Ölkonzerne hatten, ohne mit den Erdöl exportierenden Staaten zu verhandeln, einseitig die Zahlungen an diese gekürzt. Die Ölminister stritten mit den Vertretern der Ölgesellschaften, man kam sich keinen Schritt näher.

Eine 39-jährige Journalistin namens Wanda Jablonski muss damals in der ausgesprochenen Männerdomäne Erdölindustrie allen aufgefallen sein: Sie war blond und elegant, eine gebürtige Tschechin mit ausgezeichneten Kontakten zu den Schlüsselfiguren der Ölindustrie ihrer Tage[5]. In Kairo brachte sie am Rande des Kongresses zwei hochinteressante Ölminister zusammen: Venezuelas Juan Pablo Pérez Alfonzo und den saudischen Ölminister Abdullah Tariki. Tariki wollte mehr Mitspracherechte für die Förderländer erwirken und er machte sich Gedanken, wie die Förderländer finanzielle Ansprüche an die Erdölkonzerne durchsetzen könnten. Jablonski kam auf Tariki zu und sagte zu ihm: »Es gibt einen anderen, der ist genauso verrückt wie Sie.« Sie meinte Alfonzo und lud die beiden auf ein Cola in ihr Zimmer im *Hilton* ein. Pérez Alfonzo hatte schon länger im Sinn, die Interessen der Ölexporteure besser abzusichern. Visionär Alfonzo dachte fortwährend daran, dass Öl eine endliche Ressource ist, und war der Meinung, dass die Förderländer einen »fairen Preis« für Öl zahlen sollten. Doch er wusste noch nicht, wie er das anstellen sollte. Die beiden Ölminister trafen sich und vereinbarten, dass sie im Geheimen mit den anderen Repräsentanten der wichtigsten Lieferländer sprechen und eine Vereinbarung abschließen sollten. Außer Alfonzo und Tariki wurden ein Kuwaiter, ein Iraner (der fortwährend betonte, kein Mandat zu haben) und ein Iraker (der ebenso wenig im Auftrag seiner Regierung handelte) eingeweiht. Die fünf unterschrieben ein »Gentlemen's Agreement«, also kein offizielles Papier, das die Schaffung eines Beratungsgremiums vorsah, in dem die Förderländer künftig ihre Linie abstimmen sollten. Die *OPEC* war geboren – im September 1960 gründeten Saudi-Arabien, Iran, Irak, Kuwait und Venezuela offiziell die Organisation.

In den folgenden Jahren traten Qatar (1961), Indonesien (1962), die Sozialistisch-Arabische Volksrepublik Libyen (1962), Indonesien (1962), die Vereinigten Arabischen Emirate (1967), Algerien (1969) und Nigeria (1971) bei. Ecuador (1973–1992) und Gabun

Rohölpreise (US-Dollar pro Barrel)
Historische Ereignisse

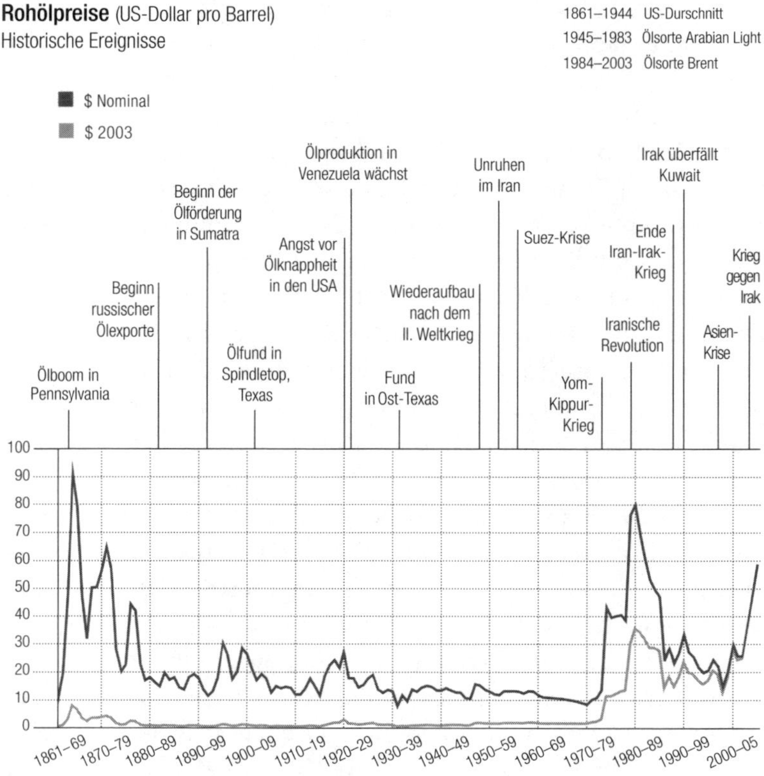

Quelle: BP Statistical Review of World Energy 2005 (ergänzt mit aktuellen Daten)

(1975–1995) gehörten der *OPEC* ebenfalls zeitweise an, traten aber wieder aus.

In den ersten Jahren ihres Bestehens hatte die *OPEC* kaum Einfluss. In den 70er-Jahren wuchs der Ölverbrauch durch das weltweite Wirtschaftswachstum und dadurch, dass die USA vom Exporteur zum Nettoimporteur von Öl wurden. Die Bedeutung der *OPEC* wuchs rasant. Durch den Ausbau der Machtposition wurden den Ölgesellschaften immer weitere Zugeständnisse wie höhere Gewinnbeteiligung abgerungen. Die Förderländer begannen damit, die Ölindustrie zu verstaatlichen.

Spätestens ab 1973 wurde das Vier-Buchstaben-Akronym zu einem allseits bekannten – und bei den Autofahrern verhassten – Kürzel: Die Preise stiegen sprunghaft von acht auf über 27 Dollar pro Barrel. Doch der Yom-Kippur-Krieg und das darauf folgende Ölembargo sind nur einer der Gründe für das Explodieren der Preise: Die *OPEC* hatte sukzessive die Fördermengen gesenkt und damit den Markt verknappt. Die *OPEC* war am Zenit ihrer Macht.

Wie funktioniert diese geheimnisumwitterte Organisation? Die *OPEC* ist ein Produzentenkartell, das versucht, über eine Einigung auf bestimmte Förderquoten den Preis zu kontrollieren. Das Gremium, in dem diese Entscheidungen fallen, ist die *OPEC*-Konferenz, in die die Mitgliedsländer ihre Ölminister entsenden. Dieses Gremium tritt im März und im September jeden Jahres zusammen, um über die Förderquoten, die jedem Mitgliedsland zugestanden werden, zu beraten. In Ausnahmefällen treten die Ölminister zu Sondersitzungen zusammen. Das *OPEC*-Sekretariat liefert den Ölministern Datenmaterial: Fördermengen, weltweiter Lagerbestand, Tankerfrachtprämien und Vorhersagen über den in der Zukunft zu erwartenden Ölverbrauch. Anhand dieser Daten entscheiden die Ölminister: Ist der Ölpreis zu hoch? Oder verträgt der Weltwirtschaftsmotor höhere Preise, ohne ins Stottern zu geraten?

Innerhalb der *OPEC* gibt es zwei Gruppen: Ölpreis-»Falken« (die offensiven) sind meist Länder mit (im Vergleich zu ihrer Bevölkerung) kleineren Ölvorkommen, die ein gesteigertes Interesse an höheren Ölpreisen haben. Zu dieser Gruppe gehören traditionell Libyen, Algerien, Venezuela und der Iran. Seit einiger Zeit haben aber sowohl Libyen als auch Algerien[6] kein gesondertes Interesse mehr, die Konsumentenländer, allen voran die USA, zu vergrämen. Denn vor allem Algerien profitiert seit 2001 von US-Hilfe, die ins Land fließt. Venezuela unter dem linksgerichteten Präsidenten Hugo Chavez will sich von den Konsumentenländern – wieder in erster Linie den USA – nichts diktieren lassen, und auch der Iran verfolgt eine eigenständige Linie. Mit der Unterzeichnung eines Handelsabkommens mit Japan und einer verstärkten Zusammenarbeit mit China und Japan ist der Iran – sehr zum Missfallen der USA – dabei, sich Freiraum zu schaffen.

Die Ölpreis-»Tauben« sind Nationen mit (im Vergleich zu ihrer Bevölkerung) größeren Reserven. Diese Länder sind vor allem daran interessiert, ihre Märkte nachhaltig zu entwickeln, und geben sich daher mit niedrigeren Preisen zufrieden. Höhere Ölpreise führen darüber hinaus zu Energiesparmaßnahmen und einer Intensivierung der Suche nach Alternativen. Die Preis-»Tauben« innerhalb der *OPEC*: Saudi-Arabien, Kuwait und die Vereinigten Arabischen Emirate.

Die Hauptprobleme der *OPEC* waren in der Vergangenheit stets dieselben: Uneinigkeit und Überproduktion. Denn um einen bestimmten Preis am Markt durchzusetzen, kürzt oder erhöht die *OPEC* die Ölförderung in ihren Mitgliedsländern. Jedem Mitglied werden dabei bestimmte Förderquoten zugestanden. Gleichzeitig versuchen diese immer wieder über ihre festgelegten Quoten hinaus Öl zu verkaufen, um so auf Kosten der anderen Länder, die mit ihrer Zurückhaltung für höhere Preise sorgen, zu profitieren. Die Möglichkeiten zu »schwindeln« sind mannigfaltig: Rabatte, Schwarzgeldzahlungen, falsche Produkt-Deklaration.

Bislang hat Saudi-Arabien stets für Disziplin gesorgt: Wenn die Preise fielen, dann kürzte das Königreich sehr oft die Produktion, was dazu führte, dass einzelne Mitgliedsländer immer wieder Marktanteile auf Kosten der Saudis erobern konnten. 1983 und 1984 produzierte das Königreich nur 3,5 Millionen Barrel pro Tag, obwohl die Saudis damals in der Lage gewesen wären, mindestens dreimal soviel Öl aus dem Wüstensand zu holen.

Die Beziehungen zwischen den *OPEC*-Ländern und den Konsumentenländern sind komplex: Der *OPEC* geht es darum, den Ölpreis so zu manipulieren, dass er hoch genug bleibt, um die Förderländer mit ausreichend Kapital für ihre Staatshaushalte zu versorgen, aber gleichzeitig niedrig genug, um die Nachfrage nach dem schwarzen Gold hoch zu halten. Öl ist für die Weltwirtschaft von so überragender Bedeutung, dass ein hoher Ölpreis stets die Konjunktur bremst. Ein zu hoher Ölpreis kann zu einer weltweiten Rezession führen, die die Nachfrage nach Öl sinken und somit auch die Einkünfte der *OPEC*-Länder zurückgehen lässt. Ein höherer Preis macht zudem die Förderung in Non-*OPEC*-Gebieten (eine Nordsee-Ölplattform ist wesentlich teurer im Betrieb als eine Ölquelle in Kuwait) wettbewerbsfähiger, was zu mehr Konkurrenz und dadurch wieder zu niedrigeren Preisen führt. Die Förderkosten für ein Barrel Öl liegen im Golf von Mexiko bei rund fünfzehn Dollar pro Barrel, in Saudi-Arabien bei rund 1,50 Dollar pro Barrel.

Die Ölkrisen der Vergangenheit führten vor allem in Europa und Japan, aber auch in den USA zu verbesserter Gebäudeisolierung, zur Installation von thermischen Solaranlagen und ähnlichen Sparmaßnahmen. Auch die Wirtschaft verringerte ihre Abhängigkeit vom Öl. Je Tonne Ölverbrauch produzierte Deutschlands Wirtschaft 1973 Waren im Wert von 9138 Euro, heute sind es 18 566 Euro, jeweils nach heutigem Wert. Die Autofahrer kauften verbrauchsarme Modelle. Ein hoher Treibstoffpreis wird die nach wie vor anhaltende Begeisterung für spritfressende Allrad-Geländewagen dämpfen (1985 wurden gerade mal 90 000 Fahrzeuge dieser Art in Europa neu zugelassen, 2005 rund eine Million[7]). Derartige Offroad-Modelle verbrennen alle im Schnitt elf und mehr Liter auf hundert Kilometer, während ein herkömmliches Auto heute mit sieben und weniger Litern pro hundert Kilometer auskommt.

Für die *OPEC* bedeuten Sparmaßnahmen in den Konsumentenländern aber eine geringere Nachfrage auf Jahre hinaus: Denn niemand wird die Gebäudeisolierung wieder von der Fassade reißen, wenn der Ölpreis sinkt, oder sein gerade gekauftes sparsames Auto gleich wieder gegen einen Spritfresser eintauschen. Unter dem Eindruck der Ölkrisen 1973 und 1980 begannen die Europäer, Japaner und Amerikaner zu sparen, die Nachfrage nach Öl sank, damit war die Zeit der hohen Ölpreise Mitte der 80er-Jahre (Iranische Revolution, Iran-Irak-Krieg) vorerst vorbei. Die *OPEC* versuchte zwar, den Preisverfall zu stoppen, doch die meisten Mitglieder hielten sich nicht an die von der *OPEC*-Konferenz festgelegten Förderquoten. Die Saudis wollten den Preis halten und kürzten ihre Produktion. Im August 1985 waren sie es aber müde, auf der Förderbremse zu stehen, während ihre *OPEC*-Partner offenbar weiter hemmungslos Öl förderten. Der Marktanteil von saudi-arabischem Öl sank, was wiederum das staatliche Budget des Königreichs in ernste Schwierigkeiten brachte. Also richteten die Saudis die Ölwaffe gegen ihre *OPEC*-Partner: Sie erhöhten ihre Förderleistung dramatisch von 2,5 Millionen Barrel auf fünf Millionen Barrel pro Tag. Als die Ölpreise auf unter zehn Dollar pro Barrel fielen, kapitulierten Venezuela und die anderen Quoten-Sünder und kürzten ihre Förderung. Die billigen Ölpreise brachten Nicht-*OPEC*-Förderländer wie Norwegen und Großbritannien (mit ihrem teuren Nordsee-Öl) und auch die USA (mit ihrem kostspielig zu fördernden Offshore-Öl im Golf von Mexiko oder der schwierigen Ölförderung in Alaska) in Bedrängnis. 1987 schickte US-Präsident Ronald Reagan seinen Vizepräsidenten, George Bush senior, nach Riad, um die Saudis dazu zu bringen, den Preis wieder auf achtzehn Dollar pro Barrel hochzupushen. Denn die westlichen Ölgesellschaften und die US-Ölindustrie standen aufgrund der billigen Rohstoffpreise vor dem Ruin. Houston, die einst blühende Metropole der amerikanischen Ölbarone, war zur Geisterstadt verkommen, die ganze Branche durch den Bankrott vieler kleinerer Gesellschaften und einer wahren Merger-Manie völlig umgekrempelt.

Am schlimmsten hatte es aber die Sowjetunion getroffen. Die UdSSR war bis dahin der größte Ölproduzent – und somit der schärfste Rivale Saudi-Arabiens – gewesen, nun wurden Moskaus Devisen-Einnahmen durch die sinkenden Ölpreise halbiert. Der Fall der Berliner Mauer wurde sehr stark vom Fall der Ölpreise begünstigt, meint der einflussreiche *New-York-Times*-Journalist Thomas L. Friedman: »Warum kollabierte die Sowjetunion? Warum kam es im Iran zu Reformen? Wann begann der Osloer Friedensprozess [zwischen Israel und den Palästinensern, Anm.]? Wann wurden Wirtschaftsreformen in den arabischen Ländern ein heißes Thema? In den späten 80er- und 90er-Jahren. Und was geschah damals? Die Ölpreise fielen in den Keller.« Friedman zitiert in seiner Kolumne den prominenten Öl-Ökonomen Philip Verleger: »Jeder glaubt, Ronald Reagan hat die Sowjetunion in die Knie gezwungen. Das ist falsch. Es war der Kollaps ihrer Öleinkünfte.« Es ist kein Zufall, schreibt Friedman, dass die 90er-Jahre »die Dekade des Falls der Ölpreise und die Dekade des Falls des eisernen Vorhangs« waren.[8]

Erst der Golfkrieg machte der Ära billigen Öls vorerst ein Ende. Der weltweiten Hochkonjunktur tat dies aber keinen Abbruch: Vor allem Asien erlebte eine Phase hohen Wirtschaftswachstums. 1997 wurden pro Tag weltweit 6,2 Millionen Barrel mehr verbraucht als noch im Jahr 1990 – bis auf 300 000 Barrel pro Tag war Asien der Grund dieser Verbrauchs-Explosion. Der Marktanteil von *OPEC*-Öl lag nun bei rund vierzig Prozent. Den Saudis, die bisher zu den Preis-»Tauben« gehört hatten, kam ein höherer Ölpreis sehr gelegen: Eine Bevölkerungsexplosion und der immer aufwändigere Lebensstil der rund 15 000 saudischen Prinzen sowie die Milliarden, die Saudi-Arabien den Amerikanern für die Begleichung der Golfkriegs-Kosten schuldete, brachten das Budget des Königreichs immer mehr in die roten Zahlen – und nicht nur das saudi-arabische. Der Venezolaner Alfonzo, *OPEC*-Gründer und Visionär, hatte es vorhergesehen: Die über die Förderländer schwappende Flut an Petrodollars brachte Korruption, Verschwendung und Misswirtschaft.

Saudi-Arabien konnte es sich jedenfalls nicht mehr leisten, als Preisbremser in der *OPEC* zu wirken, sondern erachtete nun einen Ölpreis von rund 25 Dollar pro Barrel als erstrebenswert. Eine Zeit lang ging das gut.

Doch auch diese Party für die Ölgesellschaften und Ölförderländer musste irgendwann zu Ende gehen: Im Dezember 1997 erhöhte die *OPEC* ihre Quote um zehn Prozent beziehungsweise 2,5 Millionen Barrel auf 27,5 Millionen Barrel pro Tag. Doch die *OPEC*-Experten hatten übersehen, dass der Zyklus rapiden Wachstums in Asien zu Ende ging. Damit sank 1998 auch der Ölverbrauch in Asien erstmals seit 1982. Die Kombination aus Erhöhung der Förderquoten und Sinken des Ölverbrauchs, vor allem in Asien, ließ die Ölpreise abstürzen.

Die *OPEC*-Länder befiel Panik, als der Ölpreis auf zehn Dollar pro Barrel sank. Rasch einigte man sich auf radikale Produktionskürzungen, die Preise schossen auf über dreißig Dollar pro Barrel. Die Folge war eine Energiekrise in den USA, in Europa kam es in Großbritannien, Belgien, Deutschland, Italien und Frankreich zu Protesten der Frächter gegen die ihrer Meinung nach zu hohen Ölpreise. In Großbritannien blockierten Lkw von Speditionen Zufahrten zu Tanklagern und Raffinerien, was zu Benzinversorgungsschwierigkeiten im ganzen Land führte. Ausgegangen waren die Proteste in Europa zuerst von Frankreich, wo achtzig Prozent aller Tankstellen durch Straßenblockaden von insgesamt 125 Raffinerien und Tanklagern von der Versorgung abgeschnitten wurden – Frankreich stand still, sogar einige Flughäfen mussten geschlossen werden. Die europäischen Regierungen warfen damals der *OPEC* vor, den Preis aus purer Gier künstlich hoch zu halten, die *OPEC*-Länder konterten, die westlichen Regierungen sollten lieber die Mineralölsteuern senken – ein ständiger Konfliktpunkt zwischen der *OPEC* und den Europäern. Der Leiter der *OPEC*-Forschungsabteilung, der Kuwaiti Adnan Shihab Eldin, erklärte uns in einem Gespräch in Wien, dass der Preis für Rohöl in vielen europäischen Staaten bei über zweihundert Euro pro Barrel liege, wenn man die Mineralölsteuern in die Rechnung einbeziehe. »In manchen europäischen Ländern liegen die Steuern auf Rohölprodukte bei bis zu achtzig Prozent. Wer verdient also am hohen Ölpreis, unsere Regierungen oder ihre?«, so Shihab-Eldin.[9] Der saudische Ölminister Ali al-Naimi warnte auf einem *OPEC*-Meeting Anfang 2005, der Ölpreis könne kurzfristig durchaus auf 75 bis achtzig Dollar klettern, etwa bei einem größeren Terroranschlag auf Öleinrichtungen.[10] Das wäre nicht nur für die Fahrer protziger Geländewagen eine Schreckensnachricht: 75 Dollar Rohölpreis sind gleichbedeutend mit 1,80 Euro pro Liter Sprit an der Zapfsäule.

Solange aber die Weltwirtschaft an den hohen Ölpreisen nicht leidet, sieht die *OPEC* auch keinen Grund, die Förderung zu erhöhen. »Die Weltwirtschaft ist so stark gewachsen, dass kleinere Fluktuationen da und dort nicht allzu viel Schaden anrichten«, sagte Al-Naimi Anfang 2005. An den hohen Ölpreisen der jüngeren Vergangenheit sei die stark gestiegene Nachfrage – vor allem durch Indien und China – schuld. Ein weiteres Faktum: Die *OPEC* pumpt fast am Limit, es gibt kaum mehr *spare capacity*.

Der saudische Ölminister hält die höheren Preise der Vergangenheit für durchaus angebracht, denn die *OPEC*-Länder hatten in der Phase billigen Öls (ab 1998) nicht genügend Kapital, um in ihre Ölindustrie zu investieren. Nun besteht großer Nachholbedarf – und der muss finanziert werden. Saudi-Arabien etwa will die Förderkapazitäten von elf Millionen Barrel auf 11,3 Millionen Barrel pro Tag erhöhen. Bis 2007 sollen jedes Jahr 11,8 Million Barrel pro Tag aus der Erde sprudeln. »Die Welt wird jedes einzelne Barrel bitter benötigen«, meint Al-Naimi, »wenn die Weltwirtschaft weiterwächst wie bisher, dann wird auch der Ölverbrauch steigen.« Die Augen der Öl konsumierenden Länder werden sich mit begehrlichen Blicken auf die *OPEC* richten, denn das Kartell der elf Ölproduzenten fördert fast ein Drittel der gesamten globalen Produktion.

Steigende Ölpreise treffen vor allem die Entwicklungsländer. Der deutsche Kanzler Gerhard Schröder erkannte im Januar 2005 beim Weltwirtschaftsforum in Davos: »Exorbitant steigende Ölpreise bedrohen nicht nur die Weltwirtschaft und somit die wirtschaftlichen Möglichkeiten der Industrienationen, es sind auch die Kosten für die Entwicklungsländer – die damit weniger leicht umgehen können – dramatisch gestiegen. Die schweren Konsequenzen für die Entwicklungsländer sollte man nicht aus den Augen verlieren.« Denn während die Industrienationen die steigenden Preise für Öl zwar murrend, aber doch bezahlen können, drohen die ärmeren Länder in eine schwere Wirtschaftskrise zu stürzen.

Das Londoner *Centre for Global Energy Studies* geht davon aus, dass die *OPEC* für die Zukunft einen Ölpreis von rund vierzig Dollar anstrebt, auch wenn Saudi-Arabiens Vertreter Al-Naimi immer wieder betont hat, ein Ölpreis von 28 Dollar/Barrel wäre angemessen. Die Analyse der Londoner Experten ist insofern interessant, da dieser Energie-Think-Tank dem früheren saudischen Ölminister, Scheikh Ahmed Zaki Jamani – während seiner aktiven Zeit ehrfürchtig »Mr. *OPEC*« genannt –, gehört. Wer, wenn nicht er, sollte Bescheid wissen?

Paper Barrels – Spekulation auf den Rohstoffmärkten

In Wiener *OPEC*-Gebäude am Donaukanal wird Politik gemacht, in London, hinter den Mauern der *International Petroleum Exchange* an der Themse das Geschäft. Im Backsteinbau gleich gegenüber vom *London Tower* und in Sichtweite des Londoner Wahrzeichens *Tower Bridge* werden täglich Öl- und Gasgeschäfte im Wert von über acht Milliarden Dollar abgewickelt. Rund hundert Millionen Barrel Öl werden hier pro Tag gehandelt.

Früher war alles ganz einfach: Ölanbieter und -nachfrager machten ihre Deals zu im Voraus fest verabredeten Preisen, so genannten *posted prices*. Damals kontrollierten die Ölfirmen den Preis, beispielsweise förderte die Firma *BP* Öl in Persien, das sie dann entweder an einen anderen Abnehmer verkaufte oder in die eigene Raffinerie brachte. Die Regierung des Iran bekam eine Prämie. Dann kam die *OPEC* und seither existiert dieses System nicht mehr. Heute bildet sich der Ölpreis so wie der Preis für jedes andere Gut: aus Angebot und Nachfrage.

Der weltweit wichtigste Marktplatz für Öl ist allerdings die *New York Mercantile Exchange* (*Nymex*). Für Europa wird der Ölpreis an der *International Petroleum Exchange* (*IPE*) in London gemacht, für Asien an der *Singapore International Monetary Exchange* (*SIMEX*). An der *NYMEX* allein werden etwa 65 Prozent des weltweiten Handels mit Öl-Termingeschäften abgewickelt, an der *IPE* gut dreißig Prozent.

Am einfachsten zu verstehen ist der *spot market*, der so funktioniert, als würde man am Markt Gemüse kaufen. Das sind jene

Rohölpreise, die in den Zeitungen oder den Wirtschafts-Sendungen im Fernsehen zitiert werden. Da aber der *spot market* tendenziell die teuerste Möglichkeit zum Einkauf von Rohöl ist, wird nur sehr wenig Öl zu *spot-market*-Preisen gehandelt. Denn die meisten Ölgeschäfte werden auch heute noch mit längerfristigen Lieferverträgen abgewickelt.

Um das Preisrisiko zu streuen, suchen sich jene, die tatsächlich Öl benötigen, jemand, der ihnen dieses Risiko abnimmt. Denken wir an eine Fluglinie, die für ihr Jahresbudget die erwarteten Treibstoffkosten in ihre Geschäftsprognose einfließen lassen will. Diese Fluggesellschaft geht an die Börse und findet einen Verkäufer, der zu einem bestimmten Zeitpunkt in der Zukunft eine bestimmte Menge eines standardisierten Produkts verkaufen will. Zum Beispiel in vierzehn Tagen, in sechs Monaten, aber auch erst in einem Jahr. In Europa heißt die gehandelte Rohölsorte *Brent*, an der *New Yorker Mercantile Exchange WTI* (*West Texas Intermediate*) und in Singapur *Dubai Crude*. Egal, zu welchem Preis Kerosin dann gehandelt wird, die Fluglinie hat vorgesorgt, das Öl zu jenem Preis zu erhalten, den sie in ihrer Jahresbilanz kalkuliert hat. Sie kann also schon heute Öl kaufen, das erst in einigen Monaten geliefert wird – zu einem Preis, der schon heute für die Zukunft an der Warenterminbörse gebildet wird.

Weil aber Ölmultis wie *ExxonMobil, BP, Shell, ChevronTexaco* oder *Total* selbst nur einen Bruchteil der weltweiten Ölmenge fördern (gemeinsam weniger als fünfzehn Prozent), müssen auch sie sich an den Börsen eindecken.

Hedging nennen die Börsianer das.

Aber nicht jeder, der mit Öl handelt, ist tatsächlich an diesem Produkt interessiert. Neben denen, die tatsächlich Öl (*wet barrel*) kaufen oder verkaufen wollen, treten auch Spekulanten auf, die auf das Auf und Ab der Preise Wetten abschließen und daraus Kapital schlagen, ohne jemals in den Besitz von auch nur einem einzigen Tropfen Öl kommen zu wollen. Sie handeln mit *paper barrels*, also mit Papier-Fässern. Sie kaufen nur einen Vertrag zur Lieferung von Öl zu einem bestimmten Zeitpunkt. Rechnen die Spekulanten damit, dass die Preise steigen, dann kaufen sie Öl in der Erwartung, dass sie den Kontrakt vor Fälligkeit zu einem noch höheren Preis weiterverkaufen können; die Differenz ist ihr Gewinn. Wenn nicht – Pech gehabt.

An den Ölbörsen werden täglich tausende solcher Geschäfte abgeschlossen und die meisten dieser Deals sind *paper barrels*. Nehmen wir das Beispiel der Londoner Börse. Wie kann es sein, dass alleine in London täglich insgesamt rund hundert Millionen Barrel Öl gehandelt, jeden Tag aber weltweit bloß um die achtzig Millionen Barrel pro Tag konsumiert werden? Antwort: Die *paper barrels* werden ständig weitergehandelt. Auf diese Art und Weise funktioniert der Futures-Markt wie ein Ölpreis-Barometer, wo sich der jetzige Ölpreis ablesen lässt und bedingt verlässliche Prognosen über einen zukünftigen Preis abgegeben werden.

Wie hoch ist der Anteil der Spekulanten? In New York findet man eine Antwort. Dort, an der New Yorker Warenbörse *NYMEX*, muss sich jeder Broker entweder als »kommerzieller« oder »nichtkommerzieller« Händler erfassen lassen (in London gibt es dieses Regelment nicht); die »nichtkommerziellen« Ölhändler in New York saßen in einer Woche im August 2004 auf 80 000 Kontrakten (zu je tausend Fass) *long*, wie die Börsianer sagen: Sie hielten Verträge über die Lieferung von achtzig Millionen Fass Öl in ihren Händen, für die sie keine Verwendung haben, sondern die sie gewinnbringend weiterveräußern wollen. Achtzig Millionen Fass entsprechen ungefähr der weltweiten Tagesproduktion von Rohöl.[11]

Bis zum April 2005 wurde in London im sogenannten *open-outcry*-System gehandelt, das heißt, die Broker standen in sogenannten *trading pits*, abgesenkten kleinen Arenen, wo sie mit einem komplizierten System an Zeichen ihre Transaktionen tätigten. Die Trader sind ein eigentümliches Völkchen: Sie alle sind »News-Junkies«, wie uns der Trader Robert Laughlin, der seit siebzehn Jahren an der *IPE* Ölkontrakte kauft und verkauft, erzählt. Gleich am Morgen studiert er die Tageszeitungen intensiv, besonders natürlich die *Financial Times* und das *Wall Street Journal*. »Fernsehen, Internet, Radio, Nachrichtenagenturen, ich sauge ständig auf, was ich kriegen kann«, sagt Laughlin, dessen Vater schon an der Warenbörse Zucker gehandelt hat. Der nervenaufreibende Job macht ihm

Spaß, mit typisch britischem Understatement meint er: »Hier wird mir wenigstens nicht langweilig. Ich habe hier ein paar Kriege am Golf erlebt, den 11. September und alles Mögliche. Da war's manchmal ein wenig hektisch. Trotzdem, das hier ist ein ganz normaler Job für ganz normale Leute. Man braucht kein Universitätsprofessor zu sein, um das hier zu verstehen.« Laughlin, Direktor für den Handel mit Energie-Papieren bei der britischen Brokerage *GNI*, das zum größten Futures-Handelshaus, *MAN Financial Ltd.*, gehört, ist ein wenig wehmütig. Denn der Handel am *trading floor* ist beendet und mittlerweile ganz auf Computer-Handel umgestellt: »Natürlich war das ein Kulturschock, als mit der Umstellung begonnen wurde, aber was soll's, man kann sich dem Fortschritt nicht entgegenstellen.«[12]

Alice Wilson von der Verwaltungsabteilung der *International Petroleum Exchange* drückt uns zum Abschied Informationsmaterial in die Hand: Die letzte Neuerung an der *IPE* in London ist die Schaffung der *ECX-Carbon-Financial-Instruments-futures*-Börse, wo Kohlendioxid-Emissionsrechte gehandelt werden. Seit die Kyoto-Ziele zum Klimaschutz umgesetzt werden, sind solche Börsen in Amsterdam und Chicago entstanden. Eine feine Sache: Zuerst verdient die Börse am Handel mit Öl. Und dann verdient die Börse – im Geiste des Klimaschutzes – am Handel mit dem bei der Verbrennung von Öl entstehenden Kohlendioxid. Wie machen das die Börsianer? Nun haben sie auch entdeckt, wie sie mit heißer Luft Geld verdienen.

2. Die Mutter aller Schlachten *oder* Blut und Öl am Golf

Bagdad, es ist kurz nach halb sechs, als mein Kollege Markus Matzel und ich von Sirenengeheul geweckt werden. Wir sind halbangezogen im Bett gelegen, Pässe und Geld im Bauchgürtel am Körper, Taschenlampe, Splitterschutzweste, Helm, Gasmaske und ABC-Schutzanzug – alles in Griffweite. Wir haben nicht besonders gut geschlafen, denn heute, es ist der 20. März 2003, um 4:00 Uhr (Ortszeit Bagdad) sollte das US-Ultimatum gegen Saddam Hussein ablaufen. Die US-Administration hatte ihn aufgefordert, das Land zu verlassen. Wir hören aus der Ferne Explosionen, Flugabwehrgeschütze feuern in die Dämmerung. Wir spähen aus dem Fenster, nichts. Vom dritten Stock aus kann man nichts erkennen. Wir haben im Hotel *Palestine* den Concierge bestochen, damit er uns ein Zimmer im untersten vermieteten Stock gibt, dann müssen wir bei den zu erwartenden Stromausfällen nicht so weit treppauf und treppab gehen. Außerdem schien es uns weiter unten im Gebäude sicherer. Das rächt sich nun, wir können nichts erkennen. Also hoch zu den TV-Kollegen im fünfzehnten Stock, die Fernsehleute haben die Rezeptionisten bestochen, damit sie Zimmer in den oberen Stockwerken bekommen. Sie brauchen Bilder, müssen mit ihren Satellitentelefonen Live-Reportagen übertragen. Viel gibt es aber dort oben auch nicht zu sehen, keiner von uns versteht den militärischen Sinn dieses Luftschlages in der Dämmerung.

Der Spuk ist bald vorbei, wir sind erstaunt, misstrauisch. Die Amerikaner haben eine *shock-and-awe*-Bombenkampagne angekündigt, dreitausend Bomben würden gleich in den ersten Nächten auf den Irak niederregnen, verlautete aus Militärkreisen. Alles bloß psychologische Kriegsführung? Oder war das erst der Auftakt? Jedenfalls ist es nun Gewissheit, der Krieg hat begonnen und ich bin mittendrin. – Soweit meine Tagebucheintragung vom 20. März 2003.

US-Generalstabschef Myers wird später bekannt geben, dass man einen sogenannten »Enthauptungsschlag« versucht habe. Fast vierzig Tomahawk-Marschflugkörper seien abgeschossen worden, zwei F-117-Tarnkappenbomber hätten mehrere bunkerbrechende Bomben abgeworfen.

Der Eröffnungszug dieses zynischen geopolitischen Schachspiels wird in der packend geschriebenen *Spiegel*-Kriegschronik »Irak – Geschichte eines modernen Krieges«[1] und in Bob Woodwards Bestseller »Der Angriffsplan – Plan of Attack«[2] detailliert nacherzählt:

Ziel des Luftschlags ist das Gelände der sogenannten Dora-Farm, wo sich in der fraglichen Nacht des 20. März angeblich Saddam Hussein mit seinen Söhnen aufhält. Ein Spion (Codename »Rockstar«) soll das mit seinem Thuraya-Satellitentelefon gemeldet haben.

Daraufhin lässt man in der Al-Udaid-Airbase in Katar zwei F-117-Tarnkappenbomber (die für das gegnerische Radar weitgehend unsichtbar bleiben) startklar machen und mit je zwei satellitengesteuerten bunkerbrechenden Präzisionsbomben vom Typ EGBU-27 (fünf Meter lang, rund eine Tonne schwer) bestücken. Die Piloten der 8. Jagdbomberstaffel »Black Sheep« drücken den Schubhebel nach vorn, um 3:30 Uhr Ortszeit heben die beiden Bomber von der Startbahn ab. Lieutenant Colonel David Toomey, 39 Jahre, steuert die F-117 mit dem Codenamen »Ram 01«, in »Ram 02« sitzt der 35-jährige Major Mark Hoehn, genannt »Fuji«, am Steuerknüppel. Die beiden Jets fliegen Richtung Norden, Ziel Bagdad. Um diese Zeit werden auch die Tomahawk-Marschflugkörper abgefeuert – von zwei Flugzeugträgern, zwei Zerstörern und zwei U-Booten. Ziel dieser Salve ist es, vor dem Eintreffen der Bomber im Luftraum über der irakischen Hauptstadt Luftabwehrstellungen um Bagdad zu zerstören.

Persischer Golf

Öl- und Gasvorkommen

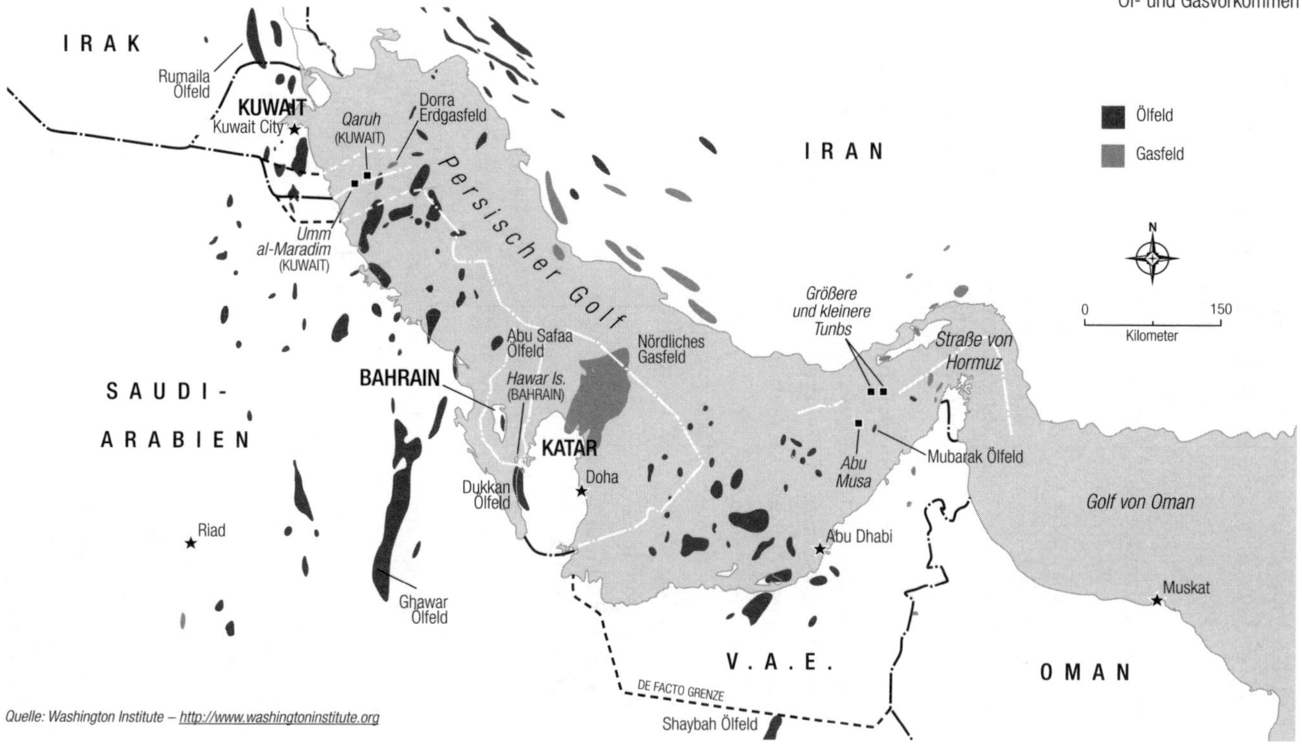

Quelle: Washington Institute – http://www.washingtoninstitute.org

Über irakischem Luftraum bekommen Lieutenant Colonel Toomey und Major Mark Hoehn Gesellschaft: Zwei F-16-Kampfflugzeuge und zwei Radarstörflugzeuge EA-6B »Prowler« der Marine. Die beiden Flugzeuge der Navy sowie die F-16 sind schon einige Zeit im Luftraum über dem Südirak auf Patrouille unterwegs, als die Einsatz-Zentrale sie per Funk zu ihrem neuen Auftrag beordert. Einige Minuten später stößt noch eine weitere »Prowler« vom Flugzeugträger *USS Constellation* hinzu. Es ist kurz vor 5:30 Uhr, es dämmert bereits, als die Siebenergruppe den Luftraum über Bagdad erreicht. Die beiden Bomber fliegen Bagdad aus unterschiedlichen Richtungen an, die Bombenschächte öffnen sich, die vier EGBU-27-Präzisionsbomben fallen durch die Dämmerung auf das Ziel. »Nach dem Krieg werden amerikanische Truppen in Dora nach Spuren suchen. Sie werden nichts finden, was auf eine unterirdische Festung hindeuten würde. Den Bunker, in dem Saddam geschlafen haben soll und den Lieutenant Colonel Toomey und Major Hoehn zerbombt haben –, diesen Bunker hat es nie gegeben. Der Krieg gegen den Irak hatte mit einem Irrtum begonnen, dem ersten von vielen.«[3]

Der US-Dokumentarfilmer Eugene Jarecki[4] hat in den Dora-Farms nach Ende des Krieges gedreht und die Verwandten der Opfer dieser ersten Bombennacht interviewt. Eine Bombe ist in ein Feld eingeschlagen, eine zweite in ein Haus, in dem Zivilisten schliefen.

Mit dem Beginn des Irak-Krieges 2003 wurde ein neues Kapitel in der langen, konfliktreichen und komplizierten Geschichte der Golfregion aufgeschlagen. Diese Geschichte ist aufs engste mit den Erdölvorkommen in der Region verknüpft. Es wären wohl nicht so viele Kriege geführt worden, gäbe es dort nur Sand und ein paar Ziegen und Kamele.

Der Beginn am Golf – Ölfunde im Iran

Am 26. Mai 1908 sollte die Geschichte der Golfregion eine neue Wendung nehmen und die Region stieg vom stillen Hinterland der damaligen Großmachtinteressen zur wertvollen Beute für die Imperien dieser Epoche auf.

Ein britischer Anwalt und Öl-Entrepreneur namens William d'Arcy ließ schon längere Zeit erfolglos für ein britisches Konsortium in Persien nach Öl bohren. D'Arcy hatte den Geologen George Reynolds mit der Suche nach Öl betraut, der unermüdlich Bohrung nach Bohrung veranlasste. Die erste hatte sechzehn Monate gedauert, fiel aber bereits nach fünf Monaten wieder trocken. Die Finanzlage d'Arcys war angespannt, der Financier brauchte dringend einen Erfolg, sonst würde er sein ganzes Geld verlieren. Seinen Gesellschaftern riss der Geduldsfaden: Sie veranlassten am 14. Mai 1908 ein Telegramm an Reynolds in Persien, in dem dieser angewiesen wurde, die Arbeit einzustellen, die Bohrtürme abzubauen und die Mannschaften nach Hause zu schicken.[5] Doch zur selben Zeit begann die Aufregung am Bohrloch zu steigen. Aus einem der Bohrlöcher drang der Geruch von Erdgas, ein Zeichen, dass irgendwo da unten Öl sein könnte. Die Bohrarbeiter arbeiteten fieberhaft weiter. Kurz vor vier Uhr morgens am 26. Mai 1908 ergoss sich eine Fontäne, die rund zehn Meter über die Spitze des Bohrturms hinausschoss, auf die Bohrleute. Das mit lautem Zischen ausströmende Erdgas drohte die Arbeiter fast zu ersticken. In einer Tiefe von 360 Metern hatte der Trupp eine gewaltige Öl-Lagerstätte entdeckt, die noch bis zum Ende der 70er-Jahre über eine Milliarde Barrel liefern sollte.[6]

Der Legende nach erreichte England eine verschlüsselte Botschaft mit dem Wortlaut: »Siehe Psalm 104, Vers 15, dritter Satz.« Schlägt man in der Bibel nach, findet man an der angegebenen Stelle folgenden Wortlaut: »Dass der Wein erfreue des Menschen Herz und sein Antlitz schön werde vom Öl ...« In London wusste man jedenfalls, was gemeint war.

Die Gesellschafter des Ölunternehmens in Persien gingen nun daran, ihre Firma umzustrukturieren. In Glasgow belagerten Investoren am 19. April 1909 die *Bank of Scotland*, um Anteile an der neu gegründeten *Anglo-Persian Oil Company* (die 1935 zur *Anglo-Iranian Oil Company* und 1954 zu *British Petroleum – BP* – werden sollte) zu erwerben.

Das ganze Unterfangen hatte von Anfang an die Rückendeckung von Admiral John Arbuthnot Fisher, First Sea Lord der britischen

Admiralität und in Großbritanniens Marinekreisen als genialster Marineadmiral seit Lord Nelson verehrt, der ein Unterstützer der Umrüstung der britischen Marine von Kohle auf Öl war. Umgesetzt wurde das dann von Winston Churchill, dem neuen Flottenminister: »Churchill, nun knapp 37 Jahre alt, war in seinem Element wie noch nie. Er regierte jetzt die größte Flotte der Welt [...] Er reorganisierte sie, gab ihr einen Admiralsstab, stülpte all ihre Kriegspläne um, ließ die ganze Flotte von Kohleheizung auf Ölheizung umstellen, ließ größere Schiffsgeschütze bauen, als je gebaut worden waren.«[7]

Churchill überzeugte sogar das britische Parlament am 17. Juni 1914, die Aktienmehrheit an der *Anglo-Persian Oil Company* zu übernehmen. In Persien war die *Anglo-Persian Oil Company* unterdessen darangegangen, eine 210 Kilometer lange Pipeline von Masjid-i-Sulaiman nach Abadan am Persischen Golf zu bauen und dort eine Raffinerie zu errichten, die 2400 Barrel pro Tag verarbeiten konnte. Kurz danach unterzeichnete Churchill einen Vertrag, nach dem die Royal Navy Öl von der *Anglo-Persian* kaufen würde. Churchills Ziel war aber nicht nur die Umrüstung der Flotte, sondern es ging ihm auch darum, den britischen Einfluss in Persien zu wahren und sogar noch auszubauen – Churchill war in Sorge, dass die persischen Felder in den Einflussbereich von *Royal Dutch/Shell* oder der amerikanischen *Standard Oil* fallen könnten. Öl, das wusste Churchill, würde in Zukunft eine wichtige strategische Bedeutung zukommen – Zugang zu Öl bedeutet Macht.

Am 28. Juni 1914 wurde der österreichische Thronfolger, Erzherzog Franz Ferdinand, in Sarajewo von einem serbischen Nationalisten erschossen. Es schien, als hätten die Großmächte – Deutschland, Österreich-Ungarn, England, Russland und das Osmanische Reich – nur darauf gewartet, dass die Karten in einem großen Krieg neu gemischt werden. Der Erste Weltkrieg endete mit dem Sieg der Entente über Deutschland, das Osmanische Reich und Österreich-Ungarn. Frankreich und Großbritannien teilten sich die Beute im Nahen Osten – der britische Linguist, Politiker, Offizier und Diplomat Mark Sykes (er starb im Februar 1919 im Alter von 39 Jahren in Paris, wo er an den Friedensverhandlungen teilgenommen hatte) und der französische Diplomat Georges Picot hatten schon im November 1915 die spätere Geheimübereinkunft, das Sykes-Picot-Abkommen (unterzeichnet am 16. Mai 1916) ausgehandelt, das England die Herrschaft über das heutige Jordanien, den Irak und das Gebiet um Haifa (Israel) zusprach. Frankreich sollte über die Südost-Türkei, den Nordirak, Syrien und den Libanon herrschen. Im San-Remo-Abkommen von 1920 wurde fixiert, dass die in Mesopotamien vermuteten Ölreserven zwischen Frankreich und Großbritannien aufgeteilt würden.

Der Beginn am Golf – Funde im Irak / Mr. 5 Prozent macht den Deal seines Lebens

Die Übereinkunft wurde in Washington mit scharfen Worten verurteilt: Ein Rückfall in den Imperialismus, kommentierte die US-Presse. *Standard Oil* unter dem legendären Manager Sir Walter Teagle war ebenfalls besorgt: Offenbar wollten die Europäer die US-Ölindustrie aus dem Nahen Osten fernhalten.

Doch die Briten lenkten ein und signalisierten den Amerikanern, dass sie sich in Mesopotamien an der Suche nach Öl beteiligen könnten. Es sei besser, die Amerikaner an Bord zu haben, war damals die Erkenntnis.

Vor allem ein Mann war bestrebt, ein möglichst breites Konsortium für die Erschließung der im Irak vermuteten Ölquellen zu schmieden: der Armenier Caluste Gulbenkian. »Ein kleines Stück eines großen Kuchens zu haben ist besser, als ein großes Stück eines kleinen Kuchens«, zitiert sein 1972 verstorbener Sohn die Überlegungen seines Vaters.[8] Der flamboyante Mann mit dem extravaganten Lebensstil hatte gemäß alten, noch mit dem Sultan des Osmanischen Reiches abgeschlossenen Verträgen, das Recht, fünf Prozent von allen Öleinkünften in dieser Region zu bekommen. Die Verhandlungen gestalteten sich kompliziert: Hier der schwierige, misstrauische Zwängler Gulbenkian, der am liebsten in Hotelsuiten, im *Ritz* in Paris oder im Londoner *Carlton* lebte, umsorgt von einer Reihe von Mätressen, von denen mindestens eine auf »ärztlichen Ratschlag« achtzehn Jahre oder jünger sein sollte, um seine Vitalität zu erhalten. Dort der direkte, freundliche Boss von

Standard Oil, Walter Teagle, 1,90 Meter groß und 150 Kilo schwer. Die beiden fanden nicht zueinander. Dazu kam noch, dass sich Gulbenkian und der damalige Chef von *Dutch/Shell*, Sir Henri Deterding, die früher enge Geschäftspartner und Freunde gewesen waren, nicht mehr ausstehen konnten. Deterding hatte im Kampf um die Gunst der Weißrussin Lydia Pawlowa gewonnnen, mit der auch Gulbenkian liiert gewesen war. Die Verhandlungen kamen nicht vom Fleck. Mittlerweile war bereits eine Gemeinschaftsexpedition, bestehend aus Geologen der *Anglo-Persian, Royal Dutch* und den US-Gesellschaften im Irak eingetroffen, die euphorische Berichte an ihre Auftraggeber schickten. Teagle drängte auf eine Einigung, Gulbenkian wusste, dass die Zeit für ihn lief. Im April 1927 starteten vielversprechende Bohrungen in der Nähe von Kirkuk, in der seit der Antike Gasfeuer brannten. Und am 15. Oktober 1927 begann um drei Uhr früh der Eintritt des Irak in eine neue Ära: Ein gewaltiges Dröhnen begleitete die riesige Ölfontäne, die fünfzehn Meter über den Bohrturm hinausschoss. Die Bohrstelle wurde »Baba Gurgur Nr. 1« getauft. Dieser Fund änderte auch die Situation bei den Verhandlungen zwischen Gulbenkian, *Shell, Anglo-Persian* und den Franzosen. Man brauchte endlich eine Einigung, um Vertragssicherheit zu haben. Die Verhandlungspartner sollten sie am 31. Juli 1928 erzielen, neun Monate nach dem ersten Fund im Irak. *Royal Dutch/Shell, Anglo-Persian* und die Franzosen erhielten je 23,75 Prozent, derselbe Anteil ging an das US-Konsortium *Near East Development Company*. Gulbenkian hatte sich durchgesetzt: Ihm blieben fünf Prozent. An einem der letzten Verhandlungstage holte Gulbenkian eine Karte hervor und zeichnete mit einem dicken roten Stift die Grenzen des früheren Osmanischen Reiches ein, innerhalb derer sich die Verhandlungspartner verpflichteten, in Zukunft gemeinsam zu explorieren und zu fördern. Innerhalb der roten Linie dieses »Red Line Agreement« lagen alle bedeutenden Ölfelder des Nahen Ostens, außer jenen in Persien und Kuwait (wo die Briten bereits über Konzessionen verfügten). Nach dem »Red Line Agreement« kam es zu einem weitreichenden britisch-amerikanischen Schulterschluss, bei dem beide Länder die Welt-Erdölvorräte untereinander aufteilten. Das Kartell erhielt nach den beteiligten Konzernen den Spitznamen »Seven Sisters – die Sieben Schwestern«: *Standard Oil of New Jersey (Esso), Standard Oil of New York (Mobile), Gulf Oil, Texaco, Standard Oil of California (Chevron), Royal Dutch Shell* und *British Petroleum (BP)*. Das Friedensabkommen zwischen den Rivalen wurde am 17. September 1928 auf Schloss Achnacarry in Schottland geschlossen. Deterding hatte unter anderem John Cadman, der die anglo-persische Ölgesellschaft der britischen Regierung (heute *BP*) vertrat, und Walter Teagle, den Präsidenten von Rockefellers *Standard Oil of New Jersey (Esso)* zu sich geladen. Die Ölmagnaten Englands und Amerikas einigten sich darauf, die zu dieser Zeit erreichte Aufteilung der Welt festzuschreiben, einen für alle verbindlichen Ölpreis festzusetzen und die ruinösen Konkurrenz- und Preiskämpfe einzustellen.[9]

Der Beginn am Golf – US-Protektorat Saudi-Arabien

Bislang völlig unberührt vom Ölrausch blieb ein obskures Königreich, ein Land von Beduinen und Pilgern, ein dünn besiedelter Wüstenstaat mit lebensfeindlichem Klima. Abd al-'Aziz ibn 'Abd al-Rahman Al Faisal Al Sa'ud (im Westen als Ibn Saud bekannt) hatte aus den verschiedenen Stämmen der arabischen Halbinsel das Königreich Saudi-Arabien geschmiedet, teils durch Gewalt und Eroberung, teils durch Heirat und Familienbande. Abd al-Aziz ibn Saud war eine beeindruckende Figur, fünfzig Jahre, breite Schultern, 1,92 Meter groß. Robert Lacey, Autor des Buches »The Kingdom«[10], meinte in einem Interview[11], »wenn man diese Figur in einem Kinofilm besetzten müsste, dann bräuchte man eine Mischung aus Erol Flynn, Sean Connery und Alexis Sorbas: ein großer, attraktiver, dynamischer Mann.« Doch der König hatte finanzielle Probleme. Die Wirtschaftskrise der 1930er-Jahre hatte den Pilgerstrom in die heiligen Stätten des Islam, Mekka und Medina, beinahe versiegen lassen und damit auch den Geldstrom in Ibn Sauds Staatsschatulle trockengelegt. Sein britischer Freund Harry St. John Bridger Philby, seine englischen Freunde nannten ihn Jack, Ibn Saud hatte ihm den Namen Abdullah gegeben, munterte ihn bei einer Autofahrt im Herbst 1930 auf: Unter dem Wüstensand sei unermesslicher Reichtum vergraben, meinte Philby. Aber um die Bodenschätze zu finden, würde er, Ibn Saud, Hilfe aus dem Ausland benötigen. »Oh, Philby«, antwortete Ibn Saud, »wenn mir irgendjemand eine Million Pfund anböte, ich würde ihm alle Konzessionen geben, die er will.« 1932 entdeckte *Standard Oil of California* (*Socal*) Öl auf der Insel Bahrain, vor der Ostküste Saudi-Arabiens.

Nun wurde man auch auf Kuwait aufmerksam. Wenn es in Bahrain Öl gibt, warum nicht auch in dem kleinen Scheichtum am Golf? Dem Emir kam das Interesse der Ölfirmen sehr gelegen. Denn bislang war die einzige Devisenquelle des kleinen Scheichtums die Perlenfischerei. Als aber 1930 ein findiger Japaner den Juwelenmarkt mit Zuchtperlen überschwemmte, bekam Scheikh Ahmed Al Sabbah ein Riesenproblem: Dem Land drohte der Bankrott. Die Situation war nicht einfach: Die Briten waren nicht besonders an Kuwait interessiert, wollten aber verhindern, dass die Amerikaner in ihre Einflusssphäre eindrangen. Drei Jahre dauerte es, bis die US-Firma *Gulf* mit der *Anglo-Persian* zu einer Einigung kam und die 50:50-Joint-Venture-Gesellschaft *Kuwait Oil Company* gründete. Am 23. Februar 1938 stieß man im Burgan-Ölfeld im südlichen Kuwait auf Öl, die Finanzen des Emirs waren gerettet.

Noch vielversprechender schien freilich das viel größere Saudi-Arabien. 1932, gleich nach der Entdeckung von Öl in Bahrain, war *Socal* an Philby herangetreten, um die Gunst des saudischen Königs zu erlangen. Doch Philby spielte ein doppeltes Spiel: Er vertrat nach außen hin die Interessen von *Socal*, versuchte aber hinter den Kulissen, die *Iraq Petroleum Company* (*IPC*, die frühere *Turkish Petroleum Company*, doch dahinter stand in Wirklichkeit *Anglo-Persian*) gegen die *Socal* auszuspielen, um so den Preis für die Konzession zum Vorteil von Ibn Saud in die Höhe zu treiben. Die Briten waren bei weitem nicht bereit, jene Summe, die *Socal* bot, zu zahlen. Daher lief alles auf einen Deal mit den Amerikanern hinaus. Am 29. Mai 1933 wurde der Vertrag unterzeichnet, die erste Konzession für eine US-Firma in Saudi-Arabien – für die Summe von 275 000 Dollar. Alle waren zufrieden: *Socal*, Philby und der schlitzohrige König, der der Meinung war, den Amerikanern ziemlich teuren Sand verkauft zu haben. Dass sie jemals Öl finden würden, kam ihm nicht in den Sinn. Aber *Socal* ging zügig daran, nach Öl zu suchen: Die Geologen waren optimistisch, rasch fündig zu werden. Doch es sollte bis zum 4. März 1938 dauern, bis sie Gewissheit hatten. Auf der Jabal-Dhahran-Anhöhe stießen sie bei Bohrloch »Dammam Nr. 7«, das schließlich »Lucky Number 7« benannt wurde, in 1440 Metern Tiefe auf Öl. »Großer Jubel setzte ein, vom Dammam-Camp bis nach Riad und San Francisco, wo *Casoc,* die für das arabische Unternehmen gegründete *California Arabian Standard Oil Company,* in die Siegesfeierlichkeiten mit einstimmte.«[12] Der Journalist und Autor Wallace Stegner schrieb im Auftrag der saudi-arabischen Ölfirma *Aramco* in seinem Buch »Discovery«[13]: »König Abd al-Aziz Al Sa'ud streckte ohne Zögern seine starke Hand aus, mit der er sein Königreich geschaffen und zusammengehalten hatte, und öffnete das Ventil der Rohrleitung, durch welche Reichtum, Macht und Verantwortung des industriellen 20. Jahrhunderts nach Saudi-Arabien fließen würden. Es war der 1. Mai 1939. Kein Vertreter der Vereinigten Staaten war anwesend, nicht einmal ein Beobachter. Die Vereinigten Staaten hatten zu dem Zeitpunkt noch keine offiziellen Vertreter nach Saudi-Arabien entsandt.«

Damit hatte die neue Ära des Öls begonnen: Jenes Land, von dem man heute weiß, dass es über die bedeutendsten Erdölreserven verfügt, war *onstream,* wie die Ölleute sagen. Die Amerikaner hatten damals bereits die Bedeutung Saudi-Arabiens erkannt. Der Zweite Weltkrieg führte dann dazu, dass die meisten Ölaktivitäten in der Region stillgelegt wurden – die Ölquellen wurden verschlossen, damit sie nicht Deutschland in die Hände fielen.

Aber noch vor dem Ende des Zweiten Weltkriegs, am 14. Februar 1945 – ein paar Tage nach der Konferenz von Jalta –, empfing US-Präsident Franklin Roosevelt König Ibn Saud an Bord des Kreuzers *USS Quincy* auf dem Bittersee im Suez-Kanal. Das Zusammentreffen mag ein *clash of civilizations* gewesen sein: Der König wollte seine eigenen Schafe mitbringen, an Bord weigerten er und seine Gefährten sich, in Kabinen unter Deck zu schlafen. Sie schlugen stattdessen Zelte am Deck des Schiffes auf.[14] Das Zusammentreffen des US-Präsidenten mit dem saudischen König markiert den Beginn der *special relationship* zwischen dem aufsteigenden Erdöl-Imperium USA und seinem Erdöl-Protektorat Saudi-Arabien. Doch bereits im Gespräch der beiden zeigte sich die Komplexität des Nahen Ostens: Ibn Saud machte in der Palästina-Frage den Vorschlag, man möge doch die Juden in Deutschland ansiedeln und nicht in Palästina auf dem Gebiet der Araber, »die nichts damit zu tun hatten, was den Juden geschehen ist«. Präsident Roosevelt sagte zu Ibn Saud, dass er nichts unternehmen werde, »die Juden gegen die Araber zu unterstützen, und keine feindseligen Schritte gegen die Araber setzen werde«.[15] Roosevelt machte Ibn Saud zum Abschied ein sehr persönliches Geschenk: Saud, der bereits am Stock ging, erhielt Roosevelts Reserve-Rollstuhl und als etwas weniger persönliche Beigabe eine DC-3-Passagiermaschine.

Winston Churchill sorgte sich daraufhin, am Golf ins Hintertreffen zu kommen. Also machte er sich nach Saudi-Arabien auf und hatte ebenfalls eine Gabe im Reisegepäck: Parfum. Als er vom großzügigen Präsent Roosevelts hörte, verfiel Churchill in Panik, heißt es. Schnell zog er eine neue Geschenk-Idee aus dem Zylinder und versprach Ibn Saud die erste Limousine, die im *Rolls-Royce*-Werk in Derby vom Band laufen würde, sobald die Produktion nach dem Krieg wieder aufgenommen würde. Als die Luxuskarosse schließlich eintraf, hatte der König jedoch wenig Freude damit. Denn was die Briten nicht bedacht hatten: In Saudi-Arabien nimmt der Fahrgast neben dem Fahrer Platz, anstatt hinten einzusteigen. Ibn Saud hätte links – auf der »unreinen« Seite – sitzen müssen, und das hielt der König für unzumutbar. Er fuhr nie damit, sondern schenkte den *Rolls Royce* seinem jüngeren Bruder.

1948 wuchs die 1933 von US-Ölkonzernen gegründete Ölfirma *Aramco* (*Arabian American Company*) zu einem bedeutenden Konzern heran: Die beiden bisher in Saudi-Arabien tätigen *Aramco*-Gründerfirmen *Standard Oil of California* (*Socal*, heute *Chevron*) und *Texaco* (späterer Merger mit *Chevron* zu *Chevron-Texaco*, seit 9. Mai 2005 gänzlich in *Chevron Corporation* aufgegangen) bekommen Gesellschaft: *Standard Oil* (später *Esso*) und *Socony Vacuum* (später *Mobil*, beide heute *ExxonMobil*) steigen ein. Ein Beamter der US-Regierung wird mit den Worten zitiert, ihm sei es egal, welche amerikanische Firma die Ölvorkommen auf der arabischen Halbinsel ausbeutet, solange es eine amerikanische Ölfirma ist.

Das Unheil nimmt seinen Lauf – Die britisch-amerikanische Verschwörung gegen den Iran

Großbritanniens Einfluss in der Region begann nach dem Zweiten Weltkrieg endgültig zu schwinden. Das Land war nach dem Krieg nahe am Bankrott, das Empire zerbröselte. Doch solange die Ölquellen der *Anglo-Persian* (an der der Staat direkt beteiligt war; damals der bedeutendste Besitz der britischen Krone) im fernen Persien sprudelten, konnte der Chancellor of the Exchequer in London (der Finanzminister) beruhigt sein: Das Ölunternehmen war ein fantastisch lukratives Monopol: Hundert Millionen Pfund kamen jährlich in die Staatsschatulle, der Iran erhielt nur einen Bruchteil dieser Summe. So übertrafen etwa die Einnahmen des britischen Konzerns allein aus dem Jahr 1950 die Tantiemen, die der Iran seit 1901, dem Beginn der Ölförderung im Land, insgesamt erhalten hatte.

Der frisch gewählte Premierminister Mohammad Mossadegh wollte dies ändern. Wenn man in Teheran und anderswo im Land die Menschen nach Mossadegh fragt, blitzt es noch heute in den Augen vieler heute noch auf. Mossadegh ist für sie immer noch jener Mann, der dem Iran die Ehre zurückgab, indem er die *Anglo-Persian* im Frühjahr 1951 verstaatlichte. Die Briten weigerten sich selbstverständlich, die Verstaatlichung anzuerkennen, ein Kompromiss war zuvor an der Borniertheit der neu an die Macht gekommenen konservativen britischen Regierung gescheitert. »Noch nie zuvor hatten so wenige so viel so dumm und so schnell verloren«, erinnerte sich später US-Außenminister Dean Acheson an Englands diplomatisches Desaster.

London war wütend: Die Königliche Marine sandte Kriegsschiffe an den Golf, ein Embargo gegen iranisches Öl wurde verhängt. Der Generalstab wurde angewiesen, eine Militäraktion gegen die Raffinerie in Abadan zu planen und die Eroberung der Ölfelder im Zagrosgebirge und an der Küste vorzubereiten. US-Präsident Harry Truman signalisierte Ablehnung, die Briten nahmen Abstand von einer Invasion. Es gab also nur zwei Möglichkeiten: Mossadegh an der Macht zu lassen oder einen Putsch-Versuch zu wagen. Premierminister Winston Churchill, ein stolzes Produkt der britischen imperialistisch-kolonialistischen Tradition, hatte nicht die geringsten Skrupel, sich für einen Putsch zu entscheiden. Die Briten gingen so offensiv an die Sache heran, dass Mossadegh vom geplanten Coup gegen ihn Wind bekam, die Botschaft des Königreiches schließen ließ und alle britischen Diplomaten des Landes verwies. Es war niemand mehr im Land, der den Putsch vorbereiten könnte. Also baten die Briten die USA um Hilfe. Doch Truman hatte für Imperialismus alten Stils nichts übrig und wies das britische Ansinnen zurück.

In Saudi-Arabien teilten die amerikanischen Ölfirmen mittlerweile die Erdöleinkünfte 50:50 mit dem Haus der Sauds. Die USA sahen in der wirtschaftlichen und sozialen Stärkung des Iran den besten Weg, das Land gegen Einflussnahme aus Moskau zu wappnen. Und was lag näher, als den Iran angemessen an den Erdölerlösen zu beteiligen?

Dazu kam, dass die CIA niemals zuvor eine Regierung gestürzt hatte und Truman nicht jener Präsident sein wollte, der den Präzedenzfall für eine derart schmutzige Aktion schafft. Als im November 1952 aber Dwight D. Eisenhower zum Präsidenten gewählt wurde, hatte sich die Stimmung in Washington geändert. Die Briten stellten Mossadegh als Kommunisten und Gefahr für die Region dar. Der US-Geheimdienst schickte Kermit Roosevelt, einen Enkel des früheren Präsidenten Theodore Roosevelt, nach Teheran, um die Operation »Ajax« vorzubereiten – den Sturz Mossadeghs und die Installierung von Schah Reza Pahlevi als neuem starken Mann des Iran. Der Plan scheiterte zunächst, der Schah musste kurzfristig das Land verlassen. Als Schah Reza Pahlevi am 22. August 1953 nach wenigen Tagen Exil aus dem Irak nach Teheran zurückkehrte, hatte er allen Grund, dem amerikanischen Agenten dankbar zu sein: »Ich verdanke meinen Thron dem lieben Gott, meinem Volk, meiner Armee – und Ihnen!«, soll Reza Pahlevi zu

Kermit Roosevelt gesagt haben. Für die Briten war der Putsch ein Pyrrhussieg: Denn eine Wiederaufnahme der Ölproduktion der *AIOC* (*Anglo-Iranian Oil Company*) unter britischer Konzernführung wäre selbst nach dem Regierungswechsel für die Iraner nicht annehmbar gewesen. Also wurde ein internationales Konsortium gegründet, in dem die britische *AIOC* nur noch vierzig Prozent der Anteile hielt. Weitere vierzig Prozent gingen an die großen fünf amerikanischen Ölkonzerne, das letzte Fünftel teilten sich *Royal Dutch Shell* und die *Compagnie Française de Pétrole*. Die iranische Regierung bekam fortan die Hälfte der Profite. Die USA übernahmen die Führungsrolle im Iran von den Briten und sie setzten auf den Schah, der sich zu einem verhassten Diktator entwickelte: Seine Verschwendungssucht war legendär, das Land versank in Korruption und der gefürchtete Geheimdienst ließ Menschen, die an der Bushaltestelle eine unbedachte Äußerung machten, manchmal nichts weiter als eine harmlose Bemerkung über schlechtes Wetter, einsperren und foltern.[16] Der *New-York-Times*-Journalist Stephen Kinzer vertritt in seinem Buch »All the Shah's Men«[17] die These, dass die USA mit dem Sturz Mossadeghs jenen Teufelskreis des Terrors in Gang gesetzt haben, dessen Folgen im 11. September gipfelten: »Es ist nicht zu weit hergeholt, eine Verbindung zwischen der Operation Ajax, dem repressiven Regime des Schah, der islamischen Revolution und den Feuerbällen, die das World Trade Center in New York zerstört haben, herzustellen.«

Kinzer hat Recht: Hätte man der iranischen Geschichte ihren Lauf gelassen, hätte der Staat im Nahen Osten eine Chance auf eine demokratische Entwicklung gehabt.

Mit ihrem Eingreifen haben sich die USA im Iran verhasst gemacht, ein Land, dem die Iraner zuvor recht positiv gegenübergestanden sind. Doch die Amerikaner hatten erreicht, was sie wollten: Vor dem Sturz Mossadeghs waren die US-Ölfirmen im Iran nicht präsent. Nach dem Sturz ließen sich fünf US-Ölfirmen im Land nieder und förderten die nächsten 25 Jahre.

Die nächste Station britischen Abenteurertums war Suez: Auch der Sturz Mossadeghs in Teheran hatte den aufkeimenden Nationalismus im Nahen Osten und der Golfregion nicht eindämmen können. 1954 hatte der ägyptische Präsident Gamal Abdel Nasser mit den Briten einen Vertrag ausgehandelt, der den Abzug der Briten vom Suezkanal bis 1956 vorsah. Weil Nasser aber einen Waffendeal mit der Tschechoslowakei plante, hatten die USA plötzlich Angst, Ägypten könnte in die sowjetische Einflusszone geraten. Sie strichen einen bereits vereinbarten Weltbank-Kredit für den Assuan-Staudamm. Nassers Reaktion: die Verstaatlichung des 1869 fertiggestellten Suez-Kanals am 26. Juli 1956. Nun wiederum rüsteten die Briten für eine Invasion Ägyptens, »als ginge es darum, deutsche Panzereinheiten wie im Zweiten Weltkrieg zu bekämpfen«.[18] Den Briten ging es dabei vorwiegend ums Öl: Der Kanal war die Lebensader Europas, durch die das schwarze Gold aus der Golfregion in die Raffinerien kam. Der britische Außenminister Selvyn Lloyd hatte zuvor Nasser erklärt, dass der Kanal ein »integraler, für Großbritannien lebenswichtiger Bestandteil des Ölkomplexes im Nahen Osten« sei. Am 29. Oktober 1956 begann die britisch-französisch-israelische Operation »Musketier« gegen Ägypten (in Israel Operation »Khadesh« genannt). Fallschirmjäger aus Großbritannien landeten im Suez-Kanal-Gebiet, die Israelis rückten auf die Halbinsel Sinai vor. Doch die USA waren in die Entscheidung nicht eingebunden und es war »Präsident Dwight D. Eisenhower, der sein Gewicht in die Waagschale warf und einen sofortigen Abzug der Israelis, Briten und Franzosen von ägyptischem Territorium verlangte«.[19] Die »Dreierverschwörung«, wie Nasser sie nannte, war gescheitert. Die Briten mussten eine bittere Lektion lernen: Von nun an würden sie stets gemeinsam mit den USA im Nahen Osten vorgehen müssen. »Darin liegt die Erklärung der britischen Politik von 1956 bis heute«, schreibt Roger Louis in seinem Beitrag für das Buch »Diplomacy in the Middle East«.[20]

Israels strategische Ausrichtung verschob sich nun weg von den Europäern, hin zu den USA. Präsident Dwight D. Eisenhower erklärte die Vereinigten Staaten am 5. Januar 1957 zur De-facto-Schutzmacht der Öl fördernden Länder der Golfregion: In seiner Rede vor dem US-Repräsentantenhaus betonte Eisenhower, dass die Vereinigten Staaten die »territoriale Integrität und politische Unabhängigkeit aller Nationen (im Nahen Osten) gegen eine bewaffnete kommunistische Aggression verteidigen helfen« würden, »falls dies von der angegriffenen Nation gewünscht wird«. Ein Angriff würde »mit ziemlicher Sicherheit die Vereinigten Staaten in einen militärischen Konflikt hineinziehen. Ich bin davon überzeugt, dass die beste Versicherung gegen diese Gefahr ist, unsere Bereitschaft klarzustellen, voll mit unseren Freunden in Nahost zu kooperieren – in Übereinstimmung mit den Zielen und Prinzipien der Vereinten Nationen.«[21]

Die Konflikte im Nahen Osten schwelten weiter. Ägypten sperrte 1967 den Golf von Akaba, einen lebenswichtigen Transportweg für die israelische Schifffahrt. Für Israel war das ein Akt der Aggression und diente als Anlass für einen Präventivkrieg, der am 5. Juni 1967 begann. Israel besetzte den Gaza-Streifen und stieß in den Sinai vor. Gleichzeitig vertrieben die Israelis die Jordanier aus der Altstadt Jerusalems und rückten nach Syrien vor. Nach sechs Tagen hatte Israel die gesamte Sinai-Halbinsel, das Westjordanland, Ostjerusalem sowie die strategisch wichtigen Golanhöhen Syriens besetzt. Eine Balance der Interessen zwischen Israel, dem Westen und den Ölinteressen am Golf sollte sich nicht das letzte Mal als schwierig erweisen.

Inzwischen verlor Großbritannien weiter an Einfluss in der Region. 1971 zogen sich die Briten aus der Golfregion zurück – vorwiegend aus finanziellen Gründen. Die damalige Labour-Regierung von Harold Wilson wollte nicht mehr länger die zwölf Millionen Pfund (heute rund 150 Millionen Euro) jährlich für den Unterhalt der Militärbasen in der Region bezahlen und war nicht mehr gewillt, »ölreiche feudale Scheichs« beim Machterhalt zu unterstützen. Die USA waren schockiert und sahen den »Rückzug aller britischen Truppen östlich des Suez« als Verrat an.[22] Die USA vertraten damals zwar anti-kolonialistische Positionen, waren aber in Vietnam in einen immer schlimmer werdenden Krieg verstrickt und hatten keine Lust, das Machtvakuum zu füllen, das die Briten zweifelsohne hinterlassen würden. Ganz gemäß der Nixon-Doktrin von 1969 verzichteten sie darauf, sich selbst in der Region zu engagieren, sondern setzten voll auf den Iran von Shah Reza Pahlevi als regionale Ordnungsmacht.

Die Ölwaffe wird gezogen – Der Yom-Kippur-Krieg 1973

Der ägyptische Präsident Anwar Sadat hatte alles vorbereitet – Israel sollten die 1967 eroberten Gebiete wieder entrissen, die Schmach der Niederlage des Sechstagekrieges getilgt werden. Zuerst musste Sadat im Juni 1972 die russischen Militärberater aus dem Land werfen, »aus einleuchtenden Gründen, weil er wusste, dass er Israel nicht angreifen konnte, solange die Sowjets im Land waren«.[23] Dann begann Sadat, eine mächtige arabische Koalition zu schmieden: Alle sollten einen Beitrag leisten und Saudi-Arabien dabei eine besondere Aufgabe zufallen: der Einsatz der Massenpanikwaffe »Ölembargo«. Im April 1973 reisten der saudische Ölminister Scheikh Ahmed Zaki Jamani und sein Stellvertreter Prinz Saud al-Faisal in die USA und verkündeten dort, dass Saudi-Arabien seine Kapazitäten nicht auf zwanzig Millionen Barrel pro Tag bis 1980 ausweiten würde, wenn die USA nicht ihre Politik gegenüber Israel änderten. Zur selben Zeit gab US-Präsident Nixon Anweisung, die nicht-arabischen Kräfte der Region zu stützen: die kurdischen Peschmerga im Irak bei ihrem Kampf gegen die Zentralregierung in Bagdad und den Schah von Persien, der beträchtliche Waffenlieferungen erhielt.

Doch die *OPEC*-Länder wussten: Verschiedene Faktoren (rasantes Wachstum in den Industrieländern, zunehmende Motorisierung, Umstellung von Kohle auf Öl im Heizungs- und vor allem Stromerzeugungsbereich) hatten zu einer extremen Ölknappheit am Weltmarkt geführt, die Machtbalance hatte sich eindeutig zugunsten der Produzentenländer verschoben: Am 8. Oktober 1973 wollten die Spitzenmanager der Erdölfirmen sich im Wiener Hotel *Intercontinental*, einem Betonkasten mit Plattenbaucharme gleich gegenüber Wiens romantischem Stadtpark, mit den *OPEC*-Ölministern treffen, um über den Ölpreis zu verhandeln. Die ersten Deligierten waren gerade nach Wien abgeflogen, als sie die Nachricht erreichte, dass Ägypten und Syrien auf breiter Front Israel angegriffen hatten.

Das war am 6. Oktober 1973. In der jüdischen Welt wurde der heiligste Feiertag Yom Kippur gefeiert. Ägyptische Truppen drangen über den Suez-Kanal in den Sinai vor, um die von Israel während des Sechstagekrieges 1967 besetzten arabischen Gebiete zurückzuerobern. Gleichzeitig eröffneten entlang der Front mehr als dreitausend Geschütze das Feuer, die syrische Luftwaffe flog Angriffe gegen israelische Stellungen, die syrische Artillerie feuerte aus 700 Rohren. Die arabischen *OPEC*-Vertreter saßen vor den Fernsehschirmen oder hörten Radio. Sie waren bester Laune, der Krieg lief gut für ihre ägyptischen und syrischen Freunde.

Die Vertreter der Produzentenländer verlangten eine Verdoppelung des Ölpreises auf sechs Dollar pro Barrel, Saudi-Arabiens Ölminister (von 1962 bis 1986) Jamani machte den Managern von *Exxon* und *Shell* ein letztes Angebot: fünf Dollar pro Barrel.

Die arabischen *OPEC*-Vertreter packten ihre Koffer. In Kuwait-City wollten sie im Rahmen der *OAPEC* (*Organisation of Arab Petroleum Exporting Countries*) weiterverhandeln. Doch es ging längst nicht mehr um den Ölpreis, es ging um ein Embargo. Was war geschehen? Der Krieg lief schlecht für die Israelis, die die Amerikaner drängten, ihnen Waffen zu schicken. US-Präsident Nixon autorisierte am 13. November eine Nachschub-Luftbrücke für die israelische Armee – Codename »Nickel Grass«. Der damalige Außenminister Henry Kissinger verlangte, dass die Flüge wenigstens in der Nacht landen würden, denn er wollte verhindern, dass die US-Unterstützung allzu offensichtlich wurde. Die ganze Sache war ein Dilemma für die US-Politik: Das Weiße Haus wollte keine Konfrontation mit der Sowjetunion riskieren, die US-Ölfirmen forderten von Nixon, nicht zugunsten Israels einzugreifen, weil sie negative Folgen für ihre Ölgeschäfte am Golf befürchteten. Und da die Europäer angesichts eines drohenden Embargos – genauso wie die Japaner – ihre Versorgungsposition verbessern müssten, fürchteten die USA die verstärkte Konkurrenz um Öl, ganz zu schweigen von der Gefahr einer russischen Invasion im Falle einer Totaleskalation.

Nach der Nixon-Doktrin sollten aber befreundete Staaten, die den Sicherheitsinteressen der USA nützlich waren, in jedem Fall unterstützt werden. Also landeten C-5-Galaxy- und C-141-Starlifter-Militärflugzeuge, beladen mit Kriegsmaterial, ab 14. Oktober 1973 am Lod International Airport, Tel Aviv, einige wenige sogar am Al-Arish-Luftwaffenstützpunkt auf der Sinai-Halbinsel. Insgesamt wurden 22 305 Tonnen Material und Munition nach Israel geliefert.[24]

Am 16. Oktober 1973 kam eine Delegation von vier arabischen Außenministern nach Washington, angeführt vom saudischen Außenminister Omar Saqqaf. Saqqaf war sehr schlechter Laune: Nixon hatte den Termin des Gipfeltreffens verschoben und bei einer Pressekonferenz merkte einer der amerikanischen Journalisten an: »Die Saudis sollen ihr Öl trinken.« Saqqaf antwortete: »Okay, das werden wir tun.« Saqqaf überreichte Nixon einen Brief von König Feisal, in dem dieser ein Ölembargo androhte – für den Fall, dass die USA ihre Militärhilfe für Israel nicht innerhalb von zwei Tagen einstellten. Am selben Tag stimmte der Senat der Militärhilfe im Umfang von 2,2 Millarden Dollar zu. Am nächsten Tag beschlossen die arabischen *OPEC*-Staaten den Ölboykott: Bis zum Rückzug der Israelis hinter die Grenzen, wie sie vor dem Sechstagekrieg 1967 bestanden hatten, würden die arabischen Förderländer jeden Monat ihre Produktion um fünf Prozent drosseln. Die arabischen Ölförderländer rund um den Golf förderten damals 19,6 Millionen Barrel pro Tag, das entsprach vierzig Prozent der Förderung der westlichen Welt.

Panik in den USA. Die Industrienationen befiel Panik: In den USA bildeten sich lange Schlagen vor den Tankstellen, Präsident Nixon untersagte persönlich Weihnachtsbeleuchtung in den Straßen und sogar in den privaten Vorgärten. Die Zeitungen druckten am 16. November 1973 ein Funkbild der Nachrichtenagentur *UPI* (*United Press International*) mit einem Aktmodell in einer Zeichenklasse. Bildunterschrift: »Die Energiekrise zwang die Wayne-Universität, die Heizung zu drosseln. Damit das Aktmodell in der Kunstklasse aber nicht friert, wird ein elektrischer Strahler auf das Mädchen gerichtet.«

In einer vierzehnminütigen Radio- und Fernsehansprache bat Präsident Richard Nixon am 25. November das amerikanische Volk »um ein kleines Opfer, damit niemand ein wirkliches Opfer bringen muss«.[25] Mittlerweile stauten sich sogar vor den Tankstellen der Ölhauptstadt der USA, Houston, Texas, die Fahrzeuge, um den

Tank voll zu füllen.[26] Die Menschen drehten an ihren Thermostaten, am Sonntag war kaum irgendwo Sprit zu bekommen: Richard Kaku, Tankwart einer *Mobil*-Tankstelle, meinte gegenüber der *New York Times*: »Wenn der Präsident eine freiwillige Schließung der Tankstellen verlangt, sollten wir uns daran halten. Wenn wir es nämlich nicht tun, wird er im Februar oder März Rationierungen verhängen. Was dann? Mit fünfzehn Gallonen pro Woche könnte ich nicht mal in die Arbeit und zurück fahren.«[27]

Sonntagsfahrverbot in Deutschland. In Deutschland erließ die Regierung von Willy Brandt am 19. November 1973 ein Sonntagsfahrverbot, das an den vier folgenden Sonntagen – dem 25. November sowie dem 2., 9. und 16. Dezember 1973 – jeweils von drei Uhr morgens bis drei Uhr des folgenden Tages gelten sollte und von dem rund dreizehn Millionen Autofahrer betroffen waren. Auf Landstraßen durfte nur mehr 80 km/h gefahren werden, auf Autobahnen 100 km/h. Die Folgen waren in der gesamten Wirtschaft spürbar, Panik machte sich breit. Die Zeitungen veröffentlichten zum Teil skurrile Stories über die Folgen des Ölschocks: Eine Familie, die in der Nähe von Düsseldorf eine Weinschenke betrieb, musste »acht Torten verdrücken«, denn es kamen gerade einmal drei Gäste in das Weinhaus, »und machten eine Zeche von insgesamt acht Mark – von den vorbereiteten Torten aß niemand«.[28] Die Gastronomie litt unter dem Sonntagsfahrverbot besonders. Entlang der Autobahnen gaben die Tankwarte nur mehr zwanzig Liter pro Fahrzeug ab. In Köln und anderen Städten stieg die Polizei auf Fahrräder um. Die Fahrradverkäufe stiegen in Deutschland im November 1973 um 61 Prozent.[29]

Tempo hundert in Europa. In Holland, das im Ölboykott-Beschluss der Lieferländer so wie die USA explizit genannt wird, appellierte Wirtschaftsminister Ruud Lubbers an sein Volk, die Vorhänge zuzuziehen und das Fahrrad auszupacken. Darüber hinaus wurde Tempo hundert auf den Autobahnen verhängt – eine Million Liter Benzin könnte so gespart werden. Die stoischen Holländer entdeckten am Sonntagsfahrverbot auch Vorteile: Von den drei Millionen Autofahrern der Niederlande waren gerade einmal 1500 Fahrzeuge am Sonntag unterwegs. Die Kinder konnten auf den Hauptverkehrsstraßen und Autobahnen Rollschuh laufen und spielen. Verschreckt erklärte ein Sprecher des Wirtschaftsministeriums in Den Haag: »Wenn der Ölboykott gegen unser Land vier oder fünf Monate dauert, dann droht den Niederlanden ein wirtschaftlicher Schlag, von dem wir uns kaum mehr erholen können.«[30] Die *Zeit* berichtete: In England »fiel die Ölkrise unglücklicherweise mit einer jener sozialen Eruptionen zusammen, die seit Kriegsende zum britischen Leben gehören. Und wie das Pech es wollte, waren diesmal Arbeiter darin verwickelt, die ohnehin eine wirtschaftliche Schlüsselstellung innehaben und deren Gewicht sich angesichts der Ölkrise noch verdoppelt hat – die Bergleute. Dieses Zusammentreffen unglücklicher Umstände veranlasste die Regierung in London, der gesamten britischen Industrie die Dreitagewoche zu verordnen, um dadurch die Energievorräte zu strecken.«[31]

In der Schweiz wurde – wie auch in Dänemark, Griechenland und Luxemburg – ein Sonntagsfahrverbot beschlossen, die schweizerischen Regierungsbeamten wurden aufgefordert, möglichst öffentliche Verkehrsmittel für die Fahrt zum Arbeitsplatz zu benutzen, Schweden führte Benzinrationierungen ein.

Österreich: Mit dem »Pickerl« aus der Krise? In Österreich wurde Benzin schon ab dem 11. Oktober nur mehr direkt in den Tank abgegeben, die Wiener *Arbeiterzeitung* schrieb »Fässer und Kanister werden [an den Tankstellen] nicht mehr gefüllt«[32], um Hamsterkäufen vorzubeugen. In derselben Ausgabe, ein paar Seiten weiter hinten, ist im Wirtschaftskommentar zu lesen: »Wenn auch die *OPEC* den Nahostkonflikt nicht in die laufende Verhandlungsrunde einbezieht, so überschattet der Krieg selbstverständlich die Preisgespräche in Wien. Am längeren Ast sitzt die *OPEC* und ihre Wünsche wird sie angesichts der akuten Ölversorgungssituation mit Sicherheit auch durchsetzen können.«[33] Ein paar Tage später, am 14. Oktober, wurde berichtet, dass in vielen Tankstellen Wiens Benzin ausverkauft war, auch das Heizöl drohte knapp zu werden, »wer das Wochenende nicht in der ungeheizten Wohnung verbringen wollte, nahm den Mehrpreis für den teureren Diesel in Kauf«[34], Motorsportveranstaltungen wurden abgesagt. Der Wiener Feuerwehrchef warnte davor, Benzin in der Wohnung einzulagern, darauf stünden hohe Strafen.[35] Beim österreichischen Fahrradhersteller *KTM* stellt man einen Verkaufs-Boom fest. Ab Mitte Dezember wurde der Fernseh-Sendeschluss auf 22:30 Uhr vorverlegt, Lichtreklame wurde verboten, die Regierung appellierte an die Bevölkerung, die Zimmertemperatur um zwei Grad zu senken. Am 14. Januar 1974 wurde das sogenannte »Pickerl« – eine Tagesplakette – eingeführt: Jeder Autofahrer musste einen autofreien Tag wählen und den entsprechenden Tageskleber auf die Windschutzscheibe kleben – an diesem Tag hatte das Auto dann in der Garage zu bleiben.

Besonders hart traf es Japan, das von Saudi-Arabien und den anderen arabischen Lieferländern erpresst wurde, die Beziehungen zu Israel abzubrechen. Premierminister Tanaka und Außenminister Ohira sprachen sogar bei Kissinger vor und erbaten Öllieferungen. »Die Energieknappheit würde das gesamte politische und gesellschaftliche Leben in Frage stellen«, meinten sie. Immerhin bezog Japan damals 44 Prozent des Öls aus der Golfregion, Japans Abhängigkeit von Öl war von allen Industrienationen am größten: 77 Prozent verglichen mit 46 Prozent der USA. Japan hatte mehr als alle anderen auf Erdöl als Energiequelle für sein Wirtschaftswachstum gesetzt.[36] Als Appeasement gegenüber den arabischen Nationen beschloss Tokio, die Hilfe für palästinensische Flüchtlinge aufzustocken, sowie eine Erklärung, in der der Rückzug Israels gefordert wurde. Handelsminister Nakasone ging sogar so weit, am 21. November vor dem Parlament zu sagen, Israel habe kein Recht, seine Truppen auf arabischem Gebiet zu belassen, das es »widerrechtlich und durch Einsatz von Gewalt« besetzt habe.

Doch die Ölkrise sollte sich für Japan als heilsamer Schock erweisen. Der kreative Vizeindustrieminister Naohiro Amaya ging daran, die japanische Industriestrategie komplett umzustellen. Das Reich der aufgehenden Sonne, befand Amaya, sollte sich sukzessive aus den energieintensiven Industrien zurückziehen und stattdessen alle Anstrengungen in der Elektronik-Industrie bündeln. Dieser Schritt sicherte die Konkurrenzfähigkeit Japans auf Jahrzehnte hinaus. In einem Interview für die Fernsehdokumentation »The Prize« bringt Amaya es auf den Punkt: »Wir sind in Japan arm an natürlichen Ressourcen, aber hier oben«, Amaya tippt auf seine Stirn, »sind wir reich – und das sollten wir nutzen.«[37] Selbst für die Autoindustrie des Inselreiches war der Ölschock ein Segen: Plötzlich wollte alle Welt die kompakten, sparsamen japanischen Autos kaufen. Eine interessante Parallele zur Gegenwart: Während in der US-Autokapitale Detroit wieder einmal Weltuntergangsstimmung herrscht und *General Motors* am Boden liegt, punktet *Toyota* – vor allem auf dem US-Markt. Das Hybrid-Sparmodell Prius heimst Preise ein und wird nach Jahren des Geländewagenwahns zum ultimativen Lifestyle-Statement der »coolen« und »schicken« Auto-Fetischisten.

Doch zurück ins Jahr 1973: Mitte November hatte der Ölboykott noch nicht auf die Raffinerien durchgeschlagen, denn es waren noch volle Tankschiffe unterwegs, der Ölstrom würde erst in vierzehn Tagen versiegen.

Die Europäische Gemeinschaft (EG) hatte damals Öl für 65 Tage gebunkert, zur Gesamtenergieversorgung der EG trug Erdöl knapp sechzig Prozent bei, der Rest verteilte sich auf Kohle, Erdgas und Elektrizitätsversorgung durch Wasserkraft.

Die Beziehungen zwischen den USA und Europa waren sehr schlecht: Die Europäer sahen sich gezwungen, für die arabische Seite Partei zu ergreifen, um die Lieferländer nicht noch mehr zu reizen. Frankreich trat den USA damals offen entgegen und nahm nur widerwillig an den Kooperationsgesprächen der Europäer mit den USA teil.

Die Vereinigten Staaten sollen 1973 sogar eine gewaltsame Eroberung und Besetzung von Ölquellen in der Golfregion in Erwägung gezogen haben. Aus britischen Geheimdokumenten, die Anfang 2004 veröffentlicht wurden, geht hervor, dass die USA eine Besetzung von Saudi-Arabien and Kuwait erwogen und die Briten gebeten haben sollen, ähnliche Aktionen in Abu Dhabi (gehört heute zu den Vereinigten Arabischen Emiraten) vorzubereiten. Diese britische Einschätzung geht auf eine Warnung von US-Verteidigungsminister James Schlesinger an den britischen Botschafter in Washington, Lord Cromer, zurück: Der Botschafter zitierte Schlesinger mit den Worten »es ist nicht mehr länger ausgeschlossen, dass die USA Gewalt anwenden«. Damit war wohl eine Besetzung der Ölfelder gemeint. Die britischen Geheimdienste tippten darauf, dass die USA Luftlandeoperationen von Griechenland, der Türkei, Zypern, dem Iran oder Israel aus starten könnten. Die größte Sorge der britischen Analysten war, dass der Irak (damals war dort niemand anderer als Saddam Hussein Vizepräsident) mit Unterstützung der Sowjets in Kuwait gegen die US-Besatzung vorgehen könnte. In der Geheimdienstanalyse, die 2004 nach dreißigjähriger Geheimhaltungsfrist veröffentlicht wurde, wird klargestellt, dass mit einer Invasion nur zu rechnen sei, wenn das Ölembargo lange Zeit anhalte und die westlichen Ökonomien nachhaltig gefährdet wären.[38]

Es gibt noch weitere Hinweise auf damalige Pläne der USA, im Fall des Falles die Ölförderanlagen in Saudi-Arabien zu besetzen. 1975 (nach dem Nixon-Rücktritt wegen »Watergate« war Gerald Ford US-Präsident) erschien unter Pseudonym ein Artikel im *Harper's Magazine* unter dem Titel: »Die Eroberung des arabischen Öls«. Darin wurde die Übernahme der saudischen Ölquellen empfohlen: »[Militärische] Gewalt sollte selektiv eingesetzt werden, um große und konzentrierte Ölreserven zu okkupieren, aus denen schnell und effizient gefördert werden kann, um die künstliche Ölverknappung zu beenden und damit den Preis dramatisch zu senken. [...] Wenn man das erreichen will, gibt es nur ein Ziel, das in Frage kommt: Saudi-Arabien.«[39] Texaner und Öl-Ingenieure aus Oklahoma würden dafür sorgen, dass das Öl weiter fließt. Etwa zeitgleich erschienen ähnliche Artikel in anderen Publikationen.

Dann machte der damalige US-Botschafter in Saudi-Arabien, James Atkins, »einen tödlichen Fehler«, wie er später selbst sagte: Bei einem Fernseh-Interview meinte Atkins, jeder der so etwas Absurdes vorschlagen würde, wäre »entweder verrückt, kriminell oder ein Sowjet-Agent«. Ein paar Monate später wurde Atkins gefeuert.[40]

Später fand er heraus, dass die Quelle für diese platzierten Artikel niemand anderer als sein Ex-Boss, Henry Kissinger, war.[41] Kissinger selbst gab das freilich nie zu, aber in einem Interview mit dem Wirtschaftsmagazin *Business Week*[42] machte er düstere Andeutungen: »Massive politische Kriegsführung gegen Länder wie Saudi-Arabien und den Iran könnte dazu führen, dass diese Länder ihre politische Stabilität gefährden [...] wenn sie nicht kooperieren.«

Die Drohungen der USA wurden in Riad durchaus ernst genommen. Damals hatten aber die USA noch kaum eine nennenswerte Militärpräsenz am Golf, Amerika wäre nicht in der Lage gewesen, einzugreifen. Die Saudis interpretierten die Aussagen Kissingers jedoch als militärische Drohung: Der saudische Ölminister Jamani sagte, dass das Königreich im Falle einer Invasion die Ölquellen in die Luft sprengen würde.[43]

Eine später ans Licht gekommene Geheimstudie vom August 1975 mit dem Titel »Ölfelder als militärische Ziele: Eine Machbarkeits-Studie im Auftrag des US-Kongresses« nannte Saudi-Arabien, Kuwait, Venezuela, Libyen und Nigeria als mögliche Ziele für eine US-Invasion im Dienste der Ölversorgung: »Unsere Analysen zeigen, [dass die militärischen Kräfte der *OPEC*-Länder] quantitativ und qualitativ unterlegen sind und schnell zerschlagen werden könnten.«[44] Das Problem war freilich, dass die USA zu diesem Zeitpunkt noch keine nennenswerten Truppen im Nahen Osten stationiert hatten.

Doch – noch einmal – zurück ins Jahr 1973: Das Weiße Haus war nur beschränkt handlungsfähig, denn Nixon hatte den Watergate-Skandal am Hals. Henry Kissinger, nationaler Sicherheitsberater und ab 22. September 1973 Außenminister, wurde zur zentralen Figur der US-Administration. Kissinger, der anfänglich der Krise nicht genug Aufmerksamkeit gewidmet hatte, entwickelte nach Verhängung des Embargos beträchtliche Aktivitäten. Mit seiner atemlosen »Shuttle-Diplomacy« durch die Hauptstädte des Nahen Ostens versuchte er die Krise zu entschärfen. Der bekannte Nahost-Experte Fuad Ajami beschrieb Kissingers Engagement in einem Interview: »Er hat sich weder für die Dritte Welt noch für die arabische Welt interessiert. Den Ägyptern sagte er, ›Leute, ich kümmere mich um Krisen erst, wenn sie heiß sind.‹ Aber die Öl-Krise war heiß und das Thema Öl war es auch, das Kissinger in den Nahen Osten brachte. Darum ging es bei der ganzen Shuttle-Diplomacy, es ging um ein Ende des Embargos.«[45]

Kurz vor Weihnachten 1973 trafen sich die sechs Golfmitgliedsländer der *OPEC*, dieses Mal in Teheran: Einige Mitgliedsstaaten hatten begonnen, Öl zu versteigern. Die *OPEC*-Staaten wollten aus den Ergebnissen der Versteigerungen ablesen, dass der »gerechte« Ölpreis bei rund siebzehn Dollar pro Barrel liegen sollte. Der Schah von Persien, der sich am Ölembargo gar nicht beteiligt hatte, fand plötzlich Gefallen an den hohen Ölpreisen, die ihn seiner finanziellen Sorgen befreiten, er strebte nun auch einen möglichst hohen Preis an. Jamani, der saudische Ölminister, machte sich Sorgen um die Weltwirtschaft und fürchtete, dass die Konsumentenländer verstärkt nach alternativen Energielieferanten suchen würden, und rief zur Mäßigung auf. Am nächsten Morgen gab der Schah eine Pressekonferenz: Der neue Ölpreis würde bei 11,65 Dollar pro Barrel liegen, »der Preis ist sehr niedrig, verglichen mit den Marktpreisen«. Sparen würde den westlichen Konsumenten ganz gut tun, »all diese Kinder aus gutem Haus, die genug zu essen und die ihre eigenen Autos haben und die beinahe wie Terroristen agieren und dort und da Bomben abwerfen, werden all die Privilegien der fortschrittlichen industrialisierten Welt überdenken müssen. Sie werden eben härter arbeiten müssen.«[46]

Am 23. Januar 1974 sprach der ägyptische Präsident Anwar Al Sadat sich dafür aus, das Ölembargo zu beenden. Am 7. Februar 1974 lautete dann eine Schlagzeile im Wirtschaftsteil der Wiener *Arbeiterzeitung*: »Der Ölpreisrausch klingt nun ab«[47], am 16. Februar 1974 wurde das »Pickerl«, wie man die Verpflichtung zum autofreien Tag in Österreich nannte, außer Kraft gesetzt. Die österreichischen Autofahrer konnten sich nun wieder jeden Tag hinters Steuer setzen (in Deutschland war das Sonntagsfahrverbot bereits am 16. Dezember 1973 wieder aufgehoben worden).

In Amerika suchten die Autofahrer wieder jene Tankstellen mit dem billigsten Öl, anstatt solche, die überhaupt welches verkauften. »Mit überraschender Geschwindigkeit sind die langen Warteschlangen, mit denen Autofahrer die vergangenen Monate hindurch leben mussten, verschwunden«[48], berichtet die *New York Times*. Die *OPEC* beschloss schließlich am 17. März 1974 in Wien, das Embargo aufzuheben.

Die OPEC *am Gipfel ihrer Macht*

Die Gesamteinnahmen der Ölausfuhrländer stiegen von 23 Milliarden Dollar im Jahr 1972 auf 140 Milliarden Dollar im Jahr 1977. Die Ausfuhrländer wiesen hohe Zahlungsbilanzüberschüsse auf, was den Banken großes Kopfzerbrechen machte: Diese Milliarden könnten zu ernsten Ungleichgewichten in der Weltwirtschaft führen. Doch die Sorgen erwiesen sich als unbegründet, denn die Ölförderländer gingen auf Shopping-Tour: Die Regierungen investierten in Bauvorhaben, Infrastrukturprojekte, öffentliche Dienstleistungen und Waffen, das alles wurde von Verschwendung und Korruption begleitet. Zeitweise waren am Golf die Häfen verstopft. 1974 betrug der Handelsbilanzüberschuss der *OPEC*-Länder 67 Milliarden Dollar, 1978 war der Überschuss zu einem Defizit von zwei Milliarden Dollar geworden. In den Industrieländern machte sich diese Wohlstandsverschiebung ebenfalls bemerkbar: Das Bruttosozialprodukt der USA fiel zwischen 1973 und 1975 um sechs Prozent, während sich die Arbeitslosenquote in diesem Zeitraum auf neun Prozent verdoppelte. Japans Bruttosozialprodukt fiel erstmals seit dem Zweiten Weltkrieg. Deutschlands Wachstum rutschte ebenfalls ins Minus und erholte sich erst ab 1975 wieder (1976 schoss das deutsche Wirtschaftswachstum auf über fünf Prozent) – Arbeitslosigkeit war während dieser Zeit übrigens in Deutschland kein Problem, es herrschte bis an den Anfang der 80er-Jahre Vollbeschäftigung.

Die Länder am Persischen Golf verstaatlichten die Ölfelder: *BP* und *Gulf* wurden mit fünfzig Millionen abgefunden und aus Saudi-Arabien verabschiedet, aus der *Aramco* wurde die *Saudi Aramco*. Die Macht der Ölkonzerne musste der Macht der Öl exportierenden Staaten weichen.

Der Schah von Persien im Geschwindigkeitsrausch

Das Embargo und die Folgen sandten Schockwellen durch das gesellschaftliche Gefüge Europas und der USA: Das Club-of-Rome-Buch »Die Grenzen des Wachstums«[49] brachte es zu ungeheurer Popularität, eine ganze Generation politisch Interessierter wurde von dem malthusianisch-pessimistischen Werk geprägt, und die

Thesen des gebürtigen Deutschen Ernst Friedrich Schumacher – »small is beautiful«[50] – fanden Gehör. Der Ölschock gebar ein neues politisches Bewusstsein: Wachstums-Skepsis schien nach den Zeiten ungebremsten Aufschwungs und überschäumenden Hochkonjunktur-Optimismus gesellschaftsfähig, Begriffe wie Ökologie und soziale Gerechtigkeit wurden Teil des politischen Diskurses und ein tieferes Interesse für die Menschen in der sogenannten »Dritten Welt« erwachte. Waren die Scheichs etwa Geburtshelfer der grünen Bewegung?

Leben auf hoher Oktanzahl – das war es, was dem Schah von Persien gefiel: »Eines der wenigen Dinge im Leben, die meinem Mann etwas bedeuten«, sagte die dritte Frau von Schah Reza Pahlevi, Kaiserin Farah Diba-Pahlevi, Mitte der 70er-Jahre, »ist Fliegen, Auto fahren, Motorboot fahren – Geschwindigkeit.«[51] Seinen Geschwindigkeitsrausch verordnete der Schah dem ganzen Land. Statt der altmodischen Bazare sollten Supermärkte entstehen, er bestellte in Frankreich gleich acht Atomkraftwerke, aus Deutschland orderte er drei schlüsselfertige Brotfabriken – ohne einen Gedanken an die vielen Kleinbäcker zu verschwenden, die damit über Nacht arbeitslos wurden. Millionen von Iranern zogen in die Stadt: Teheran wuchs von einer Million Einwohner auf über fünf Millionen an.[52]

Die Landflucht hatte Folgen: Nun mussten achtzig Prozent des Weizens und die Hälfte des benötigten Reisbedarfs importiert werden. Eine 1972–73 durchgeführte Studie zeigte, dass 44 Prozent der iranischen Bevölkerung unterernährt und 23 Prozent weniger als neunzig Prozent der von der Weltgesundheitsorganisation *WHO* als ausreichend angesehenen Rationen erhielten. Bis 1978 waren ein Fünftel der Bevölkerung Staatsangestellte und somit direkt von den Zuwendungen des Staates abhängig. Mit der Flut an Petrodollars, die sich ins Land ergoss, kaufte der Schah hoch entwickelte Waffensysteme, hauptsächlich in den USA, für die nach der »Zwei-Säulen-Strategie« der Iran neben Saudi-Arabien die wichtigste Ordnungsmacht der Region war. Die Rüstungsausgaben waren eine Provokation für die breite Masse der Besitzlosen, genauso wie der dramatisch wachsende Reichtum der schicken Teheraner Eliten, die von ihrer Nähe zum Hof des Schah und den damit einhergehenden Geschäftsmöglichkeiten profitierten.

Doch die Macht der *OPEC* sollte bald einen Dämpfer erhalten, die Entwicklung ging Schlag auf Schlag: In Mexiko stieß man auf große Offshore-Ölvorkommen (1972: 500000 Barrel/Tag, 1976: 830000 Barrel/Tag, 1980: 1,9 Millionen Barrel/Tag), am 18. Juni 1975 floss das erste Nordseeöl in die Pipelines. Und 1978 war die 1300 Kilometer lange Alaska-Pipeline fertig, über eine Million Barrel Öl pro Tag flossen vom North Slope zum Verladeterminal Valdez an der Südküste Alaskas. Die Förderung in Alaska stieg auf zwei Millionen Barrel täglich an, ein Viertel der gesamten amerikanischen Produktion. All diese neuen Fördergebiete waren keine *OPEC*-Mitglieder, die Öl-Machtbalance schien sich wieder zu verschieben – zugunsten der Industrienationen, der Ölpreis begann zu sinken.

Konkurs des Königs der Könige

31. Dezember 1977: US-Präsident Jimmy Carter und First Lady Rosalynn landen um 4:35 Uhr am Flughafen Merabad. Im Tagebuch[53] von Jimmy Carter ist der Besuch detailliert verzeichnet: Carter und die First Lady werden von Mohammed Reza Pahlevi, Schah-in-Shah, und Farah Pahlevi Shahbanu im »Königlichen Pavillon« empfangen, sie bekommen Blumen von zwei iranischen Kindern. Am Abend wird im Nivaran-Palast für die Ehrengäste ein Bankett ausgerichtet, um 21:14 Uhr begibt man sich zu Tisch, von 22:18 Uhr bis 22:43 Uhr werden Trinksprüche ausgetauscht. Carter steht auf und sagt: »Aufgrund der großartigen Führung durch den Schah ist der Iran eine Insel der Stabilität in einer der unruhigeren Gegenden der Welt.« Dann feiern der Schah, seine Frau Farah, US-Präsident Carter und First Lady Rosalynn Carter gemeinsam den Jahreswechsel.

Zur selben Zeit, zehntausend Kilometer weiter westlich: zweihundert iranische Studenten protestieren vor dem Weißen Haus gegen den Staatsbesuch Carters in Teheran. Auf ihren Transparenten steht zu lesen: »Der Schah ist ein faschistischer Schlächter!« und »Mit bewaffnetem Kampf stürzen wir die US-Marionette«.[54] Ein böses Omen für das Jahr 1978.

Es sollte kein gutes Jahr werden. Die sozialen Spannungen im Lande führten zu immer heftigeren Unruhen, im September musste der Schah in den zwölf größten Städten des Landes das Kriegsrecht ausrufen. Der Anfang vom Ende seiner Herrschaft hatte begonnen. Die Ölarbeiter begannen zu streiken, der 78-jährige Ayatollah (»Zeichen Gottes«) Ruhollah Khomeini, ein einflussreicher schiitischer Geistlicher, der die vergangenen Jahre in Najaf, Irak und Paris verbracht hatte, verlangte die Abdankung des Schah.[55] Der Iran, der zuvor rund fünf Millionen Barrel pro Tag produziert hatte, brachte immer weniger Öl auf die Weltmärkte, am 27. Dezember 1978 melden die Zeitungen: »Die Erdölindustrie steht vor dem Stillstand. Nach Regierungsinformationen ist die Ölförderung aufgrund anhaltender Streiks bereits auf eine Tagesrate von rund 900 000 Barrel (je 159 Liter) gesunken und deckt damit kaum noch den Eigenbedarf.«[56] Schon am nächsten Tag lautete die Schlagzeile: »Iran stellt Ölexporte völlig ein.«[57] Der Ölpreis ging steil nach oben, erreichte sogar vierzig Dollar pro Barrel. Am 17. Dezember treffen die *OPEC*-Minister in Abu Dhabi zusammen und beschließen eine Preissteigerung von 13,8 Prozent für 1979: Die Zeitungen schreiben von einem neuen »Ölschock«.[58] In Deutschland setzt man auf Atomenergie und baut in Kalkar am Niederrhein einen sogenannten »Schnellen Brüter«, in der Schweiz geht das AKW Gösgen (fünfzig Kilometer westlich von Zürich) ans Netz.

Die islamische Revolution siegt im Iran

Am 16. Januar 1979 schallte es durch die Vezel-e-Schirazi Straße in Teheran: »Schah raft! Schah raft!« – Der Schah ist weg. Das Reiterstandbild von Reza Schah, dem Vater des eben geflüchteten Königs der Könige, am Sepah-Platz wurde vom Sockel gezogen, auf der Pahlevi-Straße die Statue des Schah heruntergerissen. Bald skandierte die Menge: »Der Schah ist weg, die Amerikaner sind als nächstes dran!«[59]

Neauphie-le-Château, eine halbe Stunde nach der Abreise des Schah aus Persien nach Ägypten ins Exil. Ein *Stern*-Reporter berichtet am selben Tag aus dem Exil-Quartier Khomeinis: »Die Abreise des Schah ist nicht der Endsieg. Wichtiger noch ist die Beendigung der ausländischen Herrschaft über den Iran«, sagte Khomeini damals.[60]

Der Schah im Exil, niemand weiß, wie es im Iran weitergeht. Teheran – ein Machtvakuum: »Wer wird die Ölvorkommen des Iran kontrollieren und die strategische Position des Landes sichern, durch das jeden Tag so viel des im Westen so dringend benötigten Öls fließt?«, lautete die bange Frage in einer Analyse der *New York Times*.[61] Die Revolution war geschlagen, in den vierzehn Monaten dauernden Auseinandersetzungen der Iraner mit der Schah-Autokratie waren dreitausend Opfer zu beklagen, doch es gab noch keine Autorität, die von nun an die Macht beanspruchen könnte. Die Kurden, Azeris, Turkmenen und Beluchen – alle versuchten sie ihre ethnischen Gebiete in ihre Gewalt zu bekommen. Das ganze Land drohte auseinanderzubrechen. In Teheran begann das Warten. Warten auf Khomeini.

Am 1. Februar 1979, sechzehn Tage nach der Flucht des Schah, hat das Warten ein Ende. Eine gecharterte *Air-France*-Maschine mit Ayatollah Ruhollah Khomeini an Bord landet um 9:30 Uhr Lokalzeit am Flughafen Mehrabad in Teheran.[62] Khomeinis Ankunft in Teheran markiert nicht nur ein weiteres Kapitel in der Geschichte des Iran – das Ende einer 2500-jährigen Monarchie, sondern beendet das nationalistische Zeitalter in der Nahostregion. Gamal Abdel Nassers nationalistische, antikolonialistische Ideen hatten den gesamten Nahost-Raum inspiriert, die nationalistische Entsprechung im Iran war Premierminister Mohammed Mossadegh. Die Landung Khomeinis beendete dieses Kapitel. Von nun an würden die Geistlichen die Marschrichtung in der Region vorgeben, »für mich ist der Khomeini-Siegeszug ein Schlafwagenexpress ins Mittelalter«, meinte damals ein Perser gegenüber dem Nachrichtenmagazin *Spiegel*.[63]

Die Beziehungen zu den USA sinken auf den Tiefpunkt, als am 4. November 1979 eine Gruppe von dreihundert islamistischen Studenten, die sich »Apostel des Imam« nennen, die US-Botschaft überrennen und 66 amerikanische Geiseln nehmen (die Geiselkrise dauerte 444 Tage, bis zum 20. Januar 1981). »Die Studenten, die in die Botschaft eingedrungen sind, trugen Abzeichen mit dem Porträt von Ayatollah Khomeini und sie haben ein Transparent angebracht, auf dem steht: ›Khomeini kämpft, Carter zittert‹.«[64]

Unter dem Eindruck der vor kurzem erfolgten Invasion Afghanistans durch die UdSSR und der Unruhen im Iran machte Präsident Jimmy Carter am 23. Januar 1980 die Golfregion zu einem zentralen Element seiner »Rede zur Lage der Nation«: »Jeder Versuch, die Kontrolle über den Persischen Golf zu erlangen wird als Angriff auf die nationalen Interessen der Vereinigten Staaten betrachtet, ein derartiger Versuch wird mit allen zur Verfügung stehenden Mitteln abgewehrt, inklusive militärischer Gewalt.«[65] – Die Carter-Doktrin war geboren, die in ihrem Inhalt sehr an die Eisenhower-Doktrin von 1957 erinnert (siehe Seite 46). Um seiner Doktrin Nachdruck zu verleihen, rief Carter am 1. März 1980 die »Rapid Deployment Joint Task Force (RDJTF)« an der MacDill Air Force Base in Florida ins Leben. Aufgestellt einzig zu dem Zweck, im Fall des Falles im Nahen Osten oder in Südwest-Asien einzugreifen.

Über die »Insel der Stabilität«, wie US-Präsident Carter den Iran noch in seinem Sylvestertrinkspruch 1977 genannt hatte, waren die Wogen der Revolution hinweggeschwappt, als nächstes sollte aber eine noch größere Veränderung folgen.

»Blitzkrieg« um Benzin – Der irakische Überfall auf den Iran

Am Montag, dem 15. September 1980, trafen die *OPEC*-Ölminister in der Wiener Hofburg zusammen. Es hätte eine feierliche Konferenz werden sollen, denn die Organisation beging ihr zwanzigjähriges Bestehen. Doch gleich zu Beginn kam es zu einem Eklat: Die iranische Delegation verhinderte mit ihrem Veto, dass der irakische Ölminister den Vorsitz übernahm.[66] Der Grund waren Grenzstreitigkeiten zwischen den beiden Nachbarländern, die in den vergangenen Wochen eskaliert waren. Der erst seit einem Jahr im Amt befindliche irakische Präsident Saddam Hussein[67] hatte seit dem Beginn der Revolution in Teheran versucht, aus den Wirren in der neu ausgerufenen »Islamischen Republik« Vorteile zu ziehen: Er destabilisierte die erdölreiche Provinz Khuzestan und spielte mit dem Gedanken einer Invasion. Die *OPEC*-Konferenz in Wien verlief nicht gerade harmonisch, die Mitglieder stritten um einen längerfristigen Plan, die Ölpreise zu erhöhen. Doch am 22. September 1980, die *OPEC* hatte endlich eine Einigung erzielt, die Ölproduktion zurückzufahren, »überschritt Saddam seinen eigenen Rubikon und warf neun Divisionen gegen den Iran« – der Beginn von Saddams »kläglichem Blitzkrieg«.[68] Ein Blitzkrieg um Benzin: Bekäme Saddam die ölreiche Provinz unter seine Kontrolle, würde er über elf Millionen Barrel pro Tag an Ölproduktion verfügen, rund zwanzig Prozent des damaligen Weltölverbrauchs. Saddam wäre dann der unumschränkte Herrscher der arabischen Welt.[69] Tariq Aziz, damals stellvertretender Premierminister des Irak schrieb in einem Zeitungskommentar: »Es wird behauptet, dass dieser Krieg auf Anregung des amerikanischen Imperialismus entfacht worden ist, um geeignete Verhältnisse zur Wiederherstellung der amerikanischen Herrschaft über den Iran und die Hegemonie über die ölreiche Region des Arabischen Golfs zu schaffen. Das ist gut und schön, aber die Vertreter dieser These können uns nicht sagen, wie und wo so etwas vor sich ging.«[70]

In Teheran brach Panik aus, es bildeten sich lange Schlangen vor den Tankstellen und vor den Lebensmittelgeschäften, nachdem Saddam die iranische Hauptstadt bombardieren ließ.[71] Die Industrienationen schreckten einmal mehr auf. Was wird aus dem Öl? »Der Krieg tobt, Schreckensvision des Westens, buchstäblich auf den Ölfeldern«, schrieb der *Spiegel*[72] damals besorgt. Die US-Medien wiesen in ihren Kommentaren darauf hin, dass die USA in diesem Konflikt auf »keiner Seite« stünden. »Der Feind [in diesem Krieg] ist die exzessive Abhängigkeit von Öl aus dieser instabilen Region«, kommentierte die *New York Times* kurz nach Kriegsausbruch.[73]

Aber Saddams Offensive war inkompetent und inffektiv: Khomeini und die Mullahs fanatisierten die iranischen Kämpfer soweit, dass manche bereit waren, mit einem Koran und einem Stirnband, das sie als Märtyrer auswies, an die Front zu gehen, wo sie von den Irakis niedergemäht wurden. Andere Märtyrer gingen durch Minenfelder, um eine sichere Bresche für die besser ausgebildeten Soldaten zu schlagen. Im September 1982 war der Iran in der Offensive, sodass die Saudis einen Friedensvertrag vorlegten, der vorsah, dass der Iran siebzig Milliarden Dollar an Reparationszahlungen erhielt. In Riad hatte man nämlich schon befürchtet, die Iraner würden den Irak überrennen und könnten sich als nächstes Saudi-Arabien – wo an der ölreichen Ostküste zahlreiche Schiiten leben – zuwenden. Saddam war sofort mit dem saudischen Friedensplan einverstanden, aber der Aytollah wollte das »Blutgeld« nicht. Khomeini wünschte, dass seine Truppen die heiligen schiitischen Stätten in Kerbala und Najaf »befreiten« und dann weiter nach Bagdad marschierten. Der Krieg wurde immer blutiger, ein grausames Gemetzel in den Stellungen an der Front, schmutzige Guerilla-Kämpfe im Norden des Irak, wo der Iran dazu übergegangen war, gemeinsame Sache mit den irakischen Kurden zu machen. Der Krieg eskalierte immer weiter: Die irakische Luftwaffe begann iranische Städte zu bombardieren, der Iran antwortete mit Bombenangriffen auf Bagdad. Immer wieder attackierte die irakische Luftwaffe iranische Raffinerien und Verladeterminals. 1984 lieferte Frankreich Mirage-F-1-Kampfflugzeuge, die mit lasergesteuerten Bomben ausgestattet waren, die Iraker intensivierten ihre Bombardements iranischer Öleinrichtungen. »Trotz des Einsatzes der Mirage F-1 konnten die Iraker nie genug Schaden anrichten, um den Iran davon abzuhalten, die Öleinrichtungen innerhalb von Wochen oder sogar Tagen zu reparieren«, schreibt der Direktor des *Saban Center for Middle East Policy* der eher den Demokraten zuzurechnenden *Brookings Institution*, Kenneth M. Pollack, in seinem Buch »The Persian Puzzle«.[74] Mit den französischen Kampfflugzeugen und den mitgelieferten »Exocet«-Raketen eskalierte Saddam auch den sogenannten »Tankerkrieg« im Persischen Golf. Die Hautpziele waren die iranischen Häfen von Bandar-e Khomeini und Bandar-e Mashur; anfangs wurden nur wenige Schiffe außerhalb dieser Zone angegriffen.

Die USA wurden zunehmend nervös, einerseits wegen des immer heftiger tobenden Kriegs der von den USA und Pakistan unterstützten Mujahedin gegen die Sowjets in Afghanistan, andererseits wegen der Instabilität am Golf. Präsident Ronald Reagan wertete die von Carter ins Leben gerufene »Rapid Deployment Joint Task Force« auf: Schon 1981 hatte die Truppe, deren potentielles Einsatzgebiet im Nahen Osten und Südwest-Asien lag, rund 200 000 Mann, Reagan machte daraus ein eigenes Armee-Kommando, das »Central Command«.

Im März 1984 begann die zweite Phase des Tankerkriegs: Der Irak erklärte eine 1126 Kilometer lange Zone zum Kampfgebiet, vom Shatt al-Arab bis zum iranischen Hafen Bushehr, und weitete den Tankerkrieg aus: 1984 wurden insgesamt 71 Tanker angegriffen – mehr als in den drei Jahren seit Kriegsbeginn, in denen insgesamt 48 Tanker beschossen wurden. Die Motive des Irak: Saddam wollte die Ölexporte des Iran unterbinden und so Teheran an den Verhandlungstisch zwingen. Teheran reagierte, indem es ebenfalls Tanker, die irakische Häfen anliefen, angriff. Kuwait bat 1986 die Amerikaner um Schutz des Schiffsverkehrs, nachdem der Iran auch kuwaitische Schiffe angegriffen hatte. Darüber hinaus drohte der Iran, die Straße von Hormuz zu sperren, doch da der Iran selbst auf diesen wichtigen Wasserweg für seine Exporte angewiesen war, waren zumindest diese Drohungen nicht sehr glaubwürdig. Der Schiffsverkehr im Golf kam beinahe zum Erliegen, die Versicherungsprämien für Tankschiffe schossen in die Höhe und die Öllieferungen aus der Golfregion gingen signifikant zurück. Ein irakischer Raketenangriff auf die US-Fregatte *USS Stark* am 17. März 1987, bei dem 37 Matrosen ums Leben kamen, führte dazu, dass die USA ihre Flotte am Persischen Golf verstärkten und den mit US-Fahnen beflaggten Tankern Geleitschutz boten. Die USA machten vorwiegend den Iran für die Eskalation der Krise verantwortlich. Teheran hatte zwar nie direkt Schiffe der US-Flotte angegriffen, setzte aber die Angriffe auf Tankschiffe fort, was wiederum die USA dazu veranlasste, zwei iranische Ölplattformen in die Luft zu jagen. Damit war der Konflikt international geworden.

Die iranische Seite hatte gleich zu Beginn des Krieges das irakische Ölterminal Mina al-Bakr ausgeschaltet und beschoss irakische Öleinrichtungen im Schatt al-Arab mit Artilleriegranaten. Der Irak musste den größten Teil seines Öls nun über eine Pipeline nach Syrien und eine weitere über die Türkei exportieren. Als Hafiz al-Assad (Vater des heute amtierenden syrischen Präsidenten Bashir al-Assad) die syrische Pipeline sperrte, um von den Irakis einen besseren Deal zu erpressen, sanken die Exporte von 2,5 Millionen Barrel auf magere 600 000 Barrel pro Tag. Der Irak hatte nun ein Problem mehr, noch dazu, wo Syrien sich zum Verbündeten des Iran erklärt hatte und als einziger Exportweg die türkische Pipeline zur Verfügung stand. Die arabischen Nachbarn des Irak wurden immer nervöser und halfen Saddam mit großzügigen Krediten aus der Patsche, damit dieser die »Ostflanke der arabischen Welt« vor Khomeini und den schiitischen Mullahs schütze.

In diese Zeit fällt auch Saddams Chemiewaffenprogramm: Senfgas, Sarin, Tabun, Soman und andere Kampfstoffe dürften rund 50 000 iranische Soldaten während des achtjährigen Krieges getötet haben, ein grausam hoher Blutzoll angesichts der mindestens 300 000 getöteten Iraner und Iranerinnen (die Opferzahl auf Seiten des Irak: 160 000 bis 240 000).[75]

Das Interesse, den Konflikt zu beenden, war – zumindest auf Seiten der Amerikaner – sehr gering: »Das einzig Schlechte am Iran-Irak-Krieg ist, dass er irgendwann zu Ende ist«, war ein beliebter zynischer Witz unter US-Diplomaten.[76] Der Irak galt den USA als Verbündeter Russlands und somit als Feind, und auch das theokratische Regime in Teheran sah man als Gegner an, der die Sicherheit der gesamten Golfregion gefährden konnte. Vor allem Saudi-Arabien und die anderen US-Verbündeten am Golf hatten furchtbare Angst vor einem starken Iran. Bald unterstützten die USA (und auch die Europäer) die eine, dann wieder die andere Seite. Die Sowjets begannen dem Irak zu helfen, weil die Mullahs die Linksparteien im Iran verboten hatten und einige moskautreue politische Führer hinrichten ließen. Der heutige Verteidigungsminister Donald H. Rumsfeld (unter dessen Befehl 2003 der US-Angriff auf den Irak erfolgte) reiste 1984 bereits zum zweiten Mal, diesmal als Sondergesandter von Präsident Ronald Reagan, in den Irak, um die Beziehungen zum Saddam-Regime zu verbessern. Reagans Außenminister George P. Shultz gab Rumsfeld die Botschaft mit, dass die vor kurzem erfolgte öffentliche Verurteilung des irakischen Einsatzes von Massenvernichtungswaffen »nur im

Prinzip« erfolgt sei und dass Amerikas Prioritäten selbstverständlich darin lagen, »einen iranischen Sieg im iranisch-irakischen Krieg zu verhindern«, und bat Rumsfeld, die »bilateralen Beziehungen zum Irak zu verbessern«. Eine Ironie der Geschichte, wie Tom Blanton, Direktor des *National Security Archive*, das die Geheim-Dokumente im Internet veröffentlichte, vermerkt: »Saddam hatte in den 80er-Jahren chemische Waffen und der US-Politik war das egal. Die Annäherung an Saddam in den 80er-Jahren [...] sollte uns vorsichtiger machen: Wir müssen genau auf all unsere düsteren Allianzen achten. Wenn wir heute die Hände von Diktatoren schütteln, kann sie das in die Saddams von morgen verwandeln.«[77]

Die USA versorgten aber auch den Iran mit Waffen, offiziell, um damit amerikanische Geiseln im Libanon freizubekommen, es gab aber auch andere Gründe: Eine bizarre Gruppe im Weißen Haus unterstützte den Iran mit Panzerabwehr-Raketen, Boden-Luft-Raketen und geheimen Satellitenfotos und leitete das bei den Waffengeschäften verdiente Geld an die Contras in Honduras weiter, die gegen die linksgerichtete sandinistische Regierung in Managua (Nicaragua) kämpften.

Als der Iran im Golfkrieg 1982 die Oberhand zu gewinnen schien und zu befürchten war, dass im Falle eines iranischen Sieges der Süden des Irak zu einer pro-iranischen islamischen Republik werden könnte, wuchs die Unterstützung für den Irak – Frankreich, aber auch die Sowjetunion lieferten Bagdad immer mehr Waffen, außerdem hatte der Irak seine Beziehungen zu einigen westlichen Staaten verbessert – insbesondere zu den Vereinigten Staaten. »Eine ungewöhnliche Symbiose der Supermächte« nannte die *New York Times*[78] die sich überlagernden Interessen Amerikas und der Sowjets. Beide unterstützten jetzt den Irak: Die Mullahs bestürmten Ayatollah Khomeini, endlich Frieden zu schließen. Sie hatten die Zeichen der Zeit richtig gedeutet, die fallenden Ölpreise ließen eine Weiterführung des kostspieligen Krieges ohnehin als unfinanzierbar erscheinen, die USA ließen zudem erkennen, dass sie den Irak deutlicher als bisher unterstützen würden (1987 leisteten sie 652 Millionen Dollar Wirtschaftshilfe an Bagdad). Die *UN*-Resolution 598 sah einen Friedensschluss und Sanktionen für jene vor, die sich nicht daran hielten.[79] Frieden zu schließen war für Khomeini, »tödlicher, als Gift zu trinken«, aber es blieb ihm nichts anderes übrig, als die schließlich am 20. Juli 1987 verabschiedete *UN*-Resolution zu akzeptieren.

Die beiden Länder waren völlig am Boden: Neben dem hohen Blutzoll hatte der Krieg unendliche Summen Geldes verschlungen. Der Iran soll in den acht Kriegsjahren rund 160 Milliarden Dollar ausgegeben haben. Um die Infrastruktur und Industrie, die in den Revolutionswirren und im Krieg beträchtlichen Schaden genommen hatte, wieder aufzubauen, waren 460 Milliarden Dollar vonnöten. Der arabische Journalist Saïd Aburish gibt sechshundert Milliarden Dollar für beide Konfliktparteien als Kriegskosten an.[80]

Profitiert haben vor allem europäische und russische Rüstungsfirmen – und die Amerikaner. Zwischen 1985 und 1987 lieferte die österreichische Staatsfirma *Noricum* mit Duldung der Regierung Kanonen an den Iran – obwohl das aufgrund eines strengen Waffenexportgesetzes und Österreichs Neutralität illegal war. Sowjets, Deutsche, Italiener, Briten, Franzosen – alle verdienten prächtig am Sterben. Frankreich, das in dieser Beziehung stets alle Skrupel vermissen lässt, fürchtete zeitweise, dass Bagdad die Rechnungen für Atomreaktoren, Flugzeuge, Raketen und anderes Kriegsmaterial nicht bezahlen könne. Der Kriegs-Kassenbon des Irak: Die Sowjetunion hatte Waffen im Wert von zehn Milliarden Dollar geliefert, Frankreich um fünf, Großbritannien um eine und die USA um fünf Milliarden.

Der Golfkrieg zwischen dem Iran und dem Irak wurde in beiden Ländern verklärt und für die Propaganda genutzt: In Bagdad ließ Saddam an der Paradestraße ein Denkmal errichten, bei dem zwei Hände zwei sich überkreuzende Schwerter halten. Um die gigantischen Hände zu modellieren, wurde selbstverständlich Maß am Großen Diktator selbst genommen, am Sockel des Denkmals liegen Berge von iranischen Stahlhelmen, die Saddam von der Front nach Bagdad bringen ließ. Saddam, stets dem Größenwahn verpflichtet, ließ sich nach dem Waffenstillstand als Sieger feiern.

In Teheran bemüht man bis heute – ganz nach schiitischer Tradition – den Opferkult.

Es ist ein klarer Freitag im Januar 2004, als ich zum »Friedhof der Märtyrer«, Behscht e-Zahra, am Stadtrand von Teheran fahre. 30000 Opfer des Krieges sollen im »Paradies der Toten«, so die wortwörtliche Übersetzung, begraben sein. Der Freitag ist der Feiertag im islamischen Kalender, es sind viele Familien am Friedhof. Hier am Gottesacker passt die traditionelle Kleidung der schwarz gekleideten schiitischen Frauen: Obwohl der Krieg längst Geschichte ist, sehen sie aus, als würden sie noch Trauer tragen, als würden sie gerade zum Begräbnis ihres Liebsten gehen. An den Gräbern sind Schaukästen, wo man in zumeist junge Gesichter blickt – Menschen, die ihr Leben noch vor sich hatten, ließen es auf den Schlachtfeldern von Khuzestan, geopfert für einen Krieg ums Öl. Am Friedhof befindet sich auch ein Kriegsmuseum, eigentlich ist es mehr ein makabrer Souvenirshop, wo Postkarten und Poster zum Verkauf angeboten werden. Das Gebäude ist mit einem martialischen Mural bepinselt: Sechs junge Soldaten, alle mit dem Märtyrerkopfband und einer Kalaschnikow vor der Brust, laufen unter der iranischen Flagge voran, dem vermeintlichen Sieg entgegen. Dahinter, wie ein riesiger Geist, Ayatollah Khomeini. Im Museum sind die ausgestellten Bilder weniger heroisch: blutende, zerrissene junge Körper, das wahre Gesicht des Krieges.

Saddams Schlacht um Kuwait

1988, nach dem Ende des Krieges. Der Irak wird von der Schuldenlast beinahe erdrückt: 86 Milliarden Dollar[81] ist der Minusstand, die Öleinkünfte betragen in diesem Jahr zwischen zwölf und vierzehn Milliarden Dollar, sie gehen in die Kreditrückzahlung und fließen in die hochgerüstete, vom Krieg aufgeblähte Armee.[82] Saddam hatte die Zukunft des Landes verpfändet.

Er brauchte Geld, und das ziemlich rasch. Er konnte nicht warten, bis sich der Ölpreis, der seit 1985 auf Talfahrt war und Mitte Juli bei vierzehn Dollar stand, wieder erholte. Saddam verlangte eine Preissteigerung auf 25 Dollar pro Barrel, die *OPEC* hielt einen Preis über achtzehn Dollar für angebracht. In einem Brief an die Arabische Liga erklärte der Irak am 18. Juli 1990: »Die chronische Überproduktion Kuwaits und der Vereinigten Arabischen Emirate ist eine Aggression gegen den Irak und die arabische Nation.« Saddam erklärte, »das ist der Stoß mit einem vergifteten Dolch und eine direkte Aggression«. Beim Treffen der *OPEC*-Minister am 24. Juli 1990 in Genf warf der Irak Kuwait vor, Rohöl im Wert von 2,4 Milliarden Dollar aus dem Rumailah-Ölfeld, das unter der Grenze zwischen dem Irak und dem Emirat Kuwait verläuft, gestohlen zu haben – Anschuldigungen, die Kuwait zurückwies. Um die Krise zu entschärfen, gab die *OPEC* die Anhebung der Richtpreise auf 21 Dollar pro Barrel bekannt, ein Versöhnungstreffen zwischen Vertretern des Irak und Kuwaits wurde angesetzt.

Am 24. Juli setzte die irakische Armee zwei mechanisierte Divisionen Richtung kuwaitische Grenze in Bewegung. Als die Sprecherin des US-State-Department in Washington bei einer Pressekonferenz darauf angesprochen wurde, ob die USA im Kriegsfall zugunsten von Kuwait eingreifen würden, meinte sie: »Wir haben kein Verteidigungsbündnis mit Kuwait.« Am nächsten Tag traf US-Botschafterin April Glaspie in Bagdad mit Saddam Hussein zusammen. Bei diesem Gespräch gab sie zu verstehen, die USA hätten zum Grenzstreit der beiden Nachbarländer Irak und Kuwait »keine Position«. Sie äußerte Verständnis für Bagdads »Wunsch, die Ölerlöse zu erhöhen«. »In aller Freundschaft – nicht im Geiste der Konfrontation«, vergaß sie aber nicht zu fragen, was denn die Truppenbewegungen an der irakisch-kuwaitischen Grenze sollten. Saddam Hussein: »Freilich sind die Menschen in Sorge um den Frieden. Das ist eine noble Sache, es geht uns allen so. Für eine Supermacht ist es ganz natürlich, besorgt zu sein. Aber wir bitten Sie, Ihrer Sorge nicht in einer Weise Ausdruck zu verleihen, die den Aggressor [damit meinte Saddam vor allem Kuwait, Anm.] glauben machen könnte, dass er Unterstützung für seine Aggression bekommt.« Zum Schluss des Gesprächs versprach Saddam Gespräche mit den Kuwaitis und das Bemühen um eine friedliche Lösung des Konflikts.[83]

Am Mittwoch, dem 1. August, einen Tag vor der Invasion, trafen sich der kuwaitische Ministerpräsident, Erbprinz Scheikh Saad al-Abdallah al-Salim al-Sabah, und der stellvertretende Präsident des irakischen Revolutionsrates, Izzat Ibrahim al Duri, begleitet von Ali Hassan al-Majid (er hatte die Giftgasangriffe auf die Kurden am Ende des Iran-Irak-Krieges befohlen, seither nannte man ihn auch »Chemical Ali«) in der saudischen Stadt Jeddah. Das Gespräch scheiterte nach zwei Stunden, der Irak forderte die Streichung der Kriegsschulden aus dem Iran-Irak-Krieg, Gebietsabtretungen im Rumailah-Ölfeld und zusätzlich zehn Milliarden Dollar.[84] »Die Annahme dieser Bedingungen käme einer Kapitulation gleich«, sollen die Mitglieder der kuwaitischen Delegation gesagt haben. Worauf Izzat Ibrahim entgegnet haben soll: »Wir sehen uns zum Frühstück wieder – in Kuwait City.« Scheikh Saad soll geantwortet haben: »Aber zum Abendessen treffen wir uns in Bagdad – und ich bringe meine Freunde mit.«[85]

Frühstück in Kuwait City

Es ist 2:20 Uhr morgens am 2. August 1990, als die ersten irakischen Amphibienboote an der Nordküste der Inseln Warbah und Bubiyan im Schatt al-Arab landen. Um drei Uhr rollen Panzerverbände in sieben Kolonnen auf kuwaitisches Territorium vor. Von den irakischen Grenzorten Safwan oder von Um Kasr ist man auf der sechsspurigen Abdaly-Autobahn selbst mit Panzern in ein Paar Stunden im 130 Kilometer entfernten Kuwait City. Lieutenant Colonel Fred L. Hart jr., den die USA als Militärberater nach Kuwait City geschickt haben, bekommt einen Telefonanruf, der ihn von der Invasion informiert: Er geht auf das Dach der Villa, die er gemeinsam mit seiner Familie bewohnt und sieht im Norden Leuchtraketen am Horizont. »Um 5:15 Uhr ging ich nach draußen und hörte, wie der Krieg näherkam«, schreibt der Oberstleutnant in seinem Tagebuch.[86] Der internationale Flughafen wird bombardiert, schreibt der Lieutenant Colonel, »um 6:00 Uhr haben sie [die irakischen Truppen, Anm.] das Stadtzentrum erreicht«. Die irakischen Truppen liefern sich heftige Feuergefechte mit der Leibgarde des Emirs Dschabir el-Ahmed el-Sahah, doch nach einem zweistündigen Artilleriebeschuss haben Saddams Truppen den Palast erobert. »Etwa zweihundert Gardisten und ein Bruder des Emirs fielen, der Herrscher selbst konnte sich nach Saudi-Arabien retten, von wo er dann zum Widerstand ›bis zum letzten Blutstropfen‹

aufrief«, berichtete der *Spiegel* diese Szene damals.[87] Die kleine, 20 300 Mann starke Armee des 1,9-Millionen-Volkes der Kuwaitis hatte gegen die größte arabische Armee[88], die mit mindestens 350 Panzern und über 100 000 Soldaten einmarschierte, keine Chance.

Viele Regierungsgebäude in Kuwait City brannten, die Fahaheel-Autobahn war mit zerschossenen Wracks übersät. Die Iraker begannen, Fernsehprogramm zu senden. In ihrer Propaganda war die Invasion auf Bitte der neuen kuwaitischen Regierung erfolgt, nachdem sie die »korrupte Herrscherfamilie« gestürzt hatten. Lautsprecherwagen fuhren durch die Straßen der 500 000-Einwohner-Stadt und verkündeten in unverkennbar breitem Bagdader Arabisch Aufrufe dieser angeblichen provisorischen kuwaitischen Revolutionsregierung. Zum Beispiel: »Die Phase der widernatürlichen Abtrennung unseres Landes von seiner Mutter ist vorbei« oder »Räumt auf mit den Blutsaugern und Lakeien der Juden und Amerikaner«.

Die Annexion Kuwaits als 19. Provinz ist schon am Abend des 2. August 1990 perfekt, ein *Fait Accompli*. Rudolph Chimelli, der zu jenen Reportern und Korrespondenten gehörte, die schon seit den 60er-Jahren die deutsche Presselandschaft prägten, schrieb in der *Süddeutschen Zeitung* am Tag nach der Annexion: »Die Versuchung, einen neuen Krieg zu führen, der vorbei ist, bevor er richtig begonnen hat, muss für den irakischen Diktator Saddam Hussein unwiderstehlich gewesen sein. Sein Land ist infolge des achtjährigen Waffengangs mit den Persern ruinös verschuldet. Aber seine Armee hat mehr Waffen als irgendjemand sonst im Nahen Osten. Kuwait ist klein, reich und ohne mächtige Beschützer [...] Dennoch sieht Saddam Husseins Eintagekrieg mehr wie der Anfang als das Ende eines größeren Ringens um die Vormacht am Persischen Golf aus.«[89]

Der Ölanalyst Peter Beutel, damals Vizepräsident der New Yorker Börsenmaklerfirma *Merryll Lynch Futures,* wurde im *Spiegel* mit den Worten zitiert: »Wenn Kuwait der Appetithappen war, dann muss man fürchten, dass Saudi-Arabien der Hauptgang wird.«[90]

Diese Befürchtung wurde auch in der saudischen Hauptstadt Riad gehegt. Der damalige Verteidigungsminister und heutige

Vizepräsident Richard (»Dick«) Cheney reiste am 5. August 1990 nach Riad, wo er sich mit dem mittlerweile verstorbenen König Fahd auf die Stationierung von US-Truppen auf saudischem Gebiet einigte. In Washington wird grünes Licht für die Operation »Desert Shield« gegeben: Die ersten US-Truppenkontigente treffen in Saudi-Arabien ein. Was folgt, ist die größte Mobilmachung in den USA seit dem Vietnamkrieg und die größte Truppenverlegung einer Armee seit dem Zweiten Weltkrieg.

Saddam Hussein hatte sich wieder einmal verrechnet: Er dachte, die internationale Staatengemeinschaft würde die Besetzung Kuwaits hinnehmen. Aber die *Vereinten Nationen* verlangten noch am Tag der Okkupation den irakischen Rückzug, Saddam hatte die veränderte internationale Lage falsch eingeschätzt. Der Washington-Korrespondent der linksalternativen New Yorker Stadtzeitung *Village Voice* schrieb in einem nach dem Krieg erschienenen Buch: »Wären die Russen in der Lage gewesen, als Abschreckung zu den Vereinigten Staaten zu fungieren, dann wären Streitigkeiten zwischen den Ländern des Nahen Ostens innerhalb des Rahmens der Diplomatie des Kalten Krieges gelöst worden. Aber der Kalte Krieg war vorbei. Die Russen waren mit dem Zerfall Osteuropas und der Rebellion innerhalb ihrer eigenen Grenzen beschäftigt. Die US-Interessen waren den engstirnigen Machinationen der arabischen Welt ausgesetzt, die im Gegenzug den Machenschaften der US-Interessen ausgesetzt waren.«[91]

George Bush senior setzte dem Irak in einer TV-Ansprache ein Ultimatum: »Erstens: der sofortige, bedingungslose und komplette Rückzug aller irakischen Kräfte aus Kuwait. Zweitens: Die legitime Regierung Kuwaits muss wieder installiert werden und das Marionetten-Regime ersetzen. Drittens: Meine Regierung, wie die Regierungen von Roosevelt bis Reagan zuvor, sieht sich der Sicherheit am Persischen Golf verpflichtet.«

Den USA gelang es in den nächsten Wochen, eine breite internationale Allianz zu schmieden: Die meisten der 28 Mitglieder dieser Koalition sahen ihre Ölinteressen gefährdet und entsandten daher Truppen. Im September 1990 erging aus dem Weißen Haus die Anweisung, ernsthaft an den Planungen zur Vorbereitung eines

Krieges gegen den Irak zu arbeiten. Am 30. Oktober stimmte Bush einem Zeitplan für eine Invasion des Irak zu: Mitte Januar sollte ein massiver Luftkrieg gegen den Irak beginnen, im Februar die Bodenoperation.[92] Damit war eine Vorentscheidung gefallen, denn laut Zeitplan war eine Verdoppelung der Truppenzahl im Operationsgebiet vorgesehen – auf Angriffsstärke. In den darauf folgenden Wochen wurde eine gewaltige Armee in Saudi-Arabien zusammengezogen: 400 000 amerikanische und 220 000 alliierte Soldaten waren bis Jahresende im Operationsgebiet. Am 29. November verabschiedete der Sicherheitsrat Resolution 678 (1990), in der Saddam zum Rückzug aufgefordert wurde. Zur Durchsetzung dieser Sicherheitsratsresolution wurden die Ergreifung »aller erforderlichen Mittel« autorisiert – also auch Krieg.

Die Ölmärkte spielten verrückt, seit Saddam Hussein Kuwait überfallen hatte: Denn nun saß Saddam Hussein plötzlich auf Ölreserven, die neunzehn Prozent der gesamten Weltvorräte entsprachen (bis zur Okkupation Kuwaits hatte er zehn Prozent der Weltreserven unter seiner Kontrolle). Kurzfristig fehlten vier Millionen Barrel pro Tag, fünfzehn Prozent des gesamten auf dem Weltmarkt gehandelten Öls. Die Preise für Rohöl der Sorte *West Texas Intermediate* (*WTI*), wie es in den USA gehandelt wird, kletterten von 17,50 Dollar im Juli 1990 auf 25,70 Dollar nach der Invasion – und sie stiegen weiter, obwohl Saudi-Arabien seine Ölförderung um 2,5 Millionen Barrel pro Tag anhob und Venezuela, Nigeria und die Vereinigten Arabischen Emirate ebenfalls ihre Ventile öffneten. Im Oktober lagen die Ölpreise bei über 35 Dollar pro Barrel (entspricht heute rund 55 Dollar) – trotzdem kein Vergleich zum steilen Ölpreisanstieg der Ölkrise von 1973 (arabisches Ölembargo) oder der Phase hoher Ölpreise Anfang bis Mitte der 80er-Jahre (Iran-Irak-Krieg).

Siebzehn Stunden nachdem Präsident Hussein ein *UN*-Ultimatum für den Rückzug aus Kuwait verstreichen lassen hat, heben am 17. Januar 1991 die Kampfbomber ab. Eine Staffel F-15E-Kampfflugzeuge startet nach Mitternacht um 00:50 Uhr von einem Luftwaffenstützpunkt in Saudi-Arabien. »Hier wird Geschichte gemacht«, meint der 44-jährige Major Ray Davies aus Battlebrook,

New Jersey, gegenüber Journalisten. »Wir haben hier fünf Monate gewartet, jetzt tun wir das, wofür man uns hierher geschickt hat«, sagt der Instandhaltungsoffizier der Staffel und sieht seinen Piloten dabei zu, wie sie in ihre Maschinen steigen, zur Startbahn fahren und dann abheben. »Das ist wie beim Dallas Cowboys Football Team. Die sind auch kein wirklich emotionales Team. So ist es auch mit diesen Piloten hier draußen. Sie wissen genau, was sie zu tun haben«, wird Davies in der *Washington Post* zitiert.[93] Nicht alle Piloten waren so emotionslos, zumindest nicht, als sie wieder sicher in den Luftwaffenstützpunkten in Saudi-Arabien gelandet waren. Hauptmann Steve Tate von der Luftwaffeneinheit »1st Tactical Air Wing« beschrieb seinen Flug über Bagdad, »als würde die ganze Stadt glitzern, mit der Flak, die auf uns schießt, den Explosionen, den Bomben und einigen Feuern unten«. Major George Walton sprach gar von »einem der eindrucksvollsten Feuerwerke«, die er je gesehen habe.[94]

Aus Bagdad melden sich Bernard Shaw und Peter Arnett vom Nachrichtensender *CNN*, die aus einem Zimmer des Hotel Rashid berichten. »Peter ... Komm hierher ... Lass uns unseren Zusehern erzählen, was wir sehen ... Der Himmel über Bagdad ist erleuchtet. Wir sehen helle Blitze am Himmel ... Peter ... Flugabwehr schießt in den Himmel ... Wir haben aber noch keine Bombenexplosionen gehört ... Aber es sind gigantische Blitze am Himmel, wie bei einem Gewitter ...«[95] Im Weißen Haus hat sich Bush senior mit seinem inneren Zirkel in einem kleinen Privatraum neben dem Oval Office um das Fernsehgerät versammelt. »Als man im Hintergrund der Reporter, die noch aus ihrem Bagdader Hotelzimmer berichteten, die Detonationen der explodierenden Bomben hörte, sagte Bush, sichtlich erleichtert: ›Genau wie wir es geplant haben.‹«[96]

Die Operation »Desert Storm« hatte begonnen.

In den USA fielen die Ölpreise noch am selben Tag um 10,56 Dollar pro Barrel. Der Kriegsbeginn bedeutete für die Autofahrer an den Tankstellen eine gute Nachricht: *Exxon* zog sofort nach und senkte die Benzinpreise um fünf Cent und die Heizölpreise um zehn Cent. *Mobil* und *Conoco* korrigierten ebenfalls die Preise nach unten.[97] Hatte nicht Präsident Bush erklärt, die Krise am Golf stelle eine Bedrohung für den *american way of life* dar? Hatte er nicht gesagt: »Die Freiheit Amerikas steht auf dem Spiel und die der Verbündeten, wenn die Ölreserven in Saddams Hände fallen.«[98]

Was folgte, waren wochenlange Bombardements: Insgesamt wurden in insgesamt 110000 Bomber-Missionen über 120000 Tonnen Sprengstoff auf den Irak und Kuwait abgeworfen. Das heißt, alle dreißig Sekunden startete während des Golfkrieges 1991 eine Maschine. Über eine Viertelmillion Bomben wurden abgeworfen – dreitausend davon auf Bagdad –, die Sprengkraft aller über dem Kriegsgebiet abgeworfenen Bomben entsprach zirka sechs Hiroshima-Bomben.[99] Die irakische Armee terrorisierte unterdessen die israelische Bevölkerung mit SCUD-Raketenbeschuss. Die Israelis gerieten in Panik, niemand konnte ausschließen, dass Saddam seine Raketen mit chemischen Kampfstoffen bestückt hatte. Doch Saddams Rechnung ging nicht auf: Er hatte gehofft, Israel in den Golfkrieg hineinziehen zu können, um so die arabischen Länder aus der Anti-Saddam-Allianz zu lösen. Israel reagierte aber nicht militärisch auf Saddams Provokationen.

24. Februar 1991, zwei Stunden vor Sonnenaufgang: Ein gewaltiger Artillerieangriff leitet den Bodenkrieg, die Operation »Desert Sabre« (Operation »Wüstensäbel«), ein. Eine insgesamt zwanzig Kilometer lange Panzerkolonne setzt sich Richtung Kuwait in Bewegung, die jungen Soldaten winken den Journalisten zu, formen Zeigefinger und Mittelfinger zum Victory-Zeichen. Die Luftwaffe fliegt 1200 Angriffe auf Infanterie und Panzereinheiten, Napalm, Clusterbomben – das gesamte Arsenal hoch entwickelter Tötungstechnik wird eingesetzt, ein Stahlgewitter geht über den Irakis nieder. Eine ganze Armee befindet sich in heilloser Flucht, viele Soldaten haben aber gar nicht erst die Möglichkeit, sich zu ergeben. Mit Pflügen ausgerüstete Panzer walzen über die Schützengräben irakischer Truppen hinweg und begraben hunderte Soldaten bei lebendigem Leib. Die Doktrin des damaligen Vier-Sterne-Generals und Generalstabschefs und späteren US-Außenministers Colin L. Powell besagt: »Wenn man einen Krieg führt, muss man ihn

schnell führen, mit überwältigender Materialüberlegenheit und in der Gewissheit des Sieges.«

Der Krieg ist nun ein Rennen zwischen den Koalitionstruppen, die einen möglichst hohen Anteil von Saddams Armee zerschlagen wollen, und Saddams Bemühen, möglichst rasch einen Waffenstillstand herbeizuführen, um die völlige Vernichtung der Eliteeinheit der Republikanischen Garden abzuwenden. Was am grünen Tisch, in den Gefechtsständen der Armeekommanden als Strategie zur nachhaltigen Schwächung des Irak, der in den vergangenen elf Jahren zwei Nachbarländer überfallen hatte, ausgeheckt wurde, sah freilich auf der Ebene des Schlachtfelds ein wenig anders aus. Beim zynischen Rennen am »Highway of Death« verloren tausende ihr Leben. »Horror, Zerstörung und Schande charakterisieren diese Straße: Horror wegen der hunderten verstümmelten Leichen, die entlang dieser Route liegen, Zerstörung wegen der tausenden irakischen Panzer und gepanzerten Fahrzeuge, die ausgebrannt sind oder verlassen wurden, Schande, weil die irakischen Soldaten bei ihrem Rückzug ihre Panzerfahrzeuge mit geplünderten Teppichen, Schmuck, Videorecordern, Staubsaugern, Spielzeug und sogar gestohlenen Koran-Ausgaben vollgeräumt haben. Kein Wunder, dass Saddam den Krieg verloren hat«, schreibt Nahost-Experte Robert Fisk im *Independent*.[100] Hundert Stunden, nachdem der Bodenkrieg begonnen hatte, war der Golfkrieg beendet.

Der Vormarsch stoppt, die völlige Vernichtung Saddams ist nicht gewollt, weil es in Washington keine rechte Vorstellung gibt, wie ein Irak ohne Saddam Hussein aussehen könnte. Ein Zerfall des Landes ist unerwünscht, vor allem die sunnitischen Saudis haben kein Interesse, dass der Iran eine größere Rolle im Irak spielen könnte. Die Koalitionstruppen nehmen sogar in Kauf, dass Saddam, sobald er seine unmittelbar zerfallene und zerschossene Macht wieder ein wenig konsolidiert hat, die im März 1991 beginnende Intifada (»Aufstand«) im schiitsch dominierten Süden und in den Kurdengebieten bis April 1991 grausam niederschlagen kann. Flüchtlingstrecks ziehen Richtung Türkei, die die USA bestürmen, eine Schutz-Zone für die Flüchtlinge auf irakischem Territorium einzurichten.

Öl ist dicker als Blut: Zwischen 110 000 und 250 000 Soldaten und zwischen 40 000 und 180 000 Zivilisten starben in diesem Krieg. 343 davon waren US-Bürger, rund 7000 Kuwaitis verloren ihr Leben.[101] Den Blutzoll entrichteten vor allem die Iraker und Kuwaitis, die Rechnung für den Krieg ging an die Saudis, die Golfstaaten und auch die Europäer: Das Pentagon schätzte die Gesamtkosten des Krieges für die USA auf 61 Milliarden Dollar. 54 Milliarden davon bezahlten die Alliierten; zwei Drittel dieser Summe die Golfstaaten (36 Milliarden), das verbleibende Drittel Japan und Deutschland (16 Milliarden).[102]

Die Folgeschäden des Konflikts waren gigantisch: Nicht nur waren tausende Menschen invalid, entstellt oder hatten durch Uranmunition Gesundheitsschäden und Erbkrankheiten davongetragen. Saddam hatte – um eine amphibische Landungsoperation an der Küste zu verhindern – 275 Millionen Liter Öl in den Persischen Golf geleitet (beim Tankerunglück der *Exxon Valdez* gelangten fünfzig Millionen Liter ins Meer) und damit das Meer auf Jahre verseucht. Von den 1080 Ölquellen Kuwaits wurden achthundert zerstört, 737 davon in Brand gesetzt. Die riesige Rauchwolke dieses Saddam-Smogs verdunkelte in Kuwait den Tag, der saure Regen ging im Iran und sogar in Indien nieder. Fünfhundert Millionen Liter Öl (über drei Millionen Barrel, mehr als der tägliche Ölverbrauch Deutschlands) im damaligen Wert von 120 Millionen Dollar verbrannten jeden Tag und produzierten dabei 37 000 Tonnen Ruß – eine Menge, die einen 25 Kilometer langen Güterzug füllen würde. Manche Experten schätzen, dass durch die Zerstörung der Erdölquellen Kuwaits Reserven um zehn bis fünfzehn Prozent reduziert wurden. Die Kosten – allein um die Ölquellenfeuer zu löschen – betrugen rund drei Milliarden Dollar. Die Irakis hatten am 17. Januar 1991 Befehl gegeben, die Ölfelder anzuzünden und »so viele Schäden wie möglich zu verursachen«. Nicht nur die Ölquellen wurden in Brand gesteckt, es wurde die gesamte Ölinfrastruktur des Landes vernichtet: Die Hälfte der Pumpstationen war nicht mehr in Betrieb zu nehmen, sämtliche Tanklager waren zerstört.

Gab es einen anderen Grund als Öl, Saddam Hussein aus Kuwait zu vertreiben? Nein. Der saudische Scheikh Ahmed Zaki Jamani, in den 70er-Jahren als »Mr. *OPEC*« bekannt und einer der intimsten Kenner der Zusammenhänge zwischen Geo- und Ölpolitik: »Nehmen wir an, Kuwait wäre ein kleiner Staat in Afrika. Würden die USA dieses afrikanische Kuwait befreien? Der Grund des Golfkriegs war Öl. Und Öl war auch der Grund, warum Irak Kuwait angegriffen hat.«[103] Mit dem Ende des zweiten Golfkriegs geht für die Region – wieder einmal – eine Ära zu Ende, meint Fuad Ajami, Professor für Nahost-Forschung an der *Paul H. Nitze School of Advanced International Studies* (*SAIS*) der Johns Hopkins Universität in Washington, D. C.: »Von 1971, als die Briten ihre östlich des Suez stationierten Truppen zurückzogen, bis 1991 blieb es der Region selbst überlassen, ihr Gleichgewicht zu finden – sie ist bei diesem Versuch gescheitert. Nun sind die Amerikaner in der Region und sie sind hier, um zu bleiben.«[104]

Zur Überraschung vieler überlebte das Saddam-Regime. Nun ging es darum, Saddam im Käfig zu halten. Zusätzlich zu einer Schutzzone im kurdisch dominierten Norden wurde eine Flugverbotszone im Süden eingerichtet. US-Kampfflugzeuge überwachten, dass die irakische Luftwaffe (oder was davon übrig war) sich nicht im Luftraum über diesen Schutzzonen bewegen konnte. Außerdem sollte Saddams Massenvernichtungswaffenarsenal, einer *UN*-Resolution folgend, zerstört werden. »Dem Irak wurde ein starker Anreiz zur Zusammenarbeit aufgezwungen«, wie es Hans Blix in seinem Buch »Mission Irak« formuliert: »Kein Land sollte irakisches Öl importieren dürfen, bis der Sicherheitsrat aufgrund der Berichte der Inspekteure beschlossen hatte, dass alle verbotenen Güter und Programme restlos beseitigt waren.«[105]

Saddam erwies sich als äußerst kooperationsunwillig, die Sanktionen brachen im Gegenzug der irakischen Volkswirtschaft beinahe das Genick. Zwischen 1990 und 1991 sank die Ölproduktion um 85 Prozent und stieg erst nach der Lockerung der *UN*-Sanktionen 1997 wieder an. Das Pro-Kopf-Einkommen sank von zweitausend Dollar im Jahr 1989 auf 609 Dollar im Jahr 1992. Die Mittelschicht verarmte, der Irak schlitterte um Haaresbreite an einer Hungersnot vorbei. Vor dem Golfkrieg lag der Nährwert der Nahrungsaufnahme bei rund dreitausend Kalorien pro Person und Tag, nach der Verhängung der Sanktionen bei nur mehr 2250 Kalorien. 1995 berichtete die Ernährungs- und Landwirtschaftsorganisation *FAO* der *UNO*, dass die Kindersterblichkeit sich verfünffacht hatte. Das Gesundheitssystem stand vor dem Zusammenbruch.

In den ersten Jahren nach Kriegsende hatte das Regime auch Schwierigkeiten, seine Macht zu konsolidieren: Ehemals verlässliche Saddam-Loyalisten desertierten (und nahmen Saddams Töchter mit ins benachbarte Jordanien), schiitische Widerstandsgruppen hatten sich re-etabliert und die kurdischen Provinzen im Norden waren völlig dem Einflussbereich Bagdads entzogen. Einer der Deserteure hatte Geheiminformationen über Saddams Massenvernichtungsprogramme nach Jordanien geschmuggelt. Saddam musste die Hoffnung, dass die Sanktionen beendet würden, somit begraben. Also stimmte das Regime widerwillig einem neuen Sanktionsmodell, dem sogenannten »Oil for Food«-Programm zu. Dem Irak wurde erlaubt, die Ölexport-Erlöse sukzessive von zwei Milliarden Dollar auf 5,2 Milliarden Dollar zu steigern, 1999 wurde die Begrenzung irakischer Ölerlöse aufgehoben.

11. September – Die Zeitenwende

11. September 2001, 8:45 Uhr: Die Maschine *American Airlines* Flight 11 kracht zwischen dem 93. und 98. Stock in den Nord-Turm des New Yorker World Trade Center und reißt ein großes Loch in den Turm, der sofort in Flammen steht. Um 9:03 Uhr nähert sich *United Airlines* Flight 175 und fliegt in den Südturm. Die Einschlagstelle liegt zwischen dem 78. und dem 82. Stock. Spätestens jetzt ist klar: Das ist ein Angriff auf Amerika. Als dann um 9:39 Uhr ein weiteres Flugzeug, *American Airlines* Flight 77, ins Pentagon gesteuert wird, herrscht Chaos. Ein viertes Flugzeug stürzt in ein Feld in Pennsylvania.

George W. Bush junior, der am 20. Januar 2001 vereidigte und von Anfang an umstrittene Präsident, erklärt den »Krieg gegen den Terror«. »Jeder Politiker, den man sich vorstellen kann, hätte einen

›Krieg gegen den Terror‹ erklärt und den Unterschlupf Afghanistan mit einem Einmarsch ausgehoben. [...] Was hat George Bush nach dem 11. September getan, das ein anderer Präsident nicht getan hätte? Das Einzigartige an George Bushs Reaktion war, dass er sich als Schulbeispiel für potenzielle staatliche Sponsoren des Terrorismus nicht ein Land aussuchte, das den antiamerikanischen Terrorismus förderte, sondern ein Land, das dies eben nicht tat: den Irak. Es ist kaum denkbar, dass ein anderer Präsident diese Entscheidung getroffen hätte«, schrieb der Anti-Terror-Koordinator Richard A. Clarke nach seinem Ausscheiden aus dem Amt in seinem vielbeachteten Buch »Against all Enemies«.[106]

Erstaunlicherweise gelang es der Regierung, die amerikanische Öffentlichkeit davon zu überzeugen, dass der Irak im Zusammenhang mit dem 11. September eine Rolle gespielt haben könnte: Unmittelbar nach dem 11. September 2001 nannten in Meinungsumfragen nur drei Prozent der Befragten Saddam Hussein als möglichem Hintermann der Anschläge. Bis zum Januar 2003 hatte sich das Meinungsbild dramatisch geändert. In einer groß angelegten Umfrage des Verlagshauses *Knight Ridder* waren 44 Prozent der US-Bürger der Überzeugung, dass entweder »die meisten« oder »einige« der Attentäter des 11. September Iraker waren.[107] Die richtige Antwort lautet natürlich: null. Fünfzehn der neunzehn Attentäter waren Bürger Saudi-Arabiens, des – zumindest bis zum 11. September – nach Israel engsten US-Verbündeten in der Region.

Es war ganz offensichtlich, dass die Administration Bush die Anschläge des 11. September als Chance, als Carte blanche ansah. Der Aufdecker des Watergate-Skandals, *Washington-Post*-Journalist Bob Woodward, mutierte in den vergangenen Jahren immer mehr zu einem Berichterstatter am Hofe von George W. Bush. Er verfügt über ausgezeichnete Kontakte zum Weißen Haus. In seinem nach dem 11. September erschienenen Buch »Bush at War« zitiert er den US-Präsidenten mit den Worten: »Das ist eine großartige Gelegenheit. Wir müssen das als Chance sehen.« – Woodward ergänzt: »Das war eine Chance, die Beziehungen zu den Großmächten Russland und China zu verbessern.«[108]

Doch zuerst galt es, das Al-Qaida-Netzwerk von Osama Bin Laden in Afghanistan zu zerschlagen.

Ich traf einige Tage nach den Anschlägen des 11. September über den Umweg Toronto in New York ein und fuhr zum District Court, 500 Pearl Street, nicht weit von Rathaus und Brooklyn-Bridge in Manhattan.

Die Akten des 76 Tage dauernden Verfahrens gegen die Attentäter der Bombenanschläge gegen die US-Botschaften in Kenia und Tansania im August 1998 erlangten plötzlich eine neue Bedeutung, denn in den Papieren des United States District Court Southern Disctrict of New York, Aktenzahl S(9) 98 Cr. 1023 (LBS), fand sich auch ein Haftbefehl gegen Osama Bin Laden und eine Menge an Erkenntnissen über die Terrororganisation Al-Qaida. Das Verfahren war am 10. Juli 2001 abgeschlossen worden, am 19. September hätte das Urteil verkündet werden sollen, was schließlich auf Ende Oktober verschoben wurde. Die Angeklagten Mohamed al-'Owhali, Khalfan Khamis Mohammed, Mohammed Odeh und Wadih el Hage erhielten für die Bombenanschläge vom 7. August 1998 auf die US-Botschaften in Kenia and Tansania, bei denen 224 Menschen getötet und über 4500 verletzt wurden, jeweils lebenslänglich. In den Gerichtsakten waren nochmals schwarz auf weiß die Fatwas – Reden, Drohungen, Sprüche – von Osama Bin Laden nachzulesen.

Was hat den ehemaligen Verbündeten der USA im Kampf gegen die Sowjet-Truppen im Afghanistan-Krieg dazu gebracht, sich gegen seinen früheren Unterstützer zu wenden? Sein Hass richtete sich vor allem gegen »das Unvermögen des Regimes [gemeint ist das Königshaus der Saud in Saudi-Arabien], das Land zu schützen, und die Erlaubnis, dem Feind der Ummah [die Gemeinschaft der Gläubigen] – den Amerikanischen Kreuzzüglern – zu gestatten, nun schon Jahre unser Land zu okkupieren [gemeint ist Saudi-Arabien]«, schrieb Bin Laden im August 1996 in seinem Text, der in der in London auf arabisch erscheinenden Zeitung *Al Quds Al Arabi* erschien: »Die Kreuzzügler sind die Hauptschuldigen der unerträglich gewordenen Situation, insbesondere der Wirtschaftslage – besonders aufgrund der ungerechtfertigt hohen Kosten für diese Truppen. Dem Land wird eine Politik aufgezwungen – insbesondere in der Ölindustrie, wo die Produktion gekürzt oder ausgeweitet wird –, die die Preise so fixiert, dass sie der amerikanischen Wirtschaft passen, aber unsere eigenen wirtschaftlichen Erfordernisse ignorieren. Dem Land wurden teure Waffengeschäfte aufgezwungen. Die Menschen fragen sich, was ist eigentlich die Rechtfertigung für die Existenz des Regimes?«

Damals kreisen seine Argumente hauptsächlich um die US-Militärbasen in Saudi-Arabien: Die Fatwa Osama Bin Ladens gilt als Rechtfertigung für einen Al-Qaida-Terroranschlag vom 25. Juli 1996 in der saudischen »Ölhauptstadt« Dahran. Eine mit zweitausend Kilogramm Sprengstoff beladene Autobombe zerstörte die »Khobar-Towers«, eine Unterkunft für US-Soldaten. Zur Erinnerung: Diese Truppen waren 1990 ins Land gekommen, um die saudischen Ölfelder vor einem möglichen Angriff Saddam Husseins zu schützen, nachdem dieser Kuwait überfallen hatte. Der Pate des Terrors kritisiert weiterhin, dass die saudische Ölpolitik mehr den US-Interessen als denen Saudi-Arabiens dient, und er kritisiert teure Waffengeschäfte. Öl ist somit eines der zentralen Themen dieser ersten Fatwa Bin Ladens.

In einer zweiten, am 23. Februar 1998 in *Al Quds Al Arabi* veröffentlichten Fatwa weist Bin Laden seine Gefolgsleute – und alle Gläubigen – an, alle Amerikaner zu töten: »Seit über sieben Jahren halten die Vereinigten Staaten das Land der heiligen Stätten, die arabische Halbinsel besetzt, plündern ihre Reichtümer, befehlen unseren Führern, erniedrigen unsere Leute, terrorisieren unsere Nachbarn und haben ihre Stützpunkte auf der Halbinsel in Speerspitzen verwandelt, mit denen sie die benachbarten moslemischen Völker bekämpfen. Wenn einige Menschen bisher darüber diskutiert haben, ob die USA die arabische Halbinsel okkupiert haben oder nicht – nun muss jeder zugeben, dass es so ist. Der beste Beweis dafür ist die fortgesetzte Aggression gegen das irakische Volk, bei dem die Halbinsel als Aufmarschgebiet verwendet wird – obwohl die Herrscher dieser Länder dagegen sind, so sind sie doch hilflos. Zweitens, trotz der großen Zerstörungen, die dem irakischen Volk von der Allianz der Kreuzzügler und Zionisten beigebracht wurden, und trotz der ungeheuer großen Anzahl der Getöteten (es sind über eine Million) sind die Amerikaner dabei, die Massaker zu wiederholen, als ob sie nicht mit den fortgesetzten Sanktionen nach dem grausamen Krieg und der Zerstörung zufrieden sind. Nun kommen sie, um das, was von diesem Volk übrig ist, auszulöschen und ihre moslemischen Nachbarn zu erniedrigen.« In dieser Fatwa ruft Bin Laden zum Jihad, zum »Heiligen Krieg« gegen die USA auf. Diesmal richtet sich sein Augenmerk besonders auf den Irak – Bagdad war im 9. Jahrhundert (zur Zeit der Abbasiden) das politische Zentrum des Kalifats gewesen, eine vor Prunk und Reichtum strotzende Stadt und Zentrum der Kultur und Naturwissenschaften. An diese Tradition wollte Bin Laden erinnern und die Causa Irak einmal mehr in seine islamistische Agenda einschließen.

Später sollte eines von Bin Ladens Leitmotiven – Öl – immer wieder in seinen Reden und Schriften auftauchen. In seinem »Brief an Amerika« vom 25. November 2002 schreibt er: »Ihr stehlt unseren Reichtum und unser Öl und bekommt es zu armseligen Preisen wegen eures internationalen Einflusses und eurer militärischen Drohungen. Dieser Diebstahl ist zweifelsohne der größte Diebstahl der Menschheitsgeschichte.«

Bin Laden ist zumindest zu einem Teil das Produkt der Gier des Westens nach Öl: Diese Gier leistete ihren Beitrag, der es dem Regime in Saudi-Arabien ermöglichte, niemals über ernsthafte Reformen nachdenken zu müssen. Da die Erdkruste unter dem Königreich den Herrschenden Reichtum schenkt, müssen sie keine Steuern einheben. Zudem erlaubte es der stete Zufluss an Petrodollars den Machthabern in Riad, ihr seltsames Wahhabiten-Reich ungestört zu einer Festung des Fundamentalismus auszubauen. So kam es, dass fünfzehn der neunzehn Attentäter des 11. September 2001 aus Saudi-Arabien stammten.

George Bush jun. suchte nach einer »Rücksendeadresse« – wie der führende US-Nahostexperte Fuad Ajami es ausdrückte.[109] Er fand sie in Afghanistan.

Am 7. Oktober 2001 schickte George Bush seine Soldaten gegen Bin Laden und seine Verbündeten, die Taliban, in den Krieg. Er meldete sich, dreißig Minuten nachdem die ersten Luftangriffe auf Ziele in Afghanistan begonnen hatten, aus dem Treaty Room des Weißen Hauses und versprach: »Wir werden nicht scheitern. Friede und Freiheit werden siegen.« Die Operation »Enduring Freedom« begann 26 Tage nach dem 11. September 2001. Die USA kooperierten eng mit den Truppen der Nordallianz (den afghanischen Kontrahenten der Taliban) und am 17. November marschierten die Nordallianz-Truppen in Kabul ein, nachdem die verbliebenen Taliban Hals über Kopf aus der Stadt geflüchtet waren.

Das Medieninteresse fokussierte sich in den nächsten Monaten auf Afghanistan und die bizarre Regierung der Taliban, die das Land bisher beherrscht hatte. Dabei kamen auch Ölgeschäfte ans Licht, die dem kalifornischen Ölkonzern *Unocal* mit Sitz in Sugarland, Texas, plötzlich peinlich waren: Am 14. September sah sich der Konzern genötigt, eine Pressemitteilung unter dem Titel »*Unocal*-Stellungnahme: Konzern unterstützt Taliban in keiner Weise«[110] zu veröffentlichen. Die Hintergründe des geplanten Öldeals: *Unocal* war Mitte der 90er-Jahre in einer Identitätskrise. 1994 hatte der Konzern 153 Millionen Dollar verloren, der Konzern musste aus den roten Zahlen. Also wollte Firmenboss Roger C. Beach aufs Ganze gehen. Er verkündete, *Unocal* soll das »größte Energieressourcenunternehmen der Welt« werden. »Der Schlüssel war, dort hinzugehen, wo niemand sonst sich hinwagte. Afghanistan war so ein Ort«, schreibt *Washington-Post*-Journalist Steve Coll in seinem Buch über den Krieg in Afghanistan, »Ghost Wars«[111], für das er 2005 den Pulitzer-Preis erhielt. Die Idee war verwegen: Der turkmenische Präsident Saparmurat Atajewitsch Nijasow, genannt Turkmenbashi (Vater aller Turkmenen), saß auf einem wahren Ölsee (32 Milliarden Barrel) und unglaublichen Gasvorkommen. Die vorhandenen russischen Pipeline-Netze wollte er nicht verwenden, da er der Meinung war, dass er von Moskau keinen guten Deal bekam. Eine Pipeline-Route über den Iran kam nicht in Frage, die USA würden ein solches Vorhaben blockieren. Eine Pipeline-Route, die Öl und Gas aus Zentralasien abtransportiert und dabei weder über russisches noch iranisches Territorium führte, würde die Unterstützung von Bill Clinton finden.

»Die US-Politik sollte den raschen Abbau kaspischer Energiereserven fördern [...] Das taten wir insbesondere, um die Unabhängigkeit dieser ölreichen Länder voranzutreiben und um Russlands Monopol auf den Öltransport aus der Region zu brechen; offen gestanden aber auch, um durch Diversifikation eine sichere Energieversorgung für den Westen zu schaffen«, erklärte Sheila Heslin, Energie-Expertin des National Security Council (Nationaler Sicherheitsrat) im Weißen Haus.[112]

Die *Unocal* schlug zwei Routen vor: Sie würden von den Öl- und Gasfeldern in Südost-Turkmenistan über West- und Südafghanistan nach Pakistan führen. Das *CentGas*-Konsortium wurde gegründet und in Ashkabat unterzeichneten die Ölleute mit Nijasow einen Vorvertrag, der den Bau je einer Öl- und einer Gas-Pipeline vorsah. Geplante Kosten: acht Milliarden Dollar. Nijasow flog 1995 zum fünfzigjährigen Gründungsjubiläum der *Vereinten Nationen* nach New York, um an den Feierlichkeiten im *UN*-Hauptquartier am East River im Manhattan teilzunehmen. *Unocal* sollte ein wenig Publicity für die *CentGas*-Pipeline machen, fand Nijasow, und der Präsident, der »Vater aller Turkmenen«, sollte seinen Willen haben: Ein Bankettsaal wurde gemietet, Henry Kissinger als Redner verpflichtet, und dem illustren Abend stand nichts mehr im Wege. Kissinger merkte in seiner Rede ein wenig schnippisch an, das Projekt sei »der Triumph der Hoffnung über die Erfahrung«, wenn man bedenken würde, wie viele verschiedene bewaffnete Gruppen es in Afghanistan gebe. *Unocal* hatte somit kein Problem, als die Taliban 1998 Kabul einnahmen und zur dominierenden Kraft in Afghanistan aufstiegen: Richard Keller, Chef der *Unocal Pakistan Ltd.*, nannte die spätere Einnahme Kabuls durch die Taliban eine »positive Entwicklung«. Aus dem Geschäft zwischen *Unocal* und den Taliban wurde jedoch nie etwas: Frauengruppen in den USA lobbyierten gegen das Projekt, um gegen die Geschlechterpolitik der islamischen Extremisten in Kabul zu protestieren: Frauen mussten unter den Taliban die Burka, einen Ganzkörperschleier, tragen und es wurden auch Steinigungen von Frauen, die angeblich Ehebruch begangen hatten, bekannt. Anfangs tat das Unternehmen die Kritik der Frauengruppen als »grotesk« ab. Später schwenkte *Unocal* auf Dialogbereitschaft um. John Imle, Spitzenmanager von *Unocal*, sagte Ahmed Rashid, dem Autor eines Standardwerks über die Taliban, am Rande des Weltwirtschaftsforums in Davos im Jahr 1999: »Wir stimmen mit diesen Frauengruppen nicht überein. Wir sind Gast in einem Land mit souveränen Rechten und ganz eigenen politischen, sozialen und religiösen Überzeugungen. Kein Unternehmen ist imstande, eine solche Problematik zu lösen. Das Pipelineprojekt und die humanitären Projekte im Stich zu lassen, wäre keine Lösung.« Doch nicht nur die Frauengruppen, die mittlerweile die Frau des Präsidenten, Hillary Clinton, für ihr Anliegen gewinnen konnten, verhinderten das Projekt, sondern auch die politischen Rahmenbedingungen hatten sich geändert.

Nach den tödlichen Anschlägen auf die US-Botschaften in Kenia und Tansania im August 1998 befahl Clinton, Marschflugkörper auf Al-Qaida-Trainingscamps in Afghanistan abzufeuern. An eine Weiterverfolgung des Projekts war nicht mehr zu denken, *Unocal* zog sich im Dezember 1998 aus dem Pipelinekonsortium zurück.

Verschwörungstheoretiker gingen nach dem 11. September so weit, zu behaupten, der Krieg in Afghanistan sei schon lange vor dem 11. September von den USA geplant worden, um das Pipeline-Projekt endlich realisieren zu können. Das am 14. November 2001 in Frankreich erschienene Buch »Ben Laden: La vérité interdite«[113] (»Bin Laden, die verbotene Wahrheit«) ließ mit derartigen Verdächtigungen aufhorchen.

Bis dato ist aber kein Pipelinebauvorhaben in Afghanistan in Angriff genommen worden, weil ein solches als zu gefährlich gilt. Die 2775 Kilometer lange, projektierte Iran-Pakistan-Indien-Gas-Pipeline (Kosten: 4,16 Milliarden Dollar) des australischen Ölkonzerns *BHP Billiton Limited* in Melbourne, welche in Konkurrenz zur Turkmenistan-Afghanistan-Pakistan-Pipeline treten würde, scheint viel realistischer. Die USA sind aber weiterhin gegen die Realisierung des Projekts, weil die Vereinigten Staaten an einer weiteren Isolierung des Iran interessiert sind. Condoleezza Rice hat das bei ihrem Besuch in Indien im März 2005 gegenüber der indischen Führung deutlich gemacht.

Im Jänner 2005 liefen Meldungen über die Nachrichtenagenturen, dass eine vom turkmenischen Öl- und Gasministerium bei der britischen Consulting-Firma *Penspen* in Auftrag gegebene Machbarkeitsstudie den Baubeginn der Trans-Afghanistan-Pipeline durch Herat und Kandahar in Afghanistan, durch Kuetta und Multan in Pakistan und dann zur indischen Grenzstadt Fazilka für das Jahr 2006 vorschlägt. Sollen etwa die *Unocal*-Pläne doch noch realisiert werden?

Nachdem die »Rückadressaten« für den 11. September in Afghanistan entweder tot, vertrieben oder untergetaucht waren, konnte man sich nun dem nächsten Feind zuwenden. Der Nahost-Experte Fuad Ajami von der Johns Hopkins Universität: »Das waren ja keine Afghanen, die da in die Türme in Manhattan und ins Pentagon geflogen sind, sondern es waren Araber. Also suchte man nach einer Adresse im arabischen Raum. Nach Ägypten oder Saudi-Arabien zu gehen, war völlig ausgeschlossen, die Adresse, an die wir die Antwort schicken wollten, war in Bagdad – also schickten wir die Antwort nach Bagdad.«[114]

Im Vorfeld des Irak-Kreuzzugs wurde leidenschaftlich über die eigentlichen Gründe des Krieges gestritten. Öl als Treibstoff des drohenden Krieges, die Allianz aus Kapital und Kanonen, die »Achse des Öls«, die sich aufmacht, um den Irak zur amerikanischen Tankstelle auszubauen, wie das die Kriegsgegner behaupteten, das stimme alles so nicht, schrieb Washington-Korrespondent Thomas Kleine-Brockhoff damals in der *Zeit* in seinem Kommentar »Die Mär vom Ölkrieg«.[115] Er meinte, der Deal »Saudis pumpen Öl zu moderaten Preisen und die Amerikaner stützen dafür die korrupte Prinzengarde« sei am 11. September 2001 mit den Türmen des World Trade Center in sich zusammengebrochen. »Politiker aller Couleurs glauben jetzt, dass Terror gebiert, wer im Nahen Osten doppelzüngig Demokratie predigt und Autokratie fördert.« Der Irak-Krieg als Politik der Ideale, die die Realpolitik ersetzt: die Ent-Saddamisierung des Irak sei Teil dieses Projekts, schrieb Kleine-Brockhoff.

Auf dem Titelblatt des *Spiegel*[116] wurde eine Kreuzung aus Maschinengewehr und Zapfhahn zum Symbol Amerikas, Millionen von Menschen auf der ganzen Welt versammelten sich zu Großdemonstrationen gegen »Blut für Öl«.

Worum, wenn nicht um Öl, ging es bei diesem Krieg? Die Argumentation der USA wechselte von der angeblich notwendigen Entwaffnung Saddams und der Vernichtung seiner Massenvernichtungswaffen zu *Regime-Change*, als nirgendwo im Land solche Waffensysteme gefunden werden konnten. Dann hieß es, es gehe um den Kampf gegen den Terror – wobei die Mächtigen im Weißen Haus offenbar hoffen, dass sich niemand mehr daran erinnert, dass vor dem Irak-Krieg keine Terrorgruppen im Zweistromland operierten.

Vor dem Krieg hatte es innerhalb der US-Administration einen weiteren Krieg gegeben, den *War Behind Closed Doors*[117], den Krieg der Kabinette.

Drei Denkschulen innerhalb der konservativen Bush-Administration stritten miteinander:

Der damalige stellvertretende Verteidigungsminister Paul Wolfowitz und die Neokonservativen, man könnte sie »demokratische Imperialisten« nennen, glaubten, dass Amerika nur dann sicher ist, wenn der Rest der Welt nach Amerikas Ebenbild gestaltet wird. Die Öffnung der Märkte dieses Rests der Welt für amerikanische Güter und die Möglichkeit der Ausbeutung lokaler Rohstoffe durch US-Konzerne ist ein angenehmer Kollateral-Nutzen dieser Strategie. Diese Gruppe befürwortete die Entsendung einer mächtigen Armee und ein großzügiges Wiederaufbauprogramm für den Irak danach, nach dem Vorbild des Marshall-Plans. Ihr Modell war Deutschland: Eine langfristige militärische Okkupation gemeinsam mit US-Wiederaufbauhilfe schuf dort nach dem Zweiten Weltkrieg die Bedingungen für ein freies, demokratisches und prosperierendes Europa mit Deutschland als zentralem Element.

Assertive Nationalists – erklärte Nationalisten wie Verteidigungsminister Donald Rumsfeld und Vizepräsident Dick Cheney teilten diese ambitionierte und kostspielige Vision nicht: Amerikas Sicherheitsinteressen sei demnach am besten gedient, wenn die Gefährdungspotenziale (im Falle des Irak Saddam Hussein) eliminiert sind. Für erklärte Nationalisten war der Zweck des US-Engagements im Irak nicht ein demokratisches Eden, sondern der Sieg über islamische Extremisten und Terroristen. Der Modellfall für *Assertive Nationalists* ist Afghanistan, wo eine souveräne Regierung – gestützt von einer internationalen Friedenstruppe für innere Sicherheit sorgt und die US-Armee sich gänzlich auf Anti-Terror-Operationen konzentriert. Dieser Gruppe – das darf man wohl unterstellen – lag die Demokratisierung des Irak nach dem dritten Golfkrieg genauso wenig am Herzen, wie ihnen die Demokratisierung Kuwaits nach dem zweiten Golfkrieg ein Anliegen war.[118] Cheney, Rumsfeld und Co. ging es vor allem um den unmittelbaren Nutzen, den Amerika aus einem Krieg im Irak ziehen konnte: die Errichtung strategisch wichtiger Militärstützpunkte in der Region, von denen aus man im Fall des Falles in den ölreichen Ländern Saudi-Arabien und Kuwait eingreifen oder den ebenso ölreichen Iran bedrohen kann. Ihnen ging es aber auch darum, »die Position der USA als dem Land wiederherzustellen, dem man zu gehorchen hat«, wie es Militärhistoriker Gwynne Dyer im Film »Why we fight« ausdrückt.[119]

Dann waren da noch die »Internationalisten«, »realistischen Nationalisten«, »konservativen Realisten«, oder wie immer man Leute wie Colin Powell oder Condoleezza Rice nennen möchte, die der Meinung waren, dass der Einsatz von Gewalt nur gerechtfertigt ist, wenn US-Interessen unmittelbar bedroht sind. Sie wollten der Welt auch eine moralische Rechtfertigung für den Krieg liefern und strebten eine internationale Legitimation dafür an. Deswegen auch der Auftritt Powells vor dem *UN*-Sicherheitsrat am 5. Februar 2003.

Im Krieg hinter den Kabinettstüren gewann bekanntlich die unheilige Allianz der »Neocons« mit den erklärten Nationalisten, Amerika begann den Bombenkrieg und marschierte im Irak ein.

Nach den Bombardements tags zuvor setzte sich am 21. März die US-Armee in Bewegung – Richtung Irak. Die *New York Times* berichtete: »Die Wüste ist mit den zerstörten Panzerhüllen und zerschmetterten Lkw übersät, bereits halb im Sand, der Bodensatz des Golfkriegs von vor zwölf Jahren. Nicht weit im Landesinneren im Irak sieht man die ersten Zerstörungen des neuen Kriegs.«[120]

Karl Marx bemerkte einst nach dem Staatsstreich von Napoleon Bonapartes Neffen 1851 in bezug auf Napoleons Coup 1799, dass alle großen weltgeschichtlichen Ereignisse sich »sozusagen zweimal ereignen. [...] Das eine Mal als Tragödie, das andere Mal als Farce.«[121] Wir sind bei der Farce angelangt: bei der »Entwaffnung des Irak«, der »Befreiung des irakischen Volkes« und der »Verteidigung der Welt gegen eine ernsthafte Gefahr«, wie Präsident Bush in seiner Fernsehansprache kurz nach Kriegsbeginn meinte. Oder beim irakischen »Informationsminister« (der Amtstitel »Desinformationsminister mit einem Hang zum Klamauk« wäre treffender gewesen), der am 8. April 2003 auf dem Vordach des Hotel *Palestine* in Bagdad mit Holzplatten einen Sichtschutz errichten ließ, damit man die US-Panzer, die bereits am anderen Tigrisufer, im ehemaligen Palastgelände Saddam Husseins, Stellung bezogen hatten, nicht sah. »Wir werden sie angreifen und zerstören«, bekräftigte Sahaf in Bagdad vor einer Gruppe erstaunter Journalisten. Auf die Frage, ob sich die irakischen Truppen den ins Zentrum eingerückten US-Soldaten ergeben werden, sagte er: »Sie [die US-Soldaten] werden sich ergeben oder in ihren Panzern verbrennen.«

Einen Tag später wird die Statue von Saddam Hussein am Firdus-Platz (Paradies-Platz) vor dem Hotel *Palestine* vom Sockel geholt. Die Tage des Plünderns und Brandschatzens beginnen. Von nun an gilt die Pozellan-Laden-Regel: *You brake it, you own it.* – Wenn du's kaputt machst, gehört's dir. Der Irak war nun, nach 21 Tagen, in der Hand der USA.

Zeit-Korrespondent in Washington, Thomas Kleine-Brockhoff: »In der Kriegsfrage haben sich die ›Neocons‹ (Wolfowitz & Co.) mit den ›Assertive Nationalists‹ (Cheney, Rumsfeld & Co.) verbündet, in der Nachkriegsfrage waren sich alle einig. Weder die einen noch die anderen und auch nicht die ›Internationalisten‹ (Powell & Rice) glauben an Nation Building.«[122]

Der Krieg nach dem Krieg

Die US-Armee stellte ein paar M-1-Abrams-Panzer vor den zehnstöckigen Betonklotz des Ölministeriums, der sich ein paar Kilometer außerhalb des Zentrums von Bagdad befindet. Tunlichst vermied die US Air Force, Bomben auf das Gebäude zu werfen, wie sie es beim Planungsministerium gemacht hatte, und im Gegensatz zu Krankenhäusern, Museen und der Nationalbibliothek wurde es auch von den Soldaten vor Plünderern verteidigt. Denn das Gebäude beherbergt den Schlüssel zum größten Schatz der Nation: Explorationskarten der Ölfelder, Pipelinedaten, Verträge. Die Amerikaner hofften nach dem Krieg – wie 1991 –, den Krieg oder zumindest den Wiederaufbau aus den Öleinnahmen des Irak finanzieren zu können. US-Firmen (*Halliburton* und ihre Tochterfirma *Kellogg, Brown & Root, Bechtel* und andere) bekommen die Aufträge, der Irak bezahlt.

Aber so einfach sollte es nicht werden: Zuerst dauerte es viel zu lang, bis die Pumpstationen wieder liefen. Minen und Blindgänger machten es den Arbeitern auf den Ölfeldern im Süden schwer, die Förderung flottzukriegen. Doch von diesen Feldern hängt die Zukunft des Landes ab und auf diesen Feldern ruht die Hoffnung der nach Öl dürstenden Welt – und natürlich Amerikas, das fast ein Viertel des weltweit geförderten Öls verbrennt. Der Irak verfügt über mindestens sechs Felder, in denen gewaltige Vorräte schlummern. Jedes dieser Felder könnte 250 000 Barrel pro Tag oder mehr liefern: West-Kurna, Madschnoon, Bin Umar, Halfaja, Nasirija und Ost-Bagdad. Im Westen des Landes wurde bis heute noch nicht einmal systematisch nach Öl gesucht. Eine Statistik des möglichen Potentials des Irak: Nur siebzehn von achtzig im Land entdeckten Ölfeldern wurden bisher erschlossen. Das *Time-Magazine* zitiert einen früheren irakischen Beamten, der angab, der Irak könnte bis zu zwölf Millionen Barrel Öl pro Tag produzieren und würde damit zur Nummer eins aufsteigen.[123]

Zur selben Zeit wurde der Irak von einer Energiekrise geplagt: In Bagdad gab es kilometerlange Schlangen vor den Tankstellen, Stromabschaltungen, kein Gas zum Kochen. »Wir haben so viel Öl«, sagt Mohammed Nasir, der in Bagdad mit seinem alten *Chevrolet* schon seit Stunden auf Benzin wartet, »und wir bekommen nicht einmal genug, dass wir tanken können.«[124] Die Situation war angespannt, GIs hatten wenige Minuten zuvor Plastik-Kanister zerschnitten, um Hamsterern das Handwerk zu legen.

Die kleineren und die wirklich großen Felder Rumailah (eines der größten Ölfelder der Erde, das sich von Basra Richtung Süden bis nach Kuwait erstreckt) und Kirkuk im Norden machen den Irak – nach Saudi-Arabien – zum Land mit den zweitwichtigsten Ölreserven. Dazu kommt: Irakisches Öl ist billig zu produzieren, man bohrt die Lagerstätte an und schon sprudelt es nach oben (die Produktionskosten liegen bei etwa einem Dollar pro Barrel).

Rumsfeld zum Irak: »Nichts mit Öl zu tun, buchstäblich nichts«

Als George W. Bush ins Weiße Haus kam, beauftragte er seinen Vizepräsidenten, ein Strategiepapier zur Energiepolitik zu verfassen. Das Papier war im Mai 2001 fertig, im Bericht an den Präsidenten wurde eine »Energiekrise« konstatiert und es enthielt auch eine Warnung: »Amerika wird in zwanzig Jahren zwei Drittel seines Ölbedarfs importieren – die Folge ist eine größere Abhängigkeit von ausländischen Mächten, die nicht immer Amerikas Interessen im Sinn haben.«[125]

Der Bericht selbst enthält keine Richtungsentscheidung: mehr Umweltschutz durch Investitionen in erneuerbare Energie, mehr Investitionen in die US-Ölwirtschaft (Exploration in einem arktischen Naturschutzgebiet inklusive), mehr Atomkraftwerke. Es sollte für jeden etwas dabei sein. In Kapitel 8 wird das Weiße Haus aufgefordert, »in unserer Außen- und Außenhandelspolitik Energieversorgungssicherheit Priorität zu geben« und Staaten wie die Golfstaaten zu ermutigen, die Energiesektoren ihrer Länder für »private Investitionen« zu öffnen. Im Bericht ans Weiße Haus wird zwar der Irak nicht erwähnt, aber Vizepräsident und Ex-*Halliburton*-Boss Dick Cheney sprach in Nashville, Tennessee, über den Irak und Saddam. Er warnte vor der Gefahr, dass Saddam Hussein in Zukunft wieder die Vormachtstellung am Golf anstreben und »dort einen guten Teil der Welt-Energie-Reserven unter seine Kontrolle bringen« könnte. Das Intellektuellenblatt *New Yorker* wies auf einen interessanten Umstand hin: »Cheneys Rede war einer der letzten Anlässe, bei der Mitglieder der Bush-Administration öffentlich einen Zusammenhang zwischen Energiepolitik und

Sicherheitspolitik einräumten. Nachher lautete der Tenor, dass die Entscheidung, Saddam zu stürzen – in den Worten von Verteidigungsminister Donald Rumsfeld –, ›nichts mit Öl zu tun hatte, buchstäblich nichts‹.«[126]

Für den Irak bleibt die Lage trotzdem schwierig – selbst wenn die Ölexporte wieder in Schwung kommen –, denn die Bevölkerung wird bis 2010 auf dreißig Millionen anwachsen. Wenn der Ölpreis bei 25 Dollar pro Barrel liegt und der Irak sechs Millionen Barrel pro Tag exportieren könnte, würden die Erlöse eine Summe von 55 Milliarden Dollar im Jahr ergeben. Das macht fünf Dollar pro Person und Tag. Bei fünfzig Dollar pro Barrel macht das zehn Dollar pro Tag und Einwohner. Um zu Wohlstand zu kommen – wie das in der Anfangszeit (den 70er-Jahren) des Saddam-Regimes im Irak der Fall war –, ist Öl allein nicht genug.

Tatsache bleibt, dass der Irak eines der wenigen Länder mit derart mächtigen Vorkommen ist. Und im Gegensatz zu den erst vor einigen Jahren entdeckten Lagerstätten in Zentralasien ist es ein Leichtes, dieses Öl auf den Markt zu bringen. Kasachstan ist weit von den nächsten Ölkonsumenten oder Hochseehäfen entfernt: Der Irak liegt praktischerweise am Persischen Golf. Genau zu jenem Zeitpunkt, wenn die Nachfrage nach Öl dem Angebot davongaloppieren wird, könnten neue irakische Förderkapazitäten *onstream* sein, wie die Erdölleute sagen, also verfügbar werden.

Es gibt aber noch eine weitere Interpretation: Amerika ist nicht in den Irak-Krieg gezogen, um hinkünftig seinen Ölbedarf aus den Feldern des Irak decken zu können. Immerhin geben die USA im Jahr 2005 rund 430 Milliarden Dollar für ihre Armee aus (3,9 Prozent des Bruttosozialprodukts), von denen mindestens hundert Milliarden in die Militäroperationen am Golf fließen – damit könnte man jedem Amerikaner 777 Liter Benzin (nach US-Preisen) schenken. Es muss also mehr dahinterstecken, mutmaßen die Vertreter dieser These. Wollen die USA den anderen Staaten den ungehinderten Zugriff auf billiges Öl erschweren? Scheikh Jamani meinte in einem Interview: »Jetzt werden die zweitgrößten Ölreserven der Welt erobert und gegen den wachsenden Bedarf der nichtamerikanischen Welt – besonders China – abgeschottet werden. Das ist für Washington erforderlich, denn Saudi-Arabien wird nicht mehr lange ein verlässlicher Partner der USA sein.«

Nach dem Ende des Krieges fürchtete die *OPEC*, dass der Irak aus der Organisation herausgelöst werden sollte, in Wien machten Gerüchte die Runde, dass der Sieg über Saddam auch zum Ziel hatte, das *OPEC*-Kartell empfindlich zu treffen: Ein außerhalb der *OPEC* stehender Irak, dessen Regierung auf Zuruf der USA den Ölhahn auf- oder zudreht, wäre für das Kartell eine wirkliche Herausforderung. Die Ölminister reagierten pikiert und sandten eine Botschaft ans Weiße Haus, die man in Washington sicherlich verstand: Sie verkündeten eine Produktionskürzung um eine Million Barrel pro Tag, der Ölpreis stieg noch am selben Tag um einen Dollar pro Barrel. Präsident Bush beantwortete die klare Warnung der *OPEC* mit den Worten: »Ich hoffe, dass unsere *OPEC*-Freunde nichts unternehmen, das unserer Wirtschaft Schaden zufügt.«[127]

Nach den Wahlen im Iran zeigte sich, dass das Verhältnis zu den wichtigsten Lieferländern hinkünftig eher schwieriger als leichter werden wird. Der neue Präsident, Mahmud Ahmadinejad, strebt eine Änderung der Ölpolitik des weltweit viertgrößten Förderlandes an. Unmittelbar nach seinem Sieg über seinen Konkurrenten Akbar Hashemi Rafsanjani bei der Stichwahl am 24. Juni 2005 forderte der erzkonservative Bürgermeister Teherans, »alle Ölförder- und Exportverträge klarzustellen«, was in der Praxis eine Zurückdrängung ausländischer Ölkonzerne bedeutet. Während des Wahlkampfes hatte Ahmadinejad, der einer der Rädelsführer der Botschaftsbesetzung 1980 gewesen sein soll, mächtige »Mafias« der »Monopolisierung« der Ölreserven beschuldigt. »Ich werde den Mafias der Macht und den Gruppen, die unser Öl im Griff haben, die Hände abschneiden. Das Volk muss seinen Anteil am Ölgeld im täglichen Leben sehen«, ließ er verlauten. Ahmadinejad kündigte Sozialprogramme an, die er mit Erlösen aus dem Erdölgeschäft finanzieren will – eine Parallele zum venezolanischen Präsidenten Hugo Chávez[128], den die USA lieber heute als morgen aus dem Präsidentenpalast *Miraflores* in Caracas entfernt sehen wollen. Sind die Präsidenten Ahmadinejad und Chávez, Präsidenten bedeutender *OPEC*-Länder, Vorboten eines neuen Petro-Populismus?

Die *OPEC* sitzt jedenfalls am längeren Ast: Die Ölförderung in den Non-*OPEC*-Ländern wird im Jahr 2015 den Peak (das Produktionsmaximum) erreichen. Ab diesem Zeitpunkt wären die Industrienationen der Organisation mit Sitz in Wien ausgeliefert. Besonders für die USA als größtem Ölkonsumenten weltweit ist dies eine erschreckende Vorstellung.

Wie sagte doch Verteidigungsminister Donald Rumsfeld: Der Krieg im Irak hat »nichts mit Öl zu tun, buchstäblich nichts.«

Der schizophrene Saudi-Staat

Gleich hinter den Schranken hört Saudi-Arabien, wie man es kennt, auf. Das Gebiet ist von schwer bewaffneten privaten Sicherheitsmannschaften bewacht. Schon auf der Autobahnausfahrt, die zum Firmengelände führt, ist der erste Checkpoint postiert – und von einem gut gesicherten Zaun umgrenzt.

Dort liegt *Saudi-Aramco*-Land, eine andere Welt.

Das Gelände der saudischen Ölfirma *Saudi Aramco* erinnert an einen Firmencampus samt umliegenden Kleinstädtchen, irgendwo zwischen Silicon Valley und Dallas, Texas; mit grünen Wiesen, Palmen, niedrig gebauten postmodernen Bürogebäuden und den typischen amerikanischen Einfamilienhäuschen. Die Ampeln sind – wie in den USA – gelb gestrichen mit *don't walk-/walk*-Lämpchen. Baseball- und Golfplatz, Stallungen, Skateboard-Strecke, Tennis-Plätze. Sogar ein Bus mit der Aufschrift »School Bus« auf der Frontseite fehlt nicht, ein gelber Schulbus, wie man ihn aus unzähligen US-Vorabendserien kennt. Dazu fast eine Sehenswürdigkeit: das einzige Kino des Königreichs.

Aramco-Land, Amerikas Außenstelle. Die Straßennamen: Elderberry Way, Date Way, Lime Tree, Miller Road. Sogar die Armaturen in den Einfamilien-Häusern (Monatsmiete je nach Größe ab 450 Dollar) stammen aus den USA: *American Standard* heißt die Firma, die Kloschüsseln und Waschbecken geliefert hat. Als amerikanische Konzerne in den 30er-Jahren sich daran machten, das Öl aus der Erde zu holen, bauten sie hier ein Stück Amerika, ein *home away from home*. Nicht nur die Immobilien erinnern an die USA, sondern auch die Mentalität. Ganz wie in der Werbung des US-Sportartikelhersellers mit dem *swoosh* heißt das Motto: *Just do it.*

Ein paar Kreuzungen weiter steht auf den Straßenschildern: »Arabian Gulf Road« und »Ryadh Boulevard«. Denn hier, das ist nicht Dallas, sondern Dahran.

Saudi Aramco ist heute die wichtigste Ölförderfirma der Erde, ein riesiger Ölkonzern. Im Ranking der größten Ölgesellschaften der Erde, das jährlich vom Fachorgan *Petroleum Intelligence Weekly* erhoben wird, liegt der Öl-Multi regelmäßig auf Platz eins.

Der Verwaltungstrakt des *Aramco*-Hauptquartiers, ein pechschwarzer Marmorpalast, innen anonyme Korridore. Im Arbeitszimmer MA-340 steht der wuchtige Schreibtisch des Vizepräsidenten für Exploration und Produktion, Abd Allah S. Al-Saif. Al-Saif ist seit 1960 bei *Aramco*, er hat das Ölgeschäft von der Pike auf gelernt. Er arbeitete in allen möglichen Geschäftsfeldern, 1965 schickte ihn seine Firma an die University of Oklahoma, um Erdöl-Ingenieurswesen zu studieren. Heute ist Al-Saif Herr über die Lagerstätten, er wacht darüber, dass das Öl weitersprudelt, ständig auf der Suche nach neuen Reserven. Früher konnte er stolz von abenteuerlichen Taten seiner Öl-Pioniere im hintersten verstaubten Winkel des Königreiches berichten, in letzter Zeit muss er sich von Journalisten unangenehme Fragen nach der Sicherheit der saudischen Öleinrichtungen einerseits und den saudischen Ölreserven andererseits anhören.

Die Sicherheitseinrichtungen seien auf dem modernsten Stand, »wir waren stets sehr auf Sicherheit bedacht und zwar nicht erst seit dem Golfkrieg Anfang der 90er-Jahre«. Mehr als fünftausend *Aramco*-Mitarbeiter sind »ausschließlich mit der Sicherheit unserer Anlagen befasst. Sie beobachten, patrouillieren, bewachen Zufahrten und Absperrungen.« Und dann ist da noch Armee, Marine, Luftwaffe und Polizei, dazu kommen jede Menge technischer Einrichtungen: Bewegungsmelder, Nachtsichtgeräte, Kameras, Sensoren, Spezialzäune.

Denn an möglichen Tätern, an gewaltbereiten, durch religiösen Extremismus verblendeten jungen Männern, herrscht kein Mangel in Saudi-Arabien.

Mansour al-Nogaidan war früher einer von ihnen. Heute ist er ein glücklicher Mann. Vor seinem Haus im Bezirk Malass in der saudischen Hauptstadt Riad zwitschert ein Kanarienvogel fröhlich in seinem Käfig. In seinem Arbeitszimmer im ersten Stock steht in der Ecke rechts ein Aquarium wie aus »Findet Nemo«: tropische Zierfische schwimmen scheinbar ziellos durch das Glasbecken. Mansour stellt Kekse, Kaffee und reichlich mit Kardamom gewürzten Tee bereit, setzt sich in den dick gepolsterten Lesesessel.

Doch Mansour war nicht immer glücklich: Früher war er ein junger Koranstudent voller Wut, in dessen Herz salafistische Prediger Intoleranz und Hass gesät hatten.

Die Salafisten, die sich auf Ibn Hanbal (9. Jahrhundert) und Ibn Taymiyya (1263–1328) berufen, wollen zur ursprünglichen Praxis des Islam zur Zeit des Propheten zurückkehren. Sie predigen eine buchstabengetreue Auslegung des Koran und lehnen Musik, Philosophie und Literatur ebenso ab wie andere Religionsformen und Kulturen. Toleranz ist für Salafisten ein Fremdwort. Der in Saudi-Arabien bestimmende und nach dem Sektengründer Mohammed bin Abdul Wahhab (1703–1792) benannte Wahhabismus steht in dieser Tradition. Mohammed bin Saud, Vorfahre des heutigen Herrschergeschlechts der Saud, schloss 1744 einen Pakt mit Imam Muhammad bin Abdul Wahhab: Die Sauds strebten die weltliche Vorherrschaft auf der arabischen Halbinsel an, Wahhab die geistliche – man beschloss, fortan das Ziel mit vereinten Kräften zu verfolgen. Eine Hochzeit besiegelte die Zweckgemeinschaft: Mohammed bin Sauds Sohn, Abdul Aziz, heiratete die Tochter des Imam Mohammed. So wurde der Wahhabismus die dominante islamische Sekte auf der arabischen Halbinsel – bis heute wird jede andere Religionsausübung im Lande diskriminiert. Die Schiiten, von denen 200 000 bis 400 000 vornehmlich in der Ostprovinz leben, sind in ihrer Religionsausübung ebenso eingeschränkt wie Sufis oder gar Christen und Hindus. Der Import von Bibeln ist strikt untersagt.

Mansour jedenfalls wollte Jihadi werden, für den wahren Islam in den Heiligen Krieg ziehen: 1992 beschloss er, mit Freunden zur Tat zu schreiten. Gemeinsam zündeten sie die größte Videothek in Riad an. Nach dem ersten Terrorakt in der jüngeren Geschichte des

Königreichs stand ein Frauenhilfszentrum auf der Liste: »Wir dachten, die streben die Befreiung der Frau an. Das hielten wir für unislamisch«, erzählt er. Mansour wurde geschnappt, gestand die Brandanschläge und wurde zu vierzehn Jahren Gefängnis verurteilt, aufgrund seiner Jugend und guter Führung jedoch nach zwei Jahren entlassen. Mansour änderte sich, legte seine militante Vergangenheit ab, brach mit dem Wahhabismus. Heute bekennt er sich zum Sufismus: Die Sufis sind die Buddhisten unter den Muslimen, die sich mit Mystik beschäftigen und Respekt vor der Schöpfung und Toleranz predigen.

Für liberale, fortschrittliche Saudis ist Mansour eine Hoffnung: Er, der früher Brandbomben geworfen hat, setzt sich heute in saudischen und internationalen Zeitungen für weit gehende Reformen in seinem Land ein. In seinem international viel beachteten Kommentar in der *New York Times*[129] schrieb er im November 2003: »Was Saudi-Arabien braucht, ist eine Wiedergeburt. Wir brauchen Geduld und die Fähigkeit, die Konsequenzen unserer Verbrechen in den vergangenen zwei Jahrzehnten zu tragen. Nur wenn wir beginnen, uns so zu sehen, wie auch der Rest der Welt uns sieht – als Nation, die einen Terroristen nach dem anderen hervorbringt –, und beginnen, darüber nachzudenken, warum dem so ist, werden wir in der Lage sein, dieses Image zu korrigieren und die Wurzel des Übels auszureißen.«

König Abdullah bin Abdulaziz hat erste, zaghafte Versuche unternommen: Es gab Kommunalwahlen – bei denen die Wahlbeteiligung sehr gering war und die Fundamentalisten gewannen. In einem »nationalen Dialog« geht es um Frauenrechte oder die Beziehungen zwischen Sunniten und der schiitischen Minderheit. Doch es kommt alles nur sehr schleppend voran. Außerdem gibt es bei den Konservativen großen Widerstand gegen den Reformkurs. Die Geistlichen fürchten um ihren Einfluss. Sie versuchen, das Wort »Reform« umzudeuten: In einer Ausgabe der englischsprachigen *Saudi Gazette* ist ein Interview mit dem Vorsitzenden des Justizrates, Scheikh Saleh Bin Muhammed Al-Lehaidan, abgedruckt. Der Geistliche definiert darin Reformen auf seine Weise: »Reform heißt, die Prinzipien und Gesetze der islamischen Scharia zu ehren und das Banner zur Förderung des Guten und zur Bekämpfung der Sünde hochzuhalten. Reform heißt, die Korrupten, Verkommenen zu bestrafen, damit sie ihre Missetaten bereuen.«

Es gibt offensichtlich die verschiedensten Interpretationen von Reform im Königreich.

Der Riss zwischen Reformern und Konservativen geht quer durch die königliche Familie. Im üblicherweise gut informierten US-Fachorgan *Foreign Affairs* widmete sich in einer der letzten Ausgaben ein Text dem »schizophrenen Saudi-Arabien«: »König Abdullah steht den liberalen Reformern nahe und sucht die Nähe zu den USA, während Innenminister Naif auf der Seite der anti-amerikanischen Kleriker steht, die viele Ziele mit Al-Qaida teilen.«[130]

In einem »normalen« Land wäre der Innenminister ob des Versagens im Kampf gegen den Terror rücktrittsreif: Er war es, der nach dem 11. September 2001 behauptete, es seien gar keine saudi-arabischen Staatsbürger in das Attentat auf das World Trade Center in New York und das Pentagon in Washington, D.C., verwickelt gewesen, sondern der Anschlag sei ein Werk israelischer Zionisten gewesen. Zuletzt ließen seine Sicherheitsleute drei der vier Mörder und Geiselnehmer von Al-Khobar laufen (beim Anschlag am 30. Mai 2004 verloren 22 Menschen ihr Leben, darunter neunzehn Ausländer). Naif bin Abdulaziz steht immer wieder auf Seiten jener wahhabitischen Kleriker, welche dem militanten Islam Vorschub leisten. Sein Ministerium, eine schwer bewachte, auf den Kopf gestellte Pyramide, sieht in der Nacht aus, als wäre ein UFO mitten in Riad gelandet. Hier ist viel Macht gebündelt, die Beamten des Pyramidenbaus sind dafür verantwortlich, dass oftmals nach Terrorangriffen der jüngsten Zeit die Täter zwar nicht gefunden, dafür kritische Journalisten und Dissidenten in Haft genommen werden.

König Abdullah bin Abdulaziz gilt als jener, der die komplizierten Machtverhältnisse im Land und in der königlichen Familie ausbalancieren muss. Abdullah gilt als Vertreter der *Taqarub*-Doktrin, die das friedliche Zusammenleben der Religionen und nicht den Jihad ins Zentrum stellt. Er bemüht sich um Aussöhnung mit Israel, versucht das Land zu modernisieren. Wie aber soll Abdullah mit all den Widersprüchlichkeiten und Problemen fertig werden?

Während in einem teilweise englischsprachigen Sender zwei Geistliche diskutieren, unter welchen Umständen man seine Mahlzeit fertig essen darf anstatt sogleich in die Moschee zu eilen, was *haram* (verboten) und *halal* (erlaubt) ist, chatten die Jungs mit den Mädels mit ihren Bluetooth-Handys in den Shopping-Zentren miteinander. Während man in Riad regelmäßig zur Gebetszeit aus dem Internet-Cafe geworfen wird, trifft man sich – auch zur Gebetszeit – in Jeddah in schicken Bars, ganz wie in Manhattan, nur eben ohne Martini, Scotch & Co. Während die Frauen auf den Straßen ganz in schwarze Abayas und Hejabs gehüllt gehen (die meisten lassen nur einen schmalen Sehschlitz frei, manche verhüllen ihr Gesicht ganz), tragen die Frauen, die via Satellitenschüssel auf die Fernsehschirme kommen, hautenge, textilarme Kleider in Bonbonfarben.

Doch der 11. September veränderte alles: Mit dem Einsturz der Türme in Manhattan ist auch der unausgesprochene Deal zwischen dem Haus Saud und den Vereinigten Staaten in sich zusammengekracht: Ruhe auf den Ölmärkten gegen vorbehaltlose Unterstützung des korrupten Königshauses.

Saudi-Arabien steht plötzlich im gleißenden Licht amerikanischer Schuld-Suchscheinwerfer. Ein neokonservativer Nahost-Experte des konservativen Think-Tanks *Rand Corp*. namens Laurent Murawiec hielt am 10. Juli 2002 vor einem wichtigen Pentagon-Gremium einen Vortrag, in dem er den anwesenden Strategen erklärte: »Saudi-Arabien unterstützt unsere Feinde und attackiert unsere Verbündeten.« Der Vortrag schloss mit den Worten: Saudi-Arabien sei der »Kern des Bösen, der gefährlichste Gegner im Nahen Osten«, berichtete die *Washington Post* am 6. August 2002.[131] Die Saudis wären auf »jedem Level der Kette des Terrors aktiv, von der Planung bis zur Finanzierung, von den Kadern zu den Fußsoldaten, von den Ideologen zu den Cheerleadern«. Murawiec schlug ein Ultimatum vor: »Entweder Saudi-Arabien hört auf damit, Terroristen zu unterstützen, oder es riskiert die Besetzung der Ölfelder und die Beschlagnahme der Vermögen in den Vereinigten

Staaten« – rund 860 Milliarden Dollar, das entspricht sechs bis sieben Prozent der Aktien, die an der Wall Street gelistet sind.[132]

Die US-Regierung erklärte später, der Inhalt des Vortrags repräsentiere in keiner Weise die offizielle Meinung der Regierung.

Doch der Vortrag gab das Meinungsklima wider: Im Leibblatt der neokonservativen Denker, dem *Weekly Standard*, erschien im Sommer 2002 eine Covergeschichte mit dem Titel: »Der Saudi-Showdown«[133], manche sahen im Irak-Krieg eine Vorbereitung für den nächsten Schritt, »der Weg in den Nahen Osten führt durch Bagdad«. Und genau das war auch einer der Kernpunkte im umstrittenen Vortrag: Der Sturz des Regimes im Irak würde auch das Verhalten der Saudis ändern. Ölexporte aus dem Irak könnten die Abhängigkeit von saudischem Öl verringern und somit ermöglichen, zu einem späteren Zeitpunkt das Problem Saudi-Arabien zu lösen.

Saudi-Arabien, der einstige Verbündete – die Saudis hatten gemeinsam mit den USA und dem pakistanischen Geheimdienst *ISI* (*Inter-Services Intelligence*) maßgeblich die afghanischen Mujahedin in ihrem Kampf gegen die Sowjetarmee unterstützt. Die Saudis waren es, die den größten Teil der Rechnung des zweiten Golfkriegs gegen Saddam Hussein im Jahr 1991 bezahlten. Doch nach dem 11. September war das Königreich vielen US-Denkern zum Feind geworden: Es erschienen Bücher wie »Im Bett mit dem Teufel« – vom deutschen Verlag wurde der Titel nobel mit »Die Saudi-Connection« übersetzt, »Die Bushs und die Sauds« diente wiederum als Quelle für Michael Moores Aufsehen erregenden Film »Fahrenheit 9/11«. Ein anderes Buch[134] geht sogar so weit, zu behaupten, die Saudis hätten mittlerweile zur Abschreckung vor einer möglichen Invasion sämtliche ihrer Ölförderanlagen mit Selbstzerstörungsmechanismen ausgestattet, um sie im Falle einer Invasion in die Luft zu jagen. Die Behauptung ist unüberprüfbar, aber man traut einander offenbar alles zu: die Saudis den USA eine Invasion, die USA den Saudis im Gegenzug Öl-Kamikaze. Die vergifteten Beziehungen haben auch die Öl-Gleichung durcheinander gebracht: Die Amerikaner sehen sich nach neuen Lieferanten um, die Saudis knüpfen engere Bande mit Ländern in Asien. Europäische Firmen nützen die sich bietende Chance: Im Tross ihrer Staatsoberhäupter und Premierminister reisen sie nach Riad und hoffen auf lukrative Aufträge und lohnende Öl-Deals. Dennoch, auch die Europäer stellen sich die bange Frage: Wie stabil ist Saudi-Arabien?

Nicht zuletzt wegen der Sorge um einen Zerfall des Königshauses in Saudi-Arabien haben die USA die Stützpunkte im Königreich verlassen (wo sie hauptsächlich mit zur Niederschlagung einer Revolte nutzlosen Luftwaffe-Einheiten vertreten waren) und sitzen jetzt stattdessen mit einer 150 000-Mann-Armee praktischerweise gleich nebenan, im Irak.

Fuad Ajami von der Johns Hopkins Universität: »Es waren Saudis, die uns den 11. September eingebrockt haben. Also bricht ein Sturm los, und nach diesem Sturm finden wir, die USA, uns im Irak wieder. Aber die Probleme in Saudi-Arabien werden uns weiter Kopfzerbrechen machen: die sozialen Probleme, die dysfunktionale Königsfamilie. Saudi-Arabien bleibt das große Fragezeichen im arabischen Raum, eine Herausforderung für die Pax Americana.«

Bernhard Lewis, der als einer der bedeutendsten US-Islamexperten gilt, favorisiert eine radikalere, wenn auch zugleich friedlichere Lösung: »Wir sind in der Situation, in der eine fanatische, marginale, exzentrische Version des Islam jene ist, die die größte Verbreitung findet – der Wahhabismus. Und das hat einen Effekt, den ich nur als katastrophal bezeichnen kann.« Der einzige Weg, um die Verbreitung der wahhabitischen Interpretation des Islam zu stoppen: »Drehen wir den Geldhahn für die Saudis zu, und wir können das ganze stoppen.« Doch dazu, so Lewis, müsste man zuerst einen Ersatz für Öl finden.[135]

3. Petro-Politik *oder* Der Einfluss der Öl-Lobby

Zu Gast bei Gaddafi – Ölgeschäfte mit dem Wüstenfuchs

Lange vor Osama Bin Laden galt Libyens Staatschef Muammar Al-Gaddafi den Amerikanern als Staatsfeind Nummer eins. Er gab eine wahrhaft schillernde, schräge und bizarre Hassfigur ab: eine Mischung aus »Lawrence von Arabien, Jack Nicholson und Carlos, wohlmeinender Wüstenheld, ehrlich überzeugt vom edlen Auftrag für seine Nation, genialer Schauspieler mit einem Hang zum Flug über das Kuckucksnest, eiskalter, der ›Sache‹ ergebener, für die ›Sache‹ auch terroristische Mittel einsetzender Diktator«, schrieb der deutsche Journalist Erich Follath in seinem Buch »Die letzten Diktatoren«.[1]

Gaddafi wurde in den letzten beiden Jahrzehnten für eine Reihe von Anschlägen verantwortlich gemacht: Er soll der Drahtzieher des Bombenanschlags auf die Diskothek *La Belle* in Berlin-Friedenau am 5. April 1986 gewesen sein, bei dem drei Menschen starben (weitere 230 wurden zum Teil schwer verletzt). Er soll das Attentat auf eine *Boeing* 747, die am 21. Dezember 1988 über dem schottischen Dorf Lockerbie explodierte (270 Tote), befohlen haben. Und er soll für den Bombenanschlag auf die französische DC 10 am 19. September 1989 über der Ténéré-Wüste im Niger, bei dem 171 Menschen ums Leben kamen, verantwortlich zeichnen. Die britischen Behörden machten zudem libysche Sicherheitsleute für ein Schussattentat am 17. April 1984 auf die Polizistin Yvonne Fletcher verantwortlich, die vor dem libyschen Volksbüro am St. James Square Streife stand.

In diesen Jahren hatten die USA und Gaddafi sich einen Kampf geliefert, der auf beiden Seiten schmutzig geführt wurde: Gaddafis Revolution beunruhigte die Administration von Richard Nixon (US-Präsident von 1969 bis 1974) zunächst wenig. 1973 beging Gaddafi in den Augen Amerikas aber eine Todsünde: Der Heißsporn war (neben dem damaligen saudi-arabischen Ölminister Scheikh Ahmed Zaki Jamani[2]) einer der radikalsten Verfechter des Ölembargos, das eine weitere Front im Yom-Kippur-Krieg eröffnen sollte. Amerika drohte damals Saudi-Arabien nur wenig verhüllt mit einer Invasion (siehe Seite 54 ff.), die aber in der Praxis sehr schwer durchführbar gewesen wäre. Ein Einmarsch in Libyen hingegen wäre militärisch möglich gewesen. Libyen fühlte sich daher – nicht ohne Grund – bedroht und nutzte jede Möglichkeit, dem Westen und Israel Schaden zuzufügen. Libyen wurde zum Unterschlupf des palästinensischen Fatah-Terrorpaten Abu Nidal. Das Land suchte sein Heil in einer Annäherung an die Sowjetunion, ließ russische Militärberater ins Land und kaufte Waffen im Wert von mehreren Milliarden Dollar. Gaddafi begann, die linken Regierungen in Angola und Mozambique zu unterstützen und gab Geld an die katholische Terror-Organisation *I.R.A.* (*Irish Republican Army*). Libyen wurde zu einem Tummelplatz für Terroristen – unter anderem wurden Mitglieder der japanischen *Roten Armee* und der deutschen *R.A.F.* rund um Baader-Meinhof in libyschen Camps ausgebildet.

Ronald Reagan (US-Präsident von 1981 bis 1989) beschloss, auf Konfrontationskurs zu gehen. Eine Spirale der Gewalt kam in Gang. Im Sommer 1981 schossen US-Kampfflugzeuge zwei libysche Jets über (von Libyen für sich beanspruchten) internationalen Gewässern im Mittelmeer ab, nachdem sie angegriffen worden waren. Im Dezember desselben Jahres wies das State Department US-Bürger an, Libyen zu verlassen, und untersagte Reisen in Gaddafis Reich. 1982 trat ein Handelsembargo in Kraft. Im Februar 1983 hatte es gar den Anschein, als stünde eine US-Invasion in Libyen kurz bevor. Und im Sommer 1985 versuchten die USA, den ägyptischen Präsidenten Hosni Mubarak davon zu überzeugen, in Libyen einzumarschieren und Gaddafi zu entmachten.

Im Oktober 1985 entführten vier schwer bewaffnete palästinensische Terroristen das italienische Kreuzfahrtschiff *Achille Lauro* mit mehr als vierhundert Passagieren und Besatzungsmitgliedern vor der ägyptischen Küste. Die Terroristen töteten den 69-jährigen, an den Rollstuhl gefesselten US-Bürger Leon Klinghoffer. Gaddafi gab dem Mastermind der Entführung, dem Führer der *Palästinensischen Befreiungsfront* (*PLF*), Mohammed Abbas (alias Abu Abbas), später in Tripolis Unterschlupf.

Am 3. November 1985 erschien in der *Washington Post* ein Artikel, demzufolge US-Präsident Ronald Reagan zwei Monate zuvor einen Staatsstreich in Libyen durch die *CIA* autorisiert haben sollte. Am 27. Dezember 1985 überfielen palästinensische Terroristen der Abu-Nidal-Gruppe die Flughäfen in Wien und Rom mit Handgranaten und Maschinengewehren, zwanzig Personen, darunter fünf US-Amerikaner, wurden getötet. Die USA verdächtigten Libyen, in die Anschläge verwickelt zu sein. Am 7. Januar 1986 wurde Libyen in der »Executive Order 12543« (eine Verordnung des US-Präsidenten) zu einer Bedrohung amerikanischer Interessen erklärt, ein totales Handelsembargo wurde verhängt. Mitte März 1986 kam es wieder zu einer Konfrontation im Mittelmeer in der Nähe einer libyschen Radarstation bei Sirte: Zwei libysche Schiffe wurden versenkt, die Radarstation zerstört.

Am 5. April reagierte Gaddafi mit dem Terroranschlag gegen die Disco *La-Belle* in Berlin. Eine junge Türkin und zwei Amerikaner wurden bei dem Anschlag getötet. Von den rund fünfhundert Gästen, größtenteils Angehörigen der US-Armee, erlitten 230 zum Teil schwere Verletzungen. Die US-Luftwaffe reagierte zehn Tage später mit der Bombardierung von Tripolis (Operation »El Dorado Canyon« vom 15. April 1986), bei der 37 Libyer starben, darunter Gaddafis sechzehn Monate alte Adoptivtochter Hanna. Die Bombardierung war laut dem früheren Offizier der US-Army R. A. Davidson nicht eine bloße Reaktion auf den *La-Belle*-Anschlag, sondern passte den USA gut ins Konzept. Davidson argumentiert, dass Libyen der schwächste Staat unter jenen »Schurkenstaaten« war, die damals den internationalen Terror unterstützten. Außerdem wollte Amerika seine führende geopolitische Position unter Beweis stellen.[3]

Pilgerreisen zum Petroleum-Wüstenfuchs

Heute sind die Sünden der Vergangenheit vergessen, Gaddafi schwor im Dezember 2003 der Entwicklung von Massenvernichtungswaffen ab. Libyen als Drahtzieher des internationalen Terrors wurde vergeben und Gaddafi entwickelte sich vom verfemten Terrorpaten zum willkommenen Gesprächspartner der westlichen Regierungschefs. Eine Wiedergutmachung in Form von Blutgeld beschleunigte diese Entwicklung: Libyen überwies 170 Millionen Dollar an die Hinterbliebenen des französischen *UTA*-Fluges, 35 Millionen an die *La-Belle*-Opfer und 2,7 Milliarden Dollar für die Lockerbie-Opfer.[4] Nach dieser Form der Scheckbuch-Vergangenheitsbewältigung hob der *UN*-Weltsicherheitsrat am 12. September 2003 die am 31. März 1992 gegen Libyen verhängten Sanktionen auf. Damit war das Rennen um die libyschen Ölvorkommen eröffnet.

Der damalige spanische Ministerpräsident José María Aznar ging als erster über die Ziellinie: Er traf am 18. September 2003 in der libyschen Hauptstadt Tripolis ein. Gaddafi versicherte Aznar, dass spanische Investitionen willkommen seien. »Wenn es ein Problem gibt, sagen Sie es mir!«, forderte er die Unternehmer auf, die Aznar begleiteten.[5] Der nächste Gast bei Gaddafi war Tony Blair. Als erster britischer Regierungschef seit der Unabhängigkeit Libyens von Großbritannien im Jahr 1951 eilte er nach Tripolis, um dort am 25. September 2004 für einen Zweihundert-Millionen-Dollar-Erdöl-Deal der *Royal Dutch/Shell* Pate zu stehen.

In Österreich hält der Rechtspopulist Jörg Haider Kontakt zum Wüsten-Führer. Haiders Freundschaft zu Gaddafis Sohn Saif al Gaddafi soll den österreichisch-libyschen Beziehungen »nicht geschadet« haben, sagten der österreichische Handelsdeligierte und libysche Funktionäre übereinstimmend.[6] Gaddafis Sohn absolvierte ein MBA-Studium an der Wiener IMADEC-Universität, die in der Tradition der liberalen Schule der österreichischen Nationalökomie steht. Er fühlte sich dem Vernehmen nach in Wien wohl, genoss Personenschutz, und der Schönbrunner Zoo half ihm bei der Unterbringung seiner bengalischen Tiger, die er mitgebracht hatte.

Das Verhältnis zwischen Österreich und Libyen ist traditionell eng, schließlich hatte der sozialdemokratische Bundeskanzler Bruno Kreisky bereits in den 80er-Jahren Kontakt zu Gaddafi, als dieser noch als Terrorist galt. »Die Österreicher kommen spät«, soll Gaddafi gesagt haben, als er am 18. April 2004 den ersten offiziellen Staatsbesuch durch den österreichischen Vizekanzler Hubert Gorbach und den Kärntner Landeshauptmann Jörg Haider erhielt. Er hätte sich vom traditionell befreundeten Österreich einen früheren und höherrangig besetzten Besuch erwartet, hieß es damals.

Am 27. April 2004 schlug Gaddafi sein Zelt im Schlosspark von Val Duchesse in Brüssel auf. Der libysche Revolutionsführer bestand auch bei seinem ersten Besuch im Westen seit fünfzehn Jahren, der offiziellen Visite der Europäischen Union, auf dem täglichen Gebet, wofür er sein blaues Gebets-Zelt mitgebracht hatte. Vor dem Zelt war eine Parabolantenne für die moderne Telekommunikation aufgestellt. Der damalige EU-Kommissionspräsident Romano Prodi war extra zum Flughafen geeilt, um den Revolutionsführer persönlich zu begrüßen. Prodi war »sehr glücklich« über den Besuch aus Tripolis, verbuchte dies gar als seinen persönlichen Erfolg: »Dies ist das Ergebnis von fünf Jahren persönlicher Kontakte und Diskussionen zwischen uns beiden.«

Der italienische Ministerpräsident Silvio Berlusconi war der nächste »Handelsreisende« (»*Commesso viaggiatore*«, wie italienische Zeitungen schrieben). Als Berlusconi Anfang Oktober 2004 zur Einweihung einer 550 Kilometer langen libysch-italienischen Gas-Pipeline nach Nordafrika reiste, meinte er, Gaddafi »sei ein großartiger Freund für ganz Italien, ein Vertreter der Freiheit«.[7] Ein Freund, mit dem man vor allem gute Geschäfte machen kann. *ENI/Agip* hat in die »Greenstream«-Gas-Pipeline, die Libyen mit Sizilien verbindet, und in das Gasfeld »Western Desert« 4,6 Milliarden Dollar investiert. Acht Milliarden Kubikmeter Gas strömen jetzt jedes Jahr auf diesem Weg nach Italien.

Berlusconi hatte Gaddafi schon vor der Aufhebung des *UN*-Embargos einen Besuch abgestattet. Er war Ende Oktober 2002 nach Libyen gereist und hörte dort aus Gaddafis Mund, was der Revolutionsführer zu sagen hatte: Libyen erwarte eine »Geste der Großzügigkeit« von Italien, um die Beziehungen zu normalisieren. Berlusconi vergaß nicht, die Presse darauf hinzuweisen, dass »25 Prozent der italienischen Energie aus libyschen Quellen stammt, nach der Inbetriebnahme der neuen Gas-Pipeline werden es dreißig Prozent sein«.

Am 15. Oktober 2004 machte der deutsche Kanzler Gerhard Schröder Gaddafi im Rahmen einer Nordafrika-Reise seine Aufwartung und war Gast im Zelt in dessen Hauptquartier in der Bab-al-'Aziziya-Kaserne. Kurt Kister von der *Süddeutschen Zeitung* begleitete Schröder und verfasste einen launigen Reisebericht: »Jenseits aller politischen Analyse ist Muammar Gaddafi als Person einfach nur bizarr oder, wie es Schröder formulierte, ›der ungewöhnlichste Politiker, den ich bisher im Ausland getroffen habe‹.«[8] Wie Berlusconi und Blair machte auch der deutsche Kanzler mit einer symbolischen Geste während der Reise deutlich, worum es ihm und der mitgereisten Handelsdelegation ging: Er nahm eine Erdöl-Bohrstelle der *BASF*-Tochter *Wintershall* in der libyschen Wüste in Betrieb.

Eingefädelt hatte den Besuch der im März 2005 im Alter von 82 Jahren verstorbene Nahostexperte der SPD, Hans-Jürgen Wischnewski – von Parteifreunden und Journalisten »Ben Wisch« genannt. Wischnewski hatte Gaddafi bei einem überraschenden Besuch in Tripolis im April 2004 die Botschaft des Bundeskanzlers überbracht: »Wenn *La Belle* erledigt ist, ist der Bundeskanzler bereit zu kommen.« Die Terroranschläge waren plötzlich nur mehr lästige Hindernisse auf dem Weg zu den Ölquellen Libyens.

Libyen ist für Deutschland nicht ganz unwichtig – und umgekehrt: Nach der ehemaligen Kolonialmacht Italien ist Deutschland der zweitwichtigste Wirtschaftspartner Libyens, das seinerseits der viertgrößte Erdöllieferant Deutschlands ist (Libyen liefert Deutschland Öl im Wert von rund 1,6 Milliarden Euro pro Jahr). *Wintershall*, ein in Kassel ansässiger Ölkonzern, fördert bereits seit 1958 Öl in Libyen: Das Unternehmen hat dort rund 1,2 Milliarden Euro investiert.[9] Mit einem Kooperationsvertrag mit der libyschen *National Oil Corporation* stieg dann auch *RWE Dea*, eine Tochtergesellschaft des Energiekonzerns *RWE*, in die Erdöl- und Erdgasförderung in Libyen ein.[10]

Der vorerst Letzte im Besuchsreigen war schließlich der französische Präsident Jaques Chirac, der am 24. November 2004 »zu Gesprächen in Libyen eingetroffen ist«, wie das in der Diplomatensprache heißt. Frankreich verfolgt seine Öl- und Gas-Interessen in Nordafrika traditionellerweise im benachbarten Algerien, Libyen ist für Frankreich eher von sekundärer Bedeutung. Zudem hat sich die Entschädigung der Opfer des Bombenanschlags von 1989 auf den Flug der französischen Fluglinie *UTA* hingezogen – immerhin der schwerste Angriff, der je in Friedenszeiten gegen Franzosen gerichtet war. Doch auch Frankreich konnte sich den Verlockungen Libyens nicht entziehen. Wo gute Geschäfte zu machen sind, will auch der französische Ölkonzern *Total* dabei sein.

Vom Terrorpaten zum Geschäftspartner

Warum diese Generalabsolution und wie kam es dazu, dass Gaddafi dem Terror und den Massenvernichtungswaffen abschwor? Präsident George W. Bush widmete sich Gaddafis Sinneswandel anlässlich seiner Rede zur Lage der Nation 2004: »Neun Monate intensiver Verhandlungen zwischen den Vereinigten Staaten und Großbritannien einerseits und Libyen andererseits waren erfolgreich, während zwölf Jahre diplomatischer Bemühungen im Fall des Irak nichts gebracht haben. Und der Grund dafür: Damit Diplomatie erfolgreich sein kann, müssen die Worte glaubwürdig sein; und heute kann niemand an den Worten Amerikas zweifeln.« Im Klartext: Der Irak-Krieg und der Sturz Saddam Husseins haben Gaddafi eingeschüchtert und ihn bewogen, klein beizugeben.

Eine Darstellung, die der Libyen-Experte Ronald Bruce St John nicht teilt. In einem Artikel im *Middle East Journal* führt der Autor zahlreicher Libyen-Bücher aus, dass Gaddafi schon seit Jahren eine Annäherung an den Westen betrieben habe, die von Washington sogar verzögert wurde.[11] Eine Ansicht, die auch Isabelle Werenfels teilt, die eine Studie für die *Stiftung Wissenschaft und Po-*

litik verfasst hat (ein einflussreicher Think-Tank, der die deutsche Bundesregierung und den Bundestag berät): »Gaddafis Wunsch nach einer Normalisierung der Beziehungen zum Westen ist primär Ausdruck der Erkenntnis, dass Kooperation und nicht Konfrontation mit der EU und den USA der eigenen Machtsicherung mittel- und langfristig am besten dient.«[12] Gaddafi habe eingesehen, dass »internationale Legitimation, zumal wenn sie nicht an die Bedingung innerer Reformen geknüpft ist, zur Stabilisierung der Herrschaft mehr beiträgt als ein teures Rüstungsprogramm oder als der gelegentliche Applaus der ›arabischen Straße‹ für die Unterstützung anti-westlicher Gewaltakteure.«

Mit einer breiten Verteilung der Exporterlöse aus der Erdölförderung, deren Anteil an den Staatseinnahmen mehr als 75 Prozent beträgt, hat er es geschafft, dass der größte Teil der Bevölkerung seinen Führungsanspruch nach über 35 Jahren immer noch akzeptiert. Gaddafi ist damit der am längsten amtierende arabische Staatsmann, aber er musste handeln: Die Arbeitslosigkeit im Land liegt bei rund dreißig Prozent, die 5,5 Millionen Einwohner verfügen statistisch über ein durchschnittliches Jahreseinkommen von 6400 Dollar (Platz 104 der Länderstatistik; nach Südafrika, Botsuana, Namibia und Tunesien Platz fünf auf dem afrikanischen Kontinent). Das durchschnittliche Einkommen eines Staatsbediensteten liegt bei rund zweihundert Dollar im Monat.[13] Während die Gehälter der Arbeitnehmer eingefroren blieben, vervierfachten sich in den letzten Jahren die Preise – die Landeswährung, der Dinar, sank auf ein Viertel seines Wertes. Von den vierhundert Milliarden Petrodollars, die Libyen seit der Machtübernahme Gaddafis verdient hat, wurde ein Viertel für Waffen ausgegeben.

In der Studie der *Stiftung Wissenschaft und Politik* heißt es: »Da die Ölfördermenge seit Ende der 1970er-Jahre hauptsächlich aufgrund der Sanktionen von 3,5 Millionen Barrel auf knapp 1,4 Millionen Barrel zurückgegangen ist und sich im gleichen Zeitraum die libysche Bevölkerung auf über fünf Millionen verdoppelte, benötigt das Land dringend neue Einkunfts-Möglichkeiten.« Gaddafi folgt mit seiner Annäherungspolitik also schlicht einer Machterhaltungslogik. Isabelle Werenfels: »Gaddafis Sinneswandel dürfte auch einer Lektion zu verdanken sein, die er von anderen autoritären Regimes wie etwa dem tunesischen Nachbarn gelernt hat: Vorbildliche Kooperation mit westlichen Ländern im wirtschaftlichen Bereich und in der Terrorismusbekämpfung sowie eine harte Hand gegenüber Islamisten dämpfen den Druck der EU und der USA auf politische Reformen.«

Politische Reformen wären höchst notwendig: Es gibt keine echte politische Partizipation, Parteien sind verboten und die Presse unterliegt strenger staatlicher Kontrolle. *Amnesty International* berichtet immer wieder von willkürlichen Verhaftungen, Misshandlungen und Todesfällen in der Haft. Vor dem Volkskomitee für Justiz und Sicherheit behauptete Gaddafi, es gebe in Libyen keine »politischen Gefangenen«, sondern bloß zwei Kategorien von Häftlingen, »gewöhnliche Kriminelle« oder »Ketzer«. Und vor afrikanischen Intellektuellen dozierte er im Oktober: »Man soll aufhören, von Mehrparteien-Systemen zu reden. Eine Partei genügt!«[14]

Paradiesische Zustände?

In seinem System der »Dschamaharijah«, des »Massenstaats«, hat Gaddafi formal keine offizielle Funktion, theoretisch ist Libyen eine Basisdemokratie. In einem Interview mit dem *Time-Magazine* sagte Gaddafi: »Wahlen? Wozu? Wir haben die Epoche, in der Sie sich befinden [der Westen, Anm.] überwunden. Alle Menschen sind nun an der Macht. Wollen Sie, dass sie hingehen und jemanden wählen, der dann anstatt des Volkes die Macht ausübt? […] Wenn man sie [die Libyer, Anm.] ins Paradies einlässt, werden sie immer noch klagen (lacht). Die Libyer sind im Paradies.«[15]

Immerhin: 2004 durften Vertreter von *Amnesty International* zum ersten Mal seit fünfzehn Jahren das Land besuchen. Auch der wachsende Einfluss des in den USA ausgebildeten Ökonomen und Reformers Shukri Ghanem, den Gaddafi 2003 zum Premierminister machte, lassen auf eine vorsichtige Öffnung hoffen – die Gaddafis Sohn weiter vorantreiben könnte. Dieser betont stets, dass er die Bildung von Parteien sowie eine Liberalisierung der Presse befürwortet. Allerdings erscheinen bis heute nur wenige staatliche

Zeitungen, arabische Publikationen werden kaum importiert, aber es gibt Satelliten-Fernsehen und Internet-Cafes.

Von Europa oder den USA wird Libyen allerdings nicht zu mehr Demokratie gedrängt. Denn es gibt Wichtigeres: das Geschäft mit dem Öl. Mindestens 35 Milliarden Dollar muss Libyen in den nächsten Jahren investieren, um die Wirtschaft wieder in Schwung zu bringen und die Infrastruktur zu modernisieren. Europäische und amerikanische Firmen könnten liefern. Libyen kann zahlen. Das Land ist praktisch schuldenfrei und verfügt über umfangreiche Devisenreserven, die Ölreserven werden auf rund 47 Milliarden Barrel geschätzt. In den Jahren der Sanktionen sind Libyen Ölgeschäfte im Wert von 24 Milliarden Dollar entgangen – nun will Gaddafi Kasse machen. Seine Rechnung scheint aufzugehen: 2004 hatte Libyen rund zwanzig Milliarden Dollar an Öleinnahmen, doppelt so viel wie noch 2003. In den nächsten zwanzig Jahren sollen die Staatseinnahmen nochmals verdoppelt werden.

Bei all den Besuchen und Gegenbesuchen mit den Europäern bekamen die Amerikaner Angst, bei der zu erwartenden Rallye um die besten Ölförderblöcke außen vor zu bleiben. Doch auch die US-Konzerne wollen ihr Stück vom libyschen Kuchen. Am 28. Juni 2004 eröffnete der amerikanische Staatssekretär Williams Burns in Tripolis ein neues diplomatisches Verbindungsbüro der US-Regierung – nach 24 Jahren sind somit erstmals wieder US-Diplomaten in Libyen. In einer Botschaft von Präsident George W. Bush an Gaddafi anlässlich der neuen diplomatischen Präsenz der USA in Libyen bekräftigte Bush seinen Wunsch nach einer »Normalisierung der politischen, wirtschaftlichen und kulturellen Beziehungen«.

Im unmittelbaren Gefolge der Diplomaten kamen die Manager der US-Ölkonzerne. Das US-Wirtschaftsmagazin *Fortune* berichtet von einem wahren Ölrausch, der die Top-Manager der US-Ölindustrie erfasst habe.[16] Aus Texas und Kalifornien sind sie nach Libyen geflogen, um den Direktor der libyschen *National Oil Corporation*, Abdulla Salem El-Badri – laut *Fortune* der »Torwächter« von Libyens Ölindustrie –, in seinem Hauptquartier nahe des Flughafens von Tripolis zu treffen. Der Boss des kalifornischen Ölkonzerns *Occidental Petroleum* (*Oxy*) ließ sogar seinen Firmenjet im Hangar und leaste in der Schweiz ein Flugzeug, weil er nicht länger auf die Aufhebung des Flugverbots für US-Flugzeuge nach Libyen warten wollte. *Oxy* hat es besonders eilig, in Libyen wieder Fuß zu fassen. Denn die Ölfirma blickt auf eine lange Tätigkeit in Libyen zurück. Immerhin verdankt sie ihren kometenhaften Aufstieg ab Mitte der 60er-Jahre den Lagerstätten des Wüstenreiches.

Occidentals *libyscher Jackpot*

Rückblende ins Jahr 1965: Der libysche Oil-Rush war bereits im Gange, als es *Occidental* gelang, einige Konzessionen zu erwerben. Armand Hammer von *Occidental* hatte das richtige Gespür für Erfolg im Ölgeschäft: Er wusste, wie man mit mächtigen Männern umzugehen hatte. Zusammen mit seinem Angebot für die Ölkonzession schenkte er dem damaligen König Idris as Senussi ein Schachspiel aus purem Gold und versprach, ein großes Landwirtschaftsprojekt in einer Wüstenoase zu finanzieren, in der König Idris aufgewachsen und wo sein Vater begraben war.

Die Konzessionsblöcke, die *Occidental* erwarb, Nr. 102 und 103, erstreckten sich über fünftausend Quadratkilometer trostloser, sonnenverbrannter Steinwüste im Syrte-Becken, etwa 150 Kilometer vom Mittelmeer entfernt. Im Herbst 1966 stieß *Occidental* bei Block Nr. 102 auf Öl. Was als nächstes geschah, ließ aber Bohrloch Nr. 102 wie ein bescheidenes Plätschern aussehen. Sechzig Kilometer weiter westlich, bei Nr. 103, bohrte *Occidental* genau an der Stelle, wo sich früher ein Basislager von *Mobil Oil* befunden hatte. Dort stießen die *Oxy*-Geologen auf eine Quelle, die 43 000 Barrel pro Tag sprudeln ließ, eine zweite förderte 75 000 Barrel pro Tag. *Occidental* hatte den Jackpot geknackt – die Geologen waren auf eines der reichsten Öllager der Welt gestoßen.

Libyens Ölquellen sollten sich bald als wahre Goldgrube für *Occidental* erweisen. Als Ägypten im Sechstagekrieg gegen Israel 1967 den Suez-Kanal blockierte, war Libyens Öl, direkt vor Europas Haustür gelegen, von der Blockade nicht betroffen. *Occidental* nutzte seine Chance und investierte massiv in Libyen: Bald sprudelten aus den Ölquellen der Gesellschaft mehr als 800 000 Barrel pro Tag. Aus dem Nichts war *Occidental Petroleum* der sechstgrößte Ölförderer der Welt geworden.

1965 war Libyen bereits der sechstgrößte Erdölexporteur der Welt, zehn Prozent aller Erdölexporte weltweit kamen von dort. 1969 förderte Libyen mehr als drei Millionen Barrel pro Tag und hatte damit sogar Saudi-Arabien überholt. *Occidental* und die anderen Ölfirmen verdienten prächtig. Aber *Occidentals* Wohl und Wehe hing allein vom libyschen Öl ab und Libyen blickte damals nicht gerade stabilen Zeiten entgegen. Die *Occidental*-Manager waren beunruhigt. Aber sowohl das US-Außenministerium als auch die Analysten zweier amerikanischer Großbanken, *Chase Manhattan* und *Citibank*, beruhigten: Libyen sei einigermaßen stabil, zumindest für die nächsten fünf oder sechs Jahre. Das war 1968.

Sie sollten sich irren. In der Nacht vom 31. August auf den 1. September 1969 gab ein charismatischer junger Offizier der libyschen Geschichte eine neue Wendung. Seit Monaten hatten sich immer wieder verschiedene Offiziersgruppierungen und Politiker getroffen, um Pläne zu schmieden, das kränkelnde Regime von König Idris zu beseitigen. Eine Gruppe radikaler junger Offiziere, angeführt von Muammar al Gaddafi, schritt zur Tat.

Gaddafis Idol war der ägyptische panarabische Nationalist Gamal Abdel-Nasser, der 1952 mit einer Gruppe von Offizieren die Monarchie gestürzt hatte. Schon als Schüler hatte Gaddafi Versammlungen organisiert, nachdem er Nasser im Radio gehört hatte. Es herrschte Aufbruchsstimmung in der arabischen Welt, Gaddafi stellte seinen Coup d'Etat in einen welthistorischen Zusammenhang, er entwickelte im »Grünen Buch« die »dritte Universaltheorie«, eine anti-kolonialistische Kombination aus Islam und Kommunismus.

Gaddafi schloss nach der Machtergreifung die britischen und amerikanischen Militärbasen. Im Gespräch mit einem Reporter der *New York Times* vor einigen Jahren erinnert er sich: »Wir konnten uns damals Libyen als unabhängiges Land gar nicht vorstellen. Aber wir hielten es für unsere Pflicht, das Land von den Ausländern zu befreien.«[17] Dann wandte sich der Revolutionsführer der Ölindustrie zu: Libyen wollte mehr Geld von den Ölgesellschaften.

Er stellte sie vor die Wahl: Entweder diese erhöhen die Zahlungen an die Staatskasse oder Gaddafi würde notfalls die Förderung stilllegen. »Ein Volk, das fünftausend Jahre lang ohne Öl gelebt hat«, soll er damals gesagt haben, »kann noch einmal ein paar Jahre ohne Öl leben, um zu seinem legitimen Recht zu kommen.«[18]

Die großen Ölgesellschaften blieben unbeeindruckt. Alle, bis auf eine. Denn während etwa *Esso-Libya* notfalls auf die Förderung aus Libyen verzichten konnte, war *Occidental* völlig vom libyschen Öl abhängig. Armand Hammer, der mittlerweile über siebzigjährige legendäre *Occidental*-Boss, wurde nervös. Er jettete nach Tripolis, um zu retten, was zu retten war.

Der libysche Vizepremier Abdel Salaam Ahmed Jalloud ließ zu Beginn der ersten Verhandlungsrunde warme Brötchen und Kaffee servieren und legte dann seinen Revolver auf den Tisch. Hammer war entsetzt – sein sagenhaftes Verhandlungsgeschick würde ihm wenig nützen, solange Jalloud einen Revolver vor sich liegen hatte. Aber Hammer bewahrte Ruhe – und er gab nicht auf. Er jettete jeden Tag zwischen Paris und Tripolis hin und her, denn in Libyen musste er fürchten, bei seinen Telefonaten mit den Managern seiner Firma abgehört zu werden. In seinem mit Kork tapezierten Gulfstream-II-Privatjet kam er nachts um zwei Uhr in Paris an, um morgens um sechs schon wieder aufzubrechen.

Während der Verhandlungen demonstrierte vor den Fenstern des Besprechungszimmers das Volk, das den ersten Jahrestag des Coups feierte und »Tod allen Feinden« skandierte. Auch das war nicht gerade beruhigend. Hammer erreichte aber eine Vereinbarung mit Jalloud. Die Libyer erhielten eine Erhöhung der Förderprämien und Steuern um zwanzig Prozent, *Occidental* durfte im Land bleiben.

Hammer hatte die *Occidental*-Konzession gerettet – zumindest fürs erste. Aber das Klima hatte sich für die internationalen Konzerne gewandelt. Die *OPEC* war gewillt, die Schrauben anzuziehen, und Libyen spielte dabei eine führende Rolle. Im April 1972 gönnten sich die Lieferländer höhere Öleinkünfte, Libyens Einnahmen aus dem Ölgeschäft erhöhten sich über Nacht um fünfzig Prozent. Aber das war noch nicht alles: Gaddafi verstaatlichte 1971 die Felder der *British Petroleum* (*BP*). Im Herbst 1972 kam der nächste Schlag: Libyen übernahm fünfzig Prozent der libyschen Förderlizenzen von *ENI* (*Agip*), der staatlichen Ölgesellschaft Italiens, und ging daran, die Ölanlagen des US-Konzerns *Occidental* zu verstaatlichen. Gaddafi verkündete stolz, dass er mit dieser Verstaatlichung den Vereinigten Staaten »einen schweren Schlag ins kalte, überhebliche Gesicht« versetzt habe, und verstaatlichte weitere 51 Prozent der Förderstätten aller übrigen in Libyen operierenden Ölgesellschaften, darunter auch *Occidental Petroleum*.[19]

Kein Wunder, dass *Occidental* seine Rückkehr nach Libyen im Frühjahr 2005 als Triumph feierte. Im März 2005 unterzeichnete die Ölgesellschaft die ersten Verträge über die Suche nach Öl in Erfolg versprechenden Explorationsblöcken im Sirte-, Muzuk und Cyrenaica-Becken (Gesamtfläche rund 77 000 Quadratkilometer). »Die libysche Ölindustrie benötigt eine Menge Investitionen«, wird Libyens Premierminister Shukri Ghanem im US-Wirtschaftsmagazin *Fortune* zitiert. »Die US-Ölfirmen haben das nötige Geld und sie können die Risiken tragen. Zugleich muss sich die libysche Gesellschaft öffnen: für die internationale Staatengemeinschaft und ausländische Investoren.«

Gute Geschäfte mit Gaddafi

Mit geschätzten Reserven von rund 36 Milliarden Barrel – die neuntgrößten Reserven der Welt – gehört Libyen zu den ganz großen Produzenten. In den Twin-Towers des brandneuen *Corinthia Bab Africa Hotels* in Tripolis tummeln sich die ausländischen Ölmanager auf der Jagd nach guten Deals. *ChevronTexaco* hat Geologen nach Libyen geschickt, *ExxonMobil, Occidental, Marathon, ConocoPhillips* und *Amerada Hess* – alle erwarten das große Geschäft. Die Amerikaner haben es eilig, denn durch das US-Embargo waren die Europäer in den letzten Jahren im Vorteil. Nun verhandeln die Manager eisern mit den Libyern, denn nach den alten Verträgen läge die Spanne für die Ölfirmen bei rund zwei Dollar pro Barrel – anstatt den fünf bis zehn Dollar, die sich die Ölkonzerne heute erwarten.

Noch haben die europäischen Ölfirmen in Libyen die Nase

vorne. Die österreichische *OMV* fördert rund achthundert Kilometer südlich der Hauptstadt Tripolis in El-Sharara, einem der modernsten Ölfelder Libyens. Neben der *OMV* sind noch *Repsol YPF* (Spanien) und *Total* (Frankreich) sowie Libyens *National Oil* beteiligt. Seit Mitte der 90er-Jahre sind hier jeden Tag rund 200 000 Barrel Öl aus dem Boden gesprudelt. Zum Vergleich: Österreich verbraucht 296 000 Barrel Öl pro Tag. Das Öl liegt hier in nur 1500 Metern Tiefe und ist relativ billig zu fördern: Die Produktionskosten liegen bei rund zwei Dollar pro Barrel – verglichen mit fünf bis zehn Dollar in Texas oder der Nordsee. Ein einträgliches Geschäft für die beteiligten Ölfirmen.

The New Great Game – Ringen der Großmächte am Kaspischen Meer

M: 007, was wissen Sie über das Kaspische Meer?

James Bond: Kaviar. Riesige, wunderbare Belugas. Fest, aber doch zart.

(*M* blickt ihn indigniert an)

James Bond: Das größte Binnenmeer der Welt. Viel Öl. Hitler wollte an das Öl, aber Stalin besiegte ihn.

M: Es geht ums Öl, ein wahrer Goldrausch ist ausgebrochen, dort gibt es mehr vom schwarzen Gold, als irgendjemand gedacht hat. […] Drei Pipelines gehen ans Schwarze Meer und sind durch instabile Regierungen oder eine Blockade durch Russland gefährdet.

James Bond: Und das neue Pipelineprojekt […] geht durch die Türkei, direkt zum Mittelmeer?

Charles Robinson: Ein Riesenprojekt. Die teuerste Alternative, aber jene Variante, die von jedem der westlichen Spitzenpolitiker unterstützt wird.

(Aus: »James Bond, 007 – Die Welt ist nicht genug«)

Diesen Dialog zwischen den britischen Agenten James Bond, M und Charles Robinson im Hauptquartier des Geheimdienstes seiner Majestät, MI-6, haben sich die Drehbuchautoren Neal Purvis und Robert Wade einfallen lassen. Im 19. »James Bond« bekommt 007 den Auftrag, die Tochter eines ermordeten Öl-Tycoons zu beschützen. Der Hintergrund der Handlung: der Bau einer Öl-Pipeline von Aserbaidschan an die türkische Mittelmeerküste.

Damit konnte nur die Baku-Tiflis-Ceyhan-Pipeline gemeint sein. In »Die Welt ist nicht genug« dominieren freilich Fiktion und nicht Fakten, aber der Streifen aus dem Jahr 1999 hat sich eines heißen Themas angenommen: dem *new great game*, das diesmal zwischen Russland, den USA und China ausgetragen wird, mit den Europäern in einer Nebenrolle.

Schon einmal in der Geschichte standen Zentralasien und das Kaspische Meer im Zentrum eines Konflikts der Großmächte: Das türkische, persische und russische Reich kämpften um Macht und

Baku-Tiflis-Ceyhan-Pipeline

BP (Großbritannien)	30,10 Prozent
AzBTC (Aserbaidschan)*	25,00 Prozent
Unocal (USA)	8,90 Prozent
Statoil (Norwegen)	8,71 Prozent
TPAO (Türkei)**	6,53 Prozent
Eni (Italien)	5,00 Prozent
Total (Frankreich)	5,00 Prozent
Itochu (Japan)	3,40 Prozent
INPEX (Japan)	2,50 Prozent
ConocoPhillips (USA)	2,50 Prozent
Amerada Hess (USA)	2,36 Prozent

* Den Anteil hält SOCAR, die staatlich-aserbaidschanische Ölgesellschaft

** TPAO: Türkiye Petrolleri Anonim Ortaklığı – staatliche türkische Ölgesellschaft

Länge: 1770 Kilometer
Kapazität: eine Million Barrel pro Tag
Errichtungskosten: 3,6 Milliarden Dollar

Quelle: Baku-Tiflis-Ceyhan-Pipeline-Konsortium

Einfluss, die russische Eroberung Mittelasiens machte Russland auf den Baumwollmärkten zunehmend zum kolonialen Konkurrenten Englands in Asien. Ein hartes Ringen zwischen dem Zarenreich und dem Empire von Königin Victoria begann, damals war der Preis des »großen Spiels«, das damals am geopolitischen Schachbrett ausgetragen wurde, Indien und nicht – wie heute – Öl.[20]

Öl, das kam erst später, als Robert Nobel, der ältere Bruder des Erfinders des Dynamits und Stifter des Nobelpreises, Alfred Nobel, 1873 nach Baku kam. Baku hatte sich mit westeuropäischem Kapital in ein Treibhaus des Kapitalismus verwandelt, für das aus dem Erdöl gewonnene Petroleum stand ein riesiger Binnen- und Exportmarkt bereit. Russland wurde so kurzzeitig, zwischen 1898 und 1901, zum Ölzentrum der Erde. Der Ölboom, der die heutige Hauptstadt Aserbaidschans, Baku, erfasst hatte, endete 1905 aber jäh, als revoltierende Arbeiter die Förderanlagen zerstörten. Angeführt wurde der Mob von einem gewissen Jossif Wissarrionowitsch Dschugaschwili, der sich damals »Koba« (der »Unbesiegbare«) nannte und erst später als Josef Stalin (der »Stählerne«) in die Geschichte eingehen sollte. Nach der Revolution wurden die Ölbarone aus dem Land gejagt, die Bolschewiken kamen an die Macht.

Im Zweiten Weltkrieg waren die Ölquellen um Grosnyj in Tschetschenien und Baku am Kaspischen Meer das wichtigste Kriegsziel Adolf Hitlers nach dem Überfall auf die Sowjetunion. Immerhin deckten die dort gelegenen Ölquellen 1940 rund siebzig Prozent des Ölbedarfs der UdSSR ab. Doch Stalins Truppen verteidigten Ende 1942 Baku und Grosnyj sowie die strategisch und symbolisch wichtige Stadt Stalingrad an der Wolga, im Jänner 1943 mussten Hitlers Soldaten, die eigentlich die sowjetischen Ölfelder im Kaukasus und am Kaspischen Meer einnehmen hätten sollen, kapitulieren. Kein deutscher Soldat kam näher als sechshundert Kilometer an Baku heran. Der französische Historiker Raymond Cartier schreibt in seinem Standardwerk über den Zweiten Weltkrieg: »Wenn er die Erdölfelder von Baku nicht nehmen könne, hatte Hitler gesagt, dann sei er gezwungen, den Krieg zu beenden.«[21] Bis zum Fall Berlins sollte es noch über zwei Jahre dauern, doch die Niederlage Nazi-Deutschlands hatte sich nicht zuletzt am Mangel an Öl entschieden.

Nach dem Zweiten Weltkrieg wurde es still um die Region, doch der Krieg hatte tiefe Wunden hinterlassen: Stalin hatte 1944 die nordkaukasischen Völker der Tschetschenen und Inguschen wegen Kollaboration mit den Nazis in die unwirtlichen Steppen Nordkasachstans deportiert, wo die Temperaturen im Winter regelmäßig auf unter minus dreißig Grad Celsius sinken. Erst 1957 ließ sie Nikita Chruschtschow aus der Verbannung heimkehren, allein in den ersten zwei Jahren des Exils hatten 100 000 Menschen den Tod gefunden.[22]

Der Zusammenbruch der Sowjetunion veränderte die Landkarte der Region dramatisch. »Nehmt euch so viel Souveränität, wie ihr vertragen könnt«, rief Boris Jelzin den Völkern der ehemaligen Sowjetunion zu, und so tauchten Georgien, Armenien, Aserbaidschan oder Kasachstan, Turkmenistan und Usbekistan auf den Landkarten auf. Vom Baltikum bis zum östlichen Zipfel Zentralasiens entstanden souveräne Staaten. Allein in der kaspischen Region machten sich acht Länder selbstständig.

Die westlichen Ölfirmen kehrten in die Region zurück – von Russland argwöhnisch beäugt. Am 20. September 1994 schloss der aserbaidschanische Präsident Hejdar Alijew mit einem internationalen Konsortium aus elf Ölfirmen unter der Führung des britischen Ölkonzerns *BP* den sogenannten »Jahrhundertvertrag« über die Erschließung dreier Offshore-Felder: Er beinhaltete die Erschließung von etwas weniger als sechs Milliarden Barrel Erdöl (im Wert zwischen 180 und dreihundert Milliarden Dollar, je nach Ölpreis) aus den drei aserbaidschanischen Ölvorkommen Azeri, Chirag und Gunashly. Fünf Jahre später, 1999, eröffnete Aserbaidschan die Rohrleitung von Baku ins georgische Supsa am Schwarzen Meer und brach mit dieser – wenn auch nicht sehr leistungsfähigen – Pipeline erstmals das russische Transportmonopol. Der Weitertransport des Erdöls mit Tankschiffen von Supsa ins Mittelmeer ist nicht ideal, weil die Meerengen der Dardanellen und des Bosporus nur eine begrenzte Anzahl an Schiffsdurchfahrten gestatten und von Supertankern gar nicht passiert werden können. Also brauchte man rasch eine weitere Alternative: Der größte Teil des Öls wurde zum Schwarzmeerhafen Novorossijsk geleitet, die Amerikaner versprachen auch bei der Finanzierung einer weiteren Pipeline von den kasachischen Feldern von Tengiz nach Novorossijsk zu helfen. Die 1510 Kilometer lange CPC (Caspian Pipeline Consortium) wurde 2001 fertig gestellt, sie gehört zu 24 Prozent Russland, zu neunzehn Prozent Kasachstan, der US-Konzern *Chevron* hält fünfzehn Prozent und *Mobil* 7,5 Prozent, *Shell* ist gemeinsam mit der russischen *Rosneft* zu 7,5 Prozent an der CPC beteiligt. So sollte Moskau gütig gestimmt werden. Längerfristig verfolgten die USA allerdings andere Pläne: Den Strategen in Washington ging es darum, Moskaus Monopolstellung im Erdöltransport in der Region nachhaltig zu schwächen und somit den Zugriff auf die Ressourcen der Region der Kontrolle Moskaus zu entziehen sowie zu verhindern, dass der verhasste Iran bei möglichen Pipeline-Routen eine Rolle spielt.

Das transkaukasische Rohr – Die Baku-Tiflis-Ceyhan-Pipeline

Ölterminal Sangachal am Kaspischen Meer, rund fünfzig Kilometer südlich der aserbaidschanischen Hauptstadt Baku, 25. Mai 2005, gegen 10:00 Uhr: ein Tag zum Feiern für die Präsidenten der Türkei (Ahmat Necdet Sezer), Georgiens (Michail Saakashwili) und Aserbaidschans (Ilham Alijew) sowie US-Energieminister Samuel Bodman und *BP*-Boss Lord Brown of Madingley. Die fünf Herren stehen auf der Bühne in einem Gebäude des eben fertig gestellten Terminals, vor ihnen liegt am Tisch ein Plexiglasrohr mit vier feuerroten Ventil-Hebeln. Die Honoratioren öffnen einer nach dem anderen die Ventile, und Rohöl füllt langsam die Röhre. Die Zeremonie symbolisiert die Inbetriebnahme der 1760 Kilometer langen Baku-Tiflis-Ceyhan-Pipeline (BTC), das spektakulärste, teuerste und politisch sensibelste Öl-Leitungs-Projekt der vergangenen Jahre. Vor allem die USA hatten die 3,6-Milliarden-Dollar-Röhre vorangetrieben, die Öl von Baku über Tiflis in Georgien zum türkischen Ölhafen Ceyhan transportieren sollte.

Zuvor hatte US-Energieminister Bodman einen Brief des US-Präsidenten verlesen: »Die USA haben die BTC konsequent unterstützt, weil wir daran glauben, dass dieses Projekt die Sicherung der Energieversorgung unterstützt, die regionale Zusammenarbeit stärkt und die Möglichkeiten für internationale Investoren erweitert. Wir freuen uns darauf, eng mit der Bevölkerung Aserbaidschans im Dienste von Wohlstand, Gerechtigkeit und Frieden zusammenzuarbeiten. [...] Mit freundlichen Grüßen: George W. Bush.«

»Diese Route kann nicht allein mit ökonomischen Argumenten erklärt werden«, schreibt der Energie-Strategie-Experte Sander Hansen vom renommierten *Clingendael Energie-Institut* in Den Haag in einer Studie.[23] Tatsächlich nimmt die Routenführung auf allerlei politische Sensibilitäten Rücksicht: Das Rohr wurde an Armenien vorbeigeführt, da noch immer ein Fünftel des aserbaidschanischen Territoriums von Armenien okkupiert ist. Die Strecke über Armenien wäre die billigste und kürzeste Variante gewesen, doch neben den Schwierigkeiten zwischen Aserbaidschan und Armenien sind auch die Beziehungen zwischen der Türkei und Armenien denkbar schlecht – es gibt bis heute noch keine offene Grenze zwischen beiden Ländern. Eine andere Möglichkeit wäre gewesen, die Erdölleitung von Baku über iranisches Gebiet in das türkische Ceyhan oder gleich an den Persischen Golf zu führen. Diese transiranische Variante wurde aus politischen und sicherheitspolitischen Gründen abgelehnt: »Diese Route durch den Iran an den Persischen Golf wurde ignoriert, obwohl sie nicht nur billiger gewesen wäre, sondern auch das Öl aus Eurasien näher an die zukünftigen Absatzmärkte Asiens gebracht hätte«, heißt es im Pipeline-Strategie-Papier des *Clingendael-Instituts*. Doch die USA verfolgten eine weitere Isolierung des Iran, so fiel schließlich die Entscheidung zugunsten der Leitung Baku-Tiflis-Ceyhan (BTC), obwohl dies die längste und aufgrund der zu überwindenden Gebirgszüge die teuerste Route war. Es war auch lange Zeit nicht geklärt, ob die Pipeline nur mit aserbaidschanischem Öl ökonomisch betrieben werden könne. Doch als der kasachische Präsident Nursultan Nasarbajew beim Eröffnungs-Festakt erklärte, dass auch

Kasachstan am Projekt teilnehmen werde, bestand über die Wirtschaftlichkeit kein Zweifel mehr. 2010, wenn die Ölproduktion Aserbaidschans sinken wird, wird Kasachstan zum fünftwichtigsten Ölproduzenten der Welt aufgestiegen sein.

Für die Türkei ist die Pipeline von enormer geostrategischer Bedeutung. Russland versuchte in den 90er-Jahren sogar – vergeblich – mit Unterstützung kurdischer Gruppen, die Ostregion des Landes zu destabilisieren und das Pipeline-Projekt zu verhindern.[24] In den Beitrittsverhandlungen der Türkei zur Europäischen Union spielt diese energiestrategische Bedeutung der Türkei eine nicht zu vernachlässigende Rolle, im Kommissionsbericht für eine mögliche Mitgliedschaft der Türkei in der EU heißt es: »Mit der Inbetriebnahme der Pipeline zwischen Baku und Ceyhan, neben der Pipeline am Bosporus und der vom Nordirak nach Ceyhan, wird die Türkei ihre Rolle als wichtiges Durchgangsland für Erdöl voraussichtlich weiter ausbauen. Für Erdgas wird die Türkei ein zunehmend wichtiges Transitland zwischen der erweiterten EU und den kaspischen Erzeugern sowie dem Mittleren Osten.«[25] Die EU-Kommission empfahl daher im Oktober 2004, Verhandlungen mit der Türkei über einen möglichen Beitritt aufzunehmen. Einer der Gründe: »Der Beitritt der Türkei würde zur Sicherung der Energieversorgungswege für Europa beitragen.«[26]

Lunte am Pulverfass Kaukasus

Der Ölrausch in der Region hat seinen Anteil dazu beigetragen, dass die politischen Sitten in den Nachfolgestaaten der Sowjetunion in Zentralasien und am Kaspischen Meer völlig verlotterten. 1,1 Milliarden Dollar sollen auf Schweizer Bankkonten des kasachischen Präsidenten Nursultan Nasarbajew liegen.[27]

Anfang September 2004 kommt Nasarbajew nach Wien. Es ist ein sonniger, heißer Spätsommertag, der Präsident spaziert im Garten des Hotel *Hilton* auf und ab. Ein Kollege der *Austria Presse Agentur* und ich laufen hinter ihm und seinen Leibwächtern her, wozu er in der Hotelanlage auf und ab läuft, weiß niemand, auch seine Leibwächter mit den *Oakley*-Sonnenbrillen und dem Knopf im Ohr nicht. Endlich beschließt der Präsident, auf einem Sofa in der Lobby zum Interview Platz zu nehmen. »Kasachstan ist ein sehr dynamisches Land, das sich sehr schnell entwickelt, wir haben in den letzten fünf Jahren das Wachstum um zehn Prozent jährlich steigern können. Auf diese Weise wird der Lebensstandard der Menschen jedes Jahr höher. Die Menschen sind mit unserer Politik zufrieden.« Das Geld sei nicht versickert, wie seine Gegner behaupten, sondern in einen Ölfonds nach dem Vorbild Norwegens geflossen. »Wie geht es mit der demokratischen Entwicklung weiter?«, wollen wir wissen, »schließlich gibt es Kritik von Seiten der *OSZE* wegen mangelnder Pressefreiheit.« Der Präsident: »Wir denken, dass diese Kritik eine freundliche, ermunternde Kritik ist. Kasachstan hat keine demokratische Tradition, wir haben stets unter totalitären Systemen gelebt. Vielleicht haben wir das Niveau Europas nicht erreicht, aber die westeuropäischen Staaten haben eine lange demokratische Tradition, wir haben eine sehr junge Demokratie.« Kasachstan handelt nach dem Prinzip Chinas: wirtschaftliche Öffnung ja, doch die Macht bleibt in den Händen der herrschenden Eliten. In den Worten von Präsident Naserbajew klingt das so: »Zuerst kommt die Wirtschaft, dann die Politik. [...] Wenn wir uns in zehn Jahren wieder sehen, werden Sie solche Fragen nicht mehr stellen. Dann werden wir einige Schritte weiter sein.«[28]

Aserbaidschan ist auch nicht gerade ein Hort der Demokratie. Im Sommer 2003 hatte der damalige Präsident Hejdar Alijew seinen Sohn Ilham zum Premierminister ernennen lassen und beide meldeten sich als Kandidaten für die Präsidentschaftswahlen am 15. Oktober 2003 an. Erst drei Wochen vor der Wahl zog Hejdar seine Kandidatur zurück. Ilham Alijew errang einen deutlichen Wahlsieg, die Wahlbeobachter der *OSZE* kritisierten allerdings etliche Unregelmäßigkeiten. Die aserbaidschanische Politikwissenschafterin Kamalia Ajazhan-Beutel schreibt in einem Buch über Ölpolitik in Aserbaidschan: »Sowohl der russische Präsident Wladimir Putin als auch sein amerikanischer Amtskollege George W. Bush machten kein Hehl daraus, dass ihnen politische und wirtschaftliche Stabilität in Aserbaidschan wichtiger ist als ›echte‹ demokratische Wahlen mit unbekanntem Ausgang, indem sie bereits im Vorfeld der Wahlen eine gute Zusammenarbeit mit Ilham Alijew ankündigten.«[29] Ilhams Vater Hejdar starb ein paar Monate nach der Wahl im Dezember 2003, seither führt Ilham das Land mit eiserner Hand: »Er lässt politische Gegner ins Gefängnis werfen, nutzt das Parlament als Applausmaschine, und die kümmerliche Opposition existiert vor allem, um ausländische Investoren nicht unter großen Rechtfertigungsdruck zu bringen«, schrieb der *Spiegel* anlässlich der Eröffnung der Baku-Tiflis-Ceyhan-Pipeline.[30]

Noch schlimmer ist die Lage in Turkmenistan, mit 54,6 Milliarden Kubikmeter Gasreserven (zwei Prozent der Weltreserven) auf Platz zwölf der Gasreserven-Rangliste. Der in Wien lebende Korrespondent des renommierten Zürcher *Tagesanzeiger*, Bernhard Odehnal, urteilt: »Unangefochten an der Spitze der Diktatoren-Liste steht Saparармurad Niasow, genannt Turkemenbashi, der ›Vater aller Turkmenen‹. Er hat sich auf Lebenszeit wählen lassen, betreibt einen an Stalin erinnernden Personenkult, lässt weder Opposition noch freie Medien zu.«[31] Mittlerweile dürfte der usbekische Autokrat Islam Karimow Turkmenbashi vom ersten Platz in Sachen diktatorischer Führungsmethoden in Zentralasien verdrängt haben: Karimow ließ im Mai 2005 in Taschkent in die unbewaffnete Menge schießen, es gab hunderte Tote. Es sei ein »Krieg gegen den Terror« gewesen, hieß es aus dem Umfeld Karimows, die 20 000 Menschen, die sich am Hauptplatz der Provinzstadt Andijan versammelt hatten, hätten nichts anderes im Sinn gehabt, als Usbekistan zu einem radikal-islamischen Kalifatstaat zu machen. »Die Demonstranten wollten kein Kalifat, sondern Brot und Demokratie«, sagte hingegen Bahafir Namazow von der oppositionellen Partei Ozod Dehqonlar (Freibauern).[32] Die Kritik aus dem Westen für das Massaker war verhalten: Immerhin hatte Karimow den USA am 6. Oktober 2001, im Zuge des Afghanistan-Krieges, erlaubt, Truppen am Luftwaffenstützpunkt Khanabad zu stationieren – die wohl verblüffendste *reversement d'alliance* seit dem Ende des Kalten Krieges, wie der Journalist und Zentral-Asien-Experte Lutz Klevemann in seinem Buch »Der Kampf um das heilige Feuer« schreibt.[33] »Die Amerikaner richten sich ein, als ob sie sehr lange bleiben wollten«, zitiert Klevemann, der die Region ausgiebig bereist hat, einen ehemaligen Übersetzer, der für die Amerikaner auf der Basis gearbeitet hat.[34] Man kann davon ausgehen, dass die USA selbst dann nicht abziehen werden, wenn Osama Bin Laden eines Tages gefasst wird – die öl- und gasreiche Region ist für die USA einfach zu wertvoll, um sie »ungeschützt« zu lassen.

Schmutzige Geopolitik rund ums kaspische Öl

Als Aserbaidschan begann, seine Beziehungen zur Türkei in Hinblick auf einen möglichen Öl-Transportkorridor ans Mittelmeer zu verbessern und damit das Transportmonopol Russlands in der Region in Frage zu stellen, unterstützte Russland Aserbaidschans Nachbar-Republik Armenien in einem blutigen Krieg. Russland gab zu verstehen, dass es die Hilfe für die armenientreuen Rebellen in der abtrünnigen aserbaidschanischen Provinz Ngorno-Karabach und die Armenier einstellen würde, wenn Russland Zugang zu Aserbaidschans Öl-Schätzen bekäme und Aserbaidschan sein Öl über russische Pipelines auf die Weltmärkte brächte. Doch Aserbaidschan ließ sich nicht abbringen und setzte auf den Westen, Russland unterstützte weiter die Armenier.

Um Aserbaidschans Verbündeten Georgien zu schwächen, unterstützte Moskau Separatisten in den georgischen Unruheprovinzen Süd-Ossetien, Abchasien und Adscharien (in dieser Provinz liegt der wichtige Ölhafen Batumi). Damit sollte die Baku-Tiflis-Ceyhan-Pipeline verhindert werden.[35] Georgien revanchierte sich und unterstützte seinerseits die tschetschenischen Rebellen in ihrem Krieg gegen die russische Armee. Selbst Saudi-Arabien hatte bei diesem blutigen Krieg seine Finger im Spiel: Saudische wahhabitische Organisationen stärkten die brutalsten der tschetschenischen Warlords, den saudi-arabischen Terroristen Samir bin Saleh bin Abdullah as-Suwailim, der unter seinem Nom de Guerre Ibn al-Chattab bekannt geworden ist und sich dem tschetschenischen Terroristen Schamil Bassajew angeschlossen hatte. Bassajew wiederum soll enge Kontakte zu Al-Qaida unterhalten und seit 1996 sogar Geld von Osama Bin Laden erhalten haben. Saudi-Arabiens Motive waren neben der Verbreitung der radikalen wahhabitischen

Interpretation des Islam (in Saudi-Arabien Staatsreligion), Russland als Konkurrenten auf den Öl-Weltmärkten in Schach zu halten. Eine Destabilisierung der Region lag daher damals durchaus in saudischem Interesse. Doch nach den Anschlägen des 11. September 2001 sollte sich das ändern: Die USA gingen merklich auf Distanz zu Saudi-Arabien, das sich neue Partner suchen musste. Nach dem von Russland wie Saudi-Arabien abgelehnten Krieg im Irak besuchte der damalige Kronprinz Abdullah – heute Regent – im September 2003 Moskau. Saudi-Arabien und Moskau unterzeichneten einen Öl-Kooperations-Pakt: Moskau und Riad werden ihre Kooperation verstärken und die »Stabilität der Ölmärkte sichern«, hieß es in dem vom saudischen Ölminister Ali al-Naimi und seinem russischen Amtskollegen Igor Yusufow in Gegenwart von Präsident Putin und Kronprinz Abdullah unterzeichneten Dokument.[36] Aus gut informierten Kreisen hieß es damals, Abdullah habe Putin versprochen, eine weitere Unterstützung der Tschetschenen durch saudische Organisationen zu unterbinden.

Für Russland ist Tschetschenien aus mehreren Gründen wichtig. Durch das kleine Land verläuft nicht nur die Erdöl-Pipeline von Baku nach Novorossijsk (Tschetschenien zapfte riesige Ölmengen ab und blockierte die Pipeline zeitweise, um Moskau unter Druck zu setzen), Tschetschenien ist zugleich Russlands wichtigster wirtschaftlicher Verkehrsknotenpunkt im Kaukasus, die einzige russische Eisenbahnverbindung in den Südkaukasus verläuft hier. 1991 erklärte Tschetschenien sich unabhängig und sagte sich von Moskau los, 1994 versuchte Russland, die abtrünnige autonome Region mit Gewalt wieder unter Kontrolle zu bringen. Der Krieg endete 1996 mit dem Abzug der russischen Truppen. 1999 flammte der Konflikt erneut auf: Die Truppe des tschetschenischen Terroristen Schamil Bassajew sickerte in die moskautreue Nachbarprovinz Dagestan ein, in Moskau und Wolgadonsk (rund fünfhundert Kilometer nordwestlich von Grosnyj) wurden Bombenanschläge auf Wohnhäuser verübt, für die die russische Führung tschetschenische Terroristen verantwortlich macht. Eine neue russische Offensive begann, bis heute gibt es keinen Frieden im Land. Nach Schätzungen internationaler Menschenrechtsorganisationen starben

200 000 Zivilisten, ebenso viele wurden verwundet, wurden zu Krüppeln, Witwen, Waisen. Grosnyj, einst eine Stadt mit 300 000 Einwohnern, ist heute ein Trümmerfeld, Hunderttausende wurden zu Flüchtlingen.

Der Terror der Extremistengruppen geht ebenso weiter wie die Kriegsverbrechen Russlands: Am 23. Oktober 2002 stürmen tschetschenische Terroristen die Vorstellung des Musicals »Nord-Ost« im *Dubrovka-Theater* in Moskau, bei der Geiselnahme und der dilettantischen Befreiungsaktion sterben 160 Menschen. Anfang September 2004 überfallen Terroristen eine Schule in Beslan in Nordossetien (Republik Inguschetien, Russische Föderation) und töten 330 Schüler, Eltern und Lehrer. Am 8. März 2005 töten russische Spezialkräfte Aslan Maschadow, den früheren tschetschenischen Präsidenten, immer wieder werden unschuldige Zivilisten von russischen Einheiten erschossen.

Die fieberhafte Suche nach ergiebigen Ölquellen im Kaspischen Meer beginnt inzwischen die Anrainerstaaten gegeneinander aufzubringen. Insbesondere zwischen dem Iran und Aserbeidschan kommt es immer wieder zu Zusammenstößen, der Iran vertrieb im Juli 2001 mit einem Kanonenboot ein aserbaidschanisches Schiff, das für den Ölkonzern *BP* in einem Meeresgebiet nach Öl bohrte, das der Iran als sein Hoheitsgewässer betrachtet. Grund der Auseinandersetzung ist die Tatsache, dass der Status des Gewässers nach internationalem Recht nicht eindeutig geklärt ist. Die Iraner sehen im Kaspischen Meer einen Binnensee, an dessen Fläche und Schätze alle Staaten den gleichen Anteil haben sollen. Russland, Kasachstan und Aserbeidschan betrachten es dagegen als Meer mit jeweils nationalen Gewässern.

Bis zum Ende dieser Dekade werden rund drei Millionen Barrel Öl aus dieser Region auf die Weltmärkte strömen: Vermutlich waren die Entdeckungen in Kasachstan die letzten bedeutenden neuen Funde des ausgehenden Ölzeitalters. Doch die Begeisterung ist verflogen, die Ölreserven des kaspischen Beckens und Zentralasiens lassen sich nicht – wie von den Ölmanagern erhofft – mit dem Nahen Osten vergleichen, sondern höchstens mit der Nordsee. Heute stammen rund zwei Prozent der Weltölproduktion aus Eurasien, die Zahl lässt sich vielleicht auf vier, fünf Prozent des Weltölbedarfs erhöhen. Das würde dann vielleicht gerade für den Bedarf von Deutschland, vielleicht auch noch für Holland reichen – für die Welt ist es nicht genug.

Die Pipeline in den Westen – Europa im Griff von Zar Putin

»Michail Chodorkowski zu lebenslänglicher Anhörung der Urteilsverkündung verurteilt«, witzelten in Moskau vor dem Ende des Prozesses gegen den Ölmagnaten, Oligarchen und *Yukos*-Eigentümer die Berufszyniker.

Der Prozess gegen den reichsten Häftling Russlands, dessen Ölkonzern *Yukos* einst dieselbe Menge Öl förderte wie Libyen, dauerte elf lange Monate, allein für das Verlesen der Urteilsschrift ließ sich die Richterin zwölf Tage Zeit. Doch mit der Verurteilung Chodorkowskis zu neun Jahren Haft wegen angeblicher Machenschaften rund um eine – wie die Staatsanwaltschaft meinte – betrügerische Privatisierung einer Düngemittelfirma endete ein Prozess, in dessen Zentrum alles Mögliche, nur nicht diese Düngemittelfirma stand.

In Wirklichkeit ging es um den Konzern *Yukos*, einst größte und mächtigste Ölfirma Russlands (*Yukos* förderte zwei Prozent der gesamten Weltproduktion, jedes fünfte Barrel russischen Öls stammte aus *Yukos*-Förderanlagen). Es ging in dem bizarren Verfahren auch nicht um die konkreten Vorwürfe der Staatsanwaltschaft: Darum löste Chodorkowskis Mitangeklagter, *Yukos*-Aktionär und Vertrauter Platon Lebedjew, lieber Kreuzworträtsel, anstatt dem Verfahren zu folgen. Dass der Prozess mit einem Schuldspruch enden wird, war den beiden Angeklagten in ihrem »Affenkäfig« von Anfang an klar.

Die Macht steht über dem Gesetz, und die Macht, das ist Zarenpräsident Putin höchstpersönlich – Kremlherr gegen Ölbaron, jeder wusste, wie das ausgehen wird.

Verhaftet wurde Michail Borissowitsch Chodorkowski am 25. Oktober 2003, als der Privatjet des Vierzigjährigen um fünf Uhr früh auf einem Rollfeld in Nischnij Nowgorod aufsetzte. Im Auftrag der Generalstaatsanwaltschaft stürmte ein Großaufgebot bewaffneter maskierter Männer des Inlandsgeheimdienstes *FSB* das Flugzeug, verhörte den Ölbaron zwei Stunden lang und stellte ihn vor ein Moskauer Gericht, das Untersuchungshaft verhängte. Als die Nachricht über die Börsenticker lief, stürzten in Moskau die Aktienkurse ab, der Ölpreis zog an. *Yukos*-Anwalt Anton Drel sagte nach einem Gefängnisbesuch bei seinem Mandanten vor dem Gefängnis *Matrisskaja Tishina* (»Matrosenruh«) in Moskau: »Was ich gesehen habe, lässt zu hundert Prozent den Schluss zu, dass es sich um ein politisch motiviertes Verfahren handelt.«

Chodorkowskis Karriere war damit – zumindest vorerst – zu Ende.

Begonnen hatte sie in den letzten Jahren der Gorbatschow-Ära, als Chodorkowski es schaffte, hypothetisches sowjetisches »Buchgeld« in reale Rubel umzuwandeln. Dieses Geld verwandelte er in Devisen, mit denen er Importprodukte kaufte. Damit legte er das Fundament seines späteren sagenhaften Reichtums. Er kaufte die *Menatep*-Bank und in den 90er-Jahren des Wild-Ost-Kapitalismus der Jelzin-Jahre brachte der damals dreißigjährige Chodorkowski den Ölkonzern *Yukos* für den Schnäppchenpreis von 350 Millionen Dollar unter seine Kontrolle – und hat dabei »Väterchen Staat kräftig übers Ohr gehauen«, wie die Journalisten einer TV-Dokumentation des WDR schelmisch anmerken[37] – denn der Konzern war schon damals ein Vielfaches wert. Chodorkowski gehörte nun zu den ganz Großen im Ölgeschäft.

Im Februar 2003 kam es zum öffentlichen Bruch zwischen Putin und Chodorkowski. Dieser warf bei einer Besprechung des Präsidenten mit den mächtigsten Oligarchen Russlands im Kreml Putin vor laufenden Kameras vor, er schaue bei den korrupten Praktiken des staatlichen *Rosneft*-Konzerns weg. *Rosneft* hatte beim Kauf der privaten Ölfirma *Severnaja Neft* sechshundert Millionen

Dollar bezahlt, nach Analystenmeinung war die Firma aber höchstens zwischen dreihundert und 450 Millionen Dollar wert. Chodorkowski war nicht der Einzige, der den Verdacht hatte, dass die Differenz zwischen Kaufpreis und tatsächlichem Wert der Ölfirma *Severnaja Neft* in den Taschen von korrupten Kreml-Leuten gelandet sein könnte. Putin konterte: »Der *Rosneft*-Aufsichtsrat wird sich darum kümmern. Aber eines steht fest – *Rosneft* muss seine Ölreserven vergrößern. Andere Ölgesellschaften haben übergroße Reserven, *Yukos* zum Beispiel, wie Sie daran gekommen sind, darüber wollen wir in dieser Runde reden.« Die rund hundert Milliarden Euro schwere Runde der Oligarchen – in Moskau leben heute mehr Dollar-Milliardäre (33) als in New York (31) – saß wie erstarrt. *Rosneft*, das ist der Kreml, und der Kreml hatte *Yukos* soeben den Krieg erklärt.

Warum warf Chodorkowski, der selbst nicht gerade mit lauteren Mitteln zu seinem Vermögen gekommen war, *Rosneft* Korruption vor? Der Oligarch war einer der ersten, der zur Einsicht gekommen war, dass sich mit zivileren Geschäftsmethoden noch mehr Geld verdienen ließ, wenn man erst einmal – mit durchaus unsauberen Methoden – an der Spitze angekommen war. *Yukos* hatte damit begonnen, westliche Buchhaltungs-Standards im Konzern einzuführen und sein Image mit dem Ziel zu verbessern, mit ausländischen Partnern ins Geschäft zu kommen. Die Zeit dafür war günstig. Der Ölpreis stieg – noch steiler stiegen die *Yukos*-Kurse. Chodorkowski fühlte sich unverwundbar und bereit zum nächsten Schritt.

Chodorkowski kündigte daher das – unausgesprochene – Gentlemen's Agreement zwischen dem Kreml und den Oligarchen auf. Dieses Agreement lautete in etwa, die Oligarchen halten sich aus der Politik heraus, im Gegenzug zahlen sie brav Steuern und behalten, was sie sich in den Jahren des postkommunistischen Raubritter-Kapitalismus unter den Nagel gerissen haben.

Chodorkowski finanziere verschiedene politische Parteien und plane eine »feindliche Übernahme der Staatsduma«, unterstellte ihm der Kreml. Anatoli Jermolin, Staatsduma-Abgeordneter der Fraktion *Jedinaja Rossija* (Einheitliches Russland) erzählte Journalisten, dass der Kreml einzelne Abgeordnete in den Präsidentenpalast bestellt und sie dort gewarnt habe, Chodorkowski solle die Staatsmacht nicht herausfordern.[38] In der Tat hatte Chodorkowski mit seiner Einflussnahme versucht, in der Duma einen Gesetzesentwurf, der einen höheren Steuersatz auf Rohstoffe vorsah, im Keim zu ersticken. Russland-Experte Gerhard Mangott vom *Österreichischen Institut für internationale Politik*, merkt an, dass Chodorkowski damit in eklatantem Widerspruch zu den Regierungsinteressen stand: Erklärtes Ziel des Kreml war es, die Gewinnmargen des Ölsektors zugunsten des Staates zu beschneiden und der Regierung mehr Kapital in Form von Steuern zuzuführen.

Chodorkowskis politisches Engagement wurde immer intensiver. In Moskau wurde gemunkelt, der Ölmagnat und Multimilliardär würde im Dezember 2003 selbst zu den Präsidentschaftswahlen antreten.

Doch Putin tüftelte längst den Gegenschlag aus: Ende Juni 2003 sollen die *Silowiki*, der aus Geheimdienst und Sicherheitsapparat stammende Kreis enger Vertrauter rund um Putin, die Kaltstellung von Chodorkowski beschlossen haben: Vorerst wurde Platon Lebedjew am 2. Juni 2003 wegen Betrugs festgenommen. Lebedjews Verhaftung würde Chodorkowsi einschüchtern, dachte man im Kreml, Chodorkowski wurde am selben Tag zum Staatsanwalt bestellt, um in der Sache seines Kompagnons auszusagen. Doch die *Silowiki* hatten nicht mit der Entschlossenheit des »Zinnsoldaten« – wie Chodorkowskis Mutter Marina ihren Sohn nannte – gerechnet. Also sollte Putins Ölexperte im Kreml, Igor Sechin, sich persönlich um Chodorkowski »kümmern«.

Der Kreml verschärfte die Gangart, die Polizei rückte am 11. Juli 2003 zu einer Hausdurchsuchung bei *Yukos* an. Sechzehn Stunden lang durchsuchten rund zwanzig vermummte und bewaffnete Polizisten eines Sondereinsatzkommandos die *Yukos*-Büros. Chodorkowski rief die Journalisten zu einer Pressekonferenz: »Die Razzia hatte nur den Zweck, mir Angst einzujagen, [...] wenn man mich einschüchtern will – hier bin ich. Ich lasse mich nicht aus dem Land jagen, da sollen sie schon kommen und mich einsperren. Politische Emigration kommt für mich nicht in Frage.«

Sie kamen und sperrten ihn ein.

Doch ging es wirklich um Chodorkowskis – kaum bestreitbare – Steuerhinterziehung oder um seine politischen Ambitionen? Oder ging es dem Kreml um die Verteidigung der Hegemonie über russisches Öl, die Chodorkowski bedrohte?

Yukos stand an einem historischen Wendepunkt: *Yukos* wollte mit *Sibneft*, dem Ölkonzern des undurchsichtigen Oligarchen und Eigentümers des Londoner Fußballklubs Chelsea, Roman Abramowitsch, fusionieren und ein Aktienpaket an den weltgrößten Erdölkonzern *ExxonMobil* verkaufen.[39] Es soll die Übernahme von vierzig bis fünfzig Prozent der *Yukos*-Aktien für rund fünfzehn Milliarden Dollar vereinbart worden sein. Damit hätte Chodorkowski Kontrolle über insgesamt neunzehn Milliarden Barrel Reserven erlangt (zwar weniger als *ExxonMobil*, aber mehr als *BP*, *ChevronTexaco* oder *Total*). *Yukos-Sibneft* wäre bei weitem die größte russische Firma gewesen und der geplante Deal nach dem *Tyumen-TNK*-Öl-Merger mit *BP* Anfang 2003 der größte Merger der russischen Geschichte.

Darüber hinaus soll *Yukos* die Errichtung einer Pipeline nach China geplant und Interesse am Gaskonzern *Gazprom*[40], der über ein mehr als 150000 Kilometer langes Pipeline-Netz verfügt, angemeldet haben.[41] *Yukos* verfügte auch längst über hervorragende Beziehungen zur US-Administration. Chodorkowski schickte das gecharterte Tankschiff *Astro Lupus* mit zwei Millionen Barrel Öl über den Atlantik nach Texas, womit erstmals Öl aus Russland auf direktem Weg in Amerika gelandet war. Er eröffnete eine *Yukos*-Tankstelle in New York, ging mit der damaligen Sicherheisberaterin des Weißen Hauses und jetzigen Außenministerin Condoleezza Rice und Vizepräsident Dick Cheney Abendessen. »*Yukos* stößt das Fenster nach Amerika auf«, titelte die russische Wirtschaftszeitung *Wedomosti*.

Chodorkowski hatte zudem die Stiftung *Open Russia* gegründet, die sich laut Satzung für eine Öffnung der russischen Gesellschaft und eine Umgestaltung des Landes in eine Demokratie westlicher Prägung einsetzt. Im Stiftungsrat dieser Organisation sitzen Josef Rothschild (*Investment-Stiftung RIT Capital Partners plc.*, die unter anderem am russischen Ölkonzern *Lukoil*, dem niederländischen Ölkonzern *Royal Dutch* sowie dem britischen Wochenblatt *Economist* beteiligt ist) und der frühere Sicherheitsberater des Weißen Hauses und Ex-Außenminister Henry Kissinger. Eine elegante Lösung – für Chodorkowski war es sicherlich nützlich, sich den Einfluss dieser mächtigen Männer zu sichern, offiziell standen sie aber in keinem Nahverhältnis zu *Yukos*, sondern zu einer honorigen Stiftung mit hehren Zielen.

Chodorkowski hatte den Kreml unterschätzt: Mit allen Mitteln wollte die Nomenklatura verhindern, dass die Kontrolle über strategisch wichtige Rohstoffe ihrer Kontrolle entzogen wird. Die Bedeutung des Öls für die russische Wirtschaft kann gar nicht überschätzt werden: Jede Erhöhung des Ölpreises um einen Dollar heißt eine Milliarde mehr für die russische Wirtschaft, zwanzig Prozent der russischen Wirtschaftsleistung – und der größte Teil der Exporte – kommen aus dem Ölgeschäft. Mit den hohen Ölpreisen der Vergangenheit floss viel Geld nach Moskau: Das Wachstum stieg 2004 auf 7,2 Prozent, die Devisenreserven belaufen sich auf achtzig Milliarden Dollar. Das erklärte Ziel der Regierung ist es, das Bruttosozialprodukt bis 2013 zu verdoppeln.

Öl verschafft Macht und Einfluss, fast so wie das nukleare Arsenal in der Zeit des Kalten Krieges. Chodorkowski wurde dabei als größte Bedrohung angesehen. Seine Ambitionen hatten zeitweise sogar die Saudis aufgeschreckt. *Yukos* war in den Jahren vor Chodorkowskis Verhaftung Russlands bedeutendster Öl-Exporteur geworden, die englischsprachige Moskauer Zeitung *Moscow Times* berichtete in einer Serie über *Yukos* anlässlich des Chodorkowski-Prozesses, dass saudische Diplomaten sich beim Kreml über Chodorkowskis Angebote an die USA und China beschwert hätten. Der Zeitungsbericht zitiert Putins Wirtschaftsberater Andrei Illarianow mit folgenden Worten: »Das Verhalten Chodorkowskis bedrohte das *OPEC*-Monopol und untergrub Saudi-Arabiens herausragende Stellung im Ölsektor. *Yukos* war dabei, beispielgebend für andere russische Ölgesellschaften zu werden. Nach der Zerschlagung von *Yukos* gibt es nun keinen Herausforderer für die dominierende Position der *OPEC*.«[42] Dass Chodorkowski eine der treibenden Kräfte für eine russisch-amerikanische »Energie-Allianz« war, gibt dem Fall *Yukos* eine weitere strategische Komponente. Noch am 13. März 2003 – weniger als eine Woche vor dem Irak-Krieg – gab Chodorkowski dem US-Wirtschaftsmagazin *Business Week* ein Interview, in dem er sagte, »es wäre wirklich dumm, wenn Russland diese Chance auf eine strategische Partnerschaft verpasst und mit den Europäern gemeinsam gegen den Krieg im Irak auftritt«.[43]

Es waren also mindestens vier Motive, die den inneren Zirkel um Putin dazu bewogen haben, Chodorkowski aus dem Verkehr zu ziehen: Chodorkowskis tatsächliche (Steuer-)Schuld, seine politischen Ambitionen, seine engen Beziehungen zu Washington, aber vor allem die Gefährdung der Kontrolle des Kreml über die strategisch wichtigen Öl- und Gasvorkommen und Pipeline-Routen. Der Neben-Nutzen für »Putin und seine Leute«: Die Oligarchen würden die Botschaft verstehen und die politische Arena wohl künftig meiden.

Nach der Ära der politisch höchst aktiven Oligarchen vom Schlage eines Boris Beresowski oder Wladimir Gussinski – beide besaßen ausgedehnte Medienimperien – und des politisch ambitionierten Multimilliardärs Chodorkowski gilt heute Schweigen als Tugend: Das Wochenend-Magazin der *New York Times* widmete dem Boss des Ölkonzerns *Lukoil*, Wagit Alekperow – neben Roman Abramowitsch der große Gewinner von Chodorkowskis tiefem Fall –, eine Story mit dem Titel: »Der Triumph des stillen Tycoons«: »Keine guten Zeiten für russische Öl-Milliardäre. Aber Wagit Alekperow schafft es, obenauf zu bleiben – er spielt nach den Regeln Putins.«[44]

Doch das Chodorkowski-Drama war nach dessen Verhaftung nicht zu Ende: Der Bär war zwar erlegt, doch wer bekommt das Fell?

Die Kreml-Lösung: *Yukos* sollte eine Steuerschuld von 27,5 Milliarden Dollar begleichen und musste deshalb unter den Hammer.

Der Gaskonzern *Gazprom*, der selbst bei *Yukos* schon auf der Speisekarte für eine mögliche Akquisition stand, bekam nun selbst Appetit. Der staatlich dominierte Konzern war aber knapp bei Kasse und brauchte Kapital. Also stellte sich die *Deutsche Bank*, die 2004 einen Rekordgewinn von 2,5 Milliarden Euro eingefahren und im selben Moment die Kündigung von 6400 Mitarbeitern angekündigt hatte, an die Spitze eines Konsortiums, die der *Gazprom* mit zehn Milliarden Dollar das opulente *Yukos*-Menü finanzieren – und damit die Wiederverstaatlichung verschleiern – sollte.

Doch hinter den Kulissen des Kreml rangen längst einzelne Machtzentren um das Herzstück von *Yukos*, die Produktionstochter *Yuganskneftegas*. Nachdem *Yukos* versuchte, in den USA Konkurs anzumelden, fiel der *Gazprom*-Deal in sich zusammen. Nach einer »sogar nach russischen Standards surrealen Transaktion«[45], wie die Zeitschrif *Economist* fassungslos urteilte, ging der Zuschlag für die *Yuganskneftegas* im Dezember 2004 an die *Baikal*-Finanzgruppe, eine Briefkastenfirma, die nicht einmal über einen Briefkasten verfügt, sondern an der Adresse eines Lebensmittel-Ladens irgendwo in der Provinz registriert war.

Am 21. Dezember 2004 wurde Putin im Fernsehen über die Hintermänner der *Baikal*-Gruppe befragt: »Die Aktionäre der *Baikal*-Finanz sind Personen, die seit langem im Energiesektor arbeiten.« Putin, zwei Tage später, ebenfalls im Fernsehen: »Baikal, Bai…, Bai? Wie heißt die Gesellschaft doch gleich?«

Woher stammten die 9,35 Milliarden Dollar, die *Baikal* für *Yuganskneftegas* bezahlt hatte? Offenbar von der staatlichen russischen Erdölfirma *Rosneft*. Diese übernahm nach der seltsamen Versteigerung die Kontrolle über den früheren Produktions-Arm von *Yukos* und stieg damit im Ranking von Russlands größten Energiekonzernen von Platz sieben auf Platz drei auf. (*Rosneft* erzielte 2004 einen Gewinn von 1,1 Milliarden Dollar und verfügt über Reserven von 9,29 Milliarden Barrel.)

Michail Berger, Wirtschaftsjournalist und Chefredakteur des Wochenmagazins *Jeschenedelnyj schurnal*, sagt, bestimmte Kreml-Kreise seien nun zufrieden: »Die sagten sich: Wir haben eine politische Aufgabe gelöst und sind nebenbei reich geworden. Geht es ums Staatsinteresse? Ich glaube nein, es steckt eine Gruppe von Privatleuten dahinter. Die Geheimdienstler sind wieder da, der größte Oligarch ist nun der Kreml.«[46]

Würde jemand in Moskau den Gashahn abdrehen, dann gingen in München, Mainz und Mönchengladbach die Lichter aus. Deutschlands Energieversorgung, besonders im Gas-Sektor, ist stark von Russland abhängig – Deutschland ist erpressbar.

Warum das so ist? Frank Umbach von der *Deutschen Gesellschaft für Außenpolitik*: »Ein Grund ist die anhaltende Instabilität des Nahen Ostens, ein zweiter Russlands Nähe und ein dritter der Druck von deutschen Energie-Konzernen.«[47] Denn die Firma *Ruhrgas*, ein Tochterunternehmen des Energiekonzerns *E.ON*, ist der größte ausländische Aktienhalter des russischen Gaskonzerns *Gazprom*. Die *BASF*-Tochter *Wintershall* will – gemeinsam mit *Gazprom* – Gasfelder in Sibirien und Ölfelder am Kaspischen Meer erschließen. Deutsche Konzerne wollen viele Milliarden Euro in nordsibirischen Gasfeldern investieren. Eine 1189 Kilometer lange Unterwasser-Gas-Pipeline von Wyborga am Finnischen Meerbusen bis nach Greifswald ist in Planung. Russlands Energiesektor braucht Kapital, Deutschland investiert.

Doch die innige Energie-Partnerschaft Berlin-Moskau hat ihren Preis: Die Hamburger Wochenzeitung *Die Zeit* kritisierte Deutschlands unkritische Haltung Russland gegenüber und mutmaßte, das Schweigen der deutschen Bundesregierung – etwa in der Tschetschenienfrage – sei der Tribut für die Energieabhängigkeit: »Deutschland verbraucht mehr und mehr Erdgas, Russland hat die größten Gasreserven der Welt. Daran können sich Freunde schon ziemlich lange wärmen.«[48]

Im Brüsseler Europa-Viertel, in der Rue de Mot, befindet sich die Generaldirektion Transport & Energie der EU-Kommission. Hinter den Mauern des unspektakulären Bürobaus versuchen die Eurokraten dem Wirrwarr der unterschiedlichen nationalen Ansätze der Energiepolitik – Frankreich setzt voll auf Atomstrom, Dänemark auf Windenergie, Österreich auf Wasserkraft – eine strategische Richtung zu geben. Die unsichere Lage im Irak, die Wiederverstaatlichung von *Yukos* und die Ölpreisexplosion geben dem Thema Versorgungssicherheit eine neue Dringlichkeit: Die Europabeamtin Nina Commeau-Yannoussis erklärt, die EU habe eine

Richtschnur für Energie-Abhängigkeit: Kein einzelnes Energie-Export-Land soll einem Energie-Import-Land mehr als dreißig Prozent der eingeführten Öl- oder Gasmengen liefern. Das würde sonst im Falle einer Krise im Lieferland kritisch für das Einfuhrland werden.[49]

Ein Blick in die Statistik: Deutschland bezog 2003 rund 34 Millionen Tonnen Rohöl und damit rund 31 Prozent aller Öllieferungen aus Russland. (Rechnet man die Einfuhren aus Kasachstan hinzu, die über russische Pipelines nach Deutschland transportiert werden, ergibt sich ein Anteil der Staaten der ehemaligen UdSSR von 37 Prozent.) Die Abhängigkeit bei Erdgas liegt bei vierzig Prozent des deutschen Verbrauchs: Ein Viertel der gesamten Gasförderung Russlands (36,1 Milliarden Kubikmeter) ging 2004 an Deutschland, danach folgen Italien, das fünfzehn Prozent (21,6 Milliarden Kubikmeter) der russischen Gaslieferungen bezieht, die Türkei (rund zehn Prozent – 14,5 Milliarden Kubikmeter) und Frankreich (7,4 Prozent). Kein europäisches Land ist derart von russischen Gaslieferungen abhängig wie Deutschland.

Energie-Experten rechnen damit, dass die deutsche Abhängigkeit von russischen Energie-Exporten bis 2020 auf sechzig bis siebzig Prozent steigen wird.

Die Abhängigkeit von russischen Ölexporten wiegt weniger schwer als beim Gas, denn im Gegensatz zu Erdgas fließt Öl nicht nur durch Pipelines, sondern wird von Öltankern über die Weltmeere geschippert und ist für jeden beziehbar, der den Marktpreis

Erdgaseinfuhr Deutschlands 2003

	Mrd. m^3	Anteil (%)
Russland	33	38
Norwegen	26	30
Niederlande	21	24
Großbritannien	4	5
Dänemark	3	3
Zusammen	87	100

Quelle: BP, Statistical Review of World Energy 2004

bezahlen kann. Im Falle eines Öl-Schocks kann man rascher und flexibler reagieren, als bei einer Gas-Versorgungskrise.

Besonders Frankreichs Energie-Strategen zeigen sicht beunruhigt über Europas Abhängigkeit von russischem Erdöl und Erdgas – und meinen vor allem Deutschlands Abhängigkeit. »Man sollte aber nicht vergessen, dass Frankreich eigene Interessen verfolgt«, meint der luxemburgische Grün-Abgeordnete zum Europaparlament Claude Turmes im Interview, »Paris geht es nicht zuletzt darum, die eigene Atom-Industrie zu pushen.«[50] Der konservative britische Europaparlamentsabgeordnete Giles Chichester, in dessen Wahlkreis ein Atomkraftwerk steht, sieht den Ausbau der europäischen Nuklearindustrie als einzigen Ausweg aus der zunehmenden Energieabhängigkeit von Russland: »Deutschland wird seine Haltung gegenüber der Nuklear-Industrie überdenken müssen. Man kann nicht alles haben: Versorgungssicherheit, Klimaschutz und Atomausstieg.«[51] Druck kommt in Deutschland auch verstärkt von der CDU/CSU und der FDP, die den Ausstieg vom Atomausstieg verlangen und wenig Sinn für Investitionen in die Entwicklung erneuerbarer Energiequellen haben.

Rohöleinfuhr Deutschlands 2003

	Mio t.	Anteil (%)
Russland	33,5	31,5
Norwegen	22,3	21,0
Großbritannien	11,6	10,9
Libyen	9,0	8,4
Kasachstan	6,6	6,2
Syrien	6,3	5,9
Saudi-Arabien	3,9	3,6
Algerien	3,7	3,4
Nigeria	2,9	2,7
Andere	6,6	6,4
Zusammen	106,4	100,0

Quelle: Wochenbericht des Deutschen Instituts für Wirtschaftsforschung (DIW), 7/2004, Tabelle 4, http://www.diw.de/deutsch/produkte/publikationen/wochenberichte/docs/04-07-1.html

Deutschlands Energie-Dilemma: Der Stromverbrauch wächst ungebremst, von allen kalorischen Kraftwerkstypen blasen Kohlekraftwerke am meisten Kohlendioxid pro erzeugter Energie-Einheit in die Atmosphäre. Die Kohle-Lobby propagiert die Errichtung neuer Kohleblöcke. Seit die Ölpreise angezogen haben, schaltet die Branche ganzseitige Anzeigen in deutschen Medien.

Die logische Alternative wären eine Energiespar-Initiative sowie ein konsequenter Ausbau erneuerbarer Energiequellen, doch die deutsche Energiewirtschaft leistet immer noch hinhaltenden Widerstand. Die Stromkonzerne setzen stattdessen auf neue Gasgeneratoren. Diese sind zwar klimafreundlicher als Kohleblöcke, doch die Abhängigkeit Deutschlands von Gasimporten aus politisch sensiblen Regionen wird weiter ansteigen, da die Förderung in den Niederlanden oder Norwegen auf längere Sicht rückläufig ist.[52] »Deutschland könnte Lieferungen aus Russland [im Falle einer Krise] nur mit großer Mühe und zu hohen Kosten ersetzen, obwohl es sehr gut in ein europaweites Gas-Pipelinenetz eingebunden ist«, schildert eine Studie der *Stiftung für Wissenschaft und Politik* die Konsequenzen einer Gas-Versorgungskrise.[53]

Der Blick in die Zukunft ist düster: Europas Erdgaseinfuhren werden bis 2020 um 150 Prozent ansteigen – im Vergleich zu

Gasförderung der wichtigsten Lieferländer

Land	Milliarden Kubikmeter
Russland	47.572
Iran	22.993
Katar	14.413
Saudi-Arabien	6.371
Vereinigte Arabische Emirate	6.003
USA	5.182
Algerien	4.531
Venezuela	4.191
Nigeria	3.511
Irak	3.115

Quelle: Oil and Gas Journal, 1.1.2003

einem Anstieg um »nur« vierzig Prozent bei den Rohöleinfuhren. Heute hat Erdgas einen Anteil von 22 Prozent im europäischen Energiemix (Öl: 41 Prozent, Kohle: 16 Prozent, Kernenergie: 15 Prozent, erneuerbare Energie: 6 Prozent), 2030 werden es 29 Prozent sein (Öl: 38 Prozent, Gas: 29 Prozent, Kohle: 19 Prozent, erneuerbare Energie: 8 Prozent, Kernenergie: 9 Prozent) An Russland führt kein Weg vorbei, die größten Erdgasreserven liegen dort. Also werden die Europäische Union und vor allem auch Deutschland und Österreich sich an dieselbe »Gas-Achse« wenden wie alle anderen auch, um die benötigten Lieferungen zu erhalten. Die Gas-Achse – nicht unbedingt eine Zone der Stabilität – reicht von Sibirien, über das kaspische Becken, den Persischen Golf nach Nord- und Westafrika und enthält den Haupt-Anteil der weltweiten Gasreserven.[54]

Gas ist die umweltfreundlichere Alternative zu Erdöl, im Gegensatz zu Öl (das derzeit vor allem als Treibstoff im Transport-Sektor noch konkurrenzlos ist) ließe sich Gas außerdem längerfristig leichter ersetzen: In der Stromerzeugung durch erneuerbare Energieträger, für die Warmwasserbereitung und Heizung durch Biomasse.

Ein Strategiepapier der Europäischen Kommission schlägt vor, dass »profit-trächtige Energieformen wie Öl, Gas und Kernenergie die Entwicklung von erneuerbaren Energieformen finanzieren, die, im Gegensatz zu herkömmlichen Energiequellen, nicht besonders subventioniert wurden«.[55]

Söldner, Spieler, Waffenhändler – Geschäfte mit dem Kampf ums Öl

Waffen für Öl, der perfekte Deal: Wer Öl fördert, braucht Schutz und Sicherheit, die Öl konsumierenden westlichen Industrienationen bieten beides und verkaufen Panzer und Helikopter, Kampfjets und Haubitzen. Die Golfstaaten sind gute Kunden von *Lockheed Martin, Boeing* oder *EADS* (Eurofighter-Hersteller): Die Nachfrage ist groß, bezahlt wird prompt mit Erlösen aus dem schwarzen Gold. Für die Länder, aus denen die Waffenlieferungen stammen, ebenfalls ein willkommenes Geschäft: Helfen doch die Waffenlieferungen beim Aufpolieren der Handelsbilanz.

Auf der Rüstungsmesse *IDEX* (*International Defense Exhibition*) in Abu Dhabi im Februar 2005 drängten sich die Aussteller – siebzehn kamen aus Österreich, 22 aus der Schweiz, fast sechzig aus Deutschland – und stellten kleine (Schweizer-Victorinox-Taschenmesser), mittlere (Pinzgauer-Allradfahrzeuge) und größere (Leopard-Kampfpanzer) Rüstungsgüter zur Schau. Briten, Franzosen, Amerikaner, Ukrainer, Russen, Chinesen und Inder: alle kämpfen sie am Verhandlungstisch um Marktanteile beim Geschäft mit den Mitteln zum Kampf.

Die Scheichs der Golfstaaten gehen gerne auf Shopping-Tour: 2004 gab Saudi-Arabien pro Kopf 775 Dollar für seine Armee aus, insgesamt waren das 19,3 Milliarden Dollar und damit nur hundert Millionen Dollar weniger als etwa Russland.[56] Kuwait, Katar, Bahrein und der Oman: diese Länder investierten zwischen fünf und zwölf Prozent ihres Bruttosozialprodukts in ihre Armeen, verglichen mit 1,9 Prozent Militärausgaben in der *NATO* (exklusive USA). Alleine bei der Dubai Air Show wurden Verträge über Bestellungen in Höhe von sechs Milliarden Dollar unterzeichnet.[57]

Neidvoll staunen Generäle über Saudi-Arabiens Einkaufs-Liste in den vergangenen Jahren: *General-Dynamics*-M1A2-Abrams-Panzer, Humvee-Fahrzeuge, *McDonnel-Douglas*-F-15-Strike-Eagle-Kampfjets, *Rockwell*-GBU-Laserbomben, *Lockheed-Martin*-F-16-Abfangjäger, Tornado-Flugzeuge, Raketen aus Frankreich.

Ein schlimmer Rüstungs-Teufelskreis: Ölvorkommen in der Region sind mit ein Grund für die vielen Kriege und Konflikte, die Petrodollars aus eben diesen Ölvorkommen ermöglichen den Ankauf immer neuer Rüstungsgüter, die zunehmende Militarisierung wiederum führt zu noch mehr Konflikten.

Das komplexe Geflecht politischer Interessen in der Region führt immer wieder zu Rüstungsgeschäften, die alles andere als transparent ablaufen. 1981 war es nach dem Einmarsch der Sowjets in Afghanistan – und vor allem nach dem Verlust des Iran als wichtigstem Verbündeten in der Region – im Interesse der USA, Saudi-Arabien mit AWACS[58]-Frühwarn-Flugzeugen aufzurüsten: Der Militär-Experte vom Washingtoner *Center for Strategic and International Studies*, Anthony Cordesman, bemerkte zum AWACS-Verkaufsvertrag über 8,5 Milliarden Dollar: »Keine denkbare Verstärkung der strategischen Mobilität der USA [...] hätte als Ersatz für solche Einrichtungen in Saudi-Arabien dienen können.« Mit anderen Worten, saudisches Öl finanzierte die strategischen Ziele der USA. Israel hatte Lobbygruppen im Kapitol mobilisiert, aber die Reagan-Administration zog den Verkauf durch. Israels Militär wurde mit fünfzehn F-15-Kampfjets und sechshundert Millionen Dollar Militärhilfe entschädigt.[59]

Deutschland konnte damals aus Rücksichtnahme auf Israel nicht wirklich mitmischen: Die Düsseldorfer Firma *Rheinmetall* scheiterte mit dem geplanten Verkauf von dreihundert Leopard-II-Panzern an die Saudis. Die Judenmörder von gestern dürften den möglichen Judenmördern von morgen nicht das Mordgerät verkaufen, lautete die öffentliche Kritik an Deutschland aus Israel, der damalige israelische Premier Menachim Begin erinnerte seinen deutschen Kollegen, Bundeskanzler Helmut Schmidt, an seine Vergangenheit als Offizier der deutschen Wehrmacht und forderte mehr Verständnis für Israel.

Als auch Saudi-Arabien – wie zuvor Israel – amerikanische F-15-Kampfjets kaufen wollte, wiesen die USA die saudischen Militärs zurück. Also wandte sich Riad an London, die Firma *British Aerospace* (*BAE*) landete einen Mega-Deal, der als Al-Jamamah-(»Taube«)-Geschäft in die Korruptions-Geschichte einging:

72 Tornado-Kampfflugzeuge wurden bestellt – als Teil eines Rüstungspakets, das das bisher größte Geschäft in der Geschichte des britischen Waffenhandels war. Die USA hatten übrigens vorher sichergestellt, dass das Geschäft an den treuen Verbündeten Großbritannien und nicht an Frankreich ging, das seine Mirage 2000 an Saudi-Arabien verkaufen wollte.[60] Der britische Waffenkonzern *BAE Systems* legte zwanzig Millionen Pfund zur Finanzierung von Jacht-Ausflügen, Prostituierten, Sportwagen und anderen Aufmerksamkeiten auf die Seite – um die Entscheidungsträger auf saudischer Seite freundlich zu stimmen.

Dreißig bis 33 Prozent des saudischen Budgets, zehn bis fünfzehn Prozent des Bruttosozialprodukts des Königreichs, wurden in den 1990er-Jahren für Waffen ausgegeben. Die Rüstungskäufe gingen auch noch weiter, als Saudi-Arabien bereits in die roten Zahlen geschlittert war. Ian Prichard von der britischen NGO *Campaign Against Arms Trade* weist darauf hin, dass viele Geschäfte nur der »Kommissions-Zahlungen« wegen – im Klartext: Schmiergeld – zustande gekommen waren. Den saudischen Prinzen ging es weniger um die Waffen für Saudi-Arabien als um Zahlungen auf ihre Konten in diversen Schwarzgeld-Paradiesen von der Schweiz bis zu den Cayman-Islands, Zypern, Beirut oder Dubai. »Es geht bei diesen Rüstungskäufen nicht um Verteidigungs-Strategien oder die nationale Sicherheit. Sondern um Prestige und – am allerwichtigsten – die Perspektive, zu Schmiergeld zu kommen«, meint Prichard.[61]

Nach der irakischen Invasion in Kuwait im Jahr 1990 gaben die USA den Saudis alles, was sie wollten: Patriot-Raketen, das neueste M-1-Kampfpanzermodell, Bradley-Schützenpanzer, Apache-Helikopter und die von den Saudis lang ersehnten F-15-Kampfflugzeuge. »Wir haben ihnen alles verkauft, bis auf die Küchenspüle vielleicht«, sagte der damalige US-Kongress-Abgeordnete Mel Levine (2004 war Levine Nahost-Berater von Präsidentschaftskandidat John Kerry). Nach dem Ende des Golfkriegs gingen die Scheichs auf Shopping-Tour auf den internationalen Waffenmärkten: Das ging so weit, dass sich das reiche Königreich bei den Waffendeals finanziell übernahm und einzelne Lieferungen des tödlichen »Spielzeugs« zurückstellen musste. Saudi-Arabien drehte – zum

Ärger seiner *OPEC*-Partner – den Ölhahn auf, um die Rüstungs-Rechnungen bezahlen zu können, dennoch belief sich das Defizit im Jahr 1992 auf rund acht Milliarden Dollar.

Kuwait rüstete nach seiner Befreiung ebenfalls gewaltig auf: Raketen, Helikopter, Panzer, Artillerie – von 1991 bis 1993 bestellten die Scheichs Waffen im Wert von rund fünf Milliarden Dollar. Die Vereinigten Arabischen Emirate stehen heute sogar auf Platz acht der Waffenimportliste, sie haben im Zeitraum zwischen 2000 und 2004 Rüstungsgüter im Wert von fast vier Milliarden Dollar gekauft.[62]

Dem Iran stehen die westlichen Waffenmärkte nicht offen, in den vergangenen Jahren war das Land aber nach Saudi-Arabien der wichtigste Importeur militärischer Hardware in der Region: Rund vier Milliarden Dollar jährlich geben die Mullahs für chinesische Xian-F-7-Airguard-Abfangjäger, russische Scud-Raketen, MiG-29 und Su-24 aus, und sie bestellten Boden-Luft-Raketen, U-Boote und das russische luftgestützte Mainstay-Frühwarnsystem, das dem US-System AWACS oder dem noch weiter entwickelten israelischen Phalcon-System weit unterlegen ist.

Waffenverkäufe sind hochpolitisch – genauso wie Ölgeschäfte: Erstens sind die Waffenverkäufe eine wichtige Komponente, um politische Allianzen zu schmieden und zu pflegen – speziell zwischen den militärischen Eliten –, zweitens gibt es vor allem von US-Seite ein Interesse, dass von den Verbündeten in der Region Waffensysteme verwendet werden, die im Falle einer Intervention in die Militärmaschinerie des Pentagons integrierbar sind. Und drittens kurbeln die Waffenverkäufe die Wirtschaft in den Ölkonsumentenländern an.

Alle profitieren: die Rüstungsfirmen, die Politiker in den Waffen produzierenden Ländern, die stets betonen, wie viele Arbeitsplätze durch diese Waffenschmieden gesichert werden, und die dann auf die Stimmen der Belegschaften und ihrer Familien zählen dürfen. Die Konsulenten und Zwischenhändler, denen fette Provisionen winken. Und schließlich die Empfänger von »Kommissions-Zahlungen«, wie in der Branche Schmiergeld nobel umschrieben wird. Aber auch »honorige« Ex-Politiker gehören zu den

Begünstigten. Sie sitzen oft genug in den Aufsichtsräten von Rüstungsfirmen, wo sie Einfluss auf die jeweiligen Regierungen der Erzeugerländer nehmen, wofür sie reichlich entlohnt werden. Prominentester Nutznießer ist aber US-Präsident George W. Bush: Er saß 1990 – nach seinem Ausflug in die Ölbranche, die in einem Debakel endete – im Aufsichtsrat einer Tochterfirma des Investment-Fonds *Carlyle Group*, die fast zwanzig Rüstungsfirmen in ihrem Portfolio hat.[63] Man wollte wohl »Daddy« einen Gefallen tun oder in die Zukunft des glücklosen, gescheiterten Unternehmers investieren, für den Fall, dass er vielleicht doch noch in der Politik Karriere machte.

So entsteht ein beinahe undurchdringliches Beziehungsgeflecht aus Rüstungsfirmen, Regierungen und Mittelsmännern, das durch Investitionen in Rüstungskonzerne von Finanziers aus den Golfstaaten noch dichter gewoben wird.

Waffenlieferungen an Golfstaaten (1988–2003 in Millionen Dollar)

	Lieferländer						
Empfängerländer	USA	Russland	China	West-Europa	Sonst. Europa	Sonstige	Gesamt
Jemen	0	2.300	300	100	500	400	3.600
V. A. E.	1.900	700	0	7.900	1.000	700	12.200
Saudi-Arabien	41.900	200	2.800	66.300	6.600	500	118.300
Katar	0	0	0	2.200	0	0	2.400
Oman	100	0	0	1.300	0	100	1.500
Kuwait	6.500	900	400	2.200	400	400	10.800
Bahrain	1.600	0	0	100	0	0	1.700
Irak	0	4.100	1.200	2.700	2.100	1.200	11.300
Iran	0	4.100	4.500	500	1.800	2.200	13.100
GCC Gesamt	52.000	1.800	3.200	80.000	8.000	1.700	146.700
Golfstaaten Gesamt	52.000	12.300	9.200	83.300	12.400	5.500	174.700

Quelle: Nach Anthony H. Cordesman, CSIS, aus Richard F. Grimmett, Conventional Arms Transfers to the Developing Nations, Congressional Research Service. Aus verschiedenen Berichten

Kriegs-Outsourcing – Die Privatisierung des Krieges durch Ölfirmen

David J. Lesar, Boss der Firma *Halliburton*, dessen Tochterfirma *Kellogg, Brown & Root* (*KBR*) einer der wichtigsten Auftragnehmer der US-Armee im Irak ist, verriet dem amerikanischen Wirtschaftsmagazin *BusinessWeek* das Erfolgsrezept von *KBR*. Warum ist eine Firma, die aus dem Ölgeschäft kommt, prädestiniert für die Zusammenarbeit mit der Armee? »Das erfordert viele derjenigen Fähigkeiten, die wir bei unserer Arbeit mit den Kunden aus dem Öl- und Gasgeschäft brauchen: Logistik, Ingenieurskunst, die Fähigkeit, Leute schnell von A nach B zu bringen, und die Fähigkeit, immense Datenmengen zu verarbeiten.«[64]

Die sogenannten »Private Military Firms – PMFs« haben Hochkonjunktur: Allein im Irak stehen 20000 Mann bei rund sechzig verschiedenen Firmen im Sold. Diese Firmen haben sich zu im Pentagon gerne gesehenen, respektierten Partnern gemausert. »Private Militärfirma« – klingt doch viel besser als das schmutzige Substantiv »Söldner«, oder?

Der Geschäftsführer von *Halliburton* hat wohl Recht, wenn er die Parallelen zwischen der Arbeit für Ölfirmen und der Arbeit für die Armee hervorstreicht. Wer das eine kann, kann auch das andere gut. Ölfirmen arbeiten oft in isoliertem, schwierigem, teils gefährlichem Terrain, die logistischen Aufgaben – Geräte, Bohrtürme, Pipelines, Anlagen und Mannschaften zum Ort des Geschehens zu bringen – sind immens. Der Unterschied zur Armee: *Halliburton* schießt nicht.

Ölkonzerne waren immer schon gute Kunden von Söldnerfirmen: Die südafrikanische Truppe *Executive Outcomes* operierte Anfang der 90er-Jahre im Auftrag von *Gulf Chevron* in Angola, *British Petroleum* (*BP*) unterschrieb im April 1996 einen Vertrag mit der kolumbianischen Polizei. Inhalt der Übereinkunft: Die private Sicherheitsfirma *Defence Systems Limited* (*DSL*) sollte über ihre extra gegründete Tochter *Defence Systems Columbia* Trainingsprogramme für kolumbianische Polizisten in der ölreichen Gegend Casanare durchführen. Deren Aufgabe war die Bewachung von *BP*-Einrichtungen und -Personal, *DSL* sollte mit der Polizei vor allem Anti-Guerilla-Taktiken trainieren und vor Überfällen durch linksgerichtete Guerillas schützen.[65] Phil Mead, damals *BP*-Boss in Casanare, gab zu: »Wir haben mit dem Verteidigungsministerium eine Vereinbarung, über einen Zeitraum von drei Jahren rund acht Millionen Dollar zur Verfügung zu stellen.«[66] *BP* ist seit 1998, als der Konzern mit der US-Firma *Amoco* verschmolz, Kolumbiens wichtigster Investor. Das Unternehmen kontrolliert Kolumbiens ergiebigstes Ölfeld Cusiana-Cupiagua in der nordöstlichen Provinz Casanare (Gesamt-Reserven: Rund 1,5 Milliarden Barrel). Aus Casanare stammt rund die Hälfte der gesamten kolumbianischen Ölförderung von 600 000 Barrel pro Tag. Ein Schatz, der gut bewacht werden will.

Die Zusammenarbeit zwischen Ölkonzernen und internationalen Söldnerfirmen erstreckt sich über den ganzen Globus: Die britische *Defence Systems Ltd.* (*DSL*) arbeitet in Angola für die staatliche Ölfirma *Sonangol* und rund um den Globus für *Shell, Mobil, Amoco, BP* und *Chevron*. Die *DSL*-Tochterfirmen *USDS* und *Sapelli SARL* bewachen in Kongo-Kinshasa die Öl-Raffinerie der *Congo SEP* (Tochterfirma der belgischen Ölfirma *Petrofina*). Jean-Luis Canas, ein früheres Mitglied des französischen Auslandsgeheimdienstes *Direction Générale de la Sécurité Extérieure,* hat seine eigene Firma *Eric SA,* die mit *DSL* um Aufträge in Algerien konkurriert. Die französische-*DSL*-Tochterfirma *CIAS* versuchte wiederum an den Bewachungs-Auftrag der Tschad-Kamerun-Pipeline heranzukommen. Weiter auf der Liste: Von *Occidental* angeheuerte »fliegende« Söldner von *Airscan* haben die kolumbianische Armee bei mindestens einem Angriff auf Zivilisten direkt unterstützt. *ITT* arbeitet für den staatlichen Ölkonzern *Saudi Aramco* in Saudi-Arabien.

Die internationalen »Sicherheitsfirmen« schrecken auch vor der Zusammenarbeit mit üblen Diktatoren nicht zurück: 1998 erteilte der Präsident von Äquatorialguinea, Theodoro Obiang, der US-Firma *MPRI* (*Military Professional Resources, Inc.*) mit Sitz in Alexandria, Virginia, den Auftrag, einen Bericht über die Kampfkraft der Streitkräfte zu schreiben und ein Konzept für Verbesserungen zu erarbeiten – vor allem, was die Sicherheit der Offshore-

Öleinrichtungen vor der Küste betrifft. Um den Auftrag annehmen zu können, wurde eine Genehmigung des US-Außenministeriums benötigt, die das Ansuchen zurückwies: Die Menschenrechts-Situation in Äquatorialguinea sei furchtbar, hieß es aus dem State-Department, das Regime in Malabo sei für Folter und Tötung von Oppositionellen bekannt. Doch die pensionierten Vier-Stern-Generäle, die nun im Sold von *MPRI* stehen, versprachen, die Menschenrechtssituation in Äquatorialguinea verbessern zu helfen, und betonten die Wichtigkeit der Sicherheit der Ölreserven des kleinen Landes am Golf von Guinea. Im Jahr 2000 bekam *MPRI* die Genehmigung – mittlerweile hatte die Rüstungsfirma *L-3 Communications MPRI* mithilfe des mächtigen Rüstungskonzerns *Lockheed Martin* und der Investment-Bank *Lehman Brothers* (die schon bei der Gründung des Ölkonzerns *Halliburton* in den 1930er-Jahren eine Rolle gespielt hatte) geschluckt, berichtete das Magazin *Mother Jones* im Mai 2003.[67]

Äquatorialguinea war ein paar Jahre später, im März 2004, Ziel eines von Söldnern aus dem Umfeld von *Executive Outcomes* geplanten Putsches, in den der Sohn der früheren Premierministerin Margret Thatcher, Mark Thatcher, verwickelt war. In dem bizarren *rent-a-coup*-Skandal ging es darum, den bisherigen brutalen Diktator Teodoro Obiang durch seinen Konkurrenten Severo Moto Nsa zu ersetzen. Der hätte die Financiers des Söldner-Staatsstreichs dann reich mit Erdölkonzessionen belohnt. Doch der verwegene Plan scheiterte, die Putschisten wurden allesamt verhaftet (siehe Seite 156 ff.).

In Saudi-Arabien und den Staaten am Persischen Golf haben Firmen wie *MPRI* und *Vinell Corporation* den Schutz saudischer Ölfelder und die Ausbildung der örtlichen Armeen übernommen – und gerieten dabei ins Fadenkreuz von Al-Qaida: Am 12. Mai 2003 waren *Vinell*-Mitarbeiter Ziel eines Bombenanschlags in der saudischen Hauptstadt Riad.

Vinell Corp. ist eine Tochter des Rüstungskonzerns *Northrop Grumman*, früher gehörte *Vinell* zur berüchtigten *Carlyle Group Holding*, die engste Beziehungen ins Weiße Haus der Bush-Administration hat. Damals einer der Investoren der Holding: Osama

Bin Ladens Halbbruder Schafik Bin Laden, der sich ausgerechnet am 11. September 2001 zum jährlichen Investoren-Meeting der *Carlyle-Group* im *Ritz-Carlton*-Hotel in Washington, D. C., eingefunden hatte. An diesem ominösen 11. September 2001 ebenfalls im *Ritz-Carlton* anwesend: George Bush sen., früherer US-Präsident und Vater des amtierenden Präsidenten George W. Bush jun., Frank Carlucci (von 1987 bis 1989 US-Verteidigungsminister) und Alters-Vorstandsvorsitzender der *Carlyle Group*, James Baker III (Außenminister unter George Bush sen. von 1989 bis 1992) sowie *Carlyle-Group*-Gründer David Rubenstein.[68]

Irak – Das Paradies für Privatarmeen

Seit der Invasion des Irak durch die USA im Jahr 2003 erlebt die Branche einen noch nie da gewesenen Boom. Der Autor des Buches »Corporate Warriors«, P. W. Singer, spricht gar vom *outgesourcten Krieg*.[69] Die Söldnerbosse von heute tragen nicht – wie damals »Kongo-Müller«, Rolf Steiner, Colonel Denard oder »Mad« Mike Hoare – Khaki-Hosen, Militärstiefel und Uzi-Maschinenpistolen, sondern *Hugo-Boss-* oder *Armani*-Anzüge. Sie sind Geschäftsführer internationaler »Sicherheitsfirmen«, die im Dienste der Wirtschaft agieren. Die Söldnerei ist ein globales Business geworden, das vom Pentagon im Interesse der Ölindustrie nach Kräften gefördert wird.

Mastermind dieser Entwicklung ist der heutige US-Vizepräsident Richard Cheney. Cheney war mit dem Ende des Kalten Krieges ins Pentagon eingezogen (er war von 1989 bis 1993 Verteidigungsminister). In seinem ersten Jahr im Amt kürzte er das Verteidigungsbudget um zehn Milliarden Dollar und reduzierte die Truppenanzahl von 2,2 Millionen auf 1,6 Millionen Mann. »Damals, in den frühen 1990er-Jahren, spielten zivile Auftragnehmer für die Armee eine geringe Rolle, aber Cheney wollte das ändern. Die Idee: Zivilisten kümmern sich im Hintergrund um die Logistik, damit sich die Soldaten ganz aufs Kämpfen konzentrieren können. Außerdem war das eine saubere Art, den PR-Albtraum in den Griff zu bekommen, der mit jeder Truppenentsendung ins Ausland einherging.«[70] 1991 gab Cheney bei der Spezialfirma für militärische Logistik *Brown & Root* um neun Millionen Dollar eine Studie in Auftrag, in der untersucht werden sollte, wie hinkünftig Privatarmeen die US-Armee »entlasten« könnten.

Dieselbe Firma, *Brown & Root*, bekam fünf Monate vor dem Regierungswechsel von George Bush sen. zu Bill Clinton einen Mega-Auftrag des Pentagon. Anstatt sich in den Ruhestand zurückzuziehen, arbeitete Cheney im neokonservativen *American Enterprise Institute*, wo er in verschiedenen Arbeitspapieren zum Sturz Saddam Husseins aufrief. 1995 wurde Cheney überraschend Chef des Ölkonzerns *Halliburton* – eine interessante Wahl: Der frühere Vizepräsident hatte vom Ölgeschäft nicht den blassesten Schimmer, aber seine hervorragenden Connections in Washington sollten sich für den Konzern als überaus nützlich erweisen. *Brown & Root* bekam jedes Jahr feine Summen aus Verträgen, die Cheney noch als Verteidigungsminister unter Bush sen. unterschrieben hatte, nach den US-Engagements in Bosnien und im Kosovo (unter Präsident Bill Clinton) ging es der Firma zwischen 1995 und 2000 blendend: zwei Milliarden Dollar wurden in diesem Zeitraum an die Nachschub-Söldnerfirma des früheren Verteidigungsministers überwiesen.

Das Eiserne Dreieck – Dick Cheney und der militärisch-industrielle Öl-Komplex

Zur selben Zeit verdiente der Mutterkonzern von *Kellogg, Brown & Root*, *Halliburton*, über zwei Tochterfirmen, *Dresser-Rand* und *Ingersoll Dresser Pump Co.*, rund 73 Millionen Dollar im Irak – mit der Lieferung von Pumpen für Saddam Husseins Ölindustrie. »Cheney hat als Verteidigungsminister den Krieg gegen den Irak befehligt, dann als CEO von *Halliburton* geholfen, die irakische Ölindustrie [...] wieder aufzubauen, um dann – als Vizepräsident der USA wiederum gegen Saddam Hussein in den Krieg zu ziehen. Wie böse Saddam Hussein gerade ist, kommt offensichtlich darauf an, auf welcher Seite des Wirtschafts-Regierungs-Kontinuums man gerade steht«, schreibt der Journalist Dan Briody, der seit Jahren über den militärisch-industriellen Komplex der USA recherchiert, in seinem Buch »The Halliburton Agenda«.

Mit dem Krieg im Irak knackte das Ölkonglomerat *Halliburton* den Jackpot: Im Jahresbericht 2004 der Firma mit Sitz in Houston, Texas, schreibt *Halliburton*-CEO David Lesar, dass das Ölkonglomerat trotz vieler Schwierigkeiten – der negativen Schlagzeilen während der Präsidentschaftswahlkampagne und der »gefährlichen Arbeit im Irak« – besser dastehe als je zuvor: »Von meinem Tisch aus gefällt mir, was ich sehe.« Immerhin hat *Halliburton* 7,1 Milliarden Dollar an Aufträgen an Land gezogen, davon 1,9 Milliarden für das Projekt »*RIO*« (*Restore Iraqi Oil* – Wiederinstandsetzung der irakischen Ölindustrie), das ohne Ausschreibung an *Halliburton* vergeben wurde. *Halliburton* wurde bald darauf der Korruption beschuldigt und es gab jede Menge Schwierigkeiten: *Halliburton* verrechnete der US-Armee im Irak für die Nachschubgüter horrende Preise, die Rechnungen für Essensrationen, die nie auf die Teller der Soldaten kamen, landeten im Pentagon, Benzin und Diesel für die motorisierte Truppe wurde überteuert aus Kuwait importiert.[71]

Halliburtons Tochterfirma *Kellogg, Brown & Root* (*KBR*) stellt die Nachschub-Söldner, Firmen wie *Blackwater USA*, die britische *Aegis Defence Services*, oder *Global Risk International* (GB), *Cubic Corp.* (USA), *DynCorp* (USA; diese Firma hat im Korea-Krieg Aufträge für Truppentransporte übernommen, im Vietnam-Krieg waren ständig rund dreitausend Mitarbeiter in Südostasien stationiert, um Huey-Helikopter und anderes Kriegsgerät zu warten), *ITT Industries* (USA) oder *Custer Battles* (USA) die »kämpfende« Truppe. *ArmorGroup* hat rund achthundert Söldner im Irak stationiert, 1999 und 2000 wurde die Firma im US-Magazine *Fortune* als eines der am schnellsten wachsenden Unternehmen erwähnt. *ArmorGroup* hat in der Zwischenzeit die russische Sicherheitsfirma *Alpha* erworben, die Mitglieder der früheren Elite-Einheit der Sowjet-Armee *Alpha* beschäftigt (*Alpha* entspricht dem *KSK* in Deutschland beziehungsweise der *Delta-Force* in den USA). Die südafrikanische Sicherheits-Firma *Erinsys* und *Nour USA, Inc.* haben den Zuschlag für die Sicherung der irakischen Pipelines bekommen, die *Control Risks Group* (GB) bewacht *Halliburton*-Einrichtungen und *DLS* und deren Mutterfirma *Armor Group* schützen die Mitarbeiter des US-Baugiganten *Bechtel*.[72] Die US-Armee ist mittlerweile völlig von den privaten Militärfirmen abhängig. Paul Lombardi, Boss der Privatarmee-Firma *DynCorp*: »[Die Armee] könnte ohne uns zwar kämpfen, aber es wäre schwierig [...] Weil wir so ins Geschehen integriert sind, ist es fast unmöglich, uns aus den verschiedenen Prozessen auszuschließen«, konnte man am 3. März 2003 im Wirtschaftsmagazin *Fortune* lesen.[73]

Doch die USA gingen in diesem Krieg noch einen Schritt weiter: Sogar die Geheimdienstarbeit wurde outgesourced – von der Öffentlichkeit weitgehend unbemerkt. Bis US-Staraufdecker Seymour Hersh vom renommierten Wochenmagazin *New Yorker* die Bombe platzen ließ[74]: Im US-Gefängnis Abu Ghraib werden Irakis gefoltert. In den Untersuchungsberichten scheinen auch Mitarbeiter der Sicherheitsfirmen *CACI International Inc.* und *Titan* auf.

Ein um geopolitische und vor allem Öl-Interessen geführter Krieg hat einen übel beleumundeten Berufsstand – den des Söldners – salonfähig gemacht. Dennoch: Diese privaten Militärfirmen – global immerhin eine Hundert-Milliarden-Dollar-Industrie – stehen weder unter dem Schutz des Kriegsvölkerrechts noch unter dem der Genfer Konvention. Mit gutem Grund: denn letztendlich übernimmt niemand die politische Verantwortung für das Treiben dieser Söldner, weswegen führende US-Militärs diese Entwicklung kritisieren. Erscheint den Söldnern ein Auftrag zu gefährlich, können sie nach Hause gehen, ohne Sanktionen zu fürchten, Soldaten sind an ihren Befehl gebunden. Die US-Generäle fürchten, im Fall des Falles von ihren Söldner-Kollegen im Irak im Stich gelassen zu werden, außerdem, so die Sorge der Militärs, würden die Söldnerfirmen die besten Soldaten abwerben, für deren Ausbildung letztendlich der Staat bezahlt hat. Zudem macht ihnen die Verwischung der Grenzen zwischen Militär und Söldnerarmee Kopfzerbrechen. Denn ein wichtiger Wesenszug des Staates ist sein Gewaltmonopol, Privatarmeen untergraben dieses Gewaltmonopol in einem zentralen Punkt. Im Golfkrieg 1991 kamen auf einen Mitarbeiter einer privaten Militärfirma hundert Soldaten. Heute steht das Verhältnis im Irak bei eins zu zehn. Tendenz weiter steigend.

Wie Söldner im Ölgeschäft mitmischen – Ein bizarrer Putschplan in Äquatorialguinea

Sir Mark Thatcher, ein Mann Anfang fünfzig mit stechenden blauen Augen, ist noch einmal davongekommen. Wäre der Sohn der früheren Premierministerin Margaret Thatcher nicht wohlbetucht, er säße jetzt für vier Jahre im Gefängnis: wegen Putschversuchs. Aber der Sir mit den drei »S« – »scheu, sensibel, stur« –, wie ihn ein Freund in einem Artikel des Reportage- und Glamourmagazins *Vanity-Fair* beschreibt[75], zahlte fast 400 000 Euro Strafe und konnte gleich nach seinem Gerichtstermin am 18. Februar 2005 heim nach England fliegen.

Es waren bange Monate für den draufgängerischen Filius der »Eisernen Lady« gewesen. Denn im schlimmsten Fall hätte er in Äquatorialguinea vor einem Exekutionskommando enden können.

Aber der Reihe nach: Thatcher war die prominenteste – wenn auch nicht die zentrale – Figur eines Putschversuchs im kleinen westafrikanischen Staat Äquatorialguinea. Oberstes Ziel des versuchten Coup d'Etat war es nicht gewesen, die 500 000 Äquatorialguineer aus den Händen des kleptokratischen Potentaten Teodoro Obiang Nguema Mbasago zu befreien. Es ging um Öl.

Haft in Harare

Die Verschwörung scheiterte bereits einen Tag vor dem geplanten Umsturz am 7. März 2004. Auf dem Militärflughafen von Harare, der Hauptstadt Simbabwes, wurde eine Gruppe von Männern festgenommen: zwanzig Südafrikaner, achtzehn Namibier, zwei Kongolesen und ein Mann aus Simbabwe mit einem südafrikanischen Pass – einer der Anführer, der Brite Simon Mann, so wie Mark Thatcher Anfang fünfzig, Absolvent des Eton-College, eines Internats für Kinder aus höherem Hause, und Ex-Offizier der britischen Spezialeinheit *Special Air Service* (*SAS*). Fast alle Verschwörer waren früher Mitglieder des berühmt-berüchtigten »Battallion 32 – Die Büffel«, einer Elite-Truppe des ehemaligen südafrikanischen Apartheidregimes. Einige Mitglieder der Truppe waren bereits 2003 in den Putschversuch in São Tomé verwickelt gewesen.

Simon Mann war der Kontaktmann zu Mark Thatcher. Die beiden waren Nachbarn in Kapstadt und eng befreundet. Das Flugzeug der Umstürzler, eine *Boeing* 727, war aus Südafrika gekommen und sollte in Harare mit dem beladen werden, was man für eine Kommando-Aktion so braucht: 61 Kalaschnikows mit 45 000 Schuss Munition, 150 Handgranaten, zwanzig PKM-Maschinengewehre mit 30 000 Schuss Munition, fünfzig PRM-Maschinengewehre und hundert Granatwerfer mit insgesamt eintausend Granaten.

Doch aus dem Putsch sollte nichts werden. Die Männer wurden in Harare aus dem Flugzeug heraus verhaftet und ins Gefängnis gesteckt (bis auf die beiden Südafrikaner, die man wieder freiließ). Die meisten wurden zu einer einjährigen Haftstrafe verurteilt – wegen illegaler Einreise. Nur Simon Mann, der Rädelsführer, wurde zu sieben Jahren Gefängnis verurteilt (später wurde die Haftstrafe auf vier Jahre reduziert), weil er versucht hatte, illegale Waffengeschäfte in Simbabwe zu machen.

Der frühere Elitesoldat und Mitbegründer der Söldnerfirma *Executive Outcomes* (die es nicht mehr gibt) sitzt nun im berüchtigten Chikurubi-Gefängnis vor den Toren Harares ein: ein rattenverseuchter, verdreckter Ort, kaum genießbares Essen, knappes Trinkwasser. Vor dem Gefängnistor steht ein Panzer, dessen Rohr auf das Gefängistor gerichtet ist. Ein Ausbruchsversuch würde wohl tödlich enden.

Gefangen in Äquatorialguinea

Auch in Äquatorialguinea hatte die Falle zugeschnappt. Dort wurden acht Südafrikaner, sechs Armenier, der Deutsche Gerhard Eugen Nershz sowie der Anführer des Kommandos, der Südafrikaner Nick du Toit, festgenommen. Die Männer werden beschuldigt, das Vorauskommando für Manns Truppe gewesen zu sein. Ihr Auftrag bei der Kommandoaktion: Sie hätten den Flughafen der Hauptstadt Malabo auf der Insel Bioko sichern sollen, bis Mann mit der *Boeing* 727 die Waffen und den Hauptteil der Truppe aus Harare gebracht hätte. Gemeinsam wäre die Söldner-Truppe dann zum Einsatzort gefahren und hätte geputscht.

Nick du Toit, Rädelsführer dieses Vorauskommandos, ist Ex-Elitesoldat der *South African National Defence Force (S.A.N.D.F.).*

Der Vierzigjährige und seine Kameraden sitzen im Black-Beach-Gefängnis an der Atlantikküste ein, das der Legende nach bei Flut überschwemmt wird. Sie dürften ihre Kameraden im Chikurubi-Gefängnis also noch beneiden. Der Deutsche Gerhard Eugen Nershz ist dort bereits verstorben – einige behaupten an Folter-Folgen, die Regierung sagt, an Malaria. Marise Castro, eine Sprecherin der Gefangenenhilfsorganisation *Amnesty International*, sagte: »Niemand hat seine Leiche untersucht, daher kann niemand die Wahrheit feststellen.«[76]

Der Söldnertruppe wird von der Regierung Äquatorialguineas vorgeworfen, sie hätten Severo Moto Nsa, einen Rivalen von Präsident Obiang Nguema Mbasago, der seit 1996 im Exil in Madrid lebt, als Präsident installieren wollen. Moto Nsa hatte nach den Wahlen im selben Jahr, die Obiang mit rund 99 Prozent Zustimmung gewonnen hatte (es gab damals Vorwürfe von Wahlbetrug), in Madrid eine Exil-Regierung begründet, er verfügte zudem über ausgezeichnete Kontakte zum früheren spanischen Premierminister José María Aznar.

Der perfekte Putsch-Plan

Auf den ersten Blick scheint so ein Putsch-Plan perfekt: Man nehme eine Truppe professioneller Soldaten, füge einen Politiker hinzu, der den verhassten Präsidenten ersetzt, nehme noch eine ordentliche Prise Geld, um das riskante Unternehmen zu finanzieren, und fertig ist der Putsch. Wenn der neue Präsident erst einmal installiert ist, lässt man sich die Kosten des Unternehmens tausendfach mit Ölkonzessionen vergolden. Aber die Geheimdienste von Südafrika, Simbabwe und Äquatorialguinea hatten von der Sache Wind bekommen und begannen zu kooperieren, um den Coup d'État zu vereiteln. Und auch der britische *Secret Service*, der spanische Geheimdienst und die *CIA* waren längst im Bilde.

Was war nun Thatchers Rolle bei dem Umsturzversuch? Er hatte gemeinsam mit dem Piloten Crause Steyl, einem Freund von Simon Mann, eine Flugrettungs-Firma namens *Triple A Aviation* gegründet. Thatchers Kompagnon Steyl war früher so wie Mann Soldat bei der berüchtigten Söldnertruppe *Executive Outcomes*. Bankunterlagen belegen, dass *Triple A* am 2. März, vier Tage vor dem geplanten Coup, 100 000 Dollar an Manns Firma *Logo Ltd.* bezahlt hat. Thatcher behauptete stets, dass er keine Ahnung von Steyls Beteiligung am Putschversuch gehabt habe. Steyl dagegen gibt alles zu: Er hätte Moto Nsa am Tag nach dem geglückten Putsch in die äquatorialguinesische Hauptstadt Malabo fliegen sollen.

Dieses Investment von Sir Mark Thatcher in Steyls Firma war dann auch der springende Punkt im Verfahren gegen den Sohn der »Eisernen Lady« in Südafrika: Indem Thatcher in eine Firma investiert hatte, die den Umstürzlern einen Helikopter zur Verfügung stellte, machte er sich nach südafrikanischem Recht strafbar. Die verhängte Strafe: vier Jahre Haft (auf Bewährung) und drei Millionen südafrikanische Rand (rund 395 000 Euro).

Handwerk Krieg – Executive Outcomes

Was die Rädelsführer der Militäraktion verbindet, ist die gemeinsame Vergangenheit bei der Söldnerfirma *Executive Outcomes*. Was ist der Hintergrund dieser Truppe? Wer sind diese Leute? *Executive Outcomes* waren eine Gruppe von südafrikanischen Elitesoldaten, die nach dem Ende der Apartheid plötzlich ohne Job dastanden. Ihre Karrieren waren zu Ende, schließlich hatten sie im Apartheid-Regime just gegen jene Menschen gekämpft, die jetzt in Pretoria in der Regierung saßen. Also gingen sie in die Privatwirtschaft und machten weiter das, was sie am besten konnten: Geschäfte mit dem Handwerk des Krieges. Sie gründeten die Sicherheitsfirma – oder weniger euphemistisch: die Söldnerfirma – *Executive Outcomes*.

Die gut ausgebildeten und ausgerüsteten Soldaten wurden von den Regierungen Angolas und Sierra Leones gebucht, um den jeweiligen Rebellen in diesen Ländern empfindliche Schläge zu versetzen. In diesem blutigen Geschäft war viel Geld zu verdienen: Die konzernkritische Organisation *Corporate Watch*[77] berichtete 1997 von einem angeblichen Jahresumsatz von rund zwanzig Millionen britischen Pfund (28,6 Millionen Euro).

Executive Outcomes hatte von Anfang an sehr enge Beziehungen zur Ölindustrie: Der erste Auftrag 1992 kam von *Gulf Chevron* und dem staatlich-angolanischen Ölkonzern *Sonangol*. Es ging darum, die Ölfördereinrichtungen in Soyo nahe der Grenze zur Demokratischen Republik Kongo zu schützen.[78] Für ein paar Monate Arbeit bekam *Executive Outcomes* damals rund dreißig Millionen Dollar. Im März 1993 eröffneten rund achtzig Söldner von *Executive Outcomes* gemeinsam mit Armee-Einheiten eine Offensive gegen die UNITA-Rebellen. Nach einer Woche hatten die Söldner die Anlagen in Soyo eingenommen. Als *Executive Outcomes* wieder abzog, gelang es den Rebellen, die Anlagen wieder zurückzuerobern. Die angolanische Regierung hatte den Unterschied zwischen ihren schlecht ausgerüsteten und ausgebildeten Soldaten und den kaltblütigen Profis von *Executive Outcomes* vor Augen geführt bekommen. Man war beeindruckt und vergab Folgeaufträge im Wert von insgesamt rund sechzig Millionen Dollar. Die *Executive-Outcomes*-Söldner schafften es, die UNITA-Rebellen in die Enge zu treiben. Einige Militärexperten sind sogar der Meinung, dass es die erfolgreichen Militäroperationen von *Executive Outcomes* waren, die 1994 den Rebellenführer Jonas Malheiro Savimbi dazu zwangen, einen Friedensvertrag mit der Regierung zu unterzeichnen.

Der Gründer der Söldnertruppe, Tony Buckingham, leitete sogar selbst eine Erdölfirma, die *Heritage Oil*. Diese erwarb im Juni 2002 Erdölkonzessionen im kriegszerrütteten Osten der Demokratischen Republik Kongo und goss damit sprichwörtlich neues Öl ins Feuer des Bürgerkrieges.[79]

1998 wurden *Executive Outcomes* aufgelöst: Der Regierung Südafrikas, wo die Firma ihren Sitz hatte, waren die Söldner unheimlich geworden, und nicht zuletzt auf Druck einiger afrikanischer Länder verbot Pretoria alle privaten Armeen. Aber einige *Executive-Outcomes*-Leute machten offenbar im Stillen weiter und planten unter anderem die Operation in Äquatorialguinea.

Öl-Dorado Äquatorialguinea

Das kleine Land schien ein lukratives Operationsgebiet für Söldner: Erstens sind da 350 000 Barrel Öl, die täglich aus dem Meeresboden durch die Bohrgestänge der Ölfirmen an die Oberfläche sprudeln (Äquatorialguinea ist nach Nigeria und Angola der drittgrößte Erdölproduzent südlich der Sahara). Zweitens hat das Land eine der korruptesten und brutalsten Regierungen der Erde. Seit 1979 wird es von Teodoro Obiang Nguema Mbasago regiert, der damals seinen Onkel Macias Nguema gestürzt hatte. Obiang ist im Vergleich zu seinem Oheim ein wahrer Menschenfreund. Denn im früheren Regime wurden Regimegegner entlang der Straße vom Flughafen ins Zentrum der Hauptstadt Malabo ans Kreuz genagelt.[80] In der Zeit dieses Schreckensregimes von 1968 bis 1979 flüchtete ein Drittel der Bevölkerung oder wurde ermordet.

So schlimm ist es heute bei weitem nicht mehr, aber die Menschenrechtssituation ist trotzdem erschreckend: Die *International Bar Association* beklagt in einem Bericht das Fehlen jeglicher Gewaltenteilung und fundamentaler Menschenrechte – es gibt keine Presse- und Versammlungsfreiheit, keine fairen Gerichtsverfahren. Folter ist weit verbreitet.[81] Das 500 000-Einwohner-Land, dessen Fläche etwas kleiner ist als Belgien, hat von Kakao- und Kaffee-Plantagen gelebt, bis 1995 vor der Küste Öl entdeckt wurde. Seither schwelgt Obiang mit seiner Familie in purem Luxus – Äquatorialguinea ist das Paradebeispiel einer Petro-Kleptokratie –, während sein Volk weiter in Blechhütten dahinvegetiert.

Dabei könnten alle Menschen dort in Wohlstand leben: Mit 65 Prozent Wirtschaftswachstum ist Äquatorialguinea die am schnellsten wachsende Wirtschaft Afrikas (neunzig Prozent der Exporte kommen aus dem Ölgeschäft). Es wird kräftig investiert: Nach Südafrika, Nigeria und Angola ist Äquatorialguinea das Zielgebiet Nummer vier für US-Investitionen auf dem afrikanischen Kontinent. Mindestens zehn Jahre wird der Ölboom noch andauern, meinen Experten.

Der Präsident, die Inkarnation eines Despoten, scheint längst von den Realitäten entrückt zu sein. Im Radioprogramm »Bidze-Nduan« (»Das Feuer löschen«), in dem es um »Friede, Ruhe und Ordnung im Lande« geht, erklärte einer der Berater des Präsidenten, dass Teodoro Obiang Nguema in »ständigem Kontakt mit dem Allmächtigen« stehe: »Er kann töten, ohne dafür zur Rechenschaft gezogen zu werden und ohne dafür in die Hölle zu kommen, denn er selbst ist Gott.«

Obiangs Reichtum kommt aus den Portokassen der amerikanischen Ölfirmen *ExxonMobil, Amerada Hess* und *Marathon Oil.*[82] Gegen alle drei ermittelt die US-Börsenaufsicht *Securities and Exchange Commission* wegen Korruption (der »Foreign Corrupt Practices Act« verbietet US-Firmen korrupte Praktiken). Der angesehene Senator Carl Levin, ein Demokrat aus Michigan, leitete im Sommer 2004 einen Senatsuntersuchungsausschuss, der die Geldwäschepraktiken der privaten *Riggs Bank* untersuchte. Dabei kam ans Licht, dass über dieses Bankinstitut rund 700 Millionen Dollar an Zahlungen von den Ölfirmen an Präsident Obiang und seine Familie abgewickelt wurden. Im Senatsreport[83] wird nachgewiesen, dass die betroffenen Firmen und die Bank wussten, dass das Geld, das eigentlich für die Staatskasse bestimmt war, auf die Privatkonten des Präsidenten floss. Der Bank wird vorgeworfen, sie habe vor der Tatsache »die Augen verschlossen, dass in den Konten Korruptionsgelder liegen«.

PFC Energy, eine angesehene Consulting-Firma, geht davon aus, dass Äquatorialguinea von 2004 bis 2010 rund zehn Milliarden Dollar für Öl-Lizenzen einnehmen wird: Das wären 20000 Dollar für jeden Einwohner des Landes. Drei von vier Äquatorialguineern leiden an Unterernährung, zwischen 1997 bis 2002 gab Präsident Obiang bloß ein Prozent des Budgets für das Gesundheitswesen aus. Ein Bericht des US State Department urteilt: »Es gibt wenig Hinweise darauf, dass der Ölreichtum des Landes für die staatliche Wohlfahrt aufgewendet wird.«

Noch im Juli 2004 hatte Obiang in der US-Fernsehsendung »60 Minutes« die Öl-Einnahmen als »Staatsgeheimnis« apostrophiert. Nun will er diese Zahlen offenlegen und der *Internationale Währungsfonds* soll dabei helfen. »Offenbar wollen sie ihren internationalen Ruf aufpolieren«, kommentierte Augustin Carstens, Vizedirektor des *IWF* den Schritt.[84]

4. Die Petro-Tyrannei *oder* Öl als Treibstoff für Konflikte

Das Demokratie-Antiserum – Ölreichtum, Diktatur und Bürgerkrieg

Der an der Universität von Kalifornien in Los Angeles tätige Politikwissenschafter Michael L. Ross hat eine plausible Erklärung dafür parat, dass die wenigsten Öl exportierenden Staaten stabile Demokratien sind.[1] Er dreht den Wahlspruch der amerikanischen Revolution – *No taxation without representation,* »keine Besteuerung ohne demokratische Vertretung« – einfach um: *No representation without taxation,* »kein Parlament ohne Steuern«. Ölreiche Regimes können auf die Einhebung von Steuern weitgehend verzichten – weil sie ohnehin genug Staatseinnahmen aus den Ölerlösen lukrieren – und damit auch auf Mitbestimmung. Wer Geld vom Volk will, muss es auch mitreden lassen: Während in Österreich Steuern und Abgaben 45,7 Prozent des Bruttoinlandsprodukts ausmachen (Deutschland: 36,4 Prozent, Schweiz: 34,5 Prozent, *OECD*-Staaten 37,4 Prozent), sind es in Kuwait nur 3,4 Prozent des BIP, in den Vereinigten Arabischen Emiraten gar nur 1,8 Prozent.

2002 machten Steuern in arabischen Staaten ohne Ölvorkommen siebzehn Prozent des Bruttosozialprodukts aus, in arabischen Öl-Förderländern fünf Prozent. »Die geringen Steuersätze geben den arabischen Bürgern keinen Anreiz, zu hinterfragen, was ihre Regierungen mit ihrem Geld anstellen. Direkte Steuern (vor allem die Einkommensteuer) würden dem Bürger vor Augen führen, was

Welthandelsbewegungen Öl

(in Millionen Tonnen Rohöl)

Quelle: BP Statistical Review of World Energy 2005

er in die öffentlichen Töpfe einzahlt. In den arabischen Ländern machen aber indirekte Verkaufssteuern und Zölle den Löwenanteil der Abgaben aus.«[2]

Die Petro-Tyrannei

Die Regimes finanzieren staatliche Leistungen aus den Erdölerlösen, die Hand des Staates verteilt mehr oder weniger großzügig Bakschisch an das von der Mitbestimmung weitgehend ausgeschlossene Volk. Die Herrschenden erwarten vor allem Dankbarkeit von ihren Subjekten.

Ölförderung ist ein immens kapitalintensives Geschäft: Nur große Erdölkonzerne können das finanzielle Risiko der Aufsuchung, Aufschließung und schließlich Förderung des schwarzen Goldes wagen. Kleinere Ölfirmen schließen sich zu Förderkonsortien zusammen, um das Risiko wenigstens zu verteilen. In anderen Weltgegenden wurde die Erdölwirtschaft verstaatlicht. Ob privat oder Staat – das Resultat ist stets dasselbe: Viel Macht liegt in Händen weniger. Und Öl ist nichts anderes als ein schwarzes, hochkonzentriertes, zähflüssiges Machtinstrument. Durch die Verteilung der Ölreichtümer durch die Regierung kommt es auch zu Begünstigung: Jene Gruppen, die dem »Zentrum« näher stehen, haben leichteren Zugang zu den Segnungen der Öleinkünfte als jene ethnischen oder gesellschaftlichen Gruppen, die den Herrschenden fern stehen. Ideale Voraussetzungen für das Entstehen einer Zivilgesellschaft sind das nicht.

Drei Faktoren ergeben in ihrem Zusammenwirken das, was man als den »Fluch der Ressourcen« bezeichnet. Der erste Faktor ist der »Renten-Staat-Effekt«. Renten-Staat deshalb, weil dem Staat das Geld in den Schoß fällt und nicht erarbeitet werden muss. Man nennt dieses Phänomen auch die »Holländische Krankheit« (siehe Seite 187 ff.).

Der zweite Faktor der Petro-Tyrannei ist der »Repressions-Effekt«: Petro-Regimes misstrauen dem Volk, das sie nicht gewählt hat, und bauen einen ausgeklügelten und wohl dotierten Repressions-Apparat auf, der jegliche demokratische Aspirationen möglichst schon im Keim erstickt. Ölvorkommen führen somit zu aufgeblähten Armee- und Sicherheitsapparaten: Der Ölreichtum muss vor dem Zugriff fremder Mächte geschützt beziehungsweise die Machtposition der Herrschenden muss verteidigt werden.

Der »Modernisierungsverweigerungs-Effekt« wiederum verhindert, dass die Arbeitskräfte des Öl-Staates Jobs in lukrativeren Branchen wie in der Konsumgüter-Industrie oder im Dienstleistungsbereich finden. In den Golf-Staaten hat der Ölreichtum dazu geführt, dass sich ganze Bevölkerungsschichten nicht mehr aktiv am produktiven Wirtschaftsgeschehen beteiligen, während die Arbeitslosenrate bei über zwanzig Prozent liegt. Öl- und Erzvorkommen stehen mit anti-demokratischen Trends in den jeweiligen Regierungen in Zusammenhang und zwar nicht nur im Nahen Osten, sondern »sie haben die Demokratisierung auch in Staaten wie Indonesien, Malaysia, Mexiko oder Nigeria schwerer gemacht und werden wohl auch dieselben Effekte auf die ölreichen Staaten Zentral-Asiens haben«.[3] Man muss davon ausgehen, dass auch die Demokratisierung in West-Afrika (in den neuen Fördergebieten am Golf von Guinea) unter der Last der Ölvorkommen leiden wird.

Alle Diktaturen des Nahen Osten werden mittels Öleinkünften am Leben gehalten. Hosni Mubaraks repressives ägyptisches Regime erhält rund ein Drittel seines Budgets aus Öleinkünften, die Ba'ath-Regierung der Assad-Dynastie exportiert rund 256 000 Barrel pro Tag (entspricht dem täglichen Ölverbrauch der Schweiz), vor dem Irak-Krieg verdiente Damaskus kräftig am Schmuggel mit irakischem Öl: Zwischen 150 000 und 200 000 Barrel pro Tag wurden illegal weiterexportiert.

Von den fünf Staaten des Persischen Golfs, die über jeweils mehr als siebzig Milliarden Barrel an Ölreserven verfügen – die Vereinigten Arabischen Emirate, Iran, Irak, Kuwait und Saudi-Arabien –, wird nur Kuwait von der US-Menschenrechts-Organisation *Freedom House* als »teilweise frei« klassifiziert[4] (das kuwaitische Parlament hat erst Mitte April 2005 dem Frauenwahlrecht zugestimmt[5]), der Rest wird als »nicht frei« (Diktatur) eingestuft. Folter, Todesstrafe, inhumane Bestrafung – Verstümmelung – und Unterdrückung von Minderheiten, speziell der schiitischen Minderheiten im sunnitisch regierten Saudi-Arabien, sind Alltag.

Der Irak war zu Saddam Husseins Zeiten eine der schlimmsten Despotien weltweit, heute ist das Land zwischen Euphrat und Tigris ein Quasi-US-Protektorat, Äquatorialguinea, Turkmenistan, Sudan, Libyen und Myanmar (früher Burma) gelten als Diktaturen, auch Kasachstan, Aserbaidschan, Nigeria, Angola oder Algerien sind nicht gerade mustergültige Demokratien.

Manche Experten vertreten die Meinung, dass das Fehlen von Freiheit und Demokratie in den Golf-Staaten mehr mit den freiheitsbehindernden Wirkungen der islamischen Tradition oder der kolonialen Vergangenheit zu tun hat als mit dem »Ressourcen-Fluch«: Warum haben die muslimischen Länder Albanien und Bosnien (beide mit einer turbulenten Vergangenheit), die Türkei (Bürgerkrieg in der kurdisch dominierten Südost-Provinz), Kirgisien oder das aus der Britischen Raj (1947) und weiter aus der Provinz Ost-Pakistan (Sezession 1971) hervorgegangene Bangladesh bessere Demokratie-Indikatoren als das bestbewertete Kuwait? Warum ist es ausgerechnet Marokko als arabischsprachigem Land gelungen, eine moderne, transparente Finanzwirtschaft hervorzubringen, mit mehr oder minder transparenten öffentlichen Budgets? Marokko, eine konstitutionelle Monarchie, hat darüber hinaus ein funktionierendes Mehrparteiensystem und eine lange Geschichte von friedlich verlaufenden Wahlen. Marokkos Ölreserven: 1,6 Millionen Barrel, das Land fördert gerade einmal zweihundert Barrel Rohöl pro Tag. Offenbar spielt Ölreichtum eine größere oder mindestens ebenso große Rolle wie historische oder kulturelle Vergangenheit.

Unterstützung »freundlicher Tyrannen«

Öl war einer der Gründe für das imperiale Interesse der westlichen Mächte an der Golf-Region (zuerst waren Frankreich und vor allem Großbritannien die dominierenden Kolonialherren, nach dem Zweiten Weltkrieg lösten die USA die Europäer als dominierende Macht in Nahost ab). »Ein Ringen zwischen arabischen Staaten und den Kolonialmächten über die Kontrolle der Ölvorkommen und den Preis von Öl führte immer wieder zu Militärinterventionen – diese Politik dauert immer noch an. Dieser Zustand und die fortgesetzten Spannungen in der Region waren einer demokratischen Entwicklung nicht eben förderlich«, schreibt Nahost-Experte Graham E. Fuller in einem Bericht über die schleppende Entwicklung der Demokratie in der Golf-Region. Dazu kommt die anhaltende Unterstützung »freundlicher Tyrannen«, wie Fuller die prowestlichen Regimes der Region bezeichnet. »Diese Politik der Unterstützung von Despoten begann mit dem Kalten Krieg und schwächte systematisch die demokratischen Kräfte in der Region – und anderswo in der Dritten Welt. Das Ende des Kalten Krieges, das Auftreten des internationalen Terrors und der Krieg der Bush-Administration gegen terroristische Kräfte haben die Unterstützung ›freundlicher‹ autoritärer Regimes durch die USA begünstigt. Der Ruf der Bush-Administration nach Demokratisierung muss im Zweifelsfall hinter Sicherheitsinteressen zurücktreten und verlängert dadurch die Duldung kooperativer Diktatoren, die den Krieg gegen den Terror unterstützen.«[6]

Keines der auf der *Freedom-House*-Liste als »frei« bezeichneten Länder Asiens (Indien, Japan, Südkorea, Philippinen, Taiwan und Thailand) ist Öl-Exporteur.

In Lateinamerika werden nur zwei Öl-Exportländer von *Freedom House* als »frei« eingestuft: Brasilien und Mexiko. Ecuador, Guatemala, Peru, Kolumbien und Venezuela werden als nur »teilweise frei« betrachtet (Costa Rica, El Salvador, Argentinien, Chile, Uruguay und Panama – allesamt als »frei« eingestuft, sind Öl-Importeure). In den meisten dieser Länder hat das Öl die demokratische Entwicklung in verschiedenen Phasen negativ beeinflusst: Putsch- und Gegenputschversuche (Venezuela), horrende Menschenrechtsverletzungen durch Privatarmeen, Söldner oder Todesschwadronen (Kolumbien, Guatemala). Die Interessen der lokalen Bevölkerung in den Erdöl- oder Gasfördergebieten kollidieren immer wieder mit jenen der internationalen Ölkonzerne und der Zentralregierung. Im Juni 2005 kam es im Streit um die Gasförder-Lizenzgebühren der internationalen Ölkonzerne zum Sturz des bolivianischen Präsidenten Carlos Mesa, der schon im März dieses Jahres seinen Rücktritt wegen anhaltender ähnlicher Proteste von Gewerkschaften und Bauern angeboten hatte. Sein Vorgänger

Gonzalo Sanchez de Losada musste im Oktober 2003 in einem Helikopter aus der bolivianischen Hauptstadt La Paz flüchten: Auch seine Präsidentschaft endete wegen eines Gas-Streits. Linke Gruppierungen verlangten bereits damals, einen Vertrag neu zu verhandeln, den die Regierung mit Spaniens *Repsol YPF* und der britischen *BP* geschlossen hatte, um die Gasreserven auszubeuten. Beim Gasprojekt »Pacific LNG« (LNG = Flüssiggas) bekommt die Regierung nur achtzehn Prozent der 1,5 Milliarden Dollar Erlöse jährlich, der Rest geht an die Investoren *Repsol YPF* (Spanien), die britische *BG* und *Pan-American Energy* (Argentinien). Die Kritiker des Projekts halten fünfzig Prozent für angemessen. Bolivien verfügt über die zweitgrößten Gasreserven nach Venezuela, das südamerikanische Land ist aber mit einem Bruttosozialprodukt von 890 Dollar pro Kopf das ärmste des Kontinents.

Ein Blick auf den »Human Development Index« des *UN*-Entwicklungsprogramms UNDP[7] zeigt, dass die Öl-Importeure Argentinien (Platz 34), Chile (43), Costa Rica (45), Uruguay (46) und Panama (61) allesamt vor den Öl-Exporteuren Venezuela (Platz 68), Brasilien (72), Kolumbien (73), Ecuador (100) und Bolivien (114) liegen. Die Einkünfte aus den Förderlizenzen lassen sich offenbar nicht in Wohlstand und Entwicklung ummünzen.

Öl als Zündstoff für Bürgerkrieg

Ölreichtum beeinflusst nicht nur die Strukturen eines Staates negativ, es gibt noch eine weitere, sehr negative Nebenwirkung: Ölvorkommen begünstigen das Entstehen von Bürgerkriegen. Der Zusammenhang ist offensichtlich: Sudan, Angola, Jemen, Kolumbien, Burma/Myanmar, Indonesien, Nigeria, Algerien, Kongo – dort gibt es Öl oder Gasvorkommen und es gibt oder gab Bürgerkriege. Aber ist Öl der alleinige Faktor? Gibt es nicht genügend Beispiele für Bürgerkriege, in denen Öl keine Rolle gespielt hat? – Etwa in Nord-Irland, Jugoslawien, Liberia, an der Elfenbeinküste, in Ruanda, Kaschmir, Libanon, El Salvador oder Nicaragua? Öl ist natürlich nicht der alleinige Faktor, es gab und gibt Bürgerkriege aus einer Vielzahl von Gründen: ethnische, religiöse, Konflikte um Wasser, Bodennutzung, Diskriminierung, privilegierter Zugang zu anderen Ressourcen oder zur Macht im Staat, externe politische Einflüsse. Meist sind die Bürgerkriegs-Gründe eine komplexe Mischung aus verschiedensten Faktoren. Aber eine Gruppe von Politikwissenschaftern und Ökonomen sagt, dass es einen klaren Zusammenhang zwischen Ölvorkommen und Bürgerkriegen gibt. Paul Collier, Ökonomie-Professor an der Oxford-Universität (und Direktor einer Forschungsgruppe der *Weltbank*) errechnete, dass ein durchschnittliches Entwicklungsland ein vierzehnprozentiges Risiko zum Bürgerkrieg in sich trägt.[8] Wenn die Wirtschaft zu einem hohen Anteil – über dreißig Prozent – vom Rohstoff-Export abhängig ist, beträgt das Bürgerkriegsrisiko 22 Prozent. Wenn Öl der Haupt-Bodenschatz ist, dann ist das Risiko sogar um vierzig Prozent höher.[9] Ist das Land überhaupt nicht von Rohstoffexporten abhängig, sinkt das Bürgerkriegsrisiko auf 0,5 Prozent.

Freilich kommt es auch darauf an, wie die Regierungen mit den Erlösen aus den Rohstoffexporten umgehen: Laut Collier ist die Wahrscheinlichkeit gering, dass sich Bürger einer Rebellion anschließen, wenn sie sehen, dass ein großer Teil der staatlichen Öleinkünfte in die lokale Wirtschaft und in lokale staatliche Dienstleistungen (Spitäler, Schulen) investiert wird, anstatt auf Schweizer Bankkonten zu fließen.

In manchen Fällen war Öl der alleinige Auslöser des Bürgerkriegs: Als der in Putschwirren 1966 neu ausgerufene Präsident von Nigeria, Yakubu Gowon, einen Vorschlag zur Dezentralisierung zurückwies, riefen die Führer des Volkes der Igbo den Staat Biafra aus. Ein blutiger Konflikt brach aus, rund 100 000 Soldaten und rund eine Million Zivilisten starben. Das zentrale Motiv war die Kontrolle über die Ölfelder in Biafra. Die Igbo beanspruchten die alleinige Kontrolle, und als der nigerianische Präsident Yakubu Gowon die Ölfelder zurückeroberte, erklärte er, dass alle Öleinkünfte in die Staatskasse wandern würden.

Im jemenitischen Bürgerkrieg 1994 war Öl ebenfalls einer der Hauptfaktorten, in Bolivien, Angola, Aceh, Kolumbien, im Sudan (siehe Seite 172 ff.) und in Nigeria (siehe Seite 179 ff.) sowie zahlreichen anderen Krisenregionen war Öl der Auslöser oder ließ bestehende Konflikte weiterlodern.

Das Vorkommen von Bodenschätzen fördert das Entstehen von Sezessionsbewegungen auf verschiedene Weise: Durch die Einkünfte aus Bodenschätzen kommen Rebellengruppen zu Geld (das trifft besonders auch auf Diamanten-, Gold- oder Erzminen zu). Zudem herrscht oft in der lokalen Bevölkerung latente Wut darüber, dass so wenig von den Einkünften des schwarzen Stoffes in der lokalen Wirtschaft bleibt. Der Großteil der Öleinkünfte wird nicht selten in der fernen Hauptstadt von den politischen Eliten eingesteckt, die lokale Bevölkerung bleibt arm und fühlt sich von der Zentralregierung im wahrsten Sinn des Wortes beraubt – ein idealer Nährboden für Guerilla-Bewegungen.

Der Politikwissenschafter Michael Ross von der University of California in Los Angeles (UCLA), der sich mit der Verbindung zwischen Bürgerkrieg und Öl beschäftigt, hat eine interessante Beobachtung gemacht: Bürgerkriegsbewegungen konnten sich immer wieder in der Geschichte »auf Pump« finanzieren – das Geld kam oftmals von Ölkonzernen, die darauf spekulierten, dass ihre Protegés aus dem Konflikt siegreich hervorgingen und die Ölfirmen dann exklusive Förderrechte genossen. Während des Algerien-Krieges, schreibt Ross, bekam die gegen die französische Kolonialbesatzung kämpfende *Front de Libération Nationale* (*FLN – Nationale Befreiungsfront*) Geld und Waffen vom italienischen Ölkonzern *ENI* für das Versprechen, später Förderkonzessionen gewährt zu bekommen.[10]

Ähnlich im Kongo: Dort begann der Krieg im Juni 1997. In den ersten vier Monaten starben zehntausend Menschen, 800 000 wurden zu Flüchtlingen und die Hauptstadt Brazzaville wurde zerstört. Ausgebrochen war der Krieg, als der damalige Präsident Pascal Lissouba Regierungstruppen vor dem Haus seines Erzrivalen Denis Sassou-Nguesso aufmarschieren ließ. Sassou-Nguesso war von 1979 bis 1992 Präsident gewesen und hoffte, es nach den Wahlen wieder zu sein. Er hatte seine eigene Miliz, die sich bald mit den Regierungstruppen Feuergefechte lieferte. Sassou-Nguessos Geld stammte aus Verkäufen von zukünftigen Öl-Förderrechten im Kongo, die er für angeblich 150 Millionen Dollar an den französischen Ölkonzern *Elf-Aquitaine* (heute *Total*) verkauft hatte.

Elf-Aquitaine hatte aus Sicht der Geschäftsführung gute Gründe, die Öl-Futures von Sassou zu kaufen: Während seiner Präsidentschaft zwischen 1979 und 1992 war Sassou in sehr engem Kontakt mit *Elf* und der französischen Regierung, *Elf* hatte mehr oder minder die alleinige Kontrolle über die Ölindustrie des Kongo. Lissouba war Sassou 1992 als Präsident nachgefolgt und hatte die Ölindustrie des Landes auch für andere Ölfirmen geöffnet: *Occidental Petroleum, Exxon, Chevron* (alle USA) und *Shell* (NL/GB). *Elf* unterstützte Sassou im Wahlkampf gegen Lissouba, um seine dominante Position in der kongolesischen Ölindustrie zurückzuerobern. Vier Monate nach Beginn des Bürgerkriegs hatte Sassou den Krieg gegen Lissouba gewonnen. So betrachtet war der Bürgerkrieg im Kongo nichts anderes als ein schrecklicher Stellvertreterkrieg zwischen den französischen Ölinteressen von *Elf-Aquitaine* und jenen der anglo-amerikanischen Ölkonzerne.

Doch das wohl zentrale Argument eines Zusammenhangs zwischen Ölvorkommen und Bürgerkrieg lautet: Wann immer in einer Region große Vorkommen von Bodenschätzen gefunden wurden, trugen diese neuen Reichtümer zu einer Abspaltungs-Stimmung bei. Denn warum sollte man den Kuchen teilen, wenn man ihn ganz für sich selbst haben konnte?

Sudan – Massen-Sterben für das schwarze Gold

Awew Chol Alue hält ihre kleine Tochter fest im Arm, als suche sie nach einem Halt. Sie erzählt die Geschichte ihrer Gefangennahme: »Ich war gerade in der Hütte, als ich die verzweifelten Rufe der anderen hörte: ›Die Araber kommen, die Araber kommen.‹ Wir versuchten zu fliehen, aber es war schon zu spät.« Auf Pferden ritten die schwer bewaffneten Milizen durch Awews Dorf, zündeten die Hütten an und erschossen alle, die versuchten, Widerstand zu leisten. Awew wurde gefangen genommen und verschleppt – in eine Zukunft als *Abid*, als Sklavin. Dieses Schicksal teilt Awew mit tausenden anderen vom südsudanesischen Volk der Dinka.[11] Generationen von Menschen im Süden des Sudan wissen nicht, was Frieden ist. Jemera Rone, die Sudanexpertin der Menschenrechtsorganisation *Human Rights Watch*, kennt die Schuldigen: »Die Ölfunde im Südsudan hätten eine Bereicherung für die Menschen im Sudan sein sollen. Stattdessen haben sie ihnen nur Elend gebracht.« Die internationalen Ölfirmen, resümiert Rone, haben Mitschuld daran: »Die Ölfirmen wussten von den Morden, von den Bomben und den Gewalttaten, die im Namen der Erschließung der Ölfelder begangen wurden. Sie wussten von der Zerstörung, haben aber trotzdem weiter Profit gemacht.«[12]

Seit der Unabhängigkeit im Jahr 1956 ist der Alltag der Menschen im Sudan von Krieg, Flucht, Hunger und Gefahr geprägt.

Seit 1956 versucht das fundamentalistisch-islamische Militärregime aus dem Nordsudan die vorwiegend christlichen und traditionellen Religionen verbundene Bevölkerung im Süden des Landes zu kontrollieren. Ganze Dörfer wurden ausgelöscht, zahlreiche Menschen verbrannt, versklavt oder zu Tode gefoltert. Im Jahr 1992 erklärte die Militärjunta das Morden an den Südsudanesen zum »Heiligen Krieg«, der auch mit Kindersoldaten geführt wird. In 21 Kriegsjahren kamen etwa zwei Millionen Menschen ums Leben, vier Millionen wurden vertrieben.

Dieser jahrzehntelange Konflikt hat Ende der 90er-Jahre neuen Zündstoff bekommen: Öl. Im Südsudan bergen Ölquellen angeblich mehr als 570 Milliarden Barrel Rohöl. Im August 1999 wurde eine Pipeline in Betrieb genommen, die die Ölfelder im Südsudan mit dem Hafen im Norden, Port Sudan am Roten Meer, verbindet. Auf rund vierhundert Millionen Dollar pro Jahr werden die Einnahmen aus den Ölexporten geschätzt, die 343 000 täglich geförderten Barrel reichen aber gerade aus, um den täglichen Bedarf eines Landes wie Portugal (10,6 Millionen Einwohner) zu decken. Der Dollarsegen aus dem Erdölexport ist mit Blut erkauft, denn das Fördergebiet liegt in einer Region, in der seit mehr als vier Jahrzehnten ein brutaler Krieg geführt wird, und seit dem Beginn der Ölförderung sind die Kämpfe eskaliert. Rund zwei Millionen Menschen sind bisher im sudanesischen Bürgerkrieg umgekommen.

In der Region stehen sich Truppen des Militärregimes, Einheiten der *Sudanesischen Volksbefreiungsarmee* (*SPLA*) und kleinere Milizen gegenüber. Der Nordsudan verfolgt eine Politik der »verbrannten Erde«, indem er die Menschen vertreibt, um das Gebiet für die internationalen Ölkonzerne »sicher« zu machen. »Eigentlich könnten die Völker der Dinka und Nuer, auf deren Land das Öl gefunden wurde, reich sein, stattdessen herrscht Hunger und Tod«, beschreibt Sarah Reinke von der *Gesellschaft für bedrohte Völker* die Malaise.[13]

Noch vor wenigen Jahren gab die Regierung mit einer Million Dollar pro Tag die Hälfte des Staatshaushalts für den Krieg im Südsudan aus. Die Einnahmen aus dem Ölexport dienen der Stabilisierung des Militärregimes, der Finanzierung des Krieges. Außenpolitisch ist das Regime in Khartum seit der Verhängung der *UN*-Sanktionen isoliert, was aber westliche Ölfirmen nicht an ihrer Bereitschaft zur Kooperation hindert. Die britische Hilfsorganisation *Christian Aid* behauptet in ihrem Bericht aus dem Jahr 2001 sogar, multinationale Ölfirmen seien »Komplizen bei Gräueltaten gegen Zivilisten«. *Amnesty International* kommt zu einem ähnlichen Schluss: »Ausländische Unternehmen sehen einfach weg, wenn die Regierungstruppen im Namen der Sicherheitsinteressen in den Ölfördergebieten Menschenrechte verletzen.«[14]

So wurde das Gebiet um die Stadt Bentiu mit Maschinengewehrsalven und Bombardements »gesäubert«. *Christian Aid* berichtet, dass in einem neuen Fördergebiet in der Region Upper Nile, das im März 2001 in Betrieb genommen wurde, 48 Dörfer niedergebrannt wurden und 55 000 Menschen geflohen sind. Augenzeugen berichten, entlang einer Straße im Ölfeld, die für europäische Firmen gebaut wurde, gebe es kein Lebenszeichen mehr. In anderen Dörfern wurden Männer in Massenexekutionen hingerichtet, Frauen und Kinder mit Eisenstiften an Bäume genagelt.

Eine der Firmen, die in die Ölgeschäfte im Sudan involviert war, ist die österreichische *OMV*. Von 1997 bis 2003 war die *OMV* an einem Konsortium beteiligt, das im Sudan nach Erdölvorkommen suchte. Von Menschenrechtsverletzungen, Massenvertreibungen und Morden will sie nichts mitbekommen haben. In einer schriftlichen Stellungnahme der *OMV* hieß es 2001: »Die *OMV* hat keinerlei Hinweise, dass Zivilbevölkerung durch Regierungstruppen oder verbündete Milizen vertrieben wurde, um dem Explorationsgebiet zu weichen.« Diese Haltung ließ sich aber nicht lange aufrechterhalten: Konsumenten protestierten so massiv, dass die *OMV* aufgrund des öffentlichen Drucks ihre Strategie änderte und in einen Dialog mit Menschenrechtsorganisationen trat, die sich in der *Sudan-Plattform Austria* zusammengetan hatten. Später zog sich die *OMV* ganz aus dem Sudan zurück. 2003 verkaufte sie ihre Anteile an den indischen Konzern *ONGC* – mit einem Reingewinn von schätzungsweise siebzig Millionen Euro, ohne dafür eine volkswirtschaftlich nachhaltige Gegenleistung erbracht zu haben.[15]

Der größte ausländische Investor im Sudan ist allerdings China. Der asiatische Tiger fand dort Investitionsmöglichkeiten, die ihm sonst wo nicht offenstanden. Die *China National Petroleum Corporation* (*CNPC*) kaufte sich 1996 im Sudan ein. Gemeinsam mit dem sudanesischen Energieministerium baute sie die größte Raffinerie des Landes. *CNPC* besitzt den Großteil eines Ölfeldes in Süddarfur und 41 Prozent eines Feldes im Melut-Becken, das bis zum Jahr 2006 rund 300 000 Barrel pro Tag fördern soll.

Chinas Wandel von einer Agrarnation zum ökonomischen Global Player hat einen Riesenappetit auf Rohstoffe geweckt. Chinas Beziehung zum Sudan hat sich zu einer besonders intensiven entwickelt – und die Menschenrechtsbedenken gegenüber China und dem Sudan verstärkt. Der Sudan ist das größte chinesische Ölprojekt und China der größte Waffenlieferant für den Sudan. Chinesische Kampfflugzeuge, Bomber, Maschinengewehre und Granaten haben den jahrzehntelangen Krieg im Sudan intensiviert. China ist ein lukrativer Partner, der Milliarden investiert – in eine Regierung, die selbst am Menschenrechtspranger steht.

Während *UNO*, USA und EU den Sudan ächten, hat sich China zum diplomatischen Hauptverbündeten des Landes entwickelt. Vor allem seinen Sitz im *UN*-Sicherheitsrat nutzte China, um den Sudan vor Sanktionen wie dem Verbot des Ölexports zu schützen: Die fünf ständigen Mitglieder des Sicherheitsrates – USA, Großbritannien, Frankreich, Russland und China – können durch ihr Vetorecht alle Entscheidungen dieses de facto mächtigsten *UN*-Gremiums blockieren.

China dementiert die existenzielle Bedeutung seiner Ölinteressen im Sudan nicht einmal: »Öl aus dem Sudan macht ein Zehntel der Ölmenge aus, die China importiert. Wenn wir diese Quelle verlieren, wie können wir eine andere finden?«, wird Zhu Weilie, Direktor für nordafrikanische Studien an der Shanghai-Universität mit Verbindungen zum Außenministerium, in der *Washington Post* zitiert.[16] Eine Meinung, in der sich die politischen Eliten des Landes einig sind: Auch der Schanghaier Sicherheitsexperte Shen Dingli erwartet, dass Chinas Außenpolitik in Zukunft immer häufiger von Rohstoff- und Ölinteressen geprägt sein wird. »Weil wir auf Ölimporte angewiesen sind, müssen wir freundschaftliche Beziehungen zu allen Öl produzierenden Ländern pflegen. Das heißt zu jedem Land, das ein potenzieller Lieferant von Öl ist, auch dem Sudan«, sagt Shen.[17] Der stellvertretende chinesische Außenminister Zhou Wenzhong war in einem Interview noch deutlicher: »Business is business.«[18]

Der blutige Nord-Süd-Konflikt im Sudan begann aber lange vor den Investitionen Chinas. Die Ölgeschäfte haben der Regierung aber die Mittel in die Hand gegeben, den Süden zu bekämpfen. 1999 begann der Sudan, über vierhundert Millionen Dollar pro Jahr am Öl zu verdienen. Achtzig Prozent dieses Geldes wurden für Waffenkäufe verwendet, sagt Lam Akol, der von 1998 bis 2002 sudanesischer Transportminister war und heute Rebellen kommandiert. Diese Waffen wurden gegen die Zivilbevölkerung eingesetzt: So wurde mit frisch gekauften Hubschraubern 2001 eine Regierungs-Attacke gegen die Stadt Ruweng geflogen, 80 000 Menschen mussten flüchten.

Die Ölinteressen Chinas im Sudan haben immer wieder zu Konflikten mit den USA geführt. Hat doch der amerikanische Staatsfeind Osama bin Laden einst Unterschlupf im Sudan gefunden. Der Sudan wird von den USA als Terroristenfreund bezeichnet, amerikanische Firmen dürfen seit 1997 im Sudan nicht investieren. Nach Anschlägen der Terrorgruppe Al-Qaida auf zwei US-Botschaften in Afrika gab der damalige Präsident Bill Clinton im August 1998 das Kommando für einen Angriff amerikanischer Cruise Missiles auf eine sudanesische Fabrik, in der nach Ansicht des *CIA* Vorläuferchemikalien für Nervengas produziert wurden. Später stellte sich heraus, dass dort nichts weiter als Aspirin hergestellt wurde.

Bill Clinton steht auch Jahre danach zu der Attacke, wie er in seinen Memoiren »Mein Leben« schreibt: »Ich bin immer noch überzeugt, dass unsere Entscheidung richtig war.«[19] Sollte der Schlag doch Al-Qaida treffen.

Terrorismus, Krieg und Öl sind eng miteinander verknüpft. Statistiken der sudanesischen Regierung zeigen, dass das arme Land Sudan einen Großteil der Öleinkünfte in sein Militär und in Waffen investiert hat. »Die sudanesische Regierung hat das Öl-Geld benutzt, um gewalttätig Bauern und Anrainer von den Ölfeldern zu vertreiben. Diese Zivilisten wurden nicht entschädigt. Die Regierung hat sogar Hilfsorganisationen daran gehindert, Unterstützung zu bringen«, klagt Jerema Rone, Sudanexpertin von *Human Rights Watch*.

In einem 750 Seiten dicken Bericht der Menschenrechtsorganisation wird das Wechselspiel zwischen Ölfunden und Bürgerkrieg detailliert beschrieben: »Die ersten Ölexporte aus dem Sudan markierten einen Wendepunkt im lang andauernden und komplizierten Bürgerkrieg. Öl wurde der Hauptgrund und das Hauptziel des Krieges. Seit den großen Ölfunden im Süden sind die Menschenrechtsverletzungen dramatisch angestiegen. Die traditionellen Bewohner, die Nuer, Dinka und andere Südsudanesen, stellen in den Augen der Regierung ein Sicherheitsrisiko für die Erschließung der Ölfelder dar.«[20] Und diese Sicherheitsrisken wurden entfernt oder vertrieben. Denn: »Ausländische Ölfirmen erwarten, dass die sudanesische Regierung für ein sicheres Umfeld sorgt«, heißt es in einem Bericht von *Amnesty International.*

Dennoch beginnen im Jahr 2002 unter dem Druck der *UNO*, der USA, der EU und der Nachbarstaaten Friedensgespräche – nicht im Sudan selbst, sondern im benachbarten Kenia. Drei Jahre später, nach einem halben Jahrhundert Bürgerkrieg, wird am 9. Januar 2005 das Friedensabkommen zwischen der Regierung und den Vertretern der *Sudanesischen Volksbefreiungsarmee (Sudanese People Liberation Army – SPLA)* unterzeichnet. Das Abkommen sieht eine sechsjährige Übergangszeit vor, in der die *SPLA* eigene Truppen im Süden des Landes behält. Nach dieser Zeit kann die Bevölkerung im Süden entscheiden, ob sie von der Regierung in

Khartum unabhängig werden will. Wesentliche Kernpunkte sind eine Regierungsbeteiligung der bisherigen Rebellen und eine gleichmäßige Aufteilung der Einnahmen aus den Ölvorkommen. Damit wäre der Bürgerkrieg im größten Land Afrikas, das siebenmal so groß wie Deutschland ist und dessen vierzig Millionen Einwohner zu den ärmsten des Kontinents gehören, beendet – vorausgesetzt, der Vertag hält, was er verspricht.

Der aktuelle Krieg in der sudanesischen Provinz Darfur lässt daran zweifeln. Denn parallel zur Annäherung zwischen Norden und Süden ist im Westen des Landes, in der Region Darfur, ein weiterer Konflikt ausgebrochen. Von der Regierung bewaffnete »arabische« Nomaden und Militär aus Khartum kämpfen gegen »afrikanische« Bauern – morden, foltern, vergewaltigen, vertreiben. Die Opferzahlen in Darfur, das an der Grenze zum Tschad liegt und etwa viermal so groß wie Österreich ist, gehen in die Hunderttausende. Arabische Milizen, bekannt als Janjaweed, haben seit Februar 2003 rund 1,8 Millionen Menschen aus ihren Dörfern vertrieben. Jan Coebergh, ein niederländischer Forscher, schätzt, dass mehr als 300 000 Menschen in Darfur an den Folgen von Gewalt, Hunger und Seuchen gestorben sind. Eine *UN*-Kommission schreibt in ihrem Bericht, dass die Regierung die Gewalt unterstütze – mit »der Absicht von Genozid«.

Zehntausende sind in den Tschad geflohen. Wenn die Gewalt nicht bald endet, fürchten Menschenrechtsorganisationen massive Konsequenzen: Die Versorgung mit Nahrungsmitteln, in Darfur immer ein Unsicherheitsfaktor, ist von den Ausschreitungen bereits massiv betroffen, umso mehr, als die Vertreibung vieler Bauern kaum Ernten erwarten lässt.

Dennoch kamen lange kaum Bilder über die Gräueltaten von Darfur an die Öffentlichkeit, in den Medien dominierten die US-Angriffe auf den Irak. Erst seit dem Frühjahr 2004 sind die Massaker im Sudan im Fernsehen präsent. Die globalisierungskritische Website *Counterpunch* sieht darin eine Verbindung zu den US-Präsidentenwahlen und vermutet zwei Hintergründe: »Die neue Besorgnis von Washington über Darfur kann ein Versuch sein, eine Irak-ähnliche Invasion im Sudan zu legitimieren – um einen Regimewechsel zu erreichen und Kontrolle über die großen Ölvorräte zu bekommen. Außerdem würde Washington sehr gerne die wirtschaftlichen Sanktionen aufheben, die amerikanischen Ölfirmen seit 1997 Investitionen im Sudan verbieten und so von den massiven Ölprofiten ausschließen.«[21] Fazit von *Counterpunch*: Hinter den westlichen Tränen für Darfur stehen massive Ölinteressen.

Nach *UN*-Schätzungen sterben monatlich zehntausend Menschen in Darfur, die Zahl der Vertriebenen stieg bis Ende 2004 auf 2,3 Millionen. Die Janjaweed-Milizen wurden bis heute nicht entwaffnet. Resigniert erklärte *UNO*-Generalsekretär Kofi Annan die Darfur-Strategie der internationalen Gemeinschaft für »gescheitert« – eine neue Strategie ist allerdings noch nicht gefunden.[22]

Wo die Geier kreisen – Kampf ums Öl im Niger-Delta

Bomu ist ein kleines Dorf rund sechzig Kilometer östlich von Port Harcourt, der Hauptstadt des nigerianischen Niger-Deltas. Das Dorf heißt gleich wie das nahe gelegene Ölfeld – und das hat seinen Grund. »Öl dominiert, auch in der Luft: Schon am Rande des Dorfes drängt sich leichter Tankstellengeruch in die Nase, zwanzig Meter weiter liegt der Grund dafür: Ein Bewässerungsgraben, der sich durch die Felder schlängelt, ist mit Öl gefüllt. Neun Wochen lang ist hier Öl in den Boden gesickert und hat den Bewässerungsgraben vergiftet. Dorfchef Bomu Lekagah N. Lekagah hat mit seinen Leuten Briefe an die Ölfirma geschrieben – keine Reaktion. Das Öl floss ins Bewässerungssystem, dann ins Grundwasser. Fischteiche kippten, das Wasser war nicht mehr trinkbar.« So schildert der deutsche Fotograf Markus Matzel, der für den *Spiegel* in Nigeria fotografiert hat, seine Eindrücke. Matzel: »Kein Wunder, dass die Dorfbewohner uns Weiße skeptisch beäugen. Haben sie doch vor allem schlechte Erfahrungen mit Weißen gemacht.«

Bomu liegt in der Ogoni-Region und die nigerianischen Ogoni sind mit ihrem Märtyrer, dem Träger des alternativen Nobelpreises, Ken Saro-Wiwa, zum Symbol des Widerstands eines afrikanischen Landes gegen die Ausbeutung durch Ölfirmen und korrupte Regierungen geworden. Saro-Wiwa wurde 1995 hingerichtet. Den Widerstand hat das nicht brechen können.

Eigentlich ließe es sich im Niger-Delta gut leben. Das Land ist besonders fruchtbar, schließlich führt der rund viertausend Kilometer lange Niger-Fluss, der sich, bevor er sich in den Golf von Guinea entleert, in hunderte kleine Bäche und Flüsse aufteilt, jährlich Bodenpartikel aus dem Herzen Afrikas in das Delta. Der Fluss könnte das Land bewässern und ernähren – wenn nicht seit 1956, seit Öl in Nigeria entdeckt wurde, die Prioritäten der Regierung woanders lägen.

Nigeria ist heute der wichtigste Ölproduzent Afrikas. Und ein Lieferant von besonders hochwertigem Öl: Es ist leicht, süß, mit geringem Schwefelgehalt – genau das, wonach die Raffinerien suchen. Noch dazu ist das afrikanische Land ein Billig-Produzent. Auf dem Papier sind die Förderprojekte im Delta Joint-Venture-Unternehmen mit der staatlichen Ölgesellschaft *NNPC* (*Nigerian National Petroleum Corporation*), de facto betreiben aber die westlichen Ölfirmen in den meisten Fällen die Bohrlöcher. Schließlich sind die Multis viel mächtiger als der nigerianische Staat: Der britisch-niederländische Konzern *Shell* zum Beispiel verdient im Jahr weltweit dreimal so viel wie das gesamte nigerianische Staatsbudget. Trotzdem zahlt der Staat sechzig Prozent der Förderkosten in Nigeria.

Der Anfang der Geschäfte der Ölfirmen in Nigeria fällt noch in die Kolonialzeit. Nachdem die Sklaverei, aus der die Kolonialherren – Nigeria war britische Kolonie – einen schwunghaften Handel gemacht hatten, abgeschafft worden war, beuteten die europäischen Handelskonzerne die natürlichen Ressourcen des Niger-Deltas aus. Schon im 19. Jahrhundert spielte Öl die wichtigste Rolle, damals allerdings nicht Erd-, sondern Palmöl. 25 000 Tonnen davon wurden Mitte des vorvorigen Jahrhunderts aus Nigeria nach Europa verschifft, um dort die Maschinen in den Industriehallen zu schmieren. Hundert Jahre später, im Jahr 1956, stieß *Royal Dutch/Shell* im Niger-Delta auf Öl und ließ die alten Sklavenhäfen zu Ölterminals umbauen. Seither war *Shell* immer an vorderster Front dabei, wenn es in Nigeria um die Suche nach Öl ging. In den frühen 90er-Jahren war *Shell* der führende multinationale Ölkonzern – dank ganzer Bündel von Arrangements mit den Militärdiktaturen.

Vier Jahre nach dem ersten Ölfund, im Jahr 1960, verließen die britischen Kolonialherren Nigeria. Das Land versank in einem blutigen Sezessionskrieg, dem Biafra-Krieg, der fast zwei Millionen Menschenleben kostete und durch ethnische Konflikte um die Vorherrschaft über die Ölquellen ausgelöst wurde. Hatten doch die Briten den islamischen Norden und den christlichen und animistischen, von Naturreligionen geprägten Süden zum Staat »Nigeria« zusammengefügt (siehe Seite 170).

Nur die Ölgeschäfte liefen trotz des Krieges wie geschmiert: Das nigerianische Militärregime unterschrieb Deals mit *Shell*, *Chevron* und anderen. Bald wurde aus zweihundert Feldern Öl gefördert. Die Anwohner hatten davon Öl auf den Feldern, Öl im Grundwasser – aber kein Geld, müssen doch seit dem Ende des Biafra-Krieges die Erlöse aus dem Ölverkauf an die Zentralregierung geschickt werden. »Die östlichen Landesteile und speziell das Niger-Delta und ihre Bewohner wurden immer schon als besetztes Gebiet betrachtet«, schreiben der nigerianische Journalist Ike Okonta und der Menschenrechtsanwalt Oronto Douglas in ihrem Buch »Where Vultures Feast« (»Wo die Geier Feste feiern«).[23]

Gleich nach Ende des Biafra-Krieges, 1971, trat Nigeria der *OPEC* bei. Seither rangierte das afrikanische Land konstant unter den zehn größten Ölproduzenten der Welt. Die Wirtschaft ist zur Gänze vom Öl abhängig, das jährlich fast zwanzig Milliarden Dollar bringt, neunzig Prozent der Exporterlöse garantiert und für fast achtzig Prozent der Einkünfte der Regierung verantwortlich ist. Das Land hat Milliarden mit Öl verdient, aber das Geld floss nur in die Taschen weniger.

66 Prozent der Nigerianer leben unter der Armutsgrenze. Obwohl Nigeria in den vergangenen 25 Jahren über dreihundert Milliarden Dollar aus seinen Ölgeschäften eingenommen hat, liegt das Pro-Kopf-Einkommen bei unter einem Dollar pro Tag. Die *Weltbank* beschreibt die triste Situation so: »Ökonomisches Missmanagement, Korruption und extreme Abhängigkeit von Öl sind die Hauptgründe für die schwache Wirtschaft und die wachsende Armut.«

Einer der Gründe für die wirtschaftliche Katastrophe ist das politische Desaster: Nach der Unabhängigkeit von Großbritannien im Jahr 1960 wurde das Land jahrzehntelang von Militärdiktaturen beherrscht. Und ausgebeutet: In den 90er-Jahren hat Nigeria rund dreißig Milliarden Dollar eingenommen, zehn Milliarden davon sind auf den Privatkonten von Militärdiktator General Sani Abacha gelandet. Westliche Banken haben gut an der Veranlagung der Schwarzgelder des Diktators verdient.

Die Schweizer *Weltwoche*[24] berichtet: »Am 12. September 1995 haben es zwei junge Männer auf dem Zürcher Paradeplatz sehr eilig. Nach ihrer Visite bei der *Credite Suisse* möchten sie gleich weiter nach Vaduz. Sie stellen sich als Mohammed und Ibrahim Sani vor, Geschäftsleute aus Nigeria.« Die beiden jungen Männer, sie sind etwa Mitte zwanzig, stellen für die nächsten Jahre Einzahlungen von zig Millionen Dollar in Aussicht: Profite aus Rohstoffgeschäften, wie sie sagen. »Noch am gleichen Tag eröffnet die *Credite Suisse* für Mohammed Sani das Konto ›Seuze‹ mit der Nummer 638-931-6.« Innerhalb von nur einem Jahr fließen rund hundert Millionen Dollar auf das Konto. Der Kontoinhaber Mohammed Sani alias »Seuze« ist niemand anderer als der Sohn des korrupten Diktators Sani Abacha, der sein Land von 1993 bis zu seinem Tod 1998 »systematisch ausplünderte«, wie das Rechtshilfegutachten der nigerianischen Behörden an die Schweiz vom 20. Dezember 1999 vermerkt. Denn die Reformregierung von Olusegun Obasanjo will das veruntreute Staatsvermögen ins Land zurückholen: 4,3 Milliarden Dollar soll Abacha abgezweigt haben. 700 Millionen Dollar liegen auf über 150 Konten bei neunzehn verschiedenen Banken in der Schweiz, fand man im Zuge der Ermittlungen heraus. »Alles was in der hiesigen Finanzwelt Rang und Namen [...] hat, ist in die Affäre verwickelt«, schreibt die *Weltwoche*.

Die Banken haben sich offenbar nicht an die eidgenössischen Regeln gehalten. Denn eigentlich muss nach Schweizer Rechtslage die Geschäftsleitung darüber entscheiden, ob die Bank das Geld einer »politisch exponierten Person« verwalten darf, außerdem gibt es Gesetze gegen Geldwäsche und Sorgfaltspflicht-Richtlinien. Demnach müssen die Banken bei Geschäften über 15 000 Euro den Kontoverfüger kennen. Die Banken gaben sich zerknirscht, als nach Jahren das Ausmaß der Komplizenschaft des Bankenstandorts Schweiz bei den Machinationen Abachas bekannt wurde. Der Schweizer Finanzminister sagte in der Öffentlichkeit, dass die Schweiz »solche Gelder« nicht wolle und der Finanzplatz sie nicht brauche, weil sie schädlich für den Ruf des Landes seien.

Die beiden Großbanken *UBS* und *Credit Suisse* wurden von einer Bankenkommission öffentlich wegen mangelnder Sorgfalt und Pflichtverletzungen gerügt, die *Credit Suisse* musste im Jahr 2002 fast 500 000 Euro Buße zahlen. Für die *Weltwoche* ist der Fall damit erledigt. Habe doch die Schweiz dazugelernt, ist das Zürcher Blatt überzeugt und führt die britische *Financial Times* als Zeugen an: »Selbst die *Financial Times*, die ansonsten keine Chance auslässt, den hiesigen Finanzplatz zu kritisieren, sieht sich zum Lob gezwungen«, berichtet die *Weltwoche* und zitiert einen Artikel aus der *Financial Times* aus dem Jahr 2003: »Heute hat die Entourage von gefallenen Diktatoren in London, New York, Paris und Wien viel bessere Aussichten, ihre Bankkonten in Sicherheit zu wähnen, als in Zürich, Lugano oder Genf.«

Das mag die Schweizer Banken freuen; die Bevölkerung Nigerias hat aber wenig davon. Das Geld aus den Ölerlösen ist an ihnen vorbei- und direkt in die Taschen der Machthaber geflossen. Auch deshalb rangiert Nigeria am Korruptionsindex ganz weit oben: Laut *Transparency International*, einer unabhängigen Gruppe, die weltweit Korruption beobachtet, wurde Nigeria Vorletzer unter 146 Ländern.[25] »Nigeria ist eines der berüchtigsten Beispiele für eine ölgestützte Wirtschaft, die völlig außer Kontrolle geraten ist«, urteilt der amerikanische Journalist Matthew Yeomans in seinem Buch »Öl«.[26]

Der nigerianischen Bevölkerung hat das Öl jedenfalls weder Glück noch Reichtum gebracht. Das Land ist verschuldet und gehört zu den am wenigsten entwickelten der Erde. Im ölreichen Niger-Delta haben zwei Drittel der Bevölkerung keinen Strom und kein sauberes Wasser. Es gibt weder Hospitäler noch gute Straßen. In manchen Dörfern können zwei Drittel der Bevölkerung weder lesen noch schreiben. Dazu gibt es in einem der ölreichsten Länder der Welt immer wieder Ölkrisen, weil es in Nigeria keine Raffinerien gibt und das Öl gleich außer Landes geschafft wird. Und das Gas wird einfach abgefackelt, anstatt es für die Stromerzeugung zu verwenden. Fast neunzig Prozent des Erdgases wird in Nigeria verbrannt – ein ewiges Feuer, das Umweltschützer an Dantes »Inferno« erinnert. Die Feuer sind so hell, dass die Kinder des Niger-Delta die Nacht nicht mehr vom Tag unterscheiden können.

Auch der rücksichtslose Umgang der Ölfirmen mit den Anrainern empört die Bewohner Nigerias. So hat *Shell*, die mittlerweile größte Ölfirma in Nigeria, im Jahr 1991 rund einen halben Kilometer vom Dorf Okoroba Öl entdeckt, zwischen einem Süßwasser-Sumpf und dem Marschland. Der Frischwasser-Sumpf sorgte für das Trinkwasser der Dörfer, im Salzwasser fischten die Bewohner ihre Nahrung. In dieses delikate Netz aus süß- und brackwasserführenden Flüssen und Bächen rammte *Shell* einen Kanal, der breit genug für das schwere Gerät war. Kokosnuss-Plantagen, ein halbfertiges Krankenhaus und die Gräber der Vorfahren mussten dem Kanal weichen. Sechstausend Menschen in Okoroba haben ihre Lebensgrundlage verloren, in den Wasserkanälen sammelte sich Schlamm. Brackwasser vermischte sich mit Süßwasser, das Trinkwasser war ruiniert. Rußpartikel erfüllen die Luft, der im Gas enthaltene Schwefelwasserstoff verbrennt zu säurebildendem Schwefeldioxid, die Kinder spielen in Gruben, die mit Bohrabwässern gefüllt sind. Von der Fischerei kann niemand mehr leben, so sehr sind die Gewässer verseucht.[27]

Der nigerianische Schriftsteller Ken Saro-Wiwa schließlich war es, der dem Unmut der Bevölkerung über das schmutzige Geld aus dem schwarzen Gold ein Gesicht verlieh und zur Symbolfigur des Widerstandes des Volkes der Ogoni wurde. Im November 1992 wandte sich Saro-Wiwa an *Shell* und *Chevron* und verlangte ein Ende des Abfackelns von Erdgas und eine Entschädigung in der Höhe von zehn Milliarden Dollar für die Ogoni. 1993 führte der charismatische Saro-Wiwa rund 300 000 Demonstranten bei einem Protestmarsch an. Im Juli 1993 wurden 132 unbewaffnete Ogoni ermordet, einen Monat später wurden weitere 247 Menschen erschossen, im September mehr als eintausend. Die Regierung redete sich auf »ethnische Konflikte« hinaus, aber es gab keinerlei Hinweise dafür. *Shell* zog sich zurück, aber nur kurz: Im Oktober nahm der Konzern die Arbeit im Ogoni-Land wieder auf. Die Ogoni protestierten, die Ölfirma rief das Militär zu Hilfe, das mit äußerster Brutalität gegen die Ogoni vorging. Etliche Demonstranten wurden erschossen. Ken Saro-Wiwa wurde verhaftet, aufgrund des großen internationalen Drucks aber wieder freigelassen. Der Autor William Boyd hat ihn kurz danach in London getroffen und schreibt: »Er wirkte müde und bedrückt, aber die Risken, die eine Rückkehr nach Nigeria für ihn bedeuteten, schienen ihm egal. Er sagte, dass gewaltfreier Widerstand schwachen Leuten Stärke gebe und der Widerstand der Ogoni ein Vorbild für andere in Afrika werden könne.«[28]

Die Kampagne, die Saro-Wiwa brechen sollte, ging aber noch weiter: Vier prominente Ogoni-Führer wurden getötet, unter ihnen der Bruder der Frau von Saro-Wiwa. Für die Morde wurde Saro-Wiwa verantwortlich gemacht und inhaftiert. Währenddessen rollte eine Welle der Verwüstung aus Terror, Misshandlung und Vergewaltigung über 126 Dörfer im Ogoni-Land. Nigerias Oberst Paul Okuntimo rief nach »rücksichtslosen militärischen Operationen, damit die sanften Aktivitäten der Ölindustrie fortgesetzt werden können«. Später gab Okuntimo gegenüber der Londoner *Sunday Times* zu: »Für diese Operationen brauchten wir Ressourcen und *Shell* stellte sie zur Verfügung.«

Während das Morden weiterging, traf sich Ken Saro-Wiwas Bruder mit einem *Shell*-Mann und bat ihn, seine Beziehungen zur Regierung zu nutzen, um die Gewaltwelle zu stoppen. Dieser stimmte zu – unter der Bedingung, dass die Ogoni eine Presseerklärung unterschrieben, wonach in der Gegend kein Umweltschaden angerichtet worden sei und die Kampagne gegen *Shell* beendet sei. Wiwa weigerte sich, diese Erklärung zu unterzeichnen. Anderson gab daraufhin eine kühle Erklärung ab, wonach sich »eine internationale Firma wie *Shell* nicht in die Angelegenheiten von Staaten einmischt«. Zwei Tage später, am 10. November 1995, wurden Ken Saro-Wiwa und acht weitere Ogoni erhängt.[29]

Nach der Exekution wurden endlich die internationalen Medien auf die Vorgänge in Nigeria aufmerksam. Für *Shell* sollte das zu einem PR-Problem werden. Die Ölfirmen bestritten zwar nach wie vor ihre Verpflichtung, Bewohner zu entschädigen oder mit ihnen über die Zukunft zu verhandeln. Sie begannen aber, die Korruption der nigerianischen Regierung anzuprangern – als ob zur Korruption nur der Korrumpierte, nicht aber der Korrumpierende gehören würde. Vor allem *Shell* beeilte sich zu versichern, dass man von der Ermordung Saro-Wiwas zutiefst erschüttert sei. So sehr, dass die Ölfirma 1998 eine wegweisende und beherzte Studie veröffentlichte: »Profit und Prinzipien – schließt das einander aus?«

Heute rühmt sich *Shell*, jährlich sechzig Millionen Dollar für Sozialprojekte im Niger-Delta auszugeben und betont, die Menschenrechte zu achten. Westliche Medien loben *Shell* dafür als Paradebeispiel für die sogenannte *corporate social responsability* (soziale Unternehmensverantwortung). Vertreter der lokalen Bevölkerung und internationale Menschenrechtsorganisationen kritisieren allerdings, dass diese Sozialprojekte, so vorhanden, nicht auf die lokalen Realitäten und die Bedürfnisse der Bevölkerung abgestimmt sind.

Wenn man außerdem berücksichtigt, dass *Shell* im Lauf der Jahrzehnte Dutzende Milliarden Petrodollars in Nigeria verdient und Umweltschäden ebenfalls in Milliardenhöhe zu verantworten hat, dann erscheinen die sechzig Millionen Dollar in einem anderen Licht: als wohlfeile Investition in das seit 1995 stark beschädigte Image. Die Ausbeutung der Ölressourcen ohne entsprechende Rückflüsse in die Volkswirtschaft (*Shell* sichert nicht einmal eine relevante Anzahl an Arbeitsplätzen für Nigerianer) und die Zerstörung der Lebensräume durch Ölaustritte und Gasabfackeln geht indessen ungeniert weiter.

Auch andere westliche Ölkonzerne mischten in dem schmutzigen Geschäft mit – und tun es heute noch. *Chevron* etwa flog noch 1998 die nigerianische Armee zu einer ihrer Plattformen, die von zweihundert protestierenden Jugendlichen besetzt worden war. Gemeinsam ist allen Ölfirmen die Argumentation, sie würden für die Fehler der nigerianischen Regierung geprügelt. Immerhin hätten sie der Regierung Geld gegeben, diese aber habe es nicht investiert. Die Menschenrechtsorganisation *Human Rights Watch* akzeptiert dieses fadenscheinige Argument nicht: »Die dominante

Position, die Ölfirmen in Nigeria innehaben, bringt eine spezielle Verantwortung mit sich, Menschenrechte zu wahren und zu fördern. Die Ölfirmen spielen eine Hauptrolle in der Wirtschaft, daher haben ihre Praktiken auch Vorbildwirkung für die Regierung. Daher müssen die Firmen die Menschenrechte forcieren.«[30]

Der Ressourcen-Fluch – Luxus für einige, Elend für alle anderen

Warum hinken ölreiche Staaten im Wirtschaftswachstum hinten nach? Die Ökonomen haben auf diese Frage eine Antwort: Sie sprechen von der »Holländischen Krankheit« oder dem »Fluch der Ressourcen«.

In den 1960er-Jahren wurden in den Niederlanden Gasvorkommen entdeckt, durch die riesigen Gewinne in diesem Sektor stieg der Wechselkurs, dadurch wurden Exporte in den übrigen Sektoren der Wirtschaft teurer, die Importe gleichzeitig billiger. Kapital floss aus der Landwirtschaft und dem produzierenden Sektor in die Bauwirtschaft, den Transport oder andere Wirtschaftszweige ab. Das Steueraufkommen und Lizenz-Zahlungen aus dem Erdölgeschäft spülten Kapital in die Staatskasse, der öffentliche Sektor wurde ausgeweitet. Gleichzeitig wurden die steigenden Preise zu einem Problem für den privaten Sektor. Ein Beispiel ist auch Mexiko, das zwischen 1975 und 1981 etwas über fünfzig Milliarden Dollar an Öleinkünften eingenommen hat (die Ölindustrie Mexikos wurde 1940 verstaatlicht, der staatliche Konzern *Pemex* gilt als Kronjuwel der mexikanischen Staatsindustrie, es gibt einen breiten Konsens gegen eine Privatisierung), gleichzeitig sanken die Einkünfte im privaten Sektor um rund sechzehn Millionen Dollar.

Venezuela hatte vor dem Ölboom der 1970er-Jahre eine funktionierende Demokratie und eines der höchsten Pro-Kopf-Einkommen in Lateinamerika. Mehr als sechshundert Milliarden Dollar hat das südamerikanische Land seither mit Erdöleinkünften verdient, aber die Real-Einkommen der Bevölkerung gingen kontinuierlich zurück. Jetzt ist das Pro-Kopf-Einkommen niedriger als in den 60er-Jahren. Der damalige venezolanische Ölminister Pérez Alfonzo sagte 1973, als die *OPEC*-Regierungen höhere Ölerlöse erzielten als jemals zuvor: »Öl wird uns in den Ruin führen [...] Öl, das sind die Tränen des Teufels [...] Sie werden schon sehen.«[31] Der Visionär Alfonzo hat Recht behalten.

In den wenigsten Ländern ist es gelungen, die Ölwirtschaft als Sprungbrett für verwandte Industrien (Ölanlagenbau, Schiff- und Ölplattformenbau, Chemische Industrie) zu nutzen. Die Ausnahmen: Norwegen (siehe Seite 194 ff.) und die USA. (Die Golfstaaten haben erst vor einigen Jahren begonnen, ihre »Downstream«-Industrien – die Weiterverarbeitung von Erdöl – aufzubauen.) Auch für Großbritannien waren die Einkünfte aus den Öl- und Gasvorkommen in der Nordsee ein Danaergeschenk: Das monetaristische Experiment Margaret Thatchers führte zu Millionen von Arbeitslosen, das ohnehin überbewertete britische Pfund kletterte noch weiter in luftige Höhen, der britischen Exportindustrie wurde die Luft bald zu dünn.

Die Regierungen von Algerien, Angola, Iran, Irak, Saudi-Arabien, Katar, Kuwait und andere haben es nicht geschafft, die Bodenschätze ihres Landes für die wirtschaftliche Weiterentwicklung zu nutzen. Saudi-Arabien, der größte Ölproduzent der Welt, liegt in punkto Lebenserwartung und Bildung hinter Rumänien und Thailand. Das Bruttosozialprodukt ist von 28600 Dollar im Jahr 1981 auf zwölftausend Dollar pro Kopf zurückgefallen, eine Folge des hohen Bevölkerungswachstums (2005: 2,31 Prozent). Der wichtigste Grund aber ist, dass der Wohlstand höchst ungleich verteilt ist. Rund zehntausend Prinzen erhalten Zahlungen zwischen achthundert und 270000 Dollar im Monat – der Rest geht leer aus. »Es ist auch unser Öl«, hört man immer wieder auf den Straßen von Riad und Dschiddah hinter vorgehaltener Hand. Die Anhängerschaft Bin Ladens, die sich aus arbeitslosen, vom verknöcherten Bildungssystem des Landes irregeleiteten Jugendlichen rekrutiert, ist ein Ergebnis dieser Entwicklung.

In den arabischen Golf-Staaten des *Golf Cooperation Council* (*GCC* – Kuwait, Katar, Oman, Saudi-Arabien, Bahrain, Vereinigte Arabische Emirate) arbeiteten im Jahr 2000 rund zehn Millionen Gastarbeiter. Diese schickten rund 27 Milliarden Dollar in ihre Heimatländer. Über einen Zeitraum von 28 Jahren haben Gastarbeiter eine Summe von 413 Milliarden Dollar nach Hause überwiesen: ein wichtiger Beitrag für die Wirtschaft der Herkunftsländer der Gastarbeiter, aber gleichzeitig ein Beweis des Scheiterns der Öl produzierenden Länder, deren Bevölkerungen oft arbeitslos sind. In vielen Ölförderländern gab es gewaltige Probleme, die über das Land schwappende Petrodollar-Welle zu verdauen, die Effizienz der Wirtschaft sank. Die Länder versuchten den Ausbruch der »Holländischen Krankheit« zu verhindern, am erfolgreichsten war dabei Indonesien, was auf eine Mischung aus kluger Politik – die Regierung förderte gezielt Landwirtschaft und Industrie –, Glück und dem Vorhandensein eines riesigen Pools an Arbeitskräften, die bald Arbeit in der Landwirtschaft fanden, zurückzuführen ist. Nigeria hingegen ist ein Beispiel dafür, dass alles, was schiefgehen kann, auch schiefgeht. Die Regierung investierte in ein gigantisches Stahlwerk in Ajakouta, als dann die Ölpreise sanken, rutschten auch die Stahlpreise in den Keller. Die Regierung hatte in eine Branche investiert, die genauso von der Weltkonjunktur abhängig ist wie der Rohölpreis. Nun gingen die Investitionen zurück, die Preise stiegen dramatisch an, weil gleichzeitig Nahrungsmittel-Subventionen gestrichen werden mussten.

Viele Ölproduzenten fanden sich nun auch in der Schuldenfalle. Sie hatten darauf gebaut, dass die hohen Ölpreise ihnen einen ständigen Strom an Kapital in die Staatskasse spülten: Also nahmen die Regierungen hohe Kredite auf, die sie mit zukünftigen Erlösen aus dem Ölgeschäft besicherten. Als die Preise 1981 zu fallen begannen, stand Mexiko zum Beispiel mit einem Handelsbilanzdefizit von 3,7 Milliarden Dollar da, Venezuela stand mit zwanzig Milliarden Dollar in der Kreide und wurde vom *Internationalen Währungsfonds* vor dem Bankrott bewahrt. Das Pro-Kopf-Einkommen ist in vielen Ölförderländern gesunken: in Nigeria von achthundert Dollar in den frühen 80er-Jahren auf heute rund dreihundert Dollar. Anders ausgedrückt: 1965 betrugen die Öleinkünfte in Nigeria rund 33 Dollar pro Kopf und das Pro-Kopf-Einkommen lag bei 245 Dollar. Im Jahr 2000 lagen die Öleinkünfte bei 325 Dollar pro Kopf, das Bruttosozialprodukt pro Einwohner auf demselben Level wie 1965. Haben denn die 350 Milliarden Dollar, die Nigeria in diesem Zeitraum mit dem Öl verdiente, überhaupt nichts zum Lebensstandard im größten afrikanischen Staat beigetragen? Es scheint so. Den Ländern des *Gulf Cooperation Council* ging es ähnlich: Zwischen 1981 und 2001 fiel das Pro-Kopf-Einkommen von 18 000 auf sechstausend Dollar.

Die oben dargelegten Faktoren ergeben zusammen das, was man die »Ressourcen-Falle« oder den »Midas-Fluch« nennen könnte. Midas, der griechischen Mythologie nach König von Phrygien, war das erste Opfer dieses Phänomens: Alle Gegenstände, die er berührte, verwandelten sich in Gold – spätestens als sogar seine Speisen und Getränke zu Gold wurden, bereute Midas, dass die Götter seinen Wunsch erhört hatten. Vielen heutigen autokratischen Potentaten geht es wie dem altehrwürdigen König Midas: Sie werden irgendwann Opfer ihres goldenen Händchens.

Gabuns Katerstimmung nach dem Ölrausch

Für Reiche lässt es sich gut leben in Libreville, der Hauptstadt Gabuns. Die Regale der Supermärkte sind mit Delikatessen aus Europa voll. Es gibt Räucherlachs aus Schottland, *Moët*-Champagner und *Evian*-Mineralwasser, Käse und Joghurt aus Frankreich und Katzenfutter der Marke *Rognons de Volaille-Gourmet*. Während die Mehrheit der Menschen in Holzhütten mit Blechdach lebt, sind diese Supermärkte das Symbol einer aus dem Ölboom hervorgegangenen Konsum-Elite.[32]

Die Ölförderung macht rund achtzig Prozent der Exporterlöse des Landes aus, das Rabi-Kounga-Ölfeld im Süden bringt den Großteil der Einnahmen. Der seit 1967 autokratisch regierende Präsident El Hadj Omar Bongo – einer der am längsten im Amt befindlichen Staatschefs der Welt – hat die Strandpromenade der Hauptstadt Libreville in ein tropisches Imitat der französischen Riviera verwandelt.

Der Professor für Politikwissenschaft und Westafrika-Experte an der American University in Paris, Douglas Yates[33], meint, dass all die importierten Waren und die pompösen Bauprojekte der Elite Auswirkungen der »Ressourcen-Falle« für das kleine westafrikanische Land seien. »Das Öl, das exportiert wird, wird in Dollar bezahlt. Das Land muss etwas mit den vielen Dollars anfangen.«

Der Ölboom brachte Partystimmung in das kleine Land: 1984 hielt Gabun den Weltrekord für den höchsten Pro-Kopf-Verbrauch an Champagner. Auf den Boom folgte zwei Jahre später eine Depression: Der Ölpreis fiel um fünfzig Prozent, die Wirtschaft kollabierte. Dann wurde 1989 das Rabi-Kounga-Feld entdeckt, und als die Preise stiegen, ging es erneut steil bergauf. Doch auf der Petro-Hochschaubahn geht es von nun an trotz steigender Preise für Gabun bergab, sagt der Vertreter des *Internationalen Währungsfonds* in Gabun, Richard Randrianmaholy: »Die Ölförderung sank von achtzehn Millionen Tonnen im Jahr 1996 auf rund dreizehn Millionen Tonnen bis Ende 2003.« Und weil ein Sinken der Ölförderung auch sinkende Staatseinnahmen bedeutet, schnappt die Schuldenfalle zu. Yates: »Seit 1960 wurden rund 8,1 Milliarden Barrel in Gabun gefördert. Man könnte eigentlich großartige Krankenhäuser, gute Schulen und hohe Einkommen erwarten. Die bittere Realität: Gabuns Alphabetisierung liegt bei 63 Prozent – 77 Prozent ist der globale Durchschnitt. Ein Gabonese wird im Schnitt 53 Jahre alt – besser als der afrikanische Schnitt, der bei 49 Jahren liegt, aber weltweit liegt die durchschnittliche Lebenserwartung bei 64 Jahren. Gabun ist nicht besser dran als seine ärmeren Nachbarn, sondern zum Teil sogar schlechter.«

Anstatt in Bildung und Gesundheitsversorgung zu investieren, hat Gabuns Präsident Omar Bongo eine Menge Geld in das Prestigeprojekt transgabonesische Eisenbahn gesteckt, das allein rund drei Milliarden Euro gekostet hat. Bongos Günstlinge erhielten gut bezahlte Jobs in einem aufgeblähten Staatsapparat. Yates: »Milliarden wurden gestohlen, Milliarden in Projekte gesteckt, mit denen Geld verloren wurde, und es wurden riesige Kredite aufgenommen. Nun geht viel Geld in den Schuldendienst – rund fünfzig Prozent des Staatshaushalts. Ein großer Teil der Öleinkünfte geht an die Banken zur Rückzahlung der 3,3 Milliarden Dollar, das Ölgeld Gabons mehrt heute schlicht die Profite der Banken.«

Neben den westlichen Banken waren die wahren Profiteure des Ölbooms in Gabun die Ölkonzerne. Bis zu 75 Prozent trug Gabun Mitte der 80er-Jahre zu den Profiten des französischen Ölkonzerns *Elf* (heute *Total*) bei. Als kleines Dankeschön zahlte *Elf* rund hundert Millionen Euro auf schwarze Konten des Potentaten Omar Bongo, wie André Tarallo, der frühere Chef der Produktionsabteilung bei *Elf* (auch »Mr. Africa« genannt), beim Korruptionsprozess gegen den Konzern im Juni 2003 zu Protokoll gab.

Gabun leidet am »Fluch der Ressourcen«. Die Ölkonzerne werden in solchen Ländern übermächtig. Im Fall von Gabun war *Elf* ein Staat im Staat und gleichzeitig der verlängerte Arm der französischen Geheimdienste. Das Geld, das *Elf* an die Günstlinge im Land bezahlte, sollte sicherstellen, dass auch weiterhin der französische Konzern und nicht britische oder amerikanische Ölfirmen in Gabun Öl fördern. Kleine Geschenke erhalten die Freundschaft, große die Loyalität zur *Grande Nation*. Denn die ehemalige Kolonialmacht verwendete Gabun als Basis für militärische Aktivitäten und Spionage in West-Afrika.[34]

Präsident Bongo kümmert sich auch darum, dass französische Firmen – nicht nur die Ölkonzerne – bis heute nicht mit allzu viel Konkurrenz zu kämpfen haben. Frankreich dankte es ihm mit der Stationierung von sechshundert französischen Soldaten gleich neben einem der Paläste Bongos: damit der Präsident auch weiß, dass Frankreich ihm im Falle eines Putsches beisteht.

Die fetten Jahre sind aber vorbei für Gabuns Petrokraten. In den kommenden Jahren muss das Land seine Wirtschaft diversifizieren und mit sinkenden Einnahmen aus dem Ölgeschäft fertig werden. Vor den Öljahren war Palmöl das wichtigste Ausfuhr-Produkt: 75 Prozent der Exporteinkünfte kamen aus Palmöl, heute sind es nur mehr zwölf Prozent. Das Erdöl hat die Landwirtschaft verdrängt, nur mehr ein Prozent des Bodens wird bewirtschaftet. Eine typische Entwicklung für Petro-Staaten: Wenn erst einmal die Ölquellen sprudeln, suchen die Menschen Jobs in der Ölindustrie und verlassen ihre Felder. Die Rückkehr zur Landwirtschaft wird beschwerlich werden – Gabun muss in Zukunft wieder Kakao und Palmöl statt Erdöl exportieren. Vom Ölreichtum werden weder Land noch Leute nachhaltig profitiert haben.

Ausweg Transparenz

Der philanthrope Multimilliardär und Großinvestor George Soros steht an vorderster Front beim Kampf gegen Korruption und Bestechung. Er setzt sich für die *Extractive Industries Transparency Initiative*[35] (*EITI, Initiative für Transparenz in der Rohstoffindustrie*) und die *Publish-what-you-pay*-Kampagne[36] ein. Soros hat erkannt, dass die Beseitigung dieses »Fluches der Ressourcen« einen wichtigen Beitrag zur Linderung der Armut und des Elends auf der Welt leisten kann. Zudem haben Finanzmänner wie Soros ein Interesse an Transparenz, denn Zahlungen an korrupte Potentaten sind für Anleger unproduktiv, sie mögen vielleicht einem Unternehmen einen Konkurrenzvorteil gegenüber einem anderen verschaffen, den Aktienbesitzer kostet das aber letztlich Geld.

In der *Publish-what-you-pay*-Kampagne wurden Öl- und Bergbauunternehmen aufgerufen, ihre an die Regierungen geleisteten Zahlungen zu veröffentlichen. Für die *Extractive Industries Transparency Initiative* konnte Soros Tony Blair gewinnen. Erste Erfolge: *BP* will seine Zahlungen in Aserbaidschan veröffentlichen, *Shell* macht dasselbe in Nigeria. *ChevronTexaco* wiederum hat mit Nigeria und São Tomé einen Vertrag ausgehandelt, der die Veröffentlichung von Firmenzahlungen vorsieht. Sogar Angola beteiligt sich am neuen Transparenz-Trend: Im Mai 2004 wurden erstmals Zahlungen von *ChevronTexaco* an Angola offengelegt, der Ölkonzern zahlte dreihundert Millionen Dollar für eine Verlängerung der Konzession für Block 0 im Norden der Provinz Cabina um zwanzig Jahre.

George Soros ist optimistisch. In einem Kommentar in der *Financial Times* schreibt er: »Das erfreulichste Zeichen ist, dass die Produzentenländer beginnen, ihrerseits die Initiative zu ergreifen.«[37] Nigeria sei dabei, seine staatliche Ölgesellschaft *NNPC* (*National Nigerian Petroleum Corporation*) zu reformieren, Präsident Olusegun Obasanjo verabschiedete Transparenzgesetze und veranlasste umfassende Unternehmensprüfungen im Sektor fossile Ressourcen. Obasanjo versprach auch, mit der Veröffentlichung von Unternehmenszahlungen an den Staat zu beginnen.

US-Präsident und Ex-Ölmanager George W. Bush beteiligt sich an Blairs *Extractive Industries Transparency Initiative* nicht, sondern will mit den G8-Ländern über Anti-Korruptionsmaßnahmen beraten, offenbar in der Hoffnung, dass das den ganzen Prozess verzögert oder überhaupt im Sande verlaufen lässt. Denn Bushs Freunde in der Ölbranche fürchten, dass eine freiwillige Transparenzerklärung zu verpflichtenden Offenlegungen der Zahlungen an Regierungen führen könnte – den Ölmanagern schaudert bei diesem Gedanken. Wenn aber *ExxonMobil* oder *ChevronTexaco* ihre Zahlungen nicht offenlegen, warum sollten ihre europäischen Konkurrenten *BP* und *Shell* das tun? *BP* stecken die schlechten Erfahrungen diesbezüglich in Angola 2001 noch in den Knochen.

Ein anderer Ansatz zur Verhinderung des »Ressourcen-Fluchs« ist eine Veränderung der Verwendung und Verteilung der Öleinnahmen selbst. Die Verfechter dieser Idee schlagen die Schaffung sogenannter Zukunftsfonds vor, in denen ein Teil der Öleinnahmen für spätere Generationen auf die hohe Kante gelegt wird, so wie es in Norwegen und in Alaska gemacht wird. Alaskas *Permanent Fund* wurde 1976 ins Leben gerufen, auf den Konten des Fonds haben sich seither 28 Milliarden Dollar angesammelt, die jedes Jahr eine hübsche Dividende abwerfen. Der staatliche Ölfonds Norwegens (*Petroleumsfondet*) enthält über achthundert Milliarden Dollar und garantiert Wohlstand aus dem Ölgeschäft für die nächste Generation. In Afrika existiert ein solcher Fonds bislang nur in Botsuana – nicht zufällig eines der politisch stabilsten Länder des Kontinents.

Gegenbeispiel Norwegen

Der »Ressourcen-Fluch« ist also kein Schicksal: War es nicht in den USA, wo am 27. August 1859 in Titusville, Pennsylvania, ein Mann namens Edwin L. Drake den Grundstein für die globale Ölindustrie legte und damit zum Mitbegründer des amerikanischen Imperiums wurde? Sind die USA denn keine Demokratie? Oder Norwegen, das rund die Hälfte der europäischen Ölvorkommen (die nur einem Prozent der Weltölreserven entsprechen) und 75 Prozent der Gasvorräte Europas besitzt? Ist dieses Land, das sich skandinavischen Werten verpflichtet fühlt, nicht ein Musterland liberalen, fortschrittlichen Staatswesens? Die Fakten: Das Bruttosozialprodukt ist in Norwegen annähernd so hoch wie in der Schweiz, der Anteil der Petroleumindustrie am Export liegt – je nach Stand des Ölpreises – zwischen dreißig und fünfzig Prozent, die Arbeitslosenquote liegt bei paradiesischen 3,5 Prozent.

Der norwegische Staat hatte allerdings (anders als etwa der Iran oder Saudi-Arabien) immer die vollständige Souveränität über die fossilen Ressourcen und Norwegen war schon längst eine mustergültige Demokratie, lange bevor Öl in der Nordsee gefunden wurde. Norwegen gilt seit seiner Unabhängigkeit 1905 als eines der fortschrittlichsten und demokratischsten Länder der Welt, seit 1913 haben auch die Norwegerinnen das Wahlrecht (in Deutschland dürfen Frauen erst seit 1918 wählen, Schweizerinnen mussten bis 1971, Appenzellerinnen sogar bis 1990 warten), zusammen mit Schweden hält das Land beispielsweise den Rekord bei der Frauenquote in den Parlamenten.

Die sympathische norwegische Ölministerin Thorhild Widvey erzählt im Interview: »Zuerst waren die Herausforderungen enorm. Wir hatten weder eine eigene Ölindustrie, noch hatten wir selbst das technische Know-how, um das Öl aus dem Meeresboden der Nordsee zu holen. Schritt für Schritt haben wir uns das Wissen angeeignet und heute können unsere Öl- und Gasfirmen *Statoil* und *Norsk Hydro* am internationalen Markt konkurrieren.«[38] Die Fördergebiete sind mittlerweile zwar unter norwegischen und internationalen Ölfirmen (*Shell, ExxonMobil, Total*) aufgeteilt, doch ein Steuersatz von 78 Prozent auf das geförderte Öl stellt sicher, dass die Erlöse überwiegend im Land bleiben. Außerdem hat Norwegen unter sozialdemokratischer Führung von Gro Harlem Brundtland 1990 einen staatlichen Erdölfonds *(Petroleumsfondet)* gegründet, in dem die aus dem Ölgeschäft resultierenden Haushaltsüberschüsse eingezahlt werden – »um zu vermeiden, das Geld genauso schnell auszugeben, wie wir es verdient haben. Unsere

Der Fluch der Ressourcen

Land	Ölproduktion (in Millionen Barrel pro Tag)	Korruption**	Politische Rechte/Freiheits-rechte***	Entwicklungs-index*	Pro-Kopf-Einkommen	Jährliche Ausgaben für Gesundheit	Lebens-erwartung	Säuglings-sterblichkeit (pro 1000 Geburten)
Saudi-Arabien	9,817	71	7/7	73	$ 8.530	$ 375	72	23
Russland	8,543	90	5/5	63	$ 2.610	$ 115	67	18
Iran	3,852	87	6/6	106	$ 2.000	$ 363	70	35
Venezuela	2,987	114	3/4	69	$ 3,490	$ 307	74	19
Nigeria	2,185	144	4/4	152	$ 320	$ 15	52	110
Algerien	1,857	97	6/5	107	$ 1.890	$ 73	69	39
Libyen	1,488	108	7/7	61	k.A.	$ 143	72	16
Angola	885	133	6/5	164	$ 740	$ 31	40	154
Aserbaidschan	313	140	6/5	89	$ 810	$ 8	72	74
Äquatorialguinea	249	k.A.	7/6	116	$ 930	$ 76	49	101
USA	7,454	17	1/1	7	$ 37.610	$ 4.887	77	7

* von 175 erfassten Ländern, 1 = höchstentwickeltes Land, die USA sind auf Platz sieben, Angola auf Platz 164

** von 146 erfassten Ländern, 1 = am wenigsten korrupt

*** 1 = sehr frei, 7 = Freiheit sehr eingeschränkt

Quellen: zitiert nach Mother Jones, The Resource Curse, 1. Januar 2005. British Petroleum 2004 Statistical Review of World Energy (Ölproduktion), Freedom House (Politische Rechte, Freiheitsrechte), Transparency International (Korruption), United Nations Human Development Report (Entwicklungs-Index, Gesundheitsausgaben, Kindersterblichkeit), World Bank (Pro-Kopf-Einkommen, Gesundheitsausgaben)

nächsten Generationen sollen ebenfalls vom Ölreichtum unseres Landes profitieren«, so Thorhild Widvey. Die Norweger wissen: Öl und Gas sind keine unerschöpflichen Ressourcen. Die *Norwegische Staatsbank* geht davon aus, dass der Erdölfonds bis zum Jahr 2010 einen Wert besitzt, der 93 Prozent des norwegischen Bruttoinlandsprodukts entspricht: ein Polster für die Zeit nach dem Öl. Die ethischen Standards des Ölfonds sind streng. In Firmen, die umweltbelastend arbeiten, in Waffengeschäfte involviert sind oder Kinderarbeit dulden, wird nicht investiert.

Für eine hoch entwickelte Demokratie wird der »Ressourcen-Fluch« zum Segen (die USA stiegen nicht zuletzt dank ihres Erdöl-Reichtums zur Weltmacht auf). Ein Segen, mit dem in Norwegen sehr sensibel – siehe Erdölfonds – umgegangen wird. Fast scheint es, als würde das Land seinem Ölreichtum misstrauen, denn der Strom-Energiebedarf wird zu 99,1 Prozent in Wasserkraftwerken erzeugt, und nun plant die Regierung, den Anteil der Energieproduktion aus Windkraft anzuheben. In der Nähe von Tromsø werden achtzig etwa 120 Meter hohe Windturbinen errichtet, einer der größten Windenergieparks der Welt. Norwegen, einer der wichtigsten Erdöl-Lieferanten Europas, bereitet sich selbst längst auf das Post-Petroleum-Zeitalter vor.

Wenn Öl fließt, brennt der Regenwald – Die Zerstörung der Umwelt am Amazonas

»*Fuera* Tripetrol!«, skandiert Magdalena: »*Tripetrol* raus!« »*Fuera*!«, beantworten die Frauen ihren Schlachtruf. »*Fuera* ARCO!«, schreit Magdalena. »*Fuera!*«, antworten die Frauen. – Am 20. Oktober 1997 protestieren über hundert Frauen aus der Provinz Pastaza vor deren Firmenzentralen gegen die ecuadorianischen Ölkonzerne *Tripetrol* und *ARCO* (*ARCO* wurde 2000 von der britischen Erdölgesellschaft *BP* gekauft). Zwischen den Frauen und dem modernen Bürogebäude in einem der schicken Viertel von Ecuadors Hauptstadt Quito stehen Polizisten: Schulter an Schulter, mit Helm und Schild. Die Frauen wehren sich gegen eine Zubringerrohrleitung, die Block 10 des Ölfelds in der Nähe von Pastaza mit der Trans-Anden-Pipeline verbinden soll. Die Indígenas haben von Beginn an die Arbeiten am Ölfeld sabotiert, die seismischen Kabel herausgerissen, Geräte versteckt und Arbeiter bedroht.

»Sie sind gewaltsam in unser Land eingedrungen«, spricht Clara, eine der Umwelt-Aktivistinnen, auf der Demonstration einem Fernsehreporter ins Mikrofon. »*La compañía* will sich Zutritt verschaffen, indem sie die indigene Bevölkerung korrumpiert. Sie wollen *a la grosera* [rücksichtslos] und ohne die Eigentümer um Erlaubnis zu fragen, auf unserem Land arbeiten. Aber wir wollen so wie unsere Vorfahren leben. Wir sind bereit, für unsere *pachamama* [die im Innern der Erde wohnende Erdmutter der Inka] zu sterben.« Im Hintergrund ist ein Chor aus hupenden Autos zu hören, zwei der Frauen halten Schilder in die Höhe: »Hupt für Amazonien!« Ein Aktivist der Umweltgruppe *Acción Ecológica* beginnt wieder den Slogan des Protests zu skandieren: »*Fluye el petróleo, sangra la selva.*« – Wenn das Öl fließt, blutet der Wald.[39]

Die Veranstaltung verläuft nicht gut, die Proteste bleiben – wie nicht anders zu erwarten – wirkungslos. Fünf Stunden nachdem die Frauen mit ihrem Protest vor dem Konzerngebäude begonnen haben, schlägt die Polizei mit Schlagstöcken auf die Demonstrantinnen ein und setzt Pfefferspray ein.

Ein paar Monate später haben *ARCO* und *Tripetrol* ihr Ziel erreicht: Die Arbeiter beginnen mit dem Bau des Verbindungsstücks zwischen Block 10 und der Trans-Anden-Pipeline, *ARCO* beginnt in der Nähe von Pastaza nach Öl zu bohren.

Doch die von diesem Projekt betroffenen Achaur-Indígenas wollen sich weiter gegen die Ölgesellschaften zur Wehr setzen: »Wir leben hier schon seit tausenden Jahren, lange bevor Christoph Columbus hier ankam. Niemand bekommt dieses Land und das ist unser unveräußerliches Recht«, sagt Milton Carrera, Präsident des vom Block-24-Projekt betroffenen Fünftausend-Seelen-Volkes der Achuar.[40]

Die Indianer Ecuadors sind nicht ohne Grund äußerst feindselig gegenüber den Ölkonzernen: *Texaco* (heute *ChevronTexaco*) begann schon 1964 mit Bohrungen. Der amerikanische Ölkonzern hinterließ, sagen Indio-Vertreter und Umweltgruppen, ein Öko-Desaster. Insgesamt liefen 63,6 Millionen Liter Öl aus der 39-mal geborstenen, 502 Kilometer langen Trans-Anden-Pipeline aus (eineinhalbmal so viel wie beim Tankerunfall der *Exxon Valdez* 1989), Milliarden von Liter verseuchter und hochtoxischer Abwässer sickerten in Flüsse und in den Boden, für den Bau der Anlagen und Zufahrtsstraßen wurden riesige Regenwald-Flächen abgeholzt. Doch die schlimmste Umweltverschmutzung wird durch rund sechshundert nur sehr primitiv abgedichtete Sondermülldeponien verursacht.

Ölförderung im Regenwald

Der Regenwald leidet: Über dreißig Prozent der Regenwaldbestände in den Ölfördergebieten sind bereits verschwunden, Bohrstellen, Zufahrts- und Transportwege haben Wunden ins fragile Ökosystem gerissen. Ein Schnittmuster an Förderkonzessionsflächen legt sich über die Landschaft: *Shell* (Niederlande/GB), *Occidental Petroleum Corporation* (USA), *Alberta Energy* (Kanada), *Repsol YPF* (Spanien), *ARCO Oriente* (Ecuador, heute im Besitz von *BP*) *Tripetrol* (Ecuador), *ENI* (Italien) und andere (darunter der österreichische Erdölkonzern *OMV*) explorieren und fördern inzwischen in den Provinzen Pastaza, Sucumbíos und Francisco de Orellana.

Der 47-jährige Guillermo Maldonado sieht aus wie sechzig. »Wir alle hier haben Kopf- und Bauchschmerzen, und so sieht unsere Haut aus«, erzählt er, während er seinen Hemdsärmel hinaufrollt und die Eiterbeulen auf seinem Arm zeigt.[41] Maldonado arbeitet für die staatliche Ölfirma *Petroecuador* und lebt in einer Hütte im Dschungel ein paar Kilometer außerhalb von Lago Agrio, Ecuadors größter Ölstadt. Maldonado geht von seiner Holzhütte, in der er mit zwölf Familienmitgliedern wohnt, zu einer Abwassergrube, die schon vor Jahren von *Texaco* gegraben wurde und immer noch von der *Petroecuador* genutzt wird. In der Nähe wird Gas abgefackelt, »die Abgase benebeln die Sinne und verursachen ein flaues Gefühl im Magen«, schreibt Matthew Yeomans, Autor des Buches »Oil – Anatomy of an Industry«, der die Dörfer im Oriente besucht hat. »Die Abwassergrube ist mit schwarzem, schlammigem Wasser gefüllt und nur mit einer Plastikplane abgedichtet. Die Plane ist längst löchrig geworden und das Abwasser sickert in den Boden und fließt in den nahe gelegenen Fluss – die Trinkwasserquelle der Siedlung.«[42]

Erst relativ spät begannen sich Umweltschützer für die Zustände im Oriente zu interessieren: 1989 reiste die Autorin und Anwältin Judith Kimerling in den Regenwald und wurde dort auf die Praktiken der Ölfirmen aufmerksam. Quichua-Indianer brachten sie tief in den Regenwald, rund sechshundert Kilometer den Napo, einen Nebenfluss des Amazonas, flussaufwärts. Hunderte Hektar Maniok, Papaya, Guave, Kakao und Kaffeeplantagen waren aus mysteriösen Gründen vernichtet worden. Der Fluss war mit Öl verseucht und dieses Öl hatte den Boden und schließlich die Pflanzen vergiftet.

Kimerling stieß überall im Amazonasgebiet auf die Folgen der Ölförderung. Den Quichua brachte sie ein neues Wort bei, das die im Einklang mit der Natur lebenden Ureinwohner bisher nicht kannten: Verschmutzung. Sie dokumentierte das Umweltdesaster mit Notizbuch und Kamera. 1991 erschien ihr Buch »Amazon Crude« auf Englisch, 1993 auf Spanisch. Gleichzeitig mit der Veröffentlichung des Buches half sie den Quichua, zu ihrem Recht zu kommen. 1993 klagten rund 30000 betroffene indigene Regenwaldbewohner den US-Konzern *Texaco*. Der Vorwurf: Der Ölkonzern habe jahrelang wissentlich ihr Land verseucht. Der Fall wurde zehn Jahre lang zwischen den Gerichten der USA und der ecuadorianischen Justiz hin- und hergeschoben, erst im Herbst 2003 begann in der Ölstadt Lago Agrio der Prozess. Das Verfahren förderte den Zynismus der Ölleute zutage. Aus einem internen Schreiben eines *Texaco*-Managers, das vor Gericht präsentiert wurde, ging hervor: »Die nicht abgedichteten Abwassergruben sind effizient und wirtschaftlich. […] Die Kosten für die Sanierung der alten Gruben würden 4197958 Dollar betragen. Es wird empfohlen, dass die Gruben weder abgedichtet noch [mit Erde] aufgefüllt werden.«

Der frühere ecuadorianische Minister für Minen und Energie gab zu Protokoll, dass *Texaco* in den 70er- und 80er-Jahren wissentlich primitive Entsorgungsmethoden anwandte. *Texaco* (seit 2001 *ChevronTexaco*) hat stets beteuert, einfach den Umweltstandards jener Zeit gefolgt zu sein. Außerdem seien die meisten Umweltschäden erst aufgetreten, nachdem *Petroecuador* die Ölförderung von *Texaco* übernommen habe. *Texaco* ist tatsächlich den Umweltnormen jener Zeit gefolgt – eine leichte Übung: In Ecuador gab es zu jener Zeit keine Umweltgesetzgebung. Sollte den *Texaco*-Leuten etwa entgangen sein, in welchem Naturparadies sie ihrem Geschäft nachgingen? – Ecuador beherbergt 1600 Vogelarten, mehr als doppelt so viele wie in ganz Europa heimisch sind, und 320 Säugetierarten. An manchen Stellen stehen dreihundert verschiedene Baumarten pro Hektar.

In den USA ist es seit über zwei Jahrzehnten gängige Praxis, die Abwässer wieder ins Bohrloch zurückzuleiten, aber *Texaco* hat sich gegen diese Technik entschieden. Indem die Abwässer in nicht abgedichtete Gruben gefüllt wurden (eine Praxis, die in Texas bereits seit 1919 verboten ist), sparte der Ölkonzern drei Dollar pro Barrel. Das bedeutet eine Ersparnis von insgesamt rund 4,5 Milliarden für *Texaco*. 1995 sah sich *Texaco* zwar gezwungen, 139 der sechshundert verseuchten Sickergruben zu sanieren, aber die Vierzig-Millionen-Dollar-Säuberungsaktion war kein durchschlagender Erfolg. Umweltschützer beklagten, dass die Firmen, die *Texaco* angeheuert hatte, in vielen Fällen die Gruben einfach mit Erde anfüllten. Viele der Gruben seien dabei übergelaufen und hätten die Situation verschlimmert, weil die toxischen Abwässer in die Flüsse gelaufen seien.[43]

Eine Studie des *Londoner Instituts für Tropenmedizin* untersuchte die Krebsraten im Dorf San Carlos, durch das die Pipeline führt, und fand heraus, dass diese weit über dem Durchschnitt lagen. In einer zweiten Studie zeigten die Mediziner, dass das Risiko von Fehlgeburten doppelt so hoch war wie in einem Vergleichsgebiet weiter flussaufwärts, das von der Erdölförderung nicht betroffen ist.[44]

Die Indígenas begannen sich zu wehren: Indio-Vertreter taten sich mit Umweltorganisationen zusammen, um gemeinsam Front gegen die ecuadorianische Regierung und die Ölkonzerne zu machen. Demonstrationen wurden veranstaltet, Gerichtsverfahren angestrengt. Rund ein Drittel der ecuadorianischen Bevölkerung sind Indígenas, eine Gruppe, die – wenn sie sich erst einmal organisiert hat – Druck auf die lokale Politik ausüben kann. 1998 wurde eine neue Verfassung verabschiedet, in der die Rechte der Indígenas verbrieft sind, ihre angestammten Gebiete und Ressourcen zu schützen.

In einem im Oktober 2003 eröffneten Prozess muss sich *ChevronTexaco* nun vor einem ecuadorianischen Gericht für die massive Verschmutzung des Oriente verantworten. In diesem Gerichtsverfahren klagen in einer Sammelklage die Bewohner einiger Dörfer die Ölfirmen auf Schadenersatz wegen insgesamt 82 Milliarden Liter verseuchter Abwässer, die direkt in den Regenwald ensorgt wurden. Die NGO *Amazon Watch* und die NGO-Koalition *ChevronToxico*[45] befürchten, dass viele Dorfbewohner durch diese Abwässer einem stark erhöhten Krebsrisiko ausgesetzt sind. *Texaco* bestreitet die Vorwürfe: »*Texaco* verteidigt sich weiterhin nachdrücklich gegen das, was wir als ein dem sachlichen Gehalt nach unbegründetes Gerichtsverfahren betrachten.«[46]

Die Pipeline der WestLB

Sieben Ölfirmen gründeten 2001 in Ecuador das Konsortium *OCP* (*Oleoducto de Crudo Pesado, Pipeline für schweres Rohöl*): *EnCana* (Kanada; 31,4 Prozent), *Repsol YPF* (Spanien; 25,69 Prozent), *Pecom Energia Petrobras* (Brasilien; fünfzehn Prozent), *Occidental Petroleum* (USA; 12,21 Prozent), *AGIP-ENI* (Italien; 7,51 Prozent), *Techint* (Argentinien; 4,12 Prozent) und *Perenco* (GB; 4,02 Prozent). Gemeinsam planten sie den Bau einer Pipeline um 1,4 Milliarden Dollar. Besonders in Deutschland – in Nordrhein-Westfahlen – erregte das Finanzkonsortium Interesse. An der Spitze der Finanziers stand als *lead arranger* die *Westdeutsche Landesbank* (*WestLB*).

Im Sommer 2001 begannen die Bauarbeiten für die 504 Kilometer lange OCP, Ende 2003 wurde sie fertig gestellt. Die Pipeline kann täglich bis zu 450 000 Barrel Öl vom Amazonasgebiet bis zur

Küstenstadt Esmeraldas am Pazifik transportieren, was dem ecuadorianischen Staat rund zwei Milliarden Dollar im Jahr bringen soll.[47] Vom Ölhafenterminal Esmeraldas wird das Öl in riesigen Tankschiffen zu den Absatzmärkten – hauptsächlich in den USA – transportiert. Die Exporte ecuadoranischen Öls verdoppelten sich durch die Pipeline auf 955 000 Barrel täglich. Da die beiden ecuadorianischen Pipelines – SOTE und OCP – nur etwa halbvoll laufen, verschärft sich der Druck immens, neue Ölfelder im Regenwald zu erschließen, um die Kapazitäten auszuschöpfen.

Der Bau machte die Errichtung Dutzender neuer Zufahrtsstraßen notwendig, entlang der Pipelinetrasse mussten tausende Bäume weichen. Geologen sind beunruhigt: Die OCP kreuzt seismische Bruchlinien und führt an sechs aktiven Vulkanen vorbei. Auf den 165 Kilometern, die durch die Anden führen, bebt die Erde immer wieder. Im November 2002 brach der Vulkan Reventador aus – die Pipeline (damals noch nicht in Betrieb) wurde auf über neunhundert Metern völlig zerstört, die Schäden für die Umwelt wären beträchtlich gewesen, hätte sie bereits Schweröl geführt.

Was die Umweltschützer von Anfang an kritisiert haben, war, dass die Pipeline aus Kostengründen nördlich an Quito vorbeigelenkt wurde: Hier führt sie durch das Reservat Mindo-Nambillo, ein nahezu unberührtes Regenwaldparadies. Im Mindo-Reservat muss die Leitung große Höhenunterschiede überwinden und nimmt ihren Weg über den Kamm des Berges Guarumos. In diesem Teil der Strecke besteht die Gefahr, dass ein Erdrutsch Teile der Pipeline in die Tiefe reißen könnte. »Wir haben in Mindo heftige Niederschläge. Weitere Erdrutsche werden die Pipeline so stark unterhöhlen, dass sie bricht«, fürchtet Cesar Fiallo, Sprecher der lokalen Umweltgruppe *Acción por la Vida*. Das Öl würde dann die Steilhänge hinunterfließen und riesige Gebiete des Regenwaldes verseuchen.

Während des Baus sind die Errichter der OCP nicht gerade zimperlich mit der lokalen Bevölkerung umgegangen: In der Erdölstadt Lago Agrio wurde eine Pumpstation in nur wenigen hundert Meter Entfernung vom Ortskern erbaut, obwohl der Bürgermeister der Stadt Alternativlösungen angeboten hatte. Die *OCP* sicherte sich hinter dem Rücken des Bürgermeisters die Zustimmung der Gemeinderäte. Der Kommunikationsbeauftragte der *OCP* rechtfertigte sich gegen die Vorwürfe mit der Aussage, man habe eine Million US-Dollar für soziale Projekte als Entschädigungsleistung zugesagt. Diese Summe entspricht einem Sechstel dessen, was *OCP* künftig an nur einem Tag einnehmen wird, kritisiert der Bericht »Die West-Öl-B-Pipeline – Menschenrechtsverletzungen und Regenwaldzerstörung in Ecuador« der NGO *Eine Welt Netz NRW*.[48]

Im selben Bericht werden auch eine Reihe von Menschenrechtsverletzungen angeprangert, die in Zusammenhang mit dem Bau der OCP zu stehen scheinen. »Die *OCP* hat eigene Sicherheitskräfte engagiert, die Baustellen und Anlagen schützen sollen. Durch diese paramilitärischen Truppen wurden etliche Übergriffe auf Kleinbauern, Indigene und andere PipelinegegnerInnen verübt. Auch UmweltschützerInnen des internationalen Umweltcamps *Acción por la Vida* – (Aktion für das Leben), das im Mindo-Regenwald errichtet worden war, wurden von Regierungstruppen angegriffen. Am 4. November 2003 wurde Angel Shingre, der Leiter der Rechtshilfe-NGO *Oficina de Derecho Ambiental*, in der Stadt Coca im Bundesstaat Orellana ermordet.« Der Umwelt- und Menschenrechtsaktivist Shingre, zuletzt Koordinator des Büros für Umweltrechte in Orellana, war stets für die Interessen der Bauern und Indigenen gegenüber den Ölkonzernen eingetreten.

Die Einschüchterungskampagne ging auch 2004 weiter: Vor dem Gebäude des *CONAIE* (Dachverband der Indigenen Ecuadors) in Quito wurde ein Attentat auf den Präsidenten der *CONAIE*, Leonidas Iza, verübt. Drei Verwandte Izas wurden von Schüssen getroffen, Iza entkam dem Mordanschlag unverletzt. Iza erklärte in einem Interview, die Aussage des damaligen Präsidenten Lucio Gutiérrez, »er werde seinen Gegnern Respekt gegenüber der Regierung beibringen, Kraft des Gesetzes und der Waffen«, lasse vermuten, dass die Regierung selbst hinter diesem Attentat stand. Regierungsvertreter wiesen die Anschuldigungen freilich zurück.[49]

In Nordrhein-Westfalen erhöhte eine Phalanx von Umweltschützern und Menschenrechtsorganisationen (*Eine Welt Netz*

NRW, Greenpeace, Gesellschaft für bedrohte Völker, urgewald, Vamos, e.V., Südwind, Rettet den Regenwald und andere) den Druck auf die *WestLB*. Sie alle stellten die Forderung, die *WestLB* müsse sich in Zukunft ihrer globalen Verantwortung stellen. Bei künftigen Kreditvergaben sollen verbindliche Umwelt- und Sozialstandards eingehalten werden. Für die Organisatoren des Protests ist die Diskussion über die Pipeline mit der Fertigstellung nicht beendet. »Wir beobachten die Situation weiter sehr genau: Einerseits gibt es Berichte, dass Entschädigungen, die einigen Betroffenen versprochen wurden, bisher nicht ausgezahlt worden sind. Die Pipeline steht jetzt, die Ölfirmen gehen daran, neue vermutete Ölvorkommen aufzuschließen. Wir werden die Indigenen beim Schutz ihrer Gebiete unterstützen«, berichtet Jens Elmer von der NGO *Eine Welt Netz NRW*.[50]

Eine Welt Netz NRW hat nach Darstellung der grünen Landtagsabgeordneten und Vorsitzenden des Ausschusses für Europa und Eine-Welt-Angelegenheiten in Nordrhein-Westfalen, Ute Koczy, »einen Tanker bewegt«. Zwar konnte die OCP nicht verhindert werden, aber die *WestLB* hat schließlich aufgrund des öffentlichen Drucks einige Zugeständnisse machen müssen. So wurde etwa ein Umweltfonds eingerichtet und die Bank verpflichtete sich erstmals in ihrer Geschichte, bestimmte Umwelt- und Sozialstandards bei Projektfinanzierungen einzuhalten, wenngleich diese aus Sicht der NGOs noch viel zu vage sind. Die *WestLB* hat sogar eine Abteilung für nachhaltige Entwicklung gegründet. »Ob das nur eine PR-Maßnahme ist, werden wir sehen«, bleibt Jens Elmer vorsichtig. »Bisher waren unsere Erfahrungen recht positiv. Doch die Feuerprobe steht noch aus: Wir werden bei den nächsten internationalen Finanzierungsvorhaben sehen, ob die *WestLB* aus dem Desaster in Ecuador gelernt hat und wie sie ökologische und soziale Standards berücksichtigt.«

Ecuador in der Schuldenfalle

Länder mit bedeutenden Ölvorkommen haben es leicht – zu leicht –, Kredite bei internationalen Banken zu erhalten. Der Schuldenfalle kann Ecuador trotz der neuen Investitionen nicht entkommen, der Dreizehn-Millionen-Einwohner-Staat steht vor dem Bankrott. Die Auslandsverschuldung beträgt rund achtzehn Milliarden US-Dollar (die höchste Pro-Kopf-Staatsverschuldung Lateinamerikas), der Schuldendienst verschlingt über fünzig Prozent des gesamten Staatshaushalts. Der *Internationale Währungsfonds* besteht darauf, dass der Großteil der Einnahmen durch die OCP für die Tilgung der Auslandsschulden verwendet wird. Die Regierung ist daher gezwungen, rasch neue Erdölkonzessionen im Oriente zu vergeben, die freilich wiederum keinen Beitrag leisten werden, die Lebensumstände der Menschen in Ecuador zu verbessern. Ecuador fördert weiter Öl, um die enormen Schulden zu bezahlen, die darauf zurückgehen, dass man sich zu sehr auf das Erdölgeschäft verlassen hat (45 Prozent der Staatseinnahmen stammen aus dem Erdölgeschäft). Verdienen tun daran westliche Banken und Konzerne, während die bettelarme Bevölkerung weiterhin ohne soziale Grundversorgung bleibt.

Was macht Österreichs OMV *im Regenwald?*

Die *OMV* ist ebenfalls im Geschäft ums Amazonas-Öl mit dabei, 2003 hat sich der österreichische Erdölkonzern in Block 7 (25 Prozent) und Block 21 (17,5 Prozent) im Quellgebiet des Amazonas eingekauft. Aktivisten der Umweltorganisation *Global 2000* (österreichisches Mitglied des Umwelt-Netzwerkes *Friends of the Earth*) haben die Gegend um die Ölfelder bereist: »Schon jetzt sind Wasserläufe verpestet und der Boden vergiftet«, berichten sie. »Noch dazu findet die Ölförderung am Oberlauf des Rio Napo, einem wichtigen Quellfluss des Amazonas, statt. Damit wird ein ganzes Flusssystem, in dem so seltene Tiere wie Flussdelfine leben, gefährdet.«

Block 21 liegt östlich der Kleinstadt Tena und ist zirka eintausend Quadratkilometer groß. Das wasserreiche Gebiet wird vom Rio Napo und seinen tausenden Nebenflüssen durchflossen. Bei einem Unfall besteht die Gefahr einer massiven Verseuchung des Flusses. Für die weitere Ausbeutung der Förderfelder von Block 21 haben die französische Ölfirma *Perenco* (mit ihrer in London ansässigen Explorationsabteilung) und die *OMV* eine große Pipeline ins knapp vierzig Kilometer entfernte Puerto Napo verlegt, mit der der Förder-Block an die OCP angeschlossen wurde. Die Pipelineroute führt auf Druck der Ölfirmen durch die Regenwaldgebiete der amerikanischen Forschungsstiftungen *Jatun Sacha* und *Selva Viva*, die sich erfolglos gegen den Bau und die Zerstörung ihres Forschungsgebietes zur Wehr gesetzt haben. Mit der vollständigen Erschließung von Block 21 droht die Zerstörung großer Areale primären Regenwaldes im Süden des Konzessionsgebiets, der bisher noch weitgehend verschont geblieben ist.

Andreas Baur von *Global 2000* wurde auf seiner Reise Zeuge eines ganz alltäglichen Zwischenfalls: In unmittelbarer Nähe zu Block 7 ist oberhalb einer Schule eine Pipeline gebrochen und hat die umliegenden Bäche völlig mit Öl verseucht. Das Rohöl ist an beiden Seiten der Schule vorbeigeflossen und hat hinter dem Gebäude einen zirka zweihundert Quadratmeter großen Ölsee gebildet. »Die Luft war schwer von giftigen Dämpfen und schon nach wenigen Minuten stellten sich bei uns Übelkeit und Brechreiz ein«, berichtet Baur. Da die Schule ihr Trinkwasser aus dem Fluss bezieht, befürchtet Baur Langzeitschäden für die Schüler: »Die Ölfirmen sorgen zwar für oberflächliche Abtragung der Ölverschmutzung, trotzdem bleiben enorme Rückstände an den Bachrändern und am Grund von stehenden oder langsam fließenden Abschnitten, weil das Rohöl auf den Grund absinkt.«

Für Bohrstationen, Straßenbau und Lagerflächen planieren die Ölfirmen große Flächen Regenwalds. Dafür werden indigene Gemeinden von den Firmen häufig mit einigen hundert US-Dollar, Töpfen, Macheten oder Wellblech-Platten für viele Hektar Land »entschädigt«. »Das kommt einer neuen Kolonialisierung gleich und erinnert an Zeiten, in denen Glasperlen gegen Gold getauscht wurden«, meint Baur. »Taten statt Worte« verlangt er von der *OMV*: »Der Erdölkonzern gibt sich verantwortungsbewusst. Ich warte nun auf konkrete Schritte in Sachen Ecuador.«[51] Bei der Hauptversammlung der *OMV* sagte der Chef der Mineralölfirma, Wolfgang Ruttenstorfer, dass der Konzern sich von seinen Aktivitäten in den südamerikanischen Ländern Venezuela und Ecuador zurückziehen will. »Von diesen Assets wollen wir uns trennen.«[52]

5. Wie lange noch? *oder* Das Ende der Öl-Epoche

Das Erwachen des Petrodrachen – Chinas Durst nach Öl

Lo Sze Ping, Direktor von *Greenpeace*-China, sitzt an seinem Schreibtisch im sechsten Stock eines Büro-Komplexes im Bezirk Chaoyang im Nordosten Pekings und zeigt aus dem Fenster. Draußen ist eine gräulich-staubige Nebelsuppe, man sieht kaum weiter als ein paar Blocks. »Die Luftverschmutzung hier ist absolut verrückt. Die Zahl der Autos wächst viel schneller als die Zahl der Straßen, das heißt, die Menschen, die sich ein Auto kaufen, werden bald keine Straßen haben, auf denen sie fahren können. Der Verkehr in Peking ist ohnehin nichts anderes mehr als ein Riesenstau. Trotzdem will jeder, der sich's leisten kann, möglichst rasch ein Auto.«

Was der sympathische, bebrillte Hong-Kong-Chinese sagt, hat natürlich enorme Auswirkungen auf den Ölmarkt. Chinas Ölverbrauch wird sich von heute rund sechs Millionen Barrel bis 2030 mehr als verdoppeln, in den vergangenen Jahren wurden pro Jahr zwischen zweieinhalb und vier Millionen Autos verkauft. Vor 1980 gab es in China kaum Privat-Pkws. Die Autos gehörten dem Staat. Noch bis 1998 waren weniger als ein Drittel der Autokäufer Privatpersonen, eine Zahl, die bis 2004 auf 65 Prozent anwuchs. Bis zum Ende dieses Jahrzehnts werden in China 28 Millionen Autos fahren, bis zum Jahr 2015 werden es hundert Millionen Fahrzeuge sein, die Hälfte des Fahrzeugbestands der USA. Im Jahr 2004 hat

Chinas Durst nach Öl
(in Mio. Barrel pro Tag)

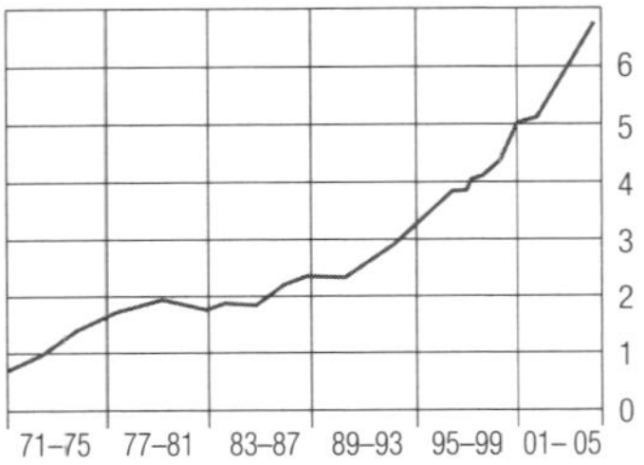

Quelle: Bloomberg

Chinas Energiequellen
(in Prozent)

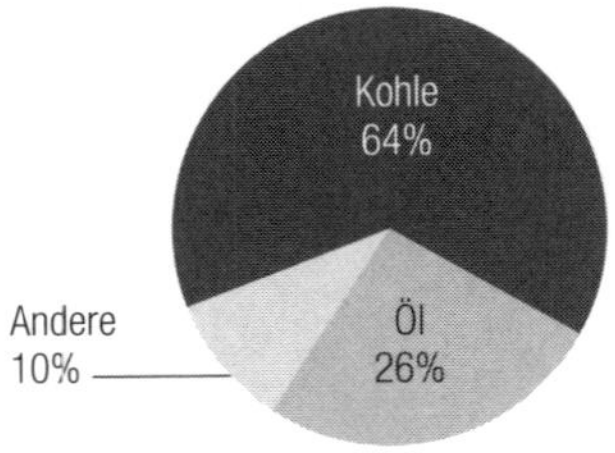

Quelle: US Energy Information Agency

China Japan von Platz zwei im Ranking der größten Ölkonsumenten verdrängt, von 2003 auf 2004 stieg der Ölverbrauch um dramatische vierzig Prozent. Bis vor zehn Jahren konnte China seinen Verbrauch noch aus eigenen Ölvorkommen decken, doch seit sich das Land der Fahrradfahrer zum weltweit drittgrößten Automarkt entwickelt hat, ist es damit vorbei.

Das Marktpotential für Fahrzeuge ist tatsächlich enorm: Noch kommt statistisch nur auf jeden 63. Chinesen ein Auto, während in Europa die Zahl bei zwei Personen pro Auto liegt. Was würde passieren, so die Angst vieler um den Planeten besorgter Menschen, wenn ein Chinese so viel Energie verbrauchen würde wie ein US-Bürger, was, wenn der Autobesitz auf die gleiche Rate emporklettern würde wie in den USA? Dann würde China rund 88 Millionen Barrel pro Tag verbrennen, mehr als die derzeitige Weltölproduktion von 80 Millionen Barrel, die Autoflotte wäre riesig: 1,1 Milliarden Fahrzeuge – mehr als die 795 Millionen Autos, die derzeit weltweit auf dem Planeten herumkurven. Selbst wenn China so sparsam wäre wie die Deutschen, Schweizer oder Österreicher, hätte das immer noch einen Verbrauch von vierzig bis 45 Millionen Barrel pro Tag zur Folge. Die USA – der größte Energieverschwender der Erde – verbrauchen heute nicht einmal die Hälfte davon, rund zwanzig Millionen Barrel pro Tag. »Chinas Per-Capita-Energie-Verbrauch ist immer noch sehr gering, wird aber steigen. Wenn wir uns aber in Zukunft einen so hohen Energie-

Verbrauch gönnen wie die Amerikaner, dann gibt es eben dann keinen Planeten mehr – okay, die Erde wird noch weiterexistieren, aber dann eben ohne uns ihre Bahnen um die Sonne ziehen«, meint *Greenpeace*-Mann Lo Sze Ping.[1]

Szenenwechsel von Peking nach Shanghai, genauer in den Vorort Anting. Hier hat *Volkswagen* vor Jahren eine topmoderne Fabrik gebaut, drum herum entstand die »Autostadt«, ein chinesisches Wolfsburg. Im Empfangsraum der Fabrikshalle liegen Broschüren bereit. Seit 1985 gibt es das chinesisch-deutsche Joint-Venture-Unternehmen, steht da, der Vertrag läuft mindestens bis 2030. Wie alles in Shanghai auch hier alles in X-Large: »Die ›Autostadt‹ erstreckt sich auf über 3 218 000 Quadratmeter, *SVW* (*Shanghai Volkswagen*) verfügt über 6,3 Milliarden Rinminbi (rund 630 Millionen Euro) Kapital, 15 000 Arbeiter sind hier beschäftigt.« Ein Videofilm preist die hier für den chinesischen Markt hergestellten Modelle Polo, Santana, Passat und Gol. Gol ohne f, wohlgemerkt, das wäre für Chinesen zu schwer auszusprechen.

Dann führt eine bestens geschulte *VW*-Mitarbeiterin routiniert durchs Werk, beinahe lautlos surrt der kleine Elektrobus mit den Besuchern – wie man das aus Disneyland kennt – durch die blitzblanken Werkshallen. Auf den Hinweistafeln deutsche Beschriftungen neben chinesischen, das Blauzeug, in dem die Arbeiter stecken, ebenfalls mit dem bekannten Alphabet beschriftet und ganz ohne chinesische Schriftzeichen. Hier wird deutsche Qualität produziert, soll das wohl heißen.

Albrecht Stalmann, aus Hannover stammender Produktionsleiter von *SVW*, empfängt in seinem Büro: ein gemütlicher Mann mit Schnauzbart. »Der Markt ist hart umkämpft. Wir waren so ziemlich die ersten hier in China, jetzt geht es darum, unsere Position zu verteidigen.« Die chinesischen Konsumenten wollen umworben werden, sie sind harte Verhandler und fordern hohe Rabatte. Gleichzeitig steigen die Erzeugungskosten: Löhne, Stahl- und Energiepreise. Doch auch für Stalmann gilt: »Am Automarkt China kann man nicht vorbei.«[2] Ein ständig dichter werdendes Verkehrsnetz, steigender Wohlstand und Mega-Events wie die Olympischen Spiele 2008 in Peking oder die Expo 2010 in Shanghai würden die Konjunktur am Auto-Markt auch über die nächsten Jahre in Schwung halten, gibt Stalmann sich überzeugt – gute Nachrichten für die Autohersteller, schlechte Nachrichten für Chinas Umwelt. Chinas Entscheidung zugunsten des Automobils hat weitreichende Folgen: Man denke nur an moderne amerikanische Großstädte mit ihrem *urban sprawl*, mit ihren *sub-urbs* und *ex-urbs*. Wuchernde Stadtungetüme, Vorstädte, Satellitenstädte. Die Entscheidung ist für Jahrzehnte unumkehrbar.

Der 44-jährige Vizeumweltminister Pan Yue gehört zu den unbequemen Reformern in der Regierung in Peking. Die Umweltorganisationen loben sein Engagement und selbst die Konservativen in der Kommunistischen Partei erkennen langsam, dass seine Horrorszenarien Wirklichkeit werden könnten. Minister Pan prognostiziert, dass in den nächsten Jahren rund 186 Millionen Chinesen umgesiedelt werden müssen, weil ihre Lebensgrundlagen aufgrund der starken Umweltverschmutzung zerstört werden – 33 Millionen können die anderen Provinzen und Städte aufnehmen, aber der Rest, 150 Millionen, werden zu »ökologischen Migranten« oder sogar »ökologischen Flüchtlingen«. Pan vertraute seine erschütternden Diagnosen einem *Spiegel*-Journalisten an: »Auf einem Drittel des chinesischen Territoriums geht saurer Regen nieder […] ein Drittel der Städter muss stark verdreckte Luft einatmen […] von den zehn am meisten verschmutzten Städten in der Welt liegen fünf in China.« Zehn bis siebzig Prozent aller tödlichen Krebserkrankungen in Peking sind umweltbedingt, erzählt der rührige Vizeumweltminister, »Lungenkrebs ist mittlerweile die erste Todesursache«.[3]

Der Leiter der Rechtsabteilung der staatlichen Umweltbehörde, Shu Qing, ist ein energischer Mann. Wenn er spricht, wird rasch klar: Dieser Mann hat eine Mission und steht in seinem Mut seinem Boss, dem Vizeumweltminister, um nichts nach. »Wir müssen den Menschen die Wahrheit sagen, wie es um unsere Ressourcen steht. Wir konsumieren zu viel und unsere Wirtschaft produziert schmutzig und ineffizient. Während in Europa das Problem des sauren Regens unter Kontrolle ist, blasen wir hier in China zehnmal so viel Schwefeldioxid pro erwirtschaftetem Dollar in die Luft wie Europa oder Japan. Und unser Energie-Einsatz pro produzierter Einheit ist sechsmal so hoch wie in den USA, siebenmal so hoch wie in Japan und sogar Indien ist besser als wir: Immerhin ist man dort dreimal so effizient.«[4]

Doch das Thema Umwelt steht auf der Prioritätenliste der staatlichen Planer nicht unbedingt an erster Stelle. In einem Land, das heute 1,3 Milliarden, im Jahr 2020 aber bereits 1,5 Milliarden Köpfe zählen wird und denen die staatliche Führung zumindest ein menschenwürdiges Leben ermöglichen soll, macht man sich in erster Linie Gedanken zu Themen wie Wirtschaftswachstum, Exportausweitung, Rohstoffversorgung. Die Basis für weiteres chinesisches Wachstum ist vor allem die Sicherung von Energiequellen. In den Sommern der Vergangenheit gab es in Shanghai regelmäßig Engpässe bei der Stromversorgung. Die Stadtregierung griff zu unkonventionellen Mitteln, um den Stromverbrauch zu senken: Mindestens dreimal haben die Stadtväter der Zwanzig-Millionen-Metropole im vergangenen Sommer das kühlende Nass künstlich erzeugt: mithilfe von Regenmacher-Flugzeugen, die die Wolken mit Chemikalien impfen. Nach dem wohltuenden Regen war es zumindest einige Zeit kühler, was die Menschen dazu brachte, die Klima-Anlagen abzuschalten.

Der Regierung ist das Wirtschaftswachstum außer Kontrolle geraten: Über neun Prozent betrug es im Jahr 2004. Chinas Aufstieg zur Industriemacht wurde – wie bei Großbritannien, Deutschland und den USA – durch den massiven Einsatz von Kohle möglich. 2020 wird China jährlich zwei Fünftel der zu Tage gebrachten Kohle, ein Zehntel des geförderten Öls, ein Siebtel der globalen Strommenge konsumieren – und damit für rund ein Fünftel jener Kohlendioxid-Emissionen, die auf Energiegewinnung zurückgehen, verantwortlich sein. Heute stammen in China 65 Prozent der Strom-Energie aus Kohle, zukünftig will die Regierung in den Ausbau von Atomkraft, aber auch in erneuerbare Energiequellen (wie Wasserkraft und Windenergie) investieren. 2020 sollen vier Prozent des Energiebedarfs aus Atomkraft und siebzehn Prozent aus alternativen Energieträgern kommen. »In Zukunft müssen wir jedes Jahr 20000 bis 30000 Megawatt Kraftwerksleistung hinzubauen, um mit der wirtschaftlichen Entwicklung Schritt halten zu können.« 30 000 Megawatt Stromkapazität muss pro Jahr geschaffen werden – rund ein Viertel des gesamten deutschen Kraftwerksbestandes. Denn Chinas Energiebedarf wächst doppelt so schnell wie die Wirtschaft, allein 2003 wurden 41 Kraftwerksprojekte unterschrieben, doch es wird Jahre dauern, bis sie ans Netz gehen. Bis 2012 sollen 562 Kohlekraftwerke gebaut werden, 2025 wird China die USA als größter Emittent des Treibhausgases Kohlendioxid überholt haben, der Energiebedarf wird sich bis zum Jahr 2020 fast verdreifachen. Die *Internationale Energiebehörde* in Paris, *IEA (International Energy Agency)*, hat die Kosten für diesen Kraftwerksboom berechnet: Siebzig Milliarden US-Dollar wird der Bau der Kraftwerksanlagen kosten – pro Jahr.

Doch die Stromerzeugung ist für den chinesischen Drachen noch das geringste Problem: denn Strom kann aus einer Vielzahl von Quellen erzeugt werden. Etwas anderes ist die Mobilität. Wie soll der ständig steigende Ölkonsum gedeckt werden? 2004 hat China Japan von Platz zwei des Ölverbrauchs-Rankings verdrängt. In diesem Jahr führte die Volksrepublik vierzig Prozent mehr Öl ein als noch 2003.

Der Appetit des Drachen auf Kohlenwasserstoffe ist unglaublich gewachsen. Der Oman, Saudi-Arabien und der Iran liefern jeweils rund 300 000 Barrel Öl pro Tag an China, gefolgt von Russland mit rund 170 000 Barrel pro Tag, Sudan und Angola (rund 70 000 Barrel pro Tag). Doch die Vertreter der großen chinesischen Ölfirmen sind – trunken von den Wachstumszahlen ihres Landes – in einem wahren Kaufrausch. Sie versuchen in Zentralasien, Lateinamerika und Afrika neue Lieferquellen zu erschließen. China hat Interesse an Ölimporten aus Venezuela (es ist von rund 120 000 Barrel bis zu einer Million Barrel pro Tag die Rede), Brasilien und sogar Kanada, wo chinesische Ölfirmen sich in ein Öl-Sand-Projekt einkaufen wollen.

Ein riesiges Hoffnungsgebiet für die Manager der chinesischen Ölfirmen ist Kasachstan. China will in den kommenden Jahren rund 9,5 Milliarden Dollar pro Jahr in Kasachstan investieren, der erste, 998 Kilometer lange Abschnitt einer insgesamt dreitausend

Kilometer langen Pipeline von Kasachstan nach China (von Atasu in Nordwestkasachstan zum Alataw-Pass in Chinas moslemisch dominierter Unruheprovinz Xinjiang) ist bereits fertig gestellt. Die *Go-West*-Strategie Chinas könnte aber nicht in Kasachstan enden, im Moment wird eine Verlängerung der Pipeline nach Turkmenistan und in den Iran diskutiert. Zentralasien könnte – wie zur Zeit der imperialen Konfrontation zwischen dem britischen Empire und dem Zarenreich – zum Schauplatz von kollidierenden Großmachtinteressen werden. Wladimir Putins Russland versucht, die Erosion des russischen Einflusses in der Region zu stoppen, gleichzeitig haben die USA ihre Präsenz in der Region stark erhöht. Indien nützt seine historischen, Saudi-Arabien und Pakistan ihre religiösen Beziehungen. Die Türkei und der Iran versuchen, an ihre traditionellen kulturellen Bande anzuküpfen, und Südkorea, Japan und die Europäer müssen auf ihre Wirtschaftsbeziehungen bauen.

Immer öfter kollidieren Chinas geopolitische Interessen mit denen der USA, in Zukunft vor allem aber auch mit jenen Japans. Ein 2004 von der Europäischen Union beim *Clingendael International Energy Programme* in Den Haag in Auftrag gegebenes Strategiepapier folgert: »Die Konkurrenz mit Japan um Öl und Gas aus dem Persischen Golf und Russland wird zukünftig härter werden. Japan und China werden ihren maritimen Versorgungs-Routen mehr Aufmerksamkeit widmen und ihre Marine in der Region einsetzen. Auch Indien wird stärker in den Konkurrenzkampf um diese Ressourcen eintreten und mit seiner Marine Einfluss auf die Region nehmen.«[5]

Russland spielte Japan und China bei der Planung einer Pipeline in Sibirien geschickt gegeneinander aus. Japan wollte eine 4100-Kilometer-Pipeline von Ost-Sibirien nach Nachodka bei Wladiwostok, einem Hafen am Japanischen Meer. China hoffte, dass die Zwölf-Milliarden-Dollar-Pipeline in die chinesische Stadt Daqing in der Provinz Heilongjiang im Nordosten Chinas führt. Russland entschied sich im Dezember 2004 für die Nachodka-Route – eine Niederlage für China. Dabei war die Sache für Moskau klar: Die Pipeline nach China würde das transportierte Öl nur einem einzigen Käufer, nämlich China, zur Verfügung stellen. Eine Pipeline ans Meer, wie von den Japanern vorgeschlagen, würde einen höheren Preis für das transportierte Öl sichern, dachten die Strategen in Moskau, weil man dieses Öl an Japan, China, Südkorea und möglicherweise sogar an Raffinerien an der Westküste der USA verkaufen könnte.[6] Russland-Experte Gerhard Mangott vom *Österreichischen Institut für Internationale Politik* vertritt die These, dass Russland es geschafft hat, China gegen Japan auszuspielen, um letztendlich von Japan bessere Bedingungen für den Bau der Pipeline zu erhalten.[7] Um China bei Laune zu halten, versprach Russland, die Rohölexporte von 200 000 Barrel pro Tag im Jahr 2005 auf 600 000 Barrel pro Tag im Jahr 2006 zu erhöhen.[8]

Betrachtet Russland seine Ölreserven als *bargaining chip*, als Einsatz im neuen geopolitischen Strategie-Spiel? Außenminister Sergej Lawrow empfängt in einem Besprechungszimmer im sechsten Stock – so retro, dass es schon wieder schick ist – in seinem im Zuckerbäckerstil erbauten Ministeriumsgebäude an der Twerskaja-Straße hoch über der Stadt. Seine Antwort auf diese Frage: »Natürlich nützen wir unsere natürlichen Ressourcen zu unserem Vorteil. Aber lassen Sie mich das nicht *bargaining chip* nennen. Wir wollen einfach gewisse Dinge erreichen: Ein sicheres und stabiles Umfeld für Russland, wir wollen ökonomische Entwicklung. Das sind simple und wichtige Ziele. Und zur Erreichung dieser Ziele werden wir alle Ressourcen nützen, die uns zur Verfügung stehen.«[9]

Chinas Beziehungen zu Russland sind nicht frei von Misstrauen, noch mehr als Russland fürchtet man in Peking aber die USA. Das 21. Jahrhundert wird wohl von einem Machtkampf zwischen den USA und China geprägt sein. China stand daher dem Irak-Abenteuer der Amerikaner kritisch gegenüber, da man in Peking befürchtet, dass die USA die Kontrolle über die Energieressourcen gegen China einsetzen könnten, indem sie China im Konfliktfall von Energieimporten abschneiden. Ein besonderes Problem für China ist dabei auch die Kontrolle des Pazifik durch die US-Marine: Tankschiffe müssen auf dem Weg zu den chinesischen Raffinerien nicht nur ein Nadelöhr durchkreuzen. Die Straße von Hormuz, die Meerenge von Malakka (achtzig Prozent des chinesischen Öls müssen durch diese Meerenge, 10,3 Millionen Barrel müssen pro Tag durch dieses Nadelöhr geschippert werden) und die Taiwan-Straße – für die USA wäre es ein Leichtes, die Versorgung Chinas mit Öl vom Nahen Osten gehörig zu erschweren. Die wachsende militärische Präsenz der USA in Afghanistan, Usbekistan und Kirgisien wird in Peking mit Misstrauen beobachtet. Die USA wollen sich, so der Verdacht Pekings, die Kontrolle über die Ölreserven Zentralasiens sichern und im Falle des Falles in der Lage sein, alternative Öl-Transportrouten über Land via Pipeline oder Eisenbahn abzuschneiden.

In einem größeren, geopolitischen Zusammenhang betrachtet, ist Amerikas dominierende Rolle im Nahen Osten ein taktisches Spiel, nichts anderes als Mittel zum Zweck, um in Zukunft für das neue *great game*, für das große geopolitische Schachspiel des Ringens mit den konkurrierenden Mächten (China, Europa) gerüstet zu sein. Wer seinen Gegner vom Fluss des Lebenssaftes des Hydrokarbonzeitalters abschneiden kann, der kann ihn ersticken oder aushungern. Das Ziel der USA ist es, für eine mögliche Konfrontation mit China gerüstet zu sein, Mittel zum Zweck für diese mögliche zukünftige Konfrontation ist die Kontrolle über die Energievorräte am Persischen Golf.

Die USA wiederum beäugen Chinas Engagement im Sudan, Iran und auch in Venezuela mit Misstrauen. Besonders die Annäherung zwischen dem Iran und China bereitet den Strategen in Washington, D.C., Kopfzerbrechen – eine Achse Teheran-Peking durchkreuzt die Pläne Washingtons, den Iran weiter in Isolation zu halten. Der US-Geheimdienst schickte an den US-Kongress im November 2004 einen Bericht, in dem davor gewarnt wurde, dass chinesische Firmen dem Iran beim Aufbau einer Produktion von ballistischen Raketen geholfen hätten.[10] China hat auch seine Gegnerschaft einer Sicherheitsratsresolution wegen des iranischen Urananreicherungsprogramms bekundet und damit gedroht, jede derartige Resolution mit einem Veto zu kippen.

Auch die Aktivitäten Chinas in Lateinamerika werden in der US-Hauptstadt äußerst kritisch gesehen.

Jia Quinggua, Professor am *Institut für Internationale Beziehungen* an der Peking-Universität, sitzt in seiner Dienstwohnung zwischen Computer, Büchern und einem kleinen Tischchen und sieht die Sache gelassen: »Wir sind uns dessen bewusst, dass die USA Lateinamerika als ihren Hinterhof betrachten. Aber wir machen dort bloß Geschäfte und wir befolgen die Regeln der Welthandelsorganisation *WTO*. Wenn man in den USA zur Ansicht gelangt, China sollte besser in Lateinamerika keinen Ölgeschäften nachgehen, dann sollte man auch hinterfragen, was US-Firmen in Asien zu suchen haben. Warum fördert *Exxon* in Indonesien Gas? Warum sind US-Firmen in Malaysia aktiv? Ich denke, in einer globalisierten Welt ist es ganz normal, dass jeder seinen Geschäften ohne Einschränkung durch Mitbewerber nachgehen kann.« Quinggua gehört, so sagt er selbst, »zu den Optimisten. Warum sollten die Amerikaner in China das Licht ausschalten wollen? Wenn sie das tun, gibt es ein paar Tage später bei der Supermarktkette *Wal-Mart* nichts mehr zu kaufen. Die zunehmend vernetzte Wirtschaft, so hoffe ich, erleichtert die Lösung von Konflikten.«[11]

Konflikte um Ressourcen werden aber in Zukunft wohl häufiger auftreten, weil alle geopolitischen Player um dieselben Ressourcenquellen konkurrieren. Bislang hat man »Petronationalismus« als Nationalismus der Erzeugerländer verstanden, der in der Gründung der *OPEC* und schließlich im Ölembargo von 1973 gipfelte. Der neue Petronationalismus wird ein Nationalismus der Energiekonsumenten sein, die eifersüchtig über ihre Rohstoffzugänge wachen.

Kerstin Lohse-Friedrich stellt in einer Studie für den konservativen Think-Tank *Konrad-Adenauer-Stiftung* die Frage: »Geht dem Drachen möglicherweise schon bald die Puste aus? Chinas Abhängigkeit von Öl- und Rohstoffimporten auf der einen und der enorm steigende Energiebedarf auf der anderen Seite zwingen das bevölkerungsreichste Land der Erde zum Pragmatismus. Will die Volksrepublik auch weiterhin wirtschaftliche Wachstumsraten von sieben bis acht Prozent erreichen, dann muss das Land eine Politik der Diversifizierung verfolgen, die bisweilen anbiedernd und verantwortungslos wirkt. Nur so kann das Land in seiner Abhängigkeit eine größtmögliche Unabhängigkeit bewahren.«[12]

Der Ausstieg – Mögliche Wege aus der Erdölfalle

Das Pedal ist bis zum Anschlag durchgedrückt, von null auf hundert in neun Sekunden, rauf auf die Rennstrecke. 150, 180, zweihundert, die Tachonadel schnellt auf 220 km/h. Man hat noch die Worte des *VW*-Präsentators im Kopf, der dem Publikum zuvor den Wagen vorgeführt hat: »Dieses Auto macht richtig Spaß.« Dieses Auto, das ist der der *VW*-Phaëton, eine 60 000-Euro-Luxuslimousine, V6-Turbodiesel, Leistung 165 kW (225 PS). Echtes Fahrvergügen. Nach drei Minuten ist der Spaß vorbei, Ende der Testfahrt. Fazit: Fast ein Liter Diesel wurde bei dieser ziellosen Spritztour verbrannt (Verbrauch: rund 9,6 Liter/100 km).

Dennoch fährt man hier mit gutem Gewissen: Das alles war nur eine Illusion – von einem Computer-Fahrsimulator vorgeführt. Das Auto hat sich keinen Meter von der Stelle bewegt, aber dank Hydraulik und perfekter Computergrafik wirkt alles sehr realistisch.

CO_2-Emissionen (Millionen Tonnen/Jahr)

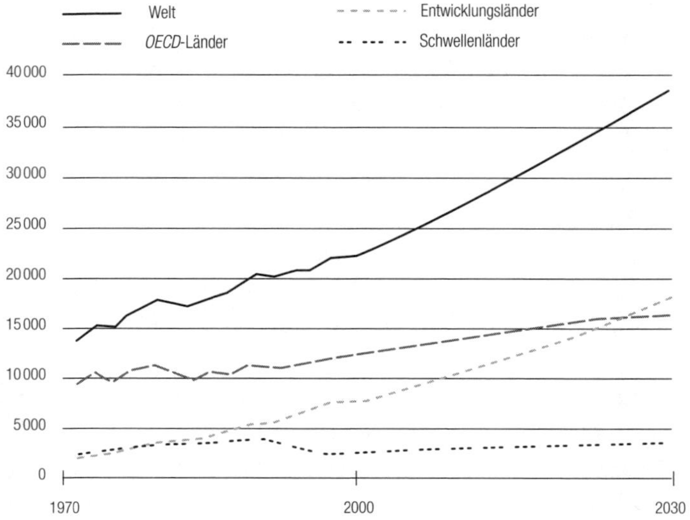

Quelle: OECD

Das Luxusgefährt Phaëton wird in der sogenannten »gläsernen Manufaktur« des deutschen Autoherstellers gekonnt in Szene gesetzt: Es dreht sich alles ums goldene Kalb auf vier Rädern. Die luxuriöse Ausstattung, das Cockpit, der Motor – alles ist zum Anfassen ausgestellt und wird mit einem Feuerwerk an Multimedia-Schnickschnack präsentiert. Die Montagehalle, von *VW* vornehm als Manufaktur bezeichnet, steht im Zentrum der sächsischen Hauptstadt Dresden, gleich am Straßburger Platz. Mehr als 180 Millionen Euro hat *VW* in den Phaëton-Pantheon investiert.

Der Besucher erlebt den Produktionsbereich live hinter Glas: Man sieht die Karosserien durch die Halle gleiten, man kann beobachten, wie die Arbeiter Hand anlegen. Handarbeit heißt hohe Lohnkosten – und damit hohe Endverbraucherpreise. Hier sieht der Autokunde, was er davon hat. 150 Autos könnten hier täglich vom Band rollen, wäre die Fabrik ausgelastet. Im Schnitt waren es bis jetzt täglich dreißig Stück. Die Autos werden auf Hubtischen von einem Schuppenband, wie man es von Gepäckförderbändern am Flughafen kennt, weiterbewegt. Es ist leise und klinisch sauber hier, die Arbeiter sind ganz in Weiß gekleidet, in besonders sensiblen Bereichen tragen sie sogar weiße Zwirnhandschuhe. Die edle Karosse steht während der gesamten Montage auf edlem kanadischem Ahorn, einem Parkett, der sich auch im Wohnzimmer gut machen würde. Hier wird Autofabrikation zelebriert. Die Ersatzteile werden mit einer eigenen Straßenbahn vom Bahnhof zur Manufaktur gekarrt – der Produktionsprozess ist sogar nach außen hin transparent: Die Motoren kommen aus Salzgitter, die Kunststoffteile aus Braunschweig und Wolfsburg, die Karosserie aus Zwickau.

Wer sich seinen Phaëton in Dresden abholt, bekommt eine wahrhafte Fetisch-Show geboten: Das Auto wird mit einem automatisierten Lastenlift aus dem vierzig Meter hohen Glasturm geholt und ins untere Geschoß gefahren. Hier liegt der Salon, in dem die mit Licht und Sound inszenierte Übergabe des Fahrzeugs erfolgt. Sie erinnert beinahe an einen sakralen Akt.

Der Mensch und das Auto: Als Gottfried Daimler 1885 die erste »pferdelose Kutsche« vorstellte, hielten die Massen zuerst nicht viel von dem lauten, stinkenden, unbequemen Gefährt. Henry Ford sollte das 1908, fünf Jahre nach Gründung der *Ford Motor Company*, ändern. Das T-Modell setzte eine Revolution in Gang: Es veränderte die Auto-Industrie, die Ölindustrie, die Gesellschaftsordnung der Vereinigten Staaten von Amerika und schließlich die der ganzen Welt. Die Städte änderten ihr Gesicht, vor allem in den USA: Eine unheilige Allianz aus *Ford*, *General Motors* und *Chrysler* machte sich im Verbund mit *Chevron* und *Phillips Petroleum* in den 30er-Jahren daran, die öffentlichen Nahverkehrssysteme der USA zu demontieren. 1922 gab es 28 906 Meilen Straßenbahnschienen in den USA, 1940 nur mehr 15 163 Meilen. Was war geschehen? Die Autokonzerne hatten die Straßenbahngesellschaften aufgekauft, stillgelegt und stattdessen Bus-Systeme installiert. Diese waren unbequem, teuer und ineffizient. »Bald setzte ein Teufelskreis ein: Schlechterer Service führt zu einem Rückgang der Fahrgäste, zu höheren Tarifen und noch schlechterem Service. Auf diese Weise waren die Menschen bald gezwungen, Autos zu kaufen«, schreibt der Energie-Ökonom Ian Rutledge in seinem Buch »Addicted to Oil«.[13] Vorreiter dieser Entwicklung war Südkalifornien, genauer Los Angeles. 1925 lag der Motorisierungsgrad in der »City of Angels« bei 1,6 Einwohner pro Auto, der Rest Amerikas erreichte erst in den 50er-Jahren eine vergleichbare Autodichte. Diese Entwicklung hatte eine starken »zentrifugalen Einfluss« auf die weitere Entwicklung der Stadt, wie der originelle Stadtsoziologe Mike Davis in seinem Buch über L. A., »City of Quartz«, feststellt.[14] Gleichzeitig wurden die USA mit einem Netz aus Federal Highways durchzogen, in Deutschland gingen die Nazi-Planer daran, Autobahnen zu bauen.

Die deutsche Automobilindustrie hat einen beträchtlichen Anteil an der Volkswirtschaft: Rund 770 000 Menschen haben ihren Arbeitsplatz in der Automobilindustrie, rechnet man die Zulieferer dazu, erhöht sich die Zahl auf rund 1,8 Millionen. 202 Milliarden Euro wurden im Jahr 2001 von der deutschen Autoindustrie erwirtschaftet.[15] 2004 wurden 3 236 938 Autos neu zugelassen, der Kfz-Bestand liegt nun bei über 54 Millionen für rund achtzig Millionen Deutsche. In Österreich sind (bei acht Millionen Einwohnern) insgesamt 5,5 Millionen Autos auf den Straßen unterwegs.

2004 wurden 402 850 Kraftfahrzeuge neu zum Verkehr zugelassen. Somit kommen in Österreich und der Schweiz 520 Pkw auf tausend Einwohner, in Deutschland, dem Land von Autobahn und *Volkswagen*, sind es 540 Pkw.[16] Der US-Autohersteller *General Motors* prognostiziert, dass bis zum Jahr 2020 rund 1,1 Milliarden Fahrzeuge auf den Straßen der Welt unterwegs sein werden, ein Fünftel mehr als heute. Stoßstange an Stoßstange würde sich diese Autoschlange 125-mal um den Globus wickeln. Doch selbst dann wären noch zwei Drittel der Weltbevölkerung ohne Auto.[17]

Der Automobilverkehr ist zu annähernd hundert Prozent von fossilen Brennstoffen (Benzin, Diesel, aber auch Schmierstoffe) abhängig.

Mittlerweile zieht auch die Automobilindustrie die Öl-Versorgungssicherheit in Zweifel: Die Kraftstoffstrategie von *Volkswagen* ist im Umweltbericht[18] des Konzerns nachzulesen: »Eine langfristig sichere Energieversorgung, auch vor dem Hintergrund der politischen Instabilität vieler Erdölförderregionen, setzt deshalb – außer einem möglichst sparsamen Umgang mit Kraftstoff – mittel- und langfristig den Einsatz alternativer Energiequellen voraus. Hier sind allen voran die regenerativen, CO_2-neutralen Energieträger zu nennen.« Der Anteil des Automobils am Treibhauseffekt ist gewaltig: Jedes der weltweit rund 750 Millionen Autos verwandelt während seiner durchschnittlich zwölf Jahre Betriebsdauer etwa zwölftausend Liter Kraftstoff in dreißig Tonnen des Treibhausgases Kohlendioxid (CO_2).

Ortswechsel von Sachsen nach Niedersachsen. Von Dresden nach Wolfsburg. Die Kleinstadt zwischen Berlin und Hamburg ist der *ground zero* der deutschen Automobilindustrie. Hier wurde 1938 das erste *Volkswagen*-Werk auf die grüne Wiese gestellt. In der Stadt leben 121 645 Einwohner, 53 400 Menschen aus Wolfsburg und Umgebung arbeiten für den Autobauer. Die vier Schlote des werkseigenen Kohlekraftwerks sind dramatisch beleuchtet, sie sind so etwas wie das weithin sichtbare Wahrzeichen der Stadt. Neben dem riesigen Werk hat Architekt Gunter Henn, der auch für die Glasmanufaktur in Dresden verantwortlich zeichnet, die »Autostadt« an einer künstlich angelegten Seenlandschaft gebaut: *VW* genügt nicht ein Auto-Showroom, es muss schon ein riesiges Showgelände sein, in dem die verschiedenen Konzernmarken mit Architektur und Landschaftsplanung in Szene gesetzt werden. Der Autohimmel ist hier voller Götter – und sie alle haben ihren eigenen Tempel: *Seat, Skoda, Audi, Bentley, Lamborghini* und natürlich *Volkswagen*. Neben den Pavillons der einzelnen Marken von *VW* soll das »AutoLab« den Besuchern technische Aspekte des Automobils näher bringen, das »Zeithaus« die Geschichte des Automobils vermitteln.

Ein Pressesprecher der »Autostadt« führt durch das »AutoLab«. »SunFuel Lab – Pflanze dein eigenes SunFuel« heißt der transparente, grünleuchtende, begehbare Kubus. Hier pflanzen die Besucher einen Kressesamen, dessen Wuchs sie dann via Internet beobachten können. Aus den Kressepflänzchen entsteht dann der Treibstoff Sunfuel, den man sich in einem winzigen 0,2-Milliliter-Flacon mit nach Hause nehmen kann. Man tippt seinen Namen in den Computer und drückt auf einen Knopf und schon surrt der Arm des Pflanzroboters in Position. X7078 Y2953. Die Koordinaten der ganz persönlichen Kressepflanze. Täglich säen rund 650 Besucher ein Kressekorn aus. Nach ein paar Tagen kommt ein E-Mail ins Haus, man kann sich in einem kurzen Video das Wachstum der Pflanze noch einmal im Zeitraffer ansehen. Was die High-Tech-Installation dem Besucher sagen will? *Volkswagen* setzt auf Biokraftstoffe, lautet die Message. Hier wird sie dem Publikum spielerisch näher gebracht, fürs Fachpublikum gibt es eine ganze Reihe von Publikationen.[19] Sunfuel: Für *Volkswagen* ist das das Missing Link zwischen herkömmlichen fossilen Brennstoffen und der Wasserstoff-Revolution[20], auf die man nach Ansicht von Wolfgang Steiger, Leiter der Hauptabteilung Antriebe der *Volkswagen*-Konzernforschung, noch bis mindestens 2020 warten wird müssen[21]: »Das Problem ist im Moment noch, dass der Treibstofftank sehr groß sein muss. Wenn man den Wasserstoff flüssig im Fahrzeug mitführt, dann braucht man für das Verflüssigen dreißig Prozent des Energieinhaltes dieser Wasserstoffmenge. Das halten wir für absolut sinnlos. Ein Prozent des Treibstoffes verdampft übrigens pro Tag. Inakzeptabel.« Doch der bärtige Forscher ist mit den schlechten Nachrichten zum Thema Wasserstoff noch nicht am Ende: »Eine Wasserstoffwirtschaft macht ja nur Sinn, wenn man den Wasserstoff mithilfe erneuerbarer Energie gewinnt. Da bedarf es noch enormer Investitionen.« Außerdem sei Wasserstoff ungemein gefährlich in der Handhabung und im Transport. »Und die Infrastrukturprobleme sind enorm. Die Brennstoffzellentechnik ist ebenfalls noch nicht ausgereift: Die Membranen, die man für vernünftig einsetzbare Brennstoffzellen benötigt, sind noch nicht verfügbar, darüber hinaus stellt eine Brennstoffzelle hohe Anforderungen ans Kühlsystem. Im Moment brauchen wir die vierfache Kühlerfläche wie bei einem Fahrzeug mit Verbrennungsmotor. Jetzt sagen Sie mir, wo Sie in einem Mittelklassewagen wie dem Golf viermal so viele Kühler unterbringen!«

Vor 2020, meint Steiger, wird es keinen spürbaren Anteil an Brennstoffzellenfahrzeugen auf dem Markt geben. Dem Eindruck eines Pessimisten will Steiger aber entgegenwirken. »Wir sind relativ zuversichtlich, dass wir diese Probleme lösen werden, auch wenn wir heute noch nicht wissen wie. Das Ziel ist sehr lohnend: Man hätte ein lokal absolut emissionsfreies Fahrzeug. Man kann die genutzte Energie aus jeder erdenklichen Primärenergie herstellen. Die Fahrzeuge sind geräuscharm, wir haben eine leistungsfähige Stromversorgung an Bord. Wir engagieren uns schon seit Jahren auf diesem Sektor und bleiben da auch dran.«

Und bis es so weit ist?

Volkswagen arbeitet derzeit sehr eng mit dem Ölkonzern *Shell* zusammen: Als Ausweg aus der Energiefalle sieht man in einem ersten Schritt das sogenannte Gas-to-Liquid-Verfahren (GTL), bei dem die kürzeren Erdgasmoleküle zu längeren Kohlenwasserstoffketten verbunden werden. Das Ergebnis ist sehr reines Kerosin, Benzin oder Diesel. Der Wechsel von Erdöl zu Erdgas als Primärenergieträger reduziert die Treibhausgasemissionen zwar nur gering, aber man erreicht damit ein anderes Ziel: Man schafft eine Diversifizierung der Energiequellen – unterschiedliche Quellen machen unabhängiger. Erdgasvorkommen unterscheiden sich in ihrer geografischen Lage von den Ölvorkommen. *Shell* investiert fünf Milliarden Dollar in Katar, wo es riesige Gasvorkommen gibt, die größte GTL-Anlage der Welt soll dort 2009 in Betrieb gehen (das erste derartige Werk, *Shells* GTL-Anlage in Bintulu, Malaysia, arbeitet seit 1993). Die Autofirmen schätzen diesen aus Gas hergestellten sogenannten Syn-Diesel: Dieser Treibstoff ist schwefelfrei, homogen und hat eine hohe Cetanzahl – soll heißen, ist von hervorragender Qualität. Bei der Verbrennung entstehen weniger Feinstaub-Partikel und Stickstoffoxide (die beide im Verdacht stehen, krebserregend zu sein). Die Strategie hat aber nichts mit Klimaschutz zu tun, es geht lediglich darum, zukünftig auch Gasvorkommen als Treibstoff in Fahrzeugen nutzbar zu machen.

Komprimiertes Erdgas oder Flüssiggas schwächt laut *VW*-Forschungsleiter Steiger die Leistung des Motors und vermindert die Reichweite. Gas kommt somit nur für Kurzstrecken in Frage. Der *VW*-Mann kann sich Gas allenfalls als Treibstoff für Busse, Taxis oder Fahrzeuge von Speditionen vorstellen. Biodiesel aus Raps? Die Autoindustrie ist mit der Qualität der gelieferten Rapsmethylester (so die korrekte Bezeichnung) sehr oft nicht zufrieden, die Ingenieure haben Angst, schlechter Biodiesel könnte die Motoren beschädigen. Darum empfehlen sie Rapsdiesel höchstens als kleine Beimischung zu herkömmlichem Diesel. Methanol? Giftig. Ethanol aus Zuckerrüben oder Weizen? Kann allenfalls Benzin ersetzen, nicht aber Diesel. Wasserstoff? Zukunftsvision.

Die Versorgungssicherheit wird zukünftig eine noch wichtigere Rolle spielen, meint *VW*-Mann Steiger. Und klimaneutral sollte der Treibstoff der Zukunft ebenfalls sein.

Mit dem sogenannten Choren[22]-Verfahren allerdings glauben die Wolfsburger den Stein der Weisen gefunden zu haben.

Eine Choren-Pilotanlage steht in Freiberg (dreißig Kilometer südwestlich von Dresden, zwischen Dresden und Chemnitz). Mitarbeiter Matthias Rudloff führt durch die Industrieanlage. Hackschnitzel als Rohstoff sind im Hof der Anlage gelagert. Die Pilotanlage, ein rund zwanzig Meter hoher schnörkelloser Industriekasten, sieht gar nicht so revolutionär aus. Kein Hi-Tech, sondern Rohre, Kessel, Schalttafeln. All das auf mehreren Etagen. Beim Choren-Verfahren wird – ähnlich wie bei der Holzkohleherstellung – Biomasse, also Abfälle aus der Landwirtschaft und Holz verarbeitenden Industrie, verschwelt, das Schwelgas anschließend bei Temperaturen von weit über tausend Grad verbrannt. So entsteht ein Gas, das sich nach einem Prinzip namens Fischer-Tropsch synthetisch verflüssigen lässt. Franz Fischer und Hans Tropsch erfanden 1925 das nach ihnen benannte Verfahren am Kaiser-Wilhelm-Institut für Kohleforschung. Für chemisch Interessierte: Es handelt sich um eine sogenannte katalytische Hydrierung von Kohlenmonoxyd, die 1934 von der deutschen Firma *Ruhrchemie AG* großtechnisch realisiert wurde. Sie spielte zunächst bei der Umwandlung von Braun- und Steinkohle in Kraftstoffe (Benzin und Dieselöle) eine bedeutende Rolle. Im Zweiten Weltkrieg griffen die *IG Farben* auf dieses Verfahren zurück, um die Kriegsmaschinerie am Laufen zu halten, denn die Deutschen verfügten kaum über Erdölvorkommen, förderten aber in ihren Gruben genug Kohle. Nach 1960 waren die DDR und Südafrika die einzigen Länder, die synthetisch Kohlenwasserstoffe erzeugten. *Choren*-Geschäftsführer Bodo Wolf hat die Fischer-Tropsch-Synthese wieder ausgegraben und mit der von ihm entwickelten Technologie zur Pflanzenvergasung kombiniert. Wofür in der Natur geologische Zeiträume benötigt werden, das schafft die Choren-Anlage in zwanzig Minuten: aus Pflanzen, die Sonnenenergie in Biomasse verwandelt haben, Sprit zu machen. Deshalb nennen die *Choren*-Leute den Sprit, der hinten bei der Anlage herauskommt, Sundiesel. Sundiesel verbrennt schadstoffarm (kein Schwefel, keine Aromaten) und nahezu CO_2-neutral, weil bei seiner Verbrennung nur so viel Kohlendioxid in die Atmosphäre abgegeben wird, wie die Biomasse, also die verbrannten Pflanzen, zuvor für ihr Wachstum benötigt haben. Mit herkömmlichem Biosprit hat Sundiesel nichts zu tun: Während Biosprit aus den Früchten von Ackerpflanzen gewonnen wird, wird in Freiberg die ganze Pflanze – von der Wurzel bis zur Spitze – verwendet. 15 000 Tonnen Diesel sollen in Freiberg pro Jahr erzeugt werden. Investitionsvolumen: vierhundert Millionen Euro. Eine weitere Anlage mit der Kapazität von 200 000 Tonnen Sunfuel ist in Lubmin an der vorpommerschen Ostseeküste in Planung. Zur Erzeugung von 200 000 Tonnen Sundiesel muss eine Million Tonnen Biomasse – in erster Linie Bäume aus eigens gepflanzten sogenannten Energiewäldern – pro Jahr angeliefert werden. Die Herstellungskosten liegen bei rund fünfzig Cent pro Liter, doppelt so viel, wie die Produktion von herkömmlichem Diesel bei einem Rohölpreis von 35 Dollar pro Fass (à 159 Liter) kostet. An der Tankstelle ist Sundiesel trotzdem nicht teurer als herkömmlicher Diesel, da die deutsche Bundesregierung – zunächst bis 2009 – sämtliche Kraftstoffe aus erneuerbaren Quellen von der Mineralölsteuer befreit hat (für Österreich gilt ein gleichlautendes Gesetz). Bis 2010 soll jährlich eine Million Tonnen Sundiesel-Treibstoff in Deutschland hergestellt werden. *VW*-Mann Steiger rechnet damit, dass Sundiesel bis zu diesem Zeitpunkt wirtschaftlich hergestellt werden kann und den teureren Alternativen Rapsmethylester oder Ethanol weit überlegen ist. Im deutschen Landwirtschaftsministerium haben Experten errechnet, dass man auf insgesamt rund zwei Millionen Hektar (von insgesamt zwölf Millionen Hektar landwirtschaftlicher Nutzfläche) Pflanzen zur Verarbeitung zu Sundiesel anbauen könnte. Das würde für ein Viertel des deutschen Dieselverbrauchs reichen.

Für Österreich – 47 Prozent der Landesfläche sind bewaldet – sieht der Vorsitzende des *Österreichischen Biomasse-Verbandes,* Heinz Kopetz, besonders gute Chancen. »Man muss sich aber die Frage stellen, ob man die Energie der Holzschnitzel nicht besser zum Heizen verwendet, anstatt daraus auf kompliziertem Weg Sprit herzustellen.«[23]

Volkhard Scholz vom *Leibniz-Institut für Agrartechnik Bornim* hält die Spriterzeugung aus Holz für einen möglichen zukünftigen Markt der Forstwirtschaft. Scholz steht an einem kalten Wintertag inmitten einer kleinen Parzelle Versuchswald, die hinter dem Institutsgelände in Potsdam angelegt ist. Die Wissenschafter versuchen herauszufinden, inwieweit sich Düngung auf den Ertrag von Nutzhölzern auswirkt: Verschiedene Baumarten werden jeweils mit 150 Kilogramm Stickstoffdünger pro Hektar, 75 Kilogramm Stickstoffdünger pro Hektar und ganz ohne Dünger gezogen. Scholz ist Experte auf dem Gebiet schnell wachsender Baumarten für die Energiegewinnung. Scholz glaubt, eine Antwort auf die Frage »Welche Baumart eignet sich am besten, um als Energiepflanze verwendet zu werden?« gefunden zu haben. Die Pappel, genauer gesagt die »Japan 105«-Pappel. »Sie ist pflegeleicht, braucht keinen Dünger und nimmt wenig Schwefel und Chlor auf. Dadurch verbrennt das Holz der Pappel schadstoffarm.«

Die Agrarpolitiker Europas sind euphorisch: Die Bauern sind die Ölscheichs von morgen, tönt es aus Berlin, Wien und Brüssel. Wenn ein größerer Anteil des Energiebedarfs Europas auf dem Kontinent selbst produziert werden könnte, brächte das nicht nur Versorgungssicherheit für Europa, sondern eine Wiederbelebung des ländlichen Raums, die Geldabflüsse für Energieimporte in die EU würden minimiert. Und das alles klimaneutral und umweltfreundlich.

Die Verfechter einer anderen Technik, der Hybrid-Technologie, meinen, dass es möglich sei, Benzinautos mit einem Verbrauch von 4,3 Litern Benzin auf hundert Kilometer zu bauen. Der japanische Hersteller *Toyota* hat mit dem Fünfsitzer Prius einen Wagen vorgestellt, der genau das leisten soll: Der Motor ist sparsam, weil der eingebaute Nickel-Metallhydridakku in den untertourigen Bereichen Energie liefert, die das Fahrzeug antreibt. Das Ergebnis: weniger Schadstoffemissionen, geringerer Verbrauch. Die deutsche Automobilbranche hat die Entwicklung verschlafen, *Toyota* beherrscht im Moment den Hybrid-Markt. *General Motors* hetzt dem Erfolg von *Toyota* (Produktionskapazität für den Prius: 200 000 Stück pro Jahr) hinterher und hat zwölf Hybrid-Modelle im Einsatz. Die Hybridfahrzeuge verkaufen sich vor allem in den USA, wo Diesel-Pkw nie so beliebt waren wie in Europa. Die hohen Spritpreise der vergangenen Zeit haben die Autofahrer offenbar sensibel werden lassen für neue, sparsame Modelle. Die detaillierte Verbrauchsanzeige soll den Fahrer zu einem ökonomischen Fahrstil erziehen. Vielleicht ist es bald schick, möglichst wenig Sprit auf hundert Kilometer zu verbrauchen, anstatt möglichst schnell von null auf hundert zu beschleunigen.

Doch die Hybrid-Technologie soll nur einen Übergang zu einer auf Wasserstoff basierenden zukünftigen Treibstofftechnologie darstellen.

Die Wasserstoff-Revolution

Der US-Intellektuelle Jeremy Rifkin sitzt in der Maisonette-Suite im ehrwürdigen Wiener Ringstraßen-Hotel *Imperial*.[24] 2002 hat Rifkin das Buch »Die H_2-Revolution« geschrieben (H_2: chemische Formel des Wasserstoffmoleküls). Rifkins Bücher sind nicht ohne Einfluss, der Multiaktivist und umtriebige Geschäftsmann der Weltverbesserung (neben seinen Buchhonoraren verdient er sein Geld mit Konsulententätigkeiten – in Washington ist er Präsident der *Foundation on Economic Trends*[25]) ist mit den Themen, denen er sich widmet, immer erstaunlich nah am Puls der Zeit. Zum Thema Wasserstoff hat der fröhliche Intellektuelle mit dem Walrossbart, der redet wie ein Wasserfall, eine positive und eine negative Nachricht: »Das Gute an Wasserstoff ist, dass er in rauen Mengen verfügbar ist, in der Luft, aber vor allem im Wasser. Das Schlechte, dass man ihn verfügbar machen muss – und das erfordert einen hohen Energieeinsatz.« Aber Rifkin, der Technik-Kritiker, ist im Fall Wasserstoff ein Machbarkeits-Optimist: »Zurzeit gibt es weltweit 850 Firmen, die in irgendeiner Form auf Wasserstoff setzen. Wasserstoff ist heute da, wo die Computerindustrie in den 1980er-Jahren war.«

In der Praxis sind der größte Stolperstein die Lagerung und der Transport von Wasserstoff: Wasserstoff ist das leichteste, flüchtigste Gas, das in der Natur vorkommt, ein Kilogramm davon nimmt den Raum von über elf Kubikmetern ein. Wasserstoff macht daher im Tank nur Sinn, wenn er in einer Gasflasche unter extrem hohem Druck steht oder – noch besser – als Flüssigkeit in den Tank gefüllt wird. Da gibt es aber wieder ein Problem: Wasserstoff wird erst bei –253 Grad Celsius flüssig, muss also extrem tief abgekühlt werden: Noch weitere 20,27 Grad kälter, und man wäre am absoluten Nullpunkt, wo sich Atome und Moleküle nicht mehr bewegen. Die Abkühlung erfordert einen hohen Energieeinsatz, die Tanks müssen (wie riesige Thermoskannen) sehr gut isoliert und mit komplizierten und teuren Sicherheitsventilen ausgestattet werden, damit der im Tank entstehende Überdruck entweichen kann und der Tank nicht explodiert. Ein solcher H_2-Tank erfordert viel Platz, denn der Heizwert von flüssigem Wasserstoff entspricht pro Liter nur rund einem Viertel des Heizwerts von Benzin. Als erster Automobilhersteller der Welt hat *BMW* mit der Serienentwicklung eines Fahrzeuges begonnen, das von einem Wasserstoff-Verbrennungsmotor angetrieben wird. Eine auf einem 7er-*BMW* basierende Limousine – von *BMW* auf der *Internationalen Automobilausstellung IAA* 2003 in Frankfurt vorgestellt – hat im Benzin-Betrieb eine Reichweite von fünfhundert Kilometern. Im Wasserstoff-Betrieb muss alle zweihundert Kilometer getankt werden.

Die Autoindustrie will aber zeigen, dass die Schwierigkeiten überwindbar sind, der Glaube ans Auto im Zeitalter nach dem Öl soll nicht verloren gehen. Der austrokanadische Autozulieferkonzern *Magna Steyr* entwickelt für *BMW* im Moment ein Tanksystem, bei dem die Fahrzeuge mit flüssigem Wasserstoff genauso betankt werden können wie Fahrzeuge mit Benzin oder Diesel. *Aral* hat bereits im April 1999 am Münchner Flughafen die erste Wasserstofftankstelle Deutschlands gebaut, seit Herbst 2004 gibt es auch in Berlin eine. Bis auf die druck- und kältedichte Kupplung an Stelle der Zapfpistole unterscheidet sich die Zapfsäule kaum von einer herkömmlichen Tankstelle. Zum Tanken wird einfach die Kupplung am Tankstutzen angesetzt und verriegelt: Der Wasserstoff kann »fließen«.

Die *Aral*-Tankstelle am Berliner Messedamm liefert Wasserstoff in gasförmiger und flüssiger Form. Sie ist die erste öffentliche Tankstelle dieser Art, Autos von *BMW*, *DaimlerChrysler*, *Ford* und *Opel* sind regelmäßig an den Zapfsäulen zu sehen.

Den Wasserstoff selbst kann man im Auto auf zwei Arten in Energie verwandeln: Man kann ihn in einem konventionellen Verbrennungsmotor nutzen oder über die sogenannte »kalte« Verbrennung in einer Brennstoffzelle in elektrische Energie umwandeln. *BMW* nutzt beide Möglichkeiten, favorisiert aber den Verbrennungsmotor, *DaimlerChrysler* setzt vor allem auf die Brennstoffzelle. Der Verbrennungsmotor erscheint *BMW*-Vorstandsmitglied Professor Burkhard Göschel deshalb interessant, weil »der Verbrennungsmotor nach heutiger Technologie den Vorteil bietet, bivalent – sowohl mit Benzin als auch mit Wasserstoff – fahren zu können. Damit können Versorgungslücken, die sich beim Aufbau eines Wasserstoff-Tankstellennetzes anfangs ergeben werden, überbrückt werden.« Der HydroGen3, ein Auto, das auf dem Minivanmodell *Opel* Zafira basiert, tankt flüssigen Wasserstoff, während der Hy-Wire von *General Motors* oder das auf einem *Ford* Focus basierende Brennstoffzellenmodell mit gasförmigem Wasserstoff fährt.

Island hat in Europa das ambitionierteste Energieprogramm: Wasserkraft ist reichlich vorhanden, Offshore-Windfarmen sind in Planung, das Potential für geothermische Kraftwerke ist riesig. Schon jetzt fährt eine wasserstoffbetriebene Busflotte durch die Hauptstadt Rejkavik. Eine Studie, die die Naturschutzorganisation *WWF* gemeinsam mit der *Iceland Nature Conservation Association* in Auftrag gegeben hat, hält es für machbar, dass bis 2020 rund vierzig Prozent aller Fahrzeuge und Fischerboote auf Wasserstoffbasis betrieben werden könnten.[26] Schon heute würde auf der Insel genug Strom erzeugt, um 22 Prozent der fossilen Brennstoffe durch erneuerbare Energieformen zu ersetzen. Auch in Lissabon, Kopenhagen und am Münchner Flughafen fahren bereits wasserstoffbetriebene Busse – allerdings bislang nur zu Demonstrationszwecken.[27]

Warum wäre Wasserstoff der ideale Treibstoff? Bei der Verbrennung von Wasserstoff entsteht Wasser (H_2O), aber nicht das Treibhausgas Kohlendioxid (CO_2). Bei der Wasserstoffumsetzung wird weder das umwelt- und gesundheitsschädliche Gift Schwefeldioxid frei noch die mutmaßlichen krebserregenden Stickoxide. Beim Auspuff kommt nur Wasser heraus. Kein Ruß, kein Ozon. Würden alle Autos in der Stadt mit Wasserstoff fahren, wäre die Luftqualität in unseren Städten fast so gut wie am Land. Wasserstoff kann aus Wasser hergestellt werden, unter Einsatz verschiedenster Energiequellen. Damit der Umstieg auf die Wasserstoffwirtschaft Sinn macht, muss Wasserstoff freilich aus erneuerbaren Energiequellen produziert werden. Da Wasserstoff aber nicht an Fundstellen gebunden ist, wie Öl oder Gas, sondern potentiell überall hergestellt werden kann, wo es Wasser und Strom gibt, würde die visionäre Wasserstoffwirtschaft auch eine breite Palette von geopolitischen Problemen lösen: Kein Blut mehr für Öl.

Weltweit werden heute schon mehr als sechshundert Milliarden Kubikmeter Wasserstoff produziert (Deutschland: rund dreißig Milliarden Kubikmeter Wasserstoff pro Jahr) und hauptsächlich zur Ammoniakherstellung (Ammoniak wird zur Kunstdünger- oder Kunststoffherstellung weiterverwendet), in Raffinerien, Stahlwerken oder für die Alkoholherstellung gebraucht. Dieser Wasserstoff wird aus Erdgas gewonnen, oder er fällt bei der Koks- oder Chlorherstellung als Nebenprodukt an.

Diese Verfahren sind aber keine wirkliche Lösung – welchen Sinn würde es machen, Wasserstoff aus endlichen, fossilen (und daher Treibhauseffekt fördernden) Quellen herzustellen? Der einfachste Weg wäre die sogenannte Elektrolyse, bei der man mithilfe von Strom Wasser (H_2O) in seine Bestandteile Wasserstoff (H – Hydrogen) und Sauerstoff (O – Oxygen) aufspaltet. Damit der Umstieg in die Wasserstoffwirtschaft Sinn macht, müsste Ökostrom aus regenerativen Energiequellen zur Wasserstoff-Gewinnung verwendet werden. Sonnen- und Windenergie haben derzeit das größte Potenzial, in Zukunft diese Energie bereitzustellen.

Doch auch die Sonne allein könnte die Energieprobleme der Menschheit lösen: Innerhalb einer Stunde schickt sie so viel Energie zur Erde wie weltweit pro Jahr verbraucht wird. Jahr für Jahr summiert sich die Sonnenenergie auf rund 1,1 Milliarden Terawattstunden (TWh) Energie – das entspricht ungefähr dem Zehntausendfachen des gegenwärtigen Jahresverbrauchs der Menschheit. Doch die Betonung liegt auf könnte: Photovoltaikanlagen (wo mit Halbleitertechnik Sonnenengerie direkt in Strom umgewandelt wird) sind noch zu teuer, genauso wie der Einsatz von Sonnenkraftwerken, wo Sonnenstrahlen mit Parabolspiegeln auf ein im Brennpunkt liegendes Rohr gebündelt werden. In diesem Rohr wird ein spezielles Öl auf bis zu vierhundert Grad Celsius erhitzt, das dann in einem Wärmetauscher Wasser verdampft, das schließlich eine Turbine antreibt. In der kalifornischen Mojave-Wüste steht bereits eine derartige Anlage. Mit 2,3 Millionen Quadratmeter (rund 307 Fußballfelder) Spiegelfläche werden 354 Megawatt Strom produziert – genug Energie für eine 200 000-Einwohner-Stadt. In Spanien sind eine Reihe ähnlicher Projekte geplant.

Die größten bisher nicht ausgeschöpften Energiereserven bietet in Europa allerdings mittelfristig die Windkraft mit 1800 TWh offshore (also mit Windrädern in küstennahen Meeresregionen) und 350 TWh auf dem Land. Heute werden europaweit rund sechzig TWh elektrischer Energie, etwa 2,4 Prozent des gesamten Elektrizitätsbedarfs, per Windkraft erzeugt.

Wasserstoff

Bis zu 2,8 Milliarden Euro wird die EU in den kommenden zehn Jahren zur Verfügung stellen, um eine umweltverträgliche Wasserstoffwirtschaft auf den Weg zu bringen.

Die Wasserstoff-Visionäre sehen in der H_2-Revolution eine mögliche Demokratisierung der Elektrizitätswirtschaft: Die Stromnetze der Zukunft wären – nicht mehr wie früher – eine Elektronen-Einbahnstraße vom Kraftwerk zum Stromverbraucher, sondern »jede Familie, jedes Geschäft, jedes Stadtviertel, jede Gemeinde wird überall auf der Welt sowohl Produzent als auch Konsument von Wasserstoff und Eletrizität sein und diese Güter entweder selbst verbrauchen oder weiterverkaufen können.«[28] Die Brennstoffzelle steht in Form des Autos in der Garage und liefert ans Netz, auf dem Dach des Wohnhauses erzeugen Photovoltaik-Panele, vor der Stadt Windmühlen Strom. Das Stromnetz der Zukunft wäre demnach ein viel engmaschigeres Netz als heute. Wasserstoff-Enthusiast Terry Penney vom *National Renewable Energy Laboratory* in Golden, Colorado, hat ausgerechnet, dass man mit allen Autos, die weltweit auf Parkplätzen oder zu Hause in der Garage herumstehen, zehnmal so viel Elektrizität erzeugen könnte wie weltweit benötigt wird.[29] Ein mit Wasserstoff betriebenes Brennstoffzellen-Auto wäre nichts weiter als ein fahrbares Kraftwerk. Steht das Auto still, steckt man es an die Steckdose und es liefert Strom. Der Tank wird dann an der Wasserstofftankstelle wieder aufgefüllt oder, wenn man eine Windturbine im Garten oder eine Photovoltaik-Anlage auf dem Dach hat, zu Hause oder in der Garage. Ein solches Hybrid-Netz würde die Idee des Internet, das die ganze Telekommunikationsbranche revolutioniert hat, auf die Energiewirtschaft übertragen und eine Lawine von Innovationen lostreten. Solarzellen, Mikroturbinen und andere Strom erzeugende Geräte würden einen Markt an Abnehmern finden, anstatt des Heizkessels hätte man Hi-Tech-Generatoren im Keller.

Eine Umstellung würde allerdings Milliarden kosten: Stromleitungen (die Leitungslänge der deutschen Stromnetze beträgt gut 1,5 Millionen Kilometer, Österreich: 200 000 Kilometer, Schweiz: 250 000 Kilometer)[30], Umspannwerke, Verteiler, Transformator-Stationen, Kontrollzentren – all das müsste auf modernsten Stand gebracht werden. Gerätespezifikationen und Standards müssten normiert werden. Der größte Stolperstein wären aber aller Voraussicht nach die Elektrizitätskonzerne: *RWE, E.ON, Vattenfall, EDF* oder die staatlichen und halbstaatlichen Monolithe müssten sich bewegen. Und wenn man den (zumindest anfänglichen) Widerstand der Konzerne gegen die Windenergie als Gradmesser nimmt, kann man sich leicht ausrechnen, dass die Stromkonzerne alles daran setzen werden, die H_2-Revolution zu verhindern. Denn die Bosse denken in *Think-big*-Kategorien: Megawatt-Kraftwerke um hunderte Millionen Euro. Eine alternative Energiewirtschaft basiert aber auf vielen kleineren Investitionen, gemäß dem Motto des legendären deutschstämmigen Ökonomen Ernst Friedrich Schumacher: *Small is beautiful.*[31]

Das Ende der Erdöl-Epoche wird weitreichende Konsequenzen haben, das gesamte Weltsystem wird durcheinandergeschüttelt, das »fossilistische« Energie-Regime, das auf Beschleunigung, unbegrenztem Wachstum und Expansion beruht, wird in Frage gestellt. Werden die USA, die ihr Imperium auf Öl begründet haben, ihre führende Rolle auf dem Globus behaupten können? – Eine berechtigte und für die US-Geostrategen beunruhigende Frage: denn es ist schließlich kein Zufall, dass das 18. und 19. Jahrhundert von den Kohleimperien England und Deutschland beherrscht wurden, das 20. Jahrhundert aber von den Ölimperien USA und Sowjetunion. In einer »solaren Weltwirtschaft«[32] werden die Energiequellen dezentral erschlossen, die langen logistischen Transportketten – Pipelines, Tankerrouten – entfallen und müssen daher auch nicht militärisch gesichert werden.

Neue Allianzen entstehen: Umweltschützer fordern seit Jahrzehnten die Energiewende, konservative Bauernverbände propagieren Biosprit, für Globalisierungskritiker ist der petro-kapitalistische Komplex aus Ölkonzernen und Banken immer schon der Lieblingsfeind gewesen und europäische Gewerkschafter sehen die Möglichkeit, Europa zum Zentrum einer neuen Wind- und Solar-Energie-Industrie mit tausenden neuen Arbeitsplätzen zu machen. In den USA erstreckt sich die »Allianz von Umweltschützern über Evangelikale, denen es um den Schutz der Schöpfung geht, bis zu Geostrategen, bei denen die Verminderung der Abhängigkeit von Rohöl im Zentrum steht, weil mit den Erdölerlösen einige der schlimmsten Regimes der Erde am Leben gehalten werden«, schreibt der Kolumnist der *New York Times*, Thomas Friedman.[33]

Die Zeit zum Umdenken ist jetzt: Denn die Infrastruktur der gesamten Weltwirtschaft muss umgestellt werden – und das dauert Jahrzehnte und kostet eine Menge Energie. Energie, die in einigen Jahrzehnten vielleicht nicht mehr so einfach verfügbar ist, wie das nächste Kapitel zeigt.

Peak Oil – Die Talfahrt der Ölförderung und der Höhenflug des Ölpreises

Colin Campbell, Mitte siebzig, ist ein unaufgeregter Kassandrarufer der Ölindustrie. Er sitzt im Wintergarten eines Seminarhotels in Koblenz, vor dem Fenster schippern am Rhein Schleppkähne stromaufwärts. Es ist ein freundlicher Oktobertag, Campbell hat gerade im Seminarraum nebenan vor einer Gruppe interessierter Experten aus der Ölindustrie sein Credo vorgetragen. Die erste Hälfte des Petro-Zeitalters ist zu Ende, sagte er und führt Beispiele an, wie radikal die Welt in der Petro-Ära der letzten 150 Jahre umgekrempelt worden ist: Landwirtschaft, Industrie, Transport, Handel und die Finanzwirtschaft – kein Stein blieb auf dem anderen. Campbell spricht davon, wie die Bevölkerungsexplosion von

Öl befeuert und die Globalisierung durch die niedrigen Transportkosten, die das Öl uns beschert hat, erst möglich wurde. Nun befinden wir uns am Scheitelpunkt einer Entwicklung – und auch auf dem rutschigen Weg die Erdölproduktions-Glockenkurve hinab wird wieder kein Stein auf dem anderen bleiben. Denn, so Campbell, im Jahr 2005 werden wir die Hälfte des insgesamt gefundenen Öls gefördert haben und das hat weitreichende Konsequenzen. Wir können zwar mehr Fördertürme aufstellen, *Deep-Water*-Ölplattformen mitten im Meer errichten und zweitausend Meter unter der Wasseroberfläche nach Öl bohren, laut Colin Campbell haben wir bald den Punkt erreicht, wo die weltweite Förderung zurückgehen wird.

Nun, nach dem Vortrag, sitzt er also da, der freundliche, alte Mann, der alles andere als ein rechthaberischer, bräsiger Griesgram, sondern ein aufgeweckter, munterer Argumentierer und Diskutierer ist. Ein wenig altersradikal vielleicht, aber die Grenzen der Seriosität nie überschreitend. Campbell ist mitgenommen von dem vielen Herumreisen, sagt er. Müde ist er, die immergleiche deprimierende Nachricht unters Volk zu bringen, müde der Aufmerksamkeit, die seiner Person seither zuteil wird. Doch da

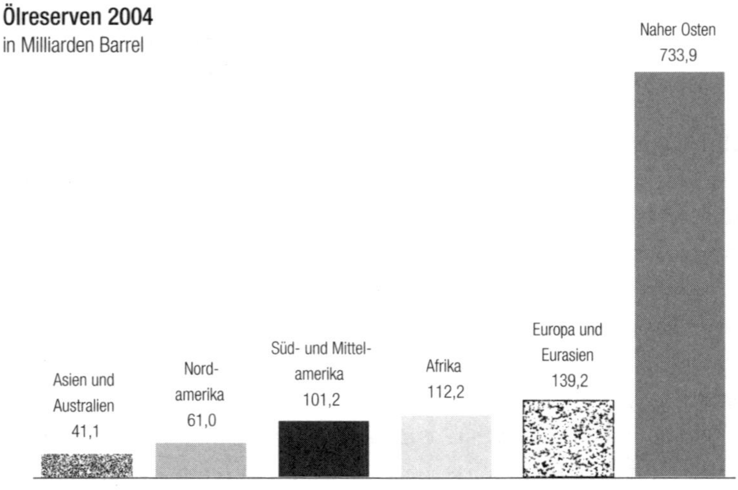

Quelle: BP Statistical Review of World Energy 2005

schwingt viel Koketterie mit. Campbell ist der Partybreaker, der Schlechte-Laune-Onkel der Wirtschaftseuphoriker und Wachstumsfetischisten. Diese Rolle macht dem Explorations-Geologen, der zeitlebens für Ölkonzerne wie *BP, Texaco, Fina* und *Amoco* auf der Suche nach Öl und Gas um die halbe Welt gezogen ist, sichtlich Spaß.

Wie war das noch mal, mit den Zusammenhängen zwischen Erdölförderung und Bevölkerungswachstum? – »1850, als man damit begann, Erdöl als Energiequelle zu nutzen, lebten auf unserem Planeten rund eine Milliarde Menschen. Seither haben wir uns versechsfacht. Die grüne Revolution, Dünger, Pflanzenschutzmittel, Treibstoff für Traktoren und landwirtschaftliche Maschinen, das hängt doch alles am Öl. Ich stelle mir folgende Frage: Was geschieht, wenn das Öl zur Neige geht? Ich will gar nicht darüber nachdenken.« – *Peak Oil*, was bedeutet das in der Realität? – »Dass wir die Halbzeit des Ölzeitalters erreichen. In der ersten Hälfte war Öl billig und ausreichend vorhanden. Nun wird es knapp. Die globale Produktion wird jährlich um 2,5 Prozent zurückgehen, die Preise werden explodieren. Der Ölpeak ist ein unglaublicher Wendepunkt in der Geschichte der Menschheit. Die Ökonomen sagen

Ölreserven 2004 in %
(2004 Reserven: 1.188,6 Miliarden Barrel)

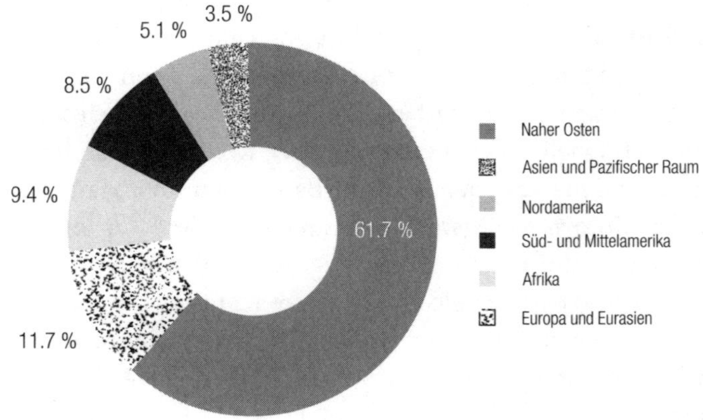

Quelle: BP Statistical Review of World Energy 2005

immer: Die Steinzeit ging nicht an einem Mangel an Steinen zu Ende, sondern weil die Steine vom Fortschritt verdrängt wurden: Bronze statt Steinen, Eisen statt Bronze. Es gab noch massenhaft Steine, aber man fand bessere Materialien. Diesesmal aber werden die Steine weniger, ohne dass etwas Besseres in Sicht ist.« [34]

Die Börse wird krachen, meint Campbell, »da wird eine Menge Geld vernichtet werden.« Unsere Art zu wirtschaften, unser Vertrauen auf billige Transportkosten und billige Energie wird erschüttert werden. Vor ein paar Monaten, erzählt Campbell, hat ihm ein Australier geschrieben, dass er nach Beschäftigung mit dem Thema beschlossen hat, Vorsorge zu treffen: Dieser Unternehmer sperrte sein Geschäft zu und ging aufs Land, kaufte eine Farm, um Selbstversorger zu werden. »Genau diesen Rat gebe ich jedem, den ich treffe: Ziehen Sie aufs Land, in ein nettes kleines Dorf mit freundlichen Menschen. Ziehen Sie bloß aus den Städten weg, *there are going to be cannibals in Chicago*.«

Trotz solcher Aussagen ist Campbell kein Apokalyptiker: Er macht sich Gedanken, wie ein sanfter Übergang in ein Post-Petroleum-Zeitalter bewerkstelligt werden könnte, und hat seine Ideen im »Uppsala-Protokoll« zusammengefasst: Die Erdöl importierenden Staaten sollen demnach ihre Einfuhren in dem Maß kürzen, wie die Ölreserven zurückgehen, also jährlich um rund 2,5 Prozent. Campbell glaubt, dass dies mit Energiesparen und Verzicht aufs Auto möglich ist: »Man muss ja nicht jeden kleinen Weg mit dem Auto fahren«. Die Länder, die sein »Uppsala-Protokoll« zuerst umsetzen, hätten später enorme Vorteile und seien auf die neuen Gegebenheiten besser vorbereitet. Für Europa eine Riesenchance, meint Campbell: »Der hemmungslose Konsumismus hat nie so Platz gegriffen wie in den USA, die Bausubstanz der Häuser ist besser, die Motorisierungsrate niedriger und die Siedlungsstruktur nicht so sehr auf das Auto ausgelegt wie in den Vereinigten Staaten. Europa kriegt vielleicht eine sanfte Landung hin, die USA, die das Problem nicht erkennen wollen, fallen über eine steile Klippe.«

Wie kommt Campbell zu seinen Thesen, wovon spricht der Mann überhaupt? Der Vater des *Peak-Oil*-Gedankens war ein Mann namens Marion King Hubbert. Der texanische Geologe forschte schon seit Anfang der 50er-Jahre an physikalischen und statistischen Methoden, um die Weltöl- und -gasvorräte zu errechnen. 1956 sagte Hubbert voraus, dass die Spitze der Ölförderung in den Vereinigten Staaten irgendwann zwischen 1966 und 1972 eintreten würde.[35] Hubbert generalisierte seine These aus Beobachtungen an einzelnen Ölfeldern. Die Förderung entspricht meist einer Glockenkurve, denn zuerst werden einige Probebohrungen gemacht, das Feld liefert wenig Öl. Sobald die Lagerstätte karthographiert ist, können weitere Bohrungen gezielt niedergebracht werden, die Förderung steigt steil an, weil die am leichtesten zu erschließenden Ölquellen zuerst angebohrt werden. Ab einem bestimmten Punkt wird es aber immer schwieriger, den verbliebenen Rest zu nutzen. Die Förderung geht zurück. Hubbert berechnete die gesamten US-Ölreserven mit 150 bis zweihundert Milliarden Barrel und kam dann zu seinem Schluss, das Fördermaximum zwischen 1966 und 1972 zu datieren. Sein damaliger Arbeitgeber, *Shell*, war wenig angetan von Hubberts Forschungen und versuchte ihn zu überreden, seine Forschungsergebnisse zurückzuhalten. Doch er stellte seine Thesen zur Diskussion und 1972 – Hubbert war mittlerweile leitender Geophysiker an der *US-Bundesbehörde für Geologie* (*USGS*) – war klar, dass er Recht gehabt hatte: 1970 war in den USA das Fördermaximum erreicht.

1969 machte Hubbert eine weitere Untersuchungsreihe, diesmal errechnete er gleich die Weltölvorräte für den ganzen Globus. Hubberts Ergebnis: Die Weltölvorräte belaufen sich auf 2100 Milliarden Barrel, der *Peak* in der Weltproduktion ist im Jahr 2000 erreicht. Kenneth S. Deffeyes, ein Schüler von M. King Hubbert, mit dem er ab 1958 im *Shell*-Forschungslabor in Houston, Texas, zusammengearbeitet hatte, schreibt, die Weltölvorräte belaufen sich auf 2013 Milliarden Barrel, aufgrund neuer Berechnungen setzt er den Zeitpunkt für *Peak Oil* für das Jahr 2005 an.[36] Genau wie Colin Campbell: »Jeder fragt mich nach einem genauen Datum, wobei das unerheblich ist. Wichtig – und unleugbar – ist der Wendepunkt vom Wachstum zum Sinken der Förderraten. Meine Daten ergeben Folgendes: Der Wendepunkt für Rohöl ist 2005, rechnen Sie Gas hinein, ist der Wendepunkt 2012.« Die Rechnung, da stimmen die *Peak-Oil*-Experten überein, stimmt: Bisher wurde weltweit eine Menge von zirka 950 Milliarden Erdöl gefördert. Bei rund zweitausend Milliarden Barrel Weltölvorräten und einer jährlichen Förderung von rund dreißig Milliarden Barrel (Tendenz steigend – täglich rund achtzig Milliarden Barrel) und neuen Erdölfunden von acht bis zehn Milliarden Barrel (Tendenz fallend, in den 60er-Jahren wurden noch jedes Jahr vierzig Milliarden Barrel gefunden) heißt das, dass wir jedes Jahr 2,2 Prozent der vorhandenen Reserven verlieren. Besonders beunruhigend: Weltweit gibt es rund 45 000 Ölquellen, die vierhundert größten Felder enthalten mehr als 75 Prozent des gesamten bisher gefundenen Öls: Das seit 1951 sprudelnde größte Ölfeld der Erde, Ghawar (Saudi-Arabien) mit seinen rund 3400 Ölquellen, liefert rund 4,5 Millionen Barrel pro Tag (1981: 5,7 Millionen Barrel pro Tag; 1996: fünf Millionen Barrel pro Tag; 2001: 4,5 Millionen Barrel pro Tag). Der über fünfzig Jahre alte »Elefant« (so nennen die Ölleute ein gigantisches Ölfeld) kommt in die Jahre und hat seinen *Peak* bereits überschritten. Rund achtzig Prozent des gegenwärtig geförderten Öls stammt aus Feldern, die vor 1973 entdeckt wurden und von denen die große Mehrheit ihren Förderhöhepunkt bereits überschritten haben (der letzte größere Erdölfund war das Kashagan-Ölfeld in Kasachstan im Jahr 2000, die Reserven werden auf rund elf bis dreizehn Milliarden Barrel geschätzt).

All das hat weitreichende Konsquenzen: Wir werden zwar noch lange Öl haben, aber die Preise werden steigen, weil es für die Ölfirmen immer teurer und schwieriger wird, ihre Reserven aufzufüllen. Die *Peak-Oil*-Kassandrarufer beschleicht zudem ein Verdacht: Die Ölpreise schießen in den Himmel und dennoch investieren die Ölfirmen nur wenig in Exploration, in das Finden neuer Vorräte. Die Raffinerien in den USA arbeiten an der Kapazitätsgrenze und dennoch wurde seit 1976 keine neue mehr gebaut. Öltanker sind ausgebucht und dennoch werden mehr alte Tanker außer Dienst gestellt, als neue gebaut werden. »Was geht hier vor? Warum stimulieren höhere Preise und eine größere Nachfrage nicht mehr Investment, als das der Fall ist?«, schreibt Ölexperte Kenneth S. Deffeyes in seinem Buch »Beyond Oil«.[37] Was, wenn die Annahme stimmt, dass »wir das meiste Öl bereits gefunden haben«? Warum sollten die Ölfirmen Probebohrungen machen, wenn sie wissen, dass sie nichts finden werden. »Wenn die Ölförderung fallen wird, dann macht es auch keinen Sinn, neue Raffinerien zu bauen oder in die Tankerflotte zu investieren«, schreibt Deffeyes. Campbell, der jahrelang für die Beratungsfirma *Petroconsultants* in Genf[38] (die ihre elaborierte Erdölreserven-Datenbank für rund 35 000 Dollar unter anderem an die *CIA* verkauft) gearbeitet hat, treibt noch eine weitere Sorge um: Die *OPEC*-Staaten, so Campbell, haben über Jahre ihre Reserven-Situation geschönt, um höhere Förderquoten zugesprochen zu bekommen. Ende der 1980er-Jahre haben Kuwait, die Vereinigten Arabischen Emirate, Iran, Irak, Venezuela und Saudi-Arabien zusammen mehr als dreihundert Milliarden Barrel Reservenzuwachs deklariert. Allein Saudi-Arabien hat seine deklarierten Reserven von 167 Milliarden Barrel auf 257 Milliarden Barrel angehoben. Normalerweise revidieren Ölförderer ihre Reserven nach oben, wenn sie neue Ölfelder entdecken. Aber in keinem dieser sechs *OPEC*-Staaten wurden zwischen 1980 und 1990 signifikante neue Vorkommen entdeckt.

Campbell führt noch einen weiteren Indikator für die Richtigkeit seiner Thesen an: Zwischen dem *Peak* der Entdeckung (dem Zeitpunkt, wenn die Ölsucher am meisten neue Öllagerstätten in einer Region entdecken) und dem der Förderung liegen einige Jahrzehnte. Denn es dauert eine Weile, bis die Geologen die Eigenschaften des Ölfelds kennen, die Driller mit den Bohrungen beginnen können und schließlich die Pipelines von den Ölquellen zu den Stätten der Weiterverarbeitung gelegt sind. In den USA (ohne Alaska) lagen vierzig Jahre zwischen diesen beiden Kurvenhöhepunkten, in Russland 27 Jahre und in Großbritannien 25 Jahre. Wenn der *Peak* an Entdeckungen überschritten ist, dann folgt der Förder-*Peak* unausweichlich. Schon heute fördern und verbrennen wir durchschnittlich zwischen drei und vier Barrel für jedes neu entdeckte Barrel Öl. In den ersten sechzig Jahren des Ölbohrens bis 1920 wurden durchschnittlich pro gebohrtem Meter etwa 780 Barrel Öl gefördert. In den 1930er-Jahren waren es 980 Barrel pro gebohrtem Meter, heute sind es nur mehr dreißig Barrel pro Meter. Und das in einer Zeit, wo nicht wie früher sture und sich auf ihre Intuition verlassende *Wildcatter* »der Nase« nach bohrten, sondern wo hochmoderne Suchmethoden zur Verfügung stehen.

Peak Oil bedeutet allerdings nicht, dass das Öl danach schlagartig ausgeht, sondern, dass das Wachstum der Ölförderung zu Ende ist. Und *Peak Oil* bedeutet, dass Erdöl ein knappes und teures Gut wird, wenn die Förderung ihren Höhepunkt überschritten hat.

Diese Erkenntnisse haben weitreichende Konsequenzen – die heute schon spürbar sind. Es geht heute schon um die letzten Reserven und beim Kampf um diese sind die westlichen Ölgesellschaften in keiner guten Position.

Die Ölgesellschaften fördern rund um die Uhr. Dafür brauchen sie Geld, und zwar eine Menge davon – eine Ölplattform kostet hundert Millionen Dollar (die meisten Ölgesellschaften mieten ihre Anlagen, ein *Onshore*-Bohrturm kostet 30 000 bis 60 000 Dollar Miete, eine *Offshore*-Plattform 90 000 Dollar oder 300 000 Dollar pro Tag für *Deep Water Drilling*, also Ölsuche in Tiefen um zweitausend Meter). Dieses Geld kommt aus den laufenden Gewinnen, von Banken und Investoren an der Börse. Gelingt es einer Ölfirma aber nicht, ihre Ölreserven wieder aufzufüllen (das heißt, neue Ölvorkommen in dem Ausmaß zu erschließen, in dem Öl gefördert worden ist), dann sinkt der Wert des Unternehmens und die Investoren versuchen ihr Glück woanders. Denn die Ölreserven sind jenes Kapital der Ölfirma, mit dem sie zukünftig Geld verdienen will. Ist der »Öl-Kontostand« gesunken, ist die Firma weniger wert. Am 9. Februar 2004 verschwanden plötzlich siebzig Milliarden Dollar vom Öl-Konto *Shells*. In einer knappen Mitteilung gab der Konzern bekannt, seine Reserven um 3,9 Milliarden Barrel überschätzt zu haben. Die Analysten überschlugen rasch, was das bedeutet: Für jedes dritte Fass Öl, das *Shell* verkauft, findet es keinen Ersatz in neuen Ölfeldern, die Reserven sinken dramatisch.[39] Und weil nun *Shell* zugeben musste, weniger Reserven als bisher angenommen zur Verfügung zu haben, waren die Börsianer auch schnell darin, zu kalkulieren, dass *Shell* in Wahrheit 7,90 Dollar ausgegeben hatte, um ein Fass Öl zu finden und zu fördern, anstatt, wie bisher angegeben, 4,27 Dollar. *Shell* fördert weniger als zwei Drittel des Öls, das an seinen Tankstellen als Benzin, Diesel oder Motoröl verkauft wird, selbst. Die Aktienkurse fielen um acht Prozent, in einer Stunde wurden drei Milliarden Pfund (4,38 Milliarden Euro, 5,53 Milliarden Dollar) Börsenwert ausgelöscht.[40] So mancher Analyst vermutet, dass *Shell* nicht der einzige Ölkonzern ist, dessen Ölreserven nicht so groß sind wie angegeben (*Shell* verfügt nun über 12,95 Milliarden Barrel, das entspricht dem Weltverbrauch von gerade einmal sechzehn Tagen, und fördert rund 3,8 Millionen Barrel pro Tag aus insgesamt zwölftausend Ölquellen, das entspricht in etwa dem Tagesverbrauch von Deutschland und Frankreich).[41]

Die westlichen Ölkonzerne stehen aber längerfristig vor folgendem Problem: Die Reserven jener Lagerstätten, auf die sie direkt Zugriff haben, schwinden (vor allem in der Nordsee), Russlands Führung versucht gerade, den Erdölsektor wieder stärker unter staatliche Kontrolle zu bekommen, und die Ölstaaten der arabischen Halbinsel haben kein gesteigertes Interesse, die Konzerne ins Land zu lassen. Mit steigenden Ölpreisen lässt das Interesse der Regierungen der Golfstaaten noch weiter nach, denn wenn die Kasse stimmt, besteht keine Notwendigkeit, die Produktion auszuweiten.

Als sich im September 2004 die *OPEC*-Ölminister, Ölexperten und die Bosse der vier größten westlichen Ölkonzerne (Lee Raymond von *Exxon*, Lord Browne of Madingley von *BP*, Jeroen van der Veer von *Shell* und Thierry Desmarest von *Total*) im Wiener Hotel *Intercontinental* zum Gedankenaustausch trafen, lautete das Credo der Konzernchefs: Wir wollen Zugang zu euren Ressourcen. Desmarest von *Total* rührte besonders heftig die Werbetrommel: In seinem Vortrag warnte er gar vor Versorgungs-Engpässen, wenn es nicht gelingt, »neue Reserven im Nahen Osten, Russland und Zentralasien zu erschließen«.[42]

Die *OPEC*-Minister reagierten eher kühl auf die verzweifelten Avancen der Ölkonzerne. Ihre Reserven reichen am längsten:

Peak Oil

Förderland	Jahr des Öl-Peaks	Bereits verbraucht (%)	Kommentar
Nordamerika			
USA	1970	79,3	1. Land am Förderzenit
Kanada	2006	48,1	
Mexiko	2005	46,7	
Nordamerika	1984	69,1%	1. Region am Förderzenit
Süd- und Mittelamerika			
Kolumbien	1998	47,7	
Äquador	2006	43,9	
Venezuela	1970	51,6	2. *OPEC*-Land am Förderzenit
Süd- und Mittelamerika	2008	48,2%	
Europa			
Norwegen	2003	44,8	
Großbritannien	1998	58,9	
Europa	1999	52,9%	3. Region am Förderzenit
Frühere Sowjetunion			
Frühere Sowjetunion	1987	60,4%	2. Region am Förderzenit
Naher Osten			
Iran	1976	44,6	3. *OPEC*-Land am Förderzenit
Irak	2036	24,8	*OPEC*
Kuwait	2035	30,9	*OPEC*
Katar	2008	35,8	*OPEC*
Saudi-Arabien	2019	29,1	*OPEC*
V. A. E.	2026	21,2	*OPEC*
Naher Osten	2020	30,5%	2 % der Weltbevölkerung
Afrika			
Algerien	2006	48,6	*OPEC*
Angola	1999	38,7	
Gabun	1996	47,7	
Libyen	1969	43,2	1. *OPEC*-Land am Förderzenit
Nigeria	2007	44,7	*OPEC*
Afrika	2006	46,1%	
Asien			
China	2012	40,0	1,3 Milliarden Menschen
Indien	2006	44,4	1,1 Milliarden Menschen
Indonesien	1977	69,4	4. *OPEC*-Land am Förderzenit
Asien	2010	47,8%	60 % der Weltbevölkerung
Australien			
Australien	2000	50,2	
Welt			
OPEC	2017	35,3%	Über 70 % der Welterdölexporte
Non-*OPEC*	2003	58,7%	
Welt	2005	46,5%	

Quelle: Richard Duncan vom Institute on Energy and Man, Seattle, USA

Für den Chefanalysten der *Internationalen Energieagentur (International Energy Agency – IEA)* mit Sitz in Paris, Fatih Birol[43], ist die Lage nicht beunruhigend: Würden sich die *OPEC*-Länder für westliche Ölfirmen öffnen, dann würden auch große, neue Lagerstätten gefunden, ist er überzeugt. »Die *OPEC* verfügt über sechzig Prozent der globalen Ölreserven, aber nur zwei Prozent aller Bohraktivitäten finden dort statt. Aber die derzeitige Situation hoher Ölpreise passt den *OPEC*-Ländern ganz gut, sie werden nichts ändern.«

Sein Boss, Claude Mandil[44], bringt eine weitere Wunderwaffe ins Spiel, die auch von der Öl-Lobby immer wieder genannt wird, wenn Experten und Politiker Sorge um die Weltölreserven äußern: die sogenannten Ölsande. »Natürlich wird das Öl eines Tages knapp werden. Schließlich ist Öl eine limitierte Ressource und keine erneuerbare. Diejenigen, die sagen, dass der Zeitpunkt des *Peak Oil* herannaht, sind keineswegs verrückt, das sagt niemand. Aber sie unterschätzen die technologischen Möglichkeiten. Vermutlich gibt es noch größere Ölvorkommen unter dem Meeresboden im Atlantik, ein zweites Hoffnungsgebiet sind die sogenannten Ölsande in Kanada. Die Vorkommen dort sind einfach fabelhaft.«

Mandil hat Recht, in den Wäldern und Sümpfen der kanadischen Provinz Alberta liegen angeblich 1600 Milliarden Barrel Öl, von denen sich allerdings nur rund ein Fünftel abbauen lassen. Ein gewaltiges Vorkommen. Das Problem ist nur, dass das Zeug nicht in flüssiger Form an die Erdoberfläche sprudelt, sondern als sandiger Teer vorliegt. Firmen wie *Syncrude* bauen das klebrige Zeug im Tagbau ab, riesige, bis zu sechshundert Tonnen schwere Lastwagen transportieren die Fracht in die Aufbereitungsanlagen weiter. Dort wird die klebrige Paste mit heißem Wasser vermischt, wodurch das Bitumen von den Sandkörnern gelöst wird. Aus zwei Tonnen Ölsanden lässt sich gerade mal ein Barrel oder knapp 159 Liter Erdöl gewinnen, zweieinhalb Barrel Giftmüll, die beim Aufschließungsprozess entstehen, müssen auf die Deponie. Wegen der aufwändigen Ölgewinnung ist die Energiebilanz um ein Vielfaches schlechter als bei Öl – eine Lösung für die sich ankündigende Energiekrise sind die Ölsandvorkommen und Ölschiefer keineswegs. Selbst wenn sich die Hoffnung, dass sich unter dem Tiefsee-Meeresboden riesige Ölvorkommen verbergen, erfüllen sollte, die Tiefsee-Offshore-Ölförderung wird ziemlich teuer.

Wäre das Geld nicht besser in der Entwicklung von neuen, erneuerbaren Energiequellen angelegt? Eine vom US-Verteidigungsministerium finanzierte Studie schlägt genau das vor: »Selbst wenn der *Peak* irgendwann – nach Meinung der meisten Öl-Optimisten – zwischen 2020 und 2040 auftritt, wäre es sinnvoll, bereits jetzt Vorsorgemaßnahmen zu treffen. Denn selbst wenn man der Meinung ist, dass die Optimisten Recht haben, ist der Umstieg eine Versicherung gegen den Fall, dass die Pessimisten Recht behalten. Es zahlt sich aus mehreren Gründen aus: Dass wir den *Peak* überschritten haben, sehen wir erst im Nachhinein – wenn es bereits zu spät ist. Sowohl die Produzenten als auch die Konsumenten werden vom Markt nicht ermuntert, Vorsorge zu treffen, daher gibt es auch wenig Unterstützung für eine weitsichtige Politik. Dazu kommt, dass das *OPEC*-Kartell den Preis verzerrt und andere dazu zwingt, teurere Ölvorkommen aufzuschließen. Daher warnt uns auch kein zuverlässiges Preissignal [...] Daher der Vorschlag: Es ist höchste Zeit für einen Wandel.«[45] Zeit für Plan B.

Epilog

Öl – Treibstoff des Krieges, Ursache von Korruption, Menschenrechtsverletzung, Bürgerkrieg, Umweltverschmutzung und drohendem Klimakollaps.

Eine Blutspur führt von den Zapfsäulen an den Persischen Golf: Zuerst (1953) stürzte die *CIA* den demokratisch gewählten Premier des Iran, der die Ölindustrie verstaatlicht hatte, um den korrupten, aber dafür weitaus kooperativeren Schah wieder auf den Thron zu hieven. Das Ergebnis ist bekannt: 1979 revoltierten die Massen, das theokratische Regime von Ayatollah Khomeini kam an die Macht. Um den Iran zu bedrängen, bediente man sich des irakischen Diktators Saddam Hussein – bis dieser Kuwait überfiel. Die USA stationierten Truppen in Saudi-Arabien und vertrieben Saddam aus Kuwait. Die US-Truppen blieben am Golf und unterhielten weiter Basen in Saudi-Arabien. Ein gewisser Osama Bin Laden rief dazu auf, die »Ungläubigen« von der arabischen Halbinsel zu vertreiben, sein Hass auf die USA gipfelte im Terror des 11. September 2001. Die USA vertrieben die Taliban, Bin Ladens Helfershelfer, aus Afghanistan, die zahlreichen Militärbasen im ölstrategisch wichtigen Zentralasien sind ein »Kollateral-Nutzen« für die USA, die sich für die nächste große Konfrontation rüsten – diesmal mit China. Doch der 11. September hatte den Weg freigemacht für die Schlacht aller Schlachten. Saddam wurde gestürzt, die USA haben rund 130 000 Mann im Irak stationiert. Täglich geben irakische Bürger und GIs ihr Leben und ihr Blut dafür, dass das Schmiermittel der Weltwirtschaft weiter fließt.

Geht es den USA wirklich um die Demokratisierung des Nahen Ostens, wie die *Neocons* in Washington erklären? Oder geht es um etwas noch Größeres, Gewaltigeres, um einen globalen »Kampf der Kulturen«?[1] Oder stehen schnöde wirtschaftliche und geopolitische Interessen im Vordergrund, wie etwa das Absichern der eigenen Position in der wichtigsten Rohstoffregion der Erde?

Im Nahen Osten sehen sich nun die USA, das einzig verbliebene Imperium, mit Terroristen und islamischen Extremisten konfrontiert, die nicht zuletzt auch das Produkt westlicher Interventionen und Unterstützung despotischer Herrscher zugunsten der Ölinteressen sind. Sie verstehen ihren Terror auch als Angriff auf den neuen Hegemon in der Region, den sie als Kolonialmacht sehen. Der »Kampf der Kulturen« hat daher eher materielle als ideologische Ursachen, es geht nicht um Gott, es geht auch um Geld.

Es wird Zeit umzukehren: Allein die USA gaben im Jahr 2000 (also noch vor der Irak-Invasion) rund siebzig Milliarden Dollar jährlich für die militärische Sicherung der Golfregion aus.[2] Das sind immerhin zehn Dollar pro aus der Region stammendem Fass Öl. Siebzig Milliarden Dollar, das sind rund die Hälfte des EU-Budgets oder rund 54 Prozent der Kosten des gesamten Apollo-Programms der NASA in den 60er-Jahren.[3] Die weltweite Entwicklungshilfe beträgt demgegenüber jährlich nur rund 55 Milliarden Dollar. Die Hälfte der Stromversorgung Deutschlands könnte mit dieser Summe auf erneuerbare Energieträger umgestellt werden, ein Zehntel würde für die Umstellung der Stromversorgung in Österreich – das durch Wasserkraft begünstigt ist – auf Windenergie genügen. Wohlgemerkt, in diesen Zahlen sind die Kriegs- und Okkupationskosten im Irak nicht enthalten. Diese betragen bis heute rund 208 Milliarden Dollar.[4]

Wie kommen wir von der Öl-Droge los? Das Entwöhnprogramm findet auf mehreren Ebenen statt. Jeder Einzelne kann sich aktiv mit seinen Konsumentscheidungen, mit der Wahl seiner Verkehrsmittel und Stromanbieter, mit seinem Sparverhalten, im Besonderen aber durch politisches Engagement beteiligen, denn die Verantwortung liegt vor allem bei den politischen Entscheidungsträgern und ökonomischen Eliten.

Die konkreten Vorschläge sind zum großen Teil altbekannt, allein es fehlt der Wille der Regierungen, Anreize zu ihrer Umsetzung zu schaffen: Statt den Verzicht auf Auto und Flugzeug durch die Attraktivierung des öffentlichen Verkehrs zu ermöglichen, werden Bahn und Bus privatisiert und gleichzeitig Autobahnen, Industrie und Fluggesellschaften mit Steuergeldern hoch subventioniert. Wenig Anreize gibt es auch für die Bildung von Fahrgemeinschaften oder Carsharing.

Das Problem ist, dass sich die Regierungen der Industrieländer offenbar als Erfüllungsgehilfen der Kfz- und Ölindustrie sowie der mächtigen Autofahrerclubs sehen. Es braucht eine solare Revolution: Eine sanfte, aber tiefgreifende Revolution, wie der Politikwissenschafter Elmar Altvater schreibt: »Sie ist eine solare Kulturrevolution und die solare Wirtschaft wird nur entstehen, wenn ihr eine solare Kultur zuwächst.«[5]

Wesentlicher Knackpunkt wäre etwa die Herstellung von Kostenwahrheit und die Einführung des Verursacherprinzips durch eine Ökologisierung des Steuersystems und durch Instrumente wie Roadpricing, Maut und Rohstoffsteuern. Damit wären Benzinfresser wie etwa Geländefahrzeuge für all jene, die nicht am Morgen auf steinigen Felswegen und durch tosende Bergbäche in die Arbeit fahren müssen, schnell aus dem Verkehr. Stromspar-Maßnahmen und die Wahl weniger energieintensiver Konsumprodukte, also etwa ökologische Lebensmittel aus der Region statt Tiefkühlkost aus der Intensivlandwirtschaft mit langen Transportwegen, tragen unter dem Strich zu einer Steigerung der Lebensqualität bei. Tipps dazu sind bei Umweltschutz-Organisationen und Konsumentenschutz-Verbänden erhältlich. Solange aber aufgrund der derzeitigen Subventionspolitik ein hochgezüchteter Apfel aus Chile bei uns billiger ist als ein Öko-Apfel aus der Region, darf man die Verantwortung nicht auf die Konsumenten und Konsumentinnen abschieben. Auch die in internationalen Handelsverträgen etwa auf Ebene der *Welthandelsorganisation* (*WTO*) festgeschriebenen Gesetze verhindern eine Reduzierung des Energieverbrauchs und den Aufbau von Alternativen, da diese Verträge das Ergebnis der Lobbyarbeit einzelner multinationaler Unternehmen und nicht das Ergebnis demokratischer Entscheidungsprozesse sind. Eine Demokratisierung internationaler Organisationen wie der *WTO*, aber etwa auch der Europäischen Union, müsste vor allem die Kontrollmöglichkeiten und die Transparenz politischer Entscheidungsprozesse vergrößern. Auf politischer Ebene wurde zwar vieles bereits diskutiert, aber wenig umgesetzt: Die Ergebnisse sind im Grünbuch[6] und im Weißbuch der EU-Kommission[7] zu finden. Das ehrgeizige Ziel der Union: Der Beitrag von erneuerbaren Energiequellen soll bis 2020 zwölf Prozent des Gesamt-Energieverbrauchs betragen, zwanzig Prozent der Treibstoffe sollen bis dahin aus Ethanol, Biodiesel oder Wasserstoff stammen.

An guten Vorsätzen herrscht kein Mangel:

Das ***Uppsala-Protokoll:*** Die Erdöl importierenden Staaten sollen ihre Einfuhren in dem Maß kürzen, wie die Ölreserven zurückgehen, also jährlich um rund 2,5 Prozent.[8]

Die ***Apollo-Allianz:*** Eine Koalition von US-Umweltgruppen, Gewerkschaftern, Kirchengemeinden und Wirtschaftsverbänden hat sich zur »Apollo-Allianz« zusammengeschlossen: Sie erinnern daran, dass Präsident John F. Kennedy 1961 Amerika ein Ziel gesetzt hat: Innerhalb eines Jahrzehnts einen Astronauten zum Mond zu schicken. Acht Jahre später setzte Commander Neil Armstrong seinen Fuß auf die Mondoberfläche. »Ein Beweis, dass wir erfolgreich sein können, wenn wir unser Wissen, unsere Innovationskraft und unseren Schaffen-wir-Spirit einsetzen«, wie auf der Homepage zu lesen ist. Jetzt sei es wieder an der Zeit, sich ein Ziel zu setzen: Eine neue Unabhängigkeitserklärung muss her, diesmal von Energie-Importen. Europa könnte das Ziel schneller schaffen als die USA: Höhere Energiesteuern haben eine höhere Energieeffizienz und beim Auto höhere Kilometerleistung pro Liter bewirkt. Die historischen Siedlungsstrukturen und traditionell besser ausgebauten Nahverkehrsnetze begünstigen Europa zusätzlich. Eine globale Apollo-Allianz hätte Vorbildwirkung: auch für China und Indien, deren einzige Chance es ist, in erneuerbare Energiegewinnung einzusteigen. Für das Petro-Zeitalter sind die beiden Staaten ohnehin zu spät dran. Die Petro-Party wird vorbei sein, bis beide Staaten ein gewisses Wohlstands-Niveau erlangt haben werden.[9]

Der *globale Marshall-Plan:* Mit Tobin-Steuer (auf Finanztransaktionen), einer Terra-Abgabe (einer Abgabe auf Welthandel) und anderen Finanzierungsinstrumenten soll den ärmsten Ländern der Welt eine Tür zu einer nachhaltigen Entwicklung geöffnet werden. Der Einsatz von lokalen, erneuerbaren Energiequellen ist ein wichtiges Element in einem solchen Prozess. Die Promotoren des »globalen Marshall-Plans« fordern die Europäische Union auf, alles zu tun, was die Umsetzung der »Millennium-Ziele«[10] befördert: Hungerbekämpfung, Gesundheitsvorsorge, Nachhaltigkeit, Klima- und Umweltschutz.

Sind all diese Papiere, Protokolle, Manifeste und Ziele, Weiß- und Grünbücher nur Makulatur? Ja, solange die Regierungen der Industrieländer weiterhin die Interessen von einigen Dutzend Großkonzernen vertreten, die – das sei zugegeben – von einer ökologischen Wende nicht profitieren würden, denn Sonne und Wind lassen sich nicht so leicht monopolisieren wie ein Erdölfeld.

Aber niemand wird sagen können, er sei nicht gewarnt worden. Wie sagt doch ein saudisches Sprichwort: »Mein Vater ist auf einem Kamel geritten. Ich fahre ein Auto, mein Sohn fliegt mit dem Flugzeug, sein Sohn wird auf einem Kamel reiten.«

Die 20 Top-Ölfirmen
(nach Reserven 2003) in Millionen Barrel

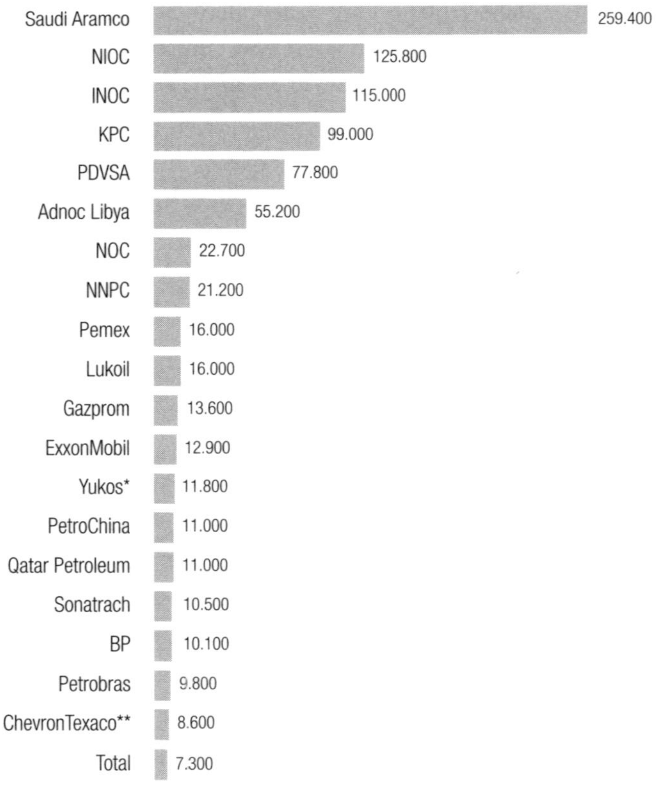

6. Firmenporträts

Die Firmendaten im folgenden Kapitel beziehen sich auf das Geschäftsjahr 2004 und stammen – so nicht anders angegeben – von der Website der jeweiligen Firma.

Ölkonzern	**Firmensitz**	**% Staatsbesitz**	**Reserven** (in Mio. Barrel)
Saudi Aramco	Saudi-Arabien	100	259.400
NIOC	Iran	100	125.800
INOC	Irak	100	115.000
KPC	Kuwait	100	99.000
PDVSA	Venezuela	100	77.800
Adnoc Libya	V. A. E.	100	55.200
NOC	Libyen	100	22.700
NNPC	Nigeria	100	21.200
Pemex	Mexiko	100	16.000
Lukoil	Russland	8	16.000
Gazprom	Russland	73	13.600
ExxonMobil	USA	–	12.900
Yukos*	Russland	–	11.800
PetroChina	China	90	11.000
Qatar Petroleum	Katar	100	11.000
Sonatrach	Algerien	100	10.500
BP	Großbritannien	32	10.100
Petrobras	Brasilien	–	9.800
ChevronTexaco**	USA	–	8.600
Total	Frankreich	–	7.300

* Yukos ist mittlerweile Teil des Ölkonzerns Rosneft

** Die Reserven von Unocal sind nicht enthalten

Quelle: Petroleum Intelligence Weekly

BP p.l.c.

Homepage http://www.bp.com

Firmendaten

Umsatz: 285 Milliarden US$[1]
Gewinn: 16,2 Milliarden US$[2]
Beschäftigte: 103 700 in 100 Ländern
Fördermenge: 1,9 Millionen Barrel täglich
Reserven: 18,3 Milliarden Barrel[3]
Sitz: London (UK)

Das britische Unternehmen ist nach einer Reihe von Fusionen und Zukäufen (z. B. Amoco, Aral, Arco, Castrol) zum zweitgrößten Ölmulti der Welt aufgestiegen. BP war ebenso wie andere Erdölkonzerne jahrelang der Kritik durch Umwelt- und Menschenrechtsgruppen ausgesetzt und hat sich daraufhin – zumindest nach außen – ungewöhnlich kooperationsbereit gezeigt. Anders als etwa ExxonMobil, die den Zusammenhang zwischen Treibhausgas-Emissionen und dem Klimawandel immer bestritten, zog sich BP relativ bald aus der radikalen Anti-Klimaschutzlobby Global Climate Council zurück und investiert auch in die Erforschung und den Ausbau alternativer Energieformen.
Der Konzern ist außerdem der Einzige, der wegen seiner Aktivitäten im Bürgerkriegsland Angola ein Transparenzabkommen unterzeichnet hat (»publish what you pay«). Da mit den Einnahmen aus den reichen Ölfeldern vor der angolanischen Küste zu einem großen Teil Waffenkäufe und andere korrupte Geschäfte finanziert werden, hat sich BP laut der nichtstaatlichen Organisation Global Witness in einem Brief vom 6. Februar 2001 bereit erklärt, die wichtigsten Finanzdaten offen zu legen. Laut Global Witness sollte damit ein Verschwinden der Erdölmilliarden in den dunklen Kanälen der Korruption verhindert werden. Damit provozierten sie allerdings den staatlichen angolanischen Ölkonzern Sonangol, der dem Konzern in einem wütenden Brief die Kündigung der Lizenzverträge androhte. BP beruhigte die Angolaner daraufhin, dass der Transparenz ohnehin per Steuererklärung Genüge getan sei – womit das Abkommen mit Global Witness de facto wertlos ist.[4]
Anfang 2000 kaufte der Konzern Anteile im Wert von 580 Millionen Dollar an der chinesischen Erdölfirma Petrochina. Diese ist gemeinsam mit ihrem Mutterkonzern, der staatlichen China National Petroleum Company (CNPC) im von China besetzten Tibet aktiv, wo zahlreiche Menschen für den Bau einer Pipeline vertrieben wurden. Außerdem bedroht die Ölförderung dort das labile ökologische Gleichgewicht.[5] Anfang 2004 verkaufte BP seine Anteile wieder.[6]

1998 rückte BP ins Licht der Öffentlichkeit, da der Konzern mit der kolumbianischen Armee vereinbart hatte, dass diese ihre Anlagen in einem Guerilla-Gebiet schützen sollte. Kurz darauf wurde die Sicherheitsabteilung des Konzerns von der Menschenrechtsorganisation Human Rights Watch beschuldigt, Waffen importiert und die für ihre Brutalität berüchtigte kolumbianische Polizei ausgebildet zu haben.[7] Zweihundert Familien beklagen dort die Zerstörung ihrer Lebensgrundlagen durch BP-Pipelines.[8] In Ecuador protestieren Indígenas gegen die BP-Tochter Arco, die an der Zerstörung ihrer Lebensgrundlagen im Amazonasgebiet beteiligt sei (siehe Seite 197 ff.).
Im Irak wurde die gesamte Ölförderung einst durch die Iraq Petroleum Company IPC abgewickelt, die im Besitz von BP und Esso war. 1962 wurde sie verstaatlicht. Der zweite Irakkrieg wurde auch zugunsten der Briten geführt: »In den Stunden und Tagen bevor die USA und Großbritannien den Irak besetzten, lehrte ein Team von BP-Ingenieuren den Kampftruppen [...] die Ölfelder im Südirak zu betreiben«, schreibt das konzernkritische Onlinemagazin CorpWatch. Der Lohn: Gleich nach Ende des Irakkrieges nahm BP eine der ersten Tankerladungen irakischen Erdöls in Besitz und ist nun vorne mit dabei bei der Ausbeutung der reichen Ölressourcen des Landes.[9]
Laut Umwelt- und Entwicklungsorganisationen aus sechs Ländern verstoßen BP und seine Konsortialpartner beim kaspischen Pipelineprojekt Baku-Tiflis-Ceyhan »klar gegen Grundregeln der Unternehmensverantwortung«. Das Konsortium soll unzulässigen Einfluss auf die Umweltgesetzgebung der Anrainerländer ausgeübt haben. »Nachdem BP sich beim georgischen Präsident Schewardnadse beschwert hatte, wurde die Umweltministerin quasi gezwungen, die Umweltverträglichkeitsprüfung für die Pipeline abzusegnen«, erklärt Regine Richter von der Menschenrechtsorganisation urgewald. »Und dies, obwohl sie wenige Tage vorher klargemacht hatte, dass ihre Zustimmung georgisches Recht brechen würde, da die Pipeline die Randzone eines Nationalparks durchquert.« Die Organisationen sprechen von massiver Bedrohung von Projektkritikern in Aserbaidschan und der Türkei und fürchten die Militarisierung der Region zum Schutz der Pipeline vor Anschlägen.[10]
Vor der Küste der russischen Insel Sachalin bedrohen die Aktivitäten der Ölkonzerne die letzten hundert Tiere einer Grauwal-Population, beklagt Greenpeace.[11] Und in West-Papua ist BP am Flüssiggasprojekt Tanguh beteiligt, für das nach Angaben von Menschenrechtsorganisationen mehr als fünfhundert Menschen umgesiedelt werden sollen. Obwohl die NGOs dem Unternehmen im Vergleich zu anderen Konzernen besondere Rücksichtnahme zugestehen, fürchten sie neben negativen Umwelteffekten vor allem, dass das Projekt – ähnlich wie bei den ExxonMobli-Anlagen in der Provinz Aceh – Übergriffe des korrupten indonesischen Militärs provozieren könnte.[12]
Anfang 2005 rühmte sich BP, drei Millionen Dollar für die Opfer der

Tsunami-Flut gespendet zu haben. Das ist in etwa das, was der Konzern in 2,5 Stunden an Gewinnen schreibt. BP-Chef Lord Browne verdiente 2004 übrigens mehr als das Dreifache.[13]

Kontakt

Pressesprecher Ulrich Winkler, Tel. +49/234/315 29 8, ulrich.winkler@de.bp.com bzw. presse@de.bp.com

Weitere Infos

http://www.globalwitness.org/campaigns/oil/index.php: Erdölkampagne von Global Witness
http://www.corpwatch.org: Corporate Watch bietet zahlreiche Infos über BP und andere Konzerne
http://www.business-humanrights.org/Categories/Individual companies/B/BP: Berichte über BP, zusammengetragen von Amnesty International
http://www.bakuceyhan.org.uk: Baku-Ceyhan-Kampagne
http://www.foe.org/camps/intl/institutions/bakuceyhan.html: Infos über die BTC-Pipeline von Friends of the Earth
»Death in the Pipeline: BP's role in the Baku-Tbilisi-Ceyhan (BTC) pipeline and the growing opposition it faces.« In: Ethical Consumer, Februar/März 2003
»Angola – All the president's men« und »Time for transparency«: Global-Witness-Reports über Korruption im angolanischen Ölbusiness

Anmerkungen

1 http://www.bp.com/annualreportextendedsectiongenericarticle.do?categoryId=9002083&contentId=7004673
2 »Oil rise takes BP to £8.7bn profit«, Guardian, 9. 2. 2005
3 http://www.bp.com/genericarticle.do?categoryId=3&contentId=7001049: Angabe der Fördermenge in Rohöl, der gesicherten Reserven in Öläquivalent (Öl und Gas)
4 »Time for transparency«, Global Witness, März 2004
5 »Tell BP Amoco to Stop Funding Destruction of Tibet!« Aufruf von Corporate Watch und International Campaign for Tibet, 9. 6. 2000
6 Presseaussendung vom 12. 1. 2004
7 »Erdöl, Menschenrechte und Geschäftsmoral«, Le Monde Diplomatique, 12/2000
8 »Death in the Pipeline: BP's role in the Baku-Tbilisi-Ceyhan (BTC) pipeline and the growing opposition it faces.« In: Ethical Consumer, Februar/März 2003
9 To the Victors Go the Spoils of War, 8. 8. 2003, http://www.corpwatch.org/article.php?id=7989
10 Presseinformation von Urgewald, WEED, Germanwatch und BUND vom 29. 4. 2003
11 »Die weltweite Spur des Öls«, Greenpeace Deutschland, 2004
12 »BP and the Tangguh test«, Inside Indonesia, April–Juni 2002
13 »BP pays Browne £5.6m for success«, Guardian, 9. 3. 2005

Chevron Corporation

Homepage http://www.chevron.com

Firmendaten

Umsatz: 155,3 Milliarden US$
Gewinn: 13,3 Milliarden US$[1]
Beschäftigte: 47 000 in über 180 Ländern
Fördermenge: 2,6 Millionen Barrel[2]
Reserven: 12 Milliarden Barrel[3]
Sitz: San Ramon, California (USA)

Zu seinem 125. Geburtstag konnte das US-Unternehmen, zu dem auch die Marken Texaco und Caltex gehören, den höchsten Gewinn und den höchsten Umsatz seiner Geschichte vorweisen und rückte damit gemeinsam mit der französischen Total auf den vierten Platz der Ölkonzerne auf. Im Frühjahr 2005 lieferte sich der Konzern ein Bietergefecht um die Übernahme der US-Ölfirma Unocal (siehe Seite 297) mit der staatlichen China National Offshore Oil Company (CNOOC). Die Chinesen legten zwar mit 18,5 Milliarden Dollar das höhere Angebot auf den Tisch, doch am 20. Juli 2005 hatte der US-Konzern mit einer 17-Milliarden-Offerte dennoch die Nase vorn: Mitglieder des US-Repräsentantenhauses sahen durch eine mögliche Übernahme die nationale Sicherheit gefährdet. Sogar der Militärausschuss des US-Kongresses hatte sich mit dem Thema befasst. Die *Financial Times* berichtete, dass Chevron Parlamentarier mit Spenden unterstützt habe, die gegen das Angebot von CNOOC Front machten.[4]

Zwischen 1971 und 1991 förderte Texaco rund 1,5 Milliarden Barrel Öl im ecuadorianischen Amazonasgebiet und hinterließ dabei ein Umweltdesaster: Insgesamt liefen über sechzig Millionen Liter Öl aus der Trans-Anden-Pipeline aus, Milliarden von Litern hochgiftiger Abwässer sickerten in Flüsse und in den Boden, für den Bau der Anlagen und Zufahrtsstraßen wurden riesige Regenwaldflächen abgeholzt. Rund sechshundert kaum abgedichtete Sondermülldeponien vernichteten Lebensraum und Umwelt, die Krebsrate erreichte tausendmal höhere Werte als statistisch üblich. In einem im Oktober 2003 eröffneten Milliarden-Dollar-Prozess muss sich der Konzern nun vor einem ecuadorianischen Gericht für die massive Verschmutzung des Oriente verantworten.[5]

Der Konzern ist an einem Konsortium beteiligt, das ein riesiges Erdölprojekt (Projektvolumen etwa 3,7 Milliarden US$) in Tschad und Kamerun verwirklicht hat. Seit Juli 2003 fließt das erste Öl aus demnächst insgesamt fünfhundert Bohrlöchern. Eine 1070 Kilometer lange Pipeline transportiert das Öl quer durch Kamerun zur Atlantikküste. Ein Teil des Geldes, das im Zuge des Projekts an die Regierung des Tschad geflossen ist, wurde bereits zum Waffenkauf verwendet. Im Umfeld des Pipelinebaus kam es immer wieder zu Menschenrechtsverletzungen, Kritiker wurden eingeschüchtert und inhaftiert. Die Leitungstrasse verläuft durch unberührte Waldgebiete und bedroht die Wasserversorgung. 2002 präsentierte eine Untersuchungskommission der Weltbank einen Bericht, demzufolge das Projekt die sozialen und wirtschaftlichen Probleme des Landes verschärft. Im Jahr 2003 rechnete das Konsortium im Schnitt achtzehn Dollar pro Barrel ab. Geförderte fünfzig Millionen Barrel Rohöl ergaben einen Umsatz von neunhundert Millionen Dollar. Davon erhielt der Tschad siebzig Millionen Dollar, also kaum acht Prozent. Im Oktober 2004 warf die Regierung dem Konsortium vor, »die Wirtschaft und die Ressourcen des Tschad auszuplündern und auszusaugen«.[6]

Im nigerianischen Niger-Delta fördert ChevronTexaco rund 500 000 Barrel pro Tag. Zahlreiche Ölaustritte zerstören Umwelt und Landwirtschaft. In den Raffinerien wird Erdgas aus Kostengründen einfach abgefackelt – eine Methode, die in Europa und den USA seit Jahrzehnten verboten ist, weil sie extreme Gesundheits- und Umweltschäden verursacht.[7]

Die Regierung Angolas finanzierte jahrelang einen brutalen Bürgerkrieg mithilfe der Lizenzgebühren der Erdölkonzerne. Auch heute noch bereichern die Zahlungen der Ölmultis lediglich eine schmale und korrupte Elite. Neunzig Prozent der staatlichen Exporteinnahmen werden mit Öl erwirtschaftet. Mehr als die Hälfte der Abgaben, die die Ölmultis für ihre Förderrechte bezahlen, wurde für Militäroffensiven verwendet. Der Rest verschwindet im Dickicht der Korruption. Der Bevölkerungsmehrheit bleibt von den Reichtümern des Landes nur Armut und Elend. »ChevronTexaco and TotalFinaElf stehen an der Spitze der Liste versteckter Zahlungen«, behauptet die Menschenrechtsorganisation Global Witness. »Diese beiden Unternehmen sind außerdem bekannt für ihre Weigerung, sich auf Diskussionen über Transparenz einzulassen.«[8]

In Kolumbien war Texaco die erste Ölgesellschaft, die zum Schutz ihrer Anlagen Söldner einsetzte.[9]

Kasachstan soll in wenigen Jahren zu den fünf größten Erdöl-Exporteuren der Welt gehören. Doch von den Petrodollars kommt bei der Bevölkerung wenig an: Vierzig Prozent leben unter der Armutsgrenze. Ende der Neunzigerjahre war – neben Mobil und Amoco – auch Texaco in eine Korruptionsaffäre (»Kasachgate«) verwickelt, bei der Millionen von US-Dollar in die privaten Taschen von Präsident Nasarbajew und seiner Entourage wanderten.[10]

Kontakt

Chevron Corporate Media Relations,
Tel. +1/925/842 00 50, pubaffmr@chevron.com

Weitere Infos

http://www.chevrontoxico.com: Gefakte Konzern-Homepage (tóxico = giftig)
http://www.amazonwatch.org/amazon/EC/toxico: Infos über die Konzernvergehen in Ecuador
http://www.moles.org/ProjectUnderground/oil/nigeria: ... in Nigeria
http://www.moles.org/ProjectUnderground/oil/richmond: ... in Kalifornien
http://www.erdoel-tschad.de: ... in Tschad und Kamerun
»Angola – All the president's men«, Global Witness über Korruption im angolanischen Ölbusiness, März 2002
http://www.accionecologica.org: Ecuadoriansische Umweltschützer gegen Texaco & Co.
http://business-humanrights.org/Categories/Individualcompanies/C/ChevronTexaco

Anmerkungen

1 http://investor.chevrontexaco.com/ireye/ir_site.zhtml?ticker=cvx&script=2100
2 http://media.corporate-ir.net/media_files/nys/cvx/earnings/2004q4pr.pdf
3 http://www.chevron.com/about/company_profile
4 »Chinesen kommen nicht an US-Ölquellen ran«, *Handelsblatt*, 20. 7. 2005
5 http://www.amazonwatch.org/amazon/EC/toxico: Infos über die Konzernvergehen in Ecuador
6 http://www.erdoel-tschad.de
7 http://www.moles.org/ProjectUnderground/downloads/chevtexFactsheet0902.pdf
8 »All the president's men: The devastating story of oil and banking in Angola's privatised war.« Global Witness, 2002
9 »Suchtgefahr, die Kolumbien-Lektion«, *Le Monde Diplomatique*, 12. 11. 2004
10 »Eine Milliarde Dollar auf Schweizer Privatkonto«, *Netzeitung*, 21. 4. 2004

China National Petroleum Corporation (CNPC)

中国石油天然气集团公司
CHINA NATIONAL PETROLEUM CORPORATION

Homepage | http://www.cnpc.com.cn/english

Firmendaten

Umsatz: 66,5 Milliarden US$; Petrochina: 47 Milliarden US$
Gewinn: 13,3 Milliarden US$; Petrochina: 12,45 Milliarden US$[1]
Beschäftigte: 1 024 400
Fördermenge: 2,2 Millionen Barrel pro Tag[2];
Petrochina: 2,5 Millionen Barrel pro Tag[3]
Reserven: 3,7 Milliarden Barrel;
Petrochina: 10,9 Millarden Barrel[4]
Sitz: Beijing (China)

Die staatseigene chinesische CNPC betreibt rund dreißig Öl- und Gasprojekte in Zentralasien, im Mittleren Osten, Nordafrika, Russland und Südamerika, unter anderem in Aserbaidschan, Kanada, Indonesien, Burma (Myanmar), Oman, Peru, Sudan, Thailand, Turkmenistan und Venezuela. Sie ist zu neunzig Prozent an der börsennotierten Tochterfirma Petrochina Co. Ltd. beteiligt, die das Inlandsgeschäft besorgt.
Seit der Besetzung Tibets durch China 1949 wurden rund eine Million Tibetaner und Tibetanerinnen getötet. Einer der Gründe für die Fortdauer der Besetzung ist der Reichtum an Erdöl. Ausgebeutet wird dieser Reichtum durch die Petrochina. Für den Bau der Sebei-Lanzhou-Pipeline durch ökologisch sensible Regionen in Tibet wurden nach Angaben von Kritikern zahlreiche Menschen vertrieben.
Gemeinsam mit den Tibetern protestiert das Volk der Uighur gegen ein weiteres Projekt: Sie fühlen sich durch die viertausend Kilometer lange West-East-Gas-Pipeline der Petrochina bedroht, die am 30.12.2004 in Betrieb ging und pro Jahr 1,34 Milliarden Kubikmeter Gas transportiert. Auch dort soll es zu Zwangsumsiedelungen gekommen sein. Am Projekt beteiligt waren auch die Konzerne Shell, ExxonMobil und Gazprom.[5]
Der für das internationale Geschäft zuständige Mutterkonzern, die CNPC, ist der führende Ölkonzern im kriegszerrütteten Sudan. 2004 erreichte die Rohölproduktion im Sudan mehr als sechzehn Millionen Tonnen.[6] Die CNPC besitzt mit vierzig Prozent den größten Einzelanteil am Konsortium Greater Nile Petroleum Operating Co., das die sudanesischen Ölfelder dominiert. Neben der staatlichen Sudapet sind daran auch noch die indische ONGC Videsh Ltd. und die malayische Petronas beteiligt. Die Ölkonzerne kooperieren im Sudan mit dem fundamentalistischen Militärregime, das einen grausamen Krieg mit bisher über zwei Millionen Toten gegen die Bevölkerung im ölreichen Süden des

Landes führt. Finanziert wird dieser Genozid mithilfe der ausländischen Ölfirmen, allen voran der CNPC. Die Chinesen halfen der Regierung auch bei der Errichtung einer 1500 Kilometer langen Pipeline und einer Raffinerie nahe der Hauptstadt Khartum. Vorwürfe, dass dabei Zwangsarbeiter eingesetzt wurden, blieben unwidersprochen.[7] Die Waffen des Regimes – Panzer, Bomber, Kampfflugzeuge, Hubschrauber, Maschinengewehre und Granaten – kommen größtenteils aus China.[8]

1997 erwarb die CNPC das Recht auf zwei Ölfelder in Kasachstan. Im Austausch für die Bohrrechte verpflichtete sich der Konzern, Pipelines nach Singkiang zu bauen, um damit den Export von bis zu fünfzig Millionen Tonnen Öl pro Jahr nach China zu ermöglichen.[9]

Im Dezember 2003 wurden 243 Menschen bei einer gewaltigen Gasexplosion getötet. Weitere viertausend wurden verletzt und über 60 000 verloren ihre Häuser. Die Ursache waren grobe Sicherheitsmängel in einer Anlage der CNPC-Tochter Eastern Sichuan Drilling Company.[10]

Kontakt

master@cnpc.com.cn

Weitere Infos

http://www.hrw.org/reports/2003/sudan1103: Report »Sudan, Oil and Human Rights«

http://www.moles.org/ProjectUnderground/reports/tibet2000.html: Report »Raiding the Treasure House: Oil and Mineral Extraction in China's Colonization of Tibet«

http://www.eurasianet.org/caspian.oil.windfalls: Report »Caspian Oil Windfalls: Who Will Benefit?«

http://business-humanrights.org/Categories/Individualcompanies/C/ChinaNationalPetroleumCorporationCNPC

Anmerkungen

1 »CNPC 2004 performance a historic high«, Presseaussendung vom 13. 1. 2005 (Umsatz 550 Mrd. Yuan, Gewinn 110 Mrd. Yuan). »Petrochina 2004 achieved record high net profit of rmb 102.9 billion«, Presseaussendung vom 16. 3. 2005
2 http://www.chinacp.com/eng/cporg/cporg_cnpc.html
3 »PetroChina Achieves Record Performance in 2004«, Presseaussendung vom 17. 3. 2005
4 http://biz.yahoo.com/ic/53/53895.html
5 http://www.freetibet.org/press/shellun2.htm
6 »CNPC annual operation crude production over 16 million tons in Sudan«, Presseaussendung vom 4. 1. 2005
7 http://hrw.org/reports/2003/sudan1103/26.htm
8 »China and Sudan: Partners in oil – and warfare?« *The Washington Post*, 27. 12. 2004
9 »Öl – Der Stoff aus dem die Kriege sind«, J. Berger, 9. 4. 2003, Quelle: http://de.indymedia.org/2003/04/48512.shtml
10 »Tragedy of errors in gas blowout«, *China Daily*, 12. 1. 2004

ConocoPhillips

Homepage http://www.conocophillips.com

Firmendaten

Umsatz: 136,9 Milliarden US$
Gewinn: 8,1 Milliarden US$[1]
Beschäftigte: 35 800 in über 40 Ländern
Fördermenge: 1,6 Millionen Barrel pro Tag
Reserven: 8,5 Milliarden Barrel[2]
Sitz: Houston, Texas (USA)

ConocoPhillips entstand 2002 aus einem Merger zwischen Phillips Petroleum Company und Conoco Inc. Das Unternehmen ist der drittgrößte Energiekonzern der Vereinigten Staaten, in Europa mit dreitausend Tankstellen der Marke Jet vertreten und hält zehn Prozent der Anteile an der russischen Erdölfirma Lukoil.
Im Jahr 2002 kaufte ConocoPhillips von BP Anteile am Pipelineprojekt Baku-Tiflis-Ceyhan (Aserbaidschan, Georgien und Türkei).[3] Die beteiligten Konzerne nahmen in Kauf, dass bereits vor Baubeginn die Menschenrechtsverletzungen in Verbindung mit dem Pipelinebau stark zunahmen. Verletzt wurde vor allem das Recht auf freie Meinungsäußerung in den drei betroffenen Ländern, in denen zum Teil noch Folter, Korruption und Unterdrückung religiöser und ethnischer Minderheiten an der Tagesordnung sind.
In Kasachstan zählt ConocoPhilipps mit einem 8,3-Prozent-Anteil am Kashagan-Ölfeld (Ölreserven: dreizehn Milliarden Barrel) zu einem der größten Investoren.
1993 enthüllte die *Los Angeles Times*, dass die US-Ölfirmen Conoco und Phillips (damals noch als eigenständige Konzerne), Amoco und Chevron noch unter Diktator Siad Barre Bohrlizenzen für zwei Drittel Somalias erworben hatten. Die US-Konzerne, hieß es, setzten darauf, dass die Regierung von George Bush senior Soldaten in das Bürgerkriegsland schicken würde, um deren bereits getätigte Millioneninvestitionen zu schützen. Offiziell war der Einmarsch, der sich zu einem der größten Flops der US-Militärgeschichte entwickeln sollte, ausschließlich humanitär gedacht. Doch die Dokumente der *LA Times* bewiesen, dass die Militäraktion vor allem von den Interessen der Ölkonzerne geleitet war. Conoco, bereits unter Diktator Barre in Somalia engagiert, stellte den amerikanischen Streitkräften sogar das Hauptquartier in Mogadishu als De-facto-US-Botschaft zur Verfügung und wurde dafür von den Militärs in den höchsten Tönen gelobt.[4] ConocoPhilipps ist noch heute in Somalia registriert.[5] Das Land ist indes durch den Krieg

völlig zerstört, gespalten und die Bevölkerung dem absoluten Elend preisgegeben.
Phillips Petroleum ist auch in Nigeria tätig[6], wo die Ölkonzerne mit der ehemaligen Militärdiktatur kooperierten und noch heute die Lebensräume der Lokalbevölkerung zerstören. Die Regierung Angolas finanziert mithilfe der Lizenzgebühren der Erdölkonzerne Korruption und Waffenhandel. So schienen etwa laut Berichten des Internationalen Währungsfonds im Jahr 2001 Zahlungen für eine angolanische Ölförderanlage, die von Norsk Hydro, Shell und ConocoPhillips betrieben wird, auch ein Jahr später noch nicht im öffentlichen Haushalt auf.[7]
In den frühen 90er-Jahren waren US-Ölfirmen die größten Käufer von iranischem Öl – trotz der politischen Konfrontation zwischen den beiden Ländern. Unter diesen Umständen ereignete sich die »Conoco-Affäre«. Im März 1995 hatte die Firma eine Vereinbarung mit der National Iranian Oil Company (NIOC) unterzeichnet, um zwei Erdgasfelder im Persischen Golf zu erschließen. Analytiker waren der Meinung, dass der Iran absichtlich die US-Firma gegenüber der französischen Total ausgewählt hatte: als Signal, dass Teheran bereit war, mit Washington ungeachtet der politischen Beziehungen Geschäfte zu machen. Präsident Clinton verbot jedoch jeglichen Handel mit dem Iran. Daraufhin musste Conoco das Ende der Erschließung der Gasfelder ankündigen.[8]

Kontakt

Tel. +1/281/293 11 49,
http://www.conocophillips.com/newsroom/media_contacts

Weitere Infos

http://business-humanrights.org/Categories/Individualcompanies/C/ConocoPhillips

Anmerkungen

1 »ConocoPhillips Reports Fourth-Quarter Net Income of $2.4 Billion«, Presseaussendung vom 26. 1. 2005
2 »ConocoPhillips Announces 2004 Reserve Replacement of 206 Percent«, Presseaussendung vom 16. 2. 2005
3 http://www.gasandoil.com/goc/company/cnc24886.htm
4 »The oil factor in Somalia«, *Los Angeles Times*, 18. 1. 1993
5 http://www.mbendi.co.za/orgs/cpkn.htm
6 http://www.nigerianoil-gas.com/upstream/joint_venture_companies.htm
7 »Time for transparency«, Global Witness, März 2004
8 »Die Sicherheit des Erdöls im neuen Jahrtausend: Geoökonomie gegen Geostrategie«, Dr. Gawdat Bahgat, http://www.bmlv.gv.at/pdf_pool/publikationen/03_jb00_05.pdf

Eni (Agip)

Homepage

http://www.eni.it

Firmendaten

Umsatz: 62,7 Milliarden US$
Gewinn: 7,9 Milliarden US$[1]
Beschäftigte: 76 500
Fördermenge: 1,6 Million Barrel pro Tag
Reserven: 7,3 Milliarden Barrel pro Tag
Sitz: Rom und Mailand (Italien)

Agip gehört zur italienischen Eni-Gruppe und ist dort für die Produktion und den Vertrieb von Erdölprodukten zuständig. Unter den europäischen Erdgasproduzenten steht Eni an zweiter Stelle.

Im Zusammenhang mit Menschenrechtsverletzungen durch die Erdölindustrie ist Eni ein klassischer Mitläufer. Im nigerianischen Niger-Delta, wo die Erdölindustrie eng mit den bis 1999 herrschenden Militärregimes kooperierte, ist Agip in verschiedenen Joint Ventures aktiv: der SPDC (unter Leitung von Shell) und der Nigerian Agip Oil Company (NAOC).[2] Im April 2005 wurden tausende Menschen durch die gewaltsame Räumung eines Elendsviertels am Rande einer nigerianischen Agip-Anlage obdachlos. Die Behörden ließen Planierraupen und bewaffnete Polizisten in dem Barackenviertel »Agip Waterside« anrücken, um hunderte Hütten dem Erdboden gleichzumachen. Agip wies den Vorwurf lokaler Menschenrechtsorganisationen zurück, der Slum sei zerstört worden, um Raum für den Ausbau des Firmengeländes zu schaffen. Sogar eine Kirche, in der Mütter mit ihren Kindern und Schwangere Zuflucht gefunden hatten, wurde bei der Räumungsaktion in Trümmer gelegt. Laut Augenzeugen gingen die Polizisten brutal gegen die Bewohner vor. Einige seien mit Gerten gepeitscht worden.

Seit 1983 ist Agip auch in Angola aktiv und produziert dort 50 000 Fässer Erdöl am Tag. 2005 will der Konzern seine angolanische Erdölförderung auf 130 000 Fass am Tag steigern.[3] Dort finanzierte das Öl einen brutalen Bürgerkrieg, der mehr als 25 Jahre lang das Land verwüstet und 1,5 Millionen Menschen das Leben gekostet hat. Mehr als die Hälfte der Abgaben, die die Ölmultis für ihre Förderrechte bezahlen, wurde für Militäroffensiven verwendet. Auch heute noch verschwindet ein Großteil der Petrodollars im Dickicht der Korruption, weil sich die Ölkonzerne weigern, ihre Zahlungen offen zu legen.

Auch in der benachbarten Republik Kongo heizte die Ölförderung Bürgerkrieg und Korruption an und trieb das Land in die Verschuldung. Der Repräsentant der Weltbank in Brazzaville bestätigte, dass die durch das

Öl verursachten Schulden auf die Konzerne Total und Agip zurückzuführen seien. 2003 handelte es sich dabei um 250 bis vierhundert Millionen US-Dollar.[4]
Im Sudan waren die Eni-Töchter Snamprogetti und Saipem an der Konstruktion von Erdölanlagen und Pipelines beteiligt. Im Zusammenhang mit der Errichtung solcher Anlagen kam es immer wieder zu Gräueltaten, die das sudanesische Militär systematisch an der Bevölkerung des Südsudans verübt.
Agip ist auch an der im Mai 2005 fertig gestellten Pipeline Baku-Tiflis-Ceyhan beteiligt (siehe BP, ConocoPhillips).
In Ecuador, wo die Ölförderung Lebensräume und Umwelt im Amazonasgebiet gefährdet, war Agip ursprünglich an der umstrittenen OCP-Pipeline beteiligt, hat seine Anteile aber 2004 verkauft. Laut Eigenangaben will Eni jedoch seine Ölförderung im ecuadorianischen Amazonasgebiet auf 28 000 Barrel pro Tag steigern.[5] Die lokale Bevölkerung wirft dem Konzern die Gefährdung der Gesundheit, der Landwirtschaft und Umwelt durch sogenannte »lluvias negras« (schwarzer Regen), durch Gasverbrennung und Industrieabfälle vor.[6]

Kontakt

Agip Deutschland AG, Sonnenstraße 23, D-80331 München,
Tel. +49/89/590 70, Fax +49/89/59 63 03, agip@agip.de

Weitere Infos

http://www.bakuceyhan.org.uk: Baku-Ceyhan-Kampagne
http://www.foe.org/camps/intl/institutions/bakuceyhan.html: Infos über die BTC-Pipeline von Friends of the Earth
http://www.business-humanrights.org/Categories/Individualcompanies/A/AGIPpartofENI: Berichte über Eni, zusammengetragen von Amnesty International
»Time for transparency«: Report von Global Witness über Öl und Korruption in Afrika, März 2004
(siehe http://www.globalwitness.org)

Anmerkungen

1 Umsatz: 58,3 Mrd. Euro, Gewinn: 7,3 Mrd. Euro für das Jahr 2004 lt. Presseaussendung vom 28. 2. 2005
2 http://www.nigerianoil-gas.com/upstream/joint_venture_companies.htm
3 http://www.eni.it/eniit/eni/internal.do?lang=it&icommand=show&channelId=-1073751995&continent=africa&country=angola&layout=home_page
4 »Time for transparency«, Global Witness, März 2004
5 http://www.eni.it/eniit/eni/internal.do?lang=en&icommand=show&channelId=-1073751995&continent=americhe&country=ecuador&layout=home_page
6 http://www.accionecologica.org/descargas/areas/petroleo/documentos/empresas/AGIP.pdf

Exxon Mobil Corporation

Homepage	http://www.exxon.mobil.com
Firmendaten	Umsatz: 291 Milliarden US$ Gewinn: 25 Milliarden US$[1] Beschäftigte: 88 300 in 200 Ländern Fördermenge: 4,5 Millionen Barrel pro Tag[2] Reserven: 22,2 Milliarden Barrel[3] Sitz: Irving, Texas (USA)

Seit dem Geschäftsjahr 2004 ist ExxonMobil, in Europa mit den Marken Esso und Mobil vertreten, das größte und profitabelste – und mit einem Börsenwert von 383 Milliarden Dollar auch das wertvollste – Unternehmen der Welt. Ölpreis und Wachstumskurs ließen die Aktie in einem Jahr um vierzig Prozent klettern.[4] Der US-Konzern war der zweitwichtigste Spender für George W. Bushs Wahlkampf (nach dem skandalträchtigen Energiekonzern Enron) und hat ein gewichtiges Wort in der US-Politik mitzureden. So ist Exxon maßgeblich dafür verantwortlich, dass sich die USA als weltgrößter Energieverbraucher weigern, das internationale Kyotoprotokoll[5] für eine Senkung der Treibhausgase zu unterzeichnen.

Seit der Zerstörung von Umwelt und Lebensgrundlagen in Alaska durch den Tankerunfall der Exxon Valdez 1989 macht der Konzern Negativ-Schlagzeilen.

Zu den größten Hoffnungsgebieten gehört nach eigenen Angaben[6] die Küste vor Angola, wo Erdöl aus großen Tiefen unter dem Meeresboden gefördert wird. Dort finanzierte das Öl, mit dem neunzig Prozent der staatlichen Exporteinnahmen erwirtschaftet werden, jahrelang einen brutalen Bürgerkrieg. Mehr als die Hälfte der Abgaben, die die Ölmultis für ihre Förderrechte bezahlen, wurde für Militäroffensiven verwendet.

ExxonMobil führt ein Konsortium an, das ein riesiges Erdölprojekt (Projektvolumen etwa 3,7 Milliarden US$) in Tschad und Kamerun verwirklicht hat. Seit Juli 2003 fließt das erste Öl aus demnächst insgesamt fünfhundert Bohrlöchern. Eine 1070 Kilometer lange Pipeline transportiert das Öl quer durch Kamerun zur Atlantikküste. Ein Teil des Geldes, das im Zuge des Projekts an die Regierung des Tschad geflossen ist, wurde bereits zum Waffenkauf verwendet. Im Umfeld des Pipelinebaus kam es immer wieder zu Menschenrechtsverletzungen, Kritiker wurden eingeschüchtert und inhaftiert. Die Leitungstrasse verläuft durch unberührte Waldgebiete und bedroht die Wasserversorgung. 2002 präsentierte eine Untersuchungskommission der Weltbank einen Bericht, demzufolge das Projekt die sozialen und wirtschaftlichen Probleme des Landes verschärft. Auf Druck von Exxon und der US-Regierung hielt die Bank dennoch an einer Kofinanzierung fest.[7]

In Indonesien kooperierte Mobil mit den Streitkräften des ehemaligen Diktators General Suharto.[8] Diese werden für Massenexekutionen und das Verschwindenlassen von Menschen verantwortlich gemacht. Die Massaker fanden in unmittelbarer Nähe der Konzernanlagen statt, die von indonesischen Militärs geschützt wurden. 1998 wurden dort mehr als hundert Massengräber gefunden, eines davon mit rund zweihundert Leichen.[9] Der Konzern bestreitet jegliche Verbindung mit den Gräueltaten. Im Juni 2001 verklagten elf indonesische Anwohner eines von ExxonMobil betriebenen Erdgasfeldes den Konzern vor einem Gericht in Washington. Sie werfen ihm Mittäterschaft an illegalen Hinrichtungen, Verschwindenlassen, Folter und Vergewaltigungen durch indonesische Soldaten auch nach Ende der Suharto-Diktatur vor.[10] Das Gericht wurde daraufhin von der US-Regierung angewiesen, die Klage zurückzulegen, weil damit die wirtschaftlichen Interessen der USA bedroht seien.

Im Irak wurde die gesamte Ölförderung einst durch die Iraq Petroleum Company IPC abgewickelt, die im Besitz von BP und Esso war. 1962 wurde verstaatlicht.[11] Nach dem militärischen Sieg der USA hat der Konzern dort nun wieder gute Karten.

Auf der Jahresversammlung 2002 lehnten die Exxon-Aktionäre eine Resolution gegen die Diskriminierung homosexueller Mitarbeiter und Mitarbeiterinnen ab. Jim Pannel, Vizepräsident der US-Chemiegewerkschaft PACE, klagt über »eklatante Arbeitnehmerfeindlichkeit« wie Zwang zu unbezahlter Mehrarbeit, mangelnden Arbeitsschutz und fehlende Versicherung bei Arbeitsunfällen in praktisch allen Ländern, in denen der Konzern Niederlassungen hat.[12] Greenpeace wiederum moniert, dass die Aktivitäten von Exxon & Co. sowohl in Alaska als auch vor der Küste der russischen Insel Sachalin sensible Naturreservate gefährden und seltene Tierarten ausrotten würden.[13] Der Konzern ist auch an der Zerstörung von Lebensräumen in Nigeria, Ecuador, Peru und Kolumbien beteiligt.[14]

Exxon-Chef Lee Raymond: »Wir investieren nicht, um soziale Erklärungen auf Kosten der Dividenden-Ausschüttung abzugeben«, meldete Reuters am 28. Mai 2003.[15] Da hilft nur Boykott. Manchmal sogar wirklich: Im Oktober 2002 warnte die Deutsche Bank, dass es aufgrund der internationalen Stopp-Esso-Kampagne ein Risiko sei, in ExxonMobil-Aktien zu investieren.[16]

Kontakt

Vorstandsvorsitzender von Esso Deutschland Jobst D. Siemer,
Kapstadtring 2, D-22297 Hamburg, Tel. +49/40/639 30,
CEO Lee Raymond, lee.raymond@exxonmobil.com

Weitere Infos

http://www.stoppesso.de: Internationale Greenpeace-Kampagne
http://www.exxonsecrets.org: Wen Exxon für die Leugnung des Klimawandels bezahlt
http://www.erdoel-tschad.de: Infos über das Erdölprojekt in Tschad und Kamerun
http://www.globalwitness.org: Infos über korrupte Ölgeschäfte in Angola

Anmerkungen

1 ExxonMobil 2004 Financial and Operating Review
2 Öläquivalent lt. First Quarter 2005 Results, 28.4.2005
3 http://www.exxon.mobil.com/Corporate/Newsroom/Newsreleases/xom_nr_170205.asp
4 »Effektiv, effektiver, ExxonMobil«, *taz,* 21.2.2005
5 Internationale Vereinbarung, in der sich die Unterzeichnerländer zu einer Verringerung ihrer Treibhausgas-Emissionen verpflichten; zur Position von ExxonMobil siehe z. B. http://www2.exxonmobil.com/Corporate/Newsroom/Newsreleases/Corp_xom_nr_040501_1.asp
6 Presseaussendung vom 30.1.2001
7 »Weltbankmanagement unter Kritik aus dem eigenen Haus«, http://www.erdoel-tschad.de
8 »Indonesia: What did Mobil know?« *Business Week,* 28.12.1998
9 »Oil and war: The artifices of 20th century history«, Oil Watch, Johannesburg 2002
10 »Mithilfe bei Folter«, *taz,* 23.6.2001
11 Presseinformation von Attac Österreich, 23.10.2002
12 »Effektiv, effektiver, ExxonMobil«, *taz,* 21.2.2005
13 Stop ExxonMobil Campaign Kit, http://www.stopexxonmobil.org
14 http://www.corporatewatch.org.uk/profiles/oil_gas/exxon_mobil/exxon_mobil1.html
15 »Exxon-Aktionäre stimmen gegen Umweltprogramme.« Reuters, 28.5.2003
16 http://www.stopesso.com/pdf/deutschebank.pdf

Gazprom

Homepage

http://www.gazprom.com

Firmendaten

Umsatz: 27,5 Milliarden US$
Gewinn: 5,6 Milliarden US$[1]
Beschäftigte: 330 000
Fördermenge: 1,5 Milliarden Kubikmeter Gas pro Tag
Reserven: 28 Trillionen Kubikmeter Gas
Sitz: Moskau (Russland)

Gazprom ist mit einem Weltmarktanteil von zwanzig Prozent der größte Gaskonzern der Erde. Der russische Staat hält 38,37 Prozent der Anteile. Das Unternehmen sichert acht Prozent des russischen Bruttoinlandsprodukts, zahlt ein Viertel des russischen Steueraufkommens und liefert Gas für die Hälfte der russischen Stromerzeugung. Neben fast zehntausend Gasförderanlagen besitzt Gazprom auch rund 600 Ölförderstationen. Der Konzern hat 58 Tochtergesellschaften und ist an weiteren hundert Kapitalgesellschaften im In- und Ausland beteiligt.
1998 feuerte Jelzin den ehemaligen russischen Premierminister Viktor Tschernomyrdin von seinem Posten als Geschäftsführer. Gleichzeitig forderte die Regierung Steuernachzahlungen in Dollar-Milliardenhöhe ein. Das Unternehmen verzeichnete erstmals Verluste. Das Pipelinenetz war völlig veraltet und das Management galt als korrupt. Es kam zu zweifelhaften Transaktionen mit verschiedenen Partner- und Tochterfirmen, wovon vor allem Mitglieder des Managements und deren Verwandte profitierten. Einer der Shareholder vermerkte dazu im Oktober 2000: »Die Investoren bewerten diese Firma, als ob 99 Prozent der Assets gestohlen worden wären. Die wahre Zahl sind zehn Prozent, also sind das gute Nachrichten.«[2]
Ende März 2005 genehmigte die russische Regierung die Fusion des Konzerns mit dem staatlichen Ölkonzern Rosneft – gegen den Widerstand des Rosneft-Managements. Der Ölförderbetrieb Yuganskneftegas, den Rosneft im Rahmen der Zerschlagung des Ölkonzerns Yukos ersteigert hatte, soll allerdings getrennt weitergeführt werden. Mit dieser Fusion übernimmt der russische Staat, der die Aktienmehrheit besitzt, wieder die Kontrolle des Gasmonopolisten. Gazprom wird damit der größte Öl- und Gaskonzern der Welt.
Ohne Erdgas aus Sibirien wäre es in deutschen Haushalten kalt im Winter. Gazprom besitzt in Deutschland einen Marktanteil von etwa vierzig Prozent. Die deutsche E.ON hält sechs Prozent der Anteile an Gazprom. Gemeinsam mit der deutschen BASF-Tochter Wintershall gründete

Gazprom 1990 die Firma Wingas, die mit einem zweitausend Kilometer langen Leitungsnetz Erdgas in Deutschland vertreibt und lange Zeit der einzige nennenswerte Konkurrent des Marktführers Ruhrgas AG war. Mit Wintershall werden auch die größten Gasfelder der Welt in Sibirien erschlossen.

Die russische Öl- und Gasindustrie setzt laut Greenpeace jedes Jahr zwischen vier und 35 Millionen Tonnen Methan frei. Methan ist – über einen Zeitraum von zwanzig Jahren – als Treibhausgas 35-mal schädlicher als Kohlendioxid. Außerdem werden Jahr für Jahr rund fünfzehn Milliarden Kubikmeter Gas abgefackelt. In Turkmenistan trägt die Erdgasproduktion fünfzig Prozent zum Bruttoinlandsprodukt bei. Der Export ist allerdings größtenteils von Russland abhängig: 1997 nahm Gazprom Streitereien über Zahlungsmodalitäten zum Anlass, den Transit turkmenischen Gases zu unterbrechen, um mehr eigenes Gas auf den Markt zu bringen. Sofort geriet Turkmenistan in eine schwere wirtschaftliche Krise.[3]

Gemeinsam mit Royal Dutch/Shell, ExxonMobil und PetroChina gründete Gazprom ein Joint Venture, um die trans-chinesische West-Ost-Gas-Pipeline mit einer Länge von viertausend Kilometern von Xinjiang nach Shanghai zu verlegen. Dagegen protestieren Vertreter Tibets und des Volkes der Uighur, da damit die chinesische Besetzung und die Zerstörung ihrer Lebensräume fortgesetzt werde.[4]

Laut Pratap Chatterjee von der konzernkritischen Organisation Corpwatch hat Gazprom monatlich Ölaustritte in der Höhe der 25-fachen Menge des Tankerunfalls von Exxon Valdez zu verantworten.[5]

Laut dem Klimaschutzbericht »Greenhouse Gangsters vs. Climate Justice« ist Gazprom der Privatkonzern mit den größten Einzelemissionen an Treibhausgas und verantwortlich für mehr als vier Prozent des weltweiten CO_2-Ausstoßes.[6]

Kontakt

Bespalov Alexander Dmitrievich, Department of information policy, Tel. +7/095/719 46 00, pr@gazprom.ru

Weitere Infos

»Gerhard and Vladimir – is it hot air or gas?«, *The Guardian,* 12.12.2004 über die deutschen Interessen an Gazprom

»Schwarzes Gold, schwarze Pest – Ölförderung und die Folgen in Sibirien«, Report von Greenpeace Deutschland

http://business-humanrights.org/Categories/Individualcompanies/G/Gazprom

Anmerkungen

1 Fortune Global 500, 2004
2 zitiert nach http://en.wikipedia.org/wiki/Gazprom
3 »Im Hintergrund lockt das Öl«, *taz*, 16.10.2001
4 http://www.freetibet.org/press/shellun.htm
5 http://www.corpwatch.org/article.php?id=2890
6 http://corpwatch.org/article.php?id=1048

Halliburton

HALLIBURTON

Homepage

http://www.halliburton.com

Firmendaten

Umsatz: 20,5 Milliarden US$
Verlust: 977 Millionen US$[1]
Beschäftigte: 101 000 in 120 Ländern
Sitz: Houston, Texas (USA)

Halliburton ist zwar keine Ölfirma, doch ein »Schwarzbuch Öl« ohne prominente Erwähnung dieses US-Konzerns wäre undenkbar. Das börsennotierte Unternehmen liefert Produkte und Dienstleistungen für die Erdöl- und Erdgasindustrie – und ist wie kein anderes in Kriegs- und Krisenregionen tätig. 1962 erwarb der Konzern die nunmehrige Tochterfirma Kellogg Brown & Root (KBR).

Halliburton ist vor allem wegen seiner Verbindungen zu US-Vizepräsident Dick Cheney in die Schlagzeilen geraten. Von 1995 bis 2000 war der ehemalige Verteidigungsminister unter George Bush senior Geschäftsführer des Konzerns, bevor er als Vize von Bush junior nach Washington zurückkehrte. Cheney ist hauptverantworlich für den harten Kurs der US-Regierung in Außen- und Energiepolitik.

Als Verteidigungsminister genehmigte Cheney der Firma bereits 1992 knapp neun Millionen Dollar für eine geheime Studie über die Frage, welche logistischen Funktionen das Militär an private Unternehmen vergeben könnte, berichtet das deutsche Wirtschaftsmagazin *brand eins*.[2] Kurz darauf habe die Firma einen Fünf-Jahres-Vertrag über weltweite Aufträge für das Ingenieurscorps der Armee gewonnen. Die Halliburton-Tochter Kellogg & Brown habe während der Cheney-Jahre im Pentagon Regierungsaufträge im Wert von mindestens 3,8 Milliarden US-Dollar lukriert. Gemeinsam mit dem US-Konzern Bechtel löschte das Unternehmen brennende Ölquellen im ersten Golfkrieg und managte Hilfseinrichtungen im Umfeld des Balkankrieges, in Somalia, Haiti, Zaïre (heute: Demokratische Republik Kongo) und Saudi-Arabien. Vor dem zweiten Golfkrieg erstellte das Unternehmen im Auftrag der Armee eine Studie über potenzielle Ölfeld-Sabotage. Der geheime Bericht war die Grundlage für einen Lösch- und Wartungsvertrag, der ohne Ausschreibung an KBR vergeben wurde und dessen Höhe die *New York Times* für die Laufzeit von zwei Jahren auf bis zu sieben Milliarden Dollar schätzte. Am 8. März 2003, zwei Wochen vor Kriegsbeginn, erhielt KBR von der US-Armee den Auftrag im Wert von über 490 Millionen Dollar, die Bohrlöcher nach dem Krieg wieder instand zu setzen.[3] »Das ist nur der Anfang. Halliburton verdient sich dumm und dämlich an diesem Krieg«, sagt Pratap Chatterjee von der konzernkritischen Organisation Corpwatch. »Neben den ersten Notmaßnahmen könnte die dauerhafte Wartung der irakischen Ölindustrie bis zu 1,5 Milliarden Dollar kosten.«[4] Von Ende 2001 bis Anfang April habe das Unternehmen nach offiziellen Angaben Pentagon-Verträge für mindestens 830 Millionen Dollar eingefahren – vom Aufbau und Betrieb von Zeltstädten und Containersiedlungen für US-Soldaten in Afghanistan, der Türkei, in Kuwait, Georgien, Usbekistan, Jordanien und Dschibuti bis hin zu einem 323-Millionen-Dollar-Deal, um die Gefängnisse für hunderte Terrorverdächtige in Guantanamo Bay zu errichten und zu betreiben.

In Kuwait seien seit Sommer 2002 mindestens 1800 KBR-Mitarbeiter damit beschäftigt, für die US-Streitkräfte neben Stacheldrahtzäunen Unterkünfte, Wäschereien, Kantinen, Fastfood-Restaurants, Volleyballfelder und andere Annehmlichkeiten anzulegen. Grundlage ist ein auf zehn Jahre befristeter, weltweit gültiger Vertrag namens LOGCAP (Logistisches ziviles Ergänzungsprogramm).

Dick Cheney beziehe nicht nur weiterhin bis zu einer Million Dollar jährliche Pension von seinem ehemaligen Arbeitgeber. Zahlreiche Spitzenkräfte des Unternehmens wechselten ins Verteidigungsministerium – und umgekehrt. »Halliburton ist ein Beispiel für Nepotismus erster Güte, bei dem eine Hand die andere wäscht«, sagt Chatterjee.[5] Nach dem Irakkrieg ist Halliburton dort nun – neben seinem Konkurrenten Schlumberger – eine der ersten Adressen für die Erkundung, Förderung und Wartung der Ölvorkommen.

In Kasachstan wurde Halliburton als Vertragsnehmer von Tengizchevroil – ein Konsortium von ChevronTexaco, ExxonMobil und anderen – dafür verantwortlich gemacht, dass zahlreiche seiner Arbeitnehmer im größten Ölfeld des Landes schwere Hydrogensulfid-Vergiftungen erlitten. Mehr als hundert großteils junge Arbeiter seien in Tengiz seit 1996 gestorben, behaupten lokale Umweltschützer.[6]

Ende 2004 fror die Genfer Justiz auf Ersuchen Frankreichs rund 100 Millionen Dollar auf Schweizer Bankkonten ein. Grund war ein Korruptionsverdacht gegen ein internationales Konsortium, das in Nigeria in den 90er-Jahren den Milliardenauftrag zum Bau einer Gasanlage erhalten hatte. Die Affäre betraf neben Firmen aus Frankreich, Italien und Japan vor allem den US-Konzern. Der Verdacht, dass das von Halliburton angeführte Konsortium bei der Auftragsvergabe in Nigeria 180 Millionen Dollar Schmiergeld zahlte, sei auch Gegenstand von Verfahren in Nigeria und bei der amerikanischen Börsenaufsicht SEC, berichteten die Nachrichtenagenturen.[7] Zwischen 2001 und 2002 hatten Angestellte der Konzerntochter KBR »unsaubere Zahlungen« in der Höhe von 2,4 Millionen Dollar an nigerianische Beamte gezahlt, um Steuererleichterungen zu erhalten, wie eine Konzernsprecherin im Mai 2003 gestand.[8]

In den USA wurden von 1976 bis 2003 insgesamt rund 578 000 Beschwerden wegen Asbestvergiftungen gegen den Konzern erhoben, der dafür regelmäßig zu Entschädigungszahlungen in Millionenhöhe verdonnert wird.[9]

Kontakt

Wendy Hall, Public Relations Director, Tel. +1/713/759 26 05, wendy.hall@halliburton.com

Weitere Infos

http://www.corporatewatch.org.uk/profiles/haliburton/haliburton.htm: Konzernprofil von Corporate Watch

http://www.motherjones.com/news/featurex/2003/07/we_455_01.htm: »The world according to Halliburton«

http://www.corpwatch.org/downloads/houston.pdf: »Houston, We Have a Problem – An Alternative Annual Report on Halliburton«

http://business-humanrights.org/Categories/Individualcompanies/H/Halliburton

Anmerkungen

1 Presseaussendung vom 28. 1. 2005
2 »Von Boston bis Bagdad«, *brand eins* 4/2003
3 http://derstandard.at/?url=/?id=1528263%26_range=1
4 »Von Boston bis Bagdad«, *brand eins* 4/2003
5 ebd.
6 »Death, Illness Haunt Oil Fields«, Associated Press, 12. 7. 2004, nachzulesen unter http://www.zhakiyanov.info/engl/inner.php?archiv=1&menuid=8&show=1723
7 »Rund 100 Millionen Dollar in Bestechungsaffäre blockiert«, AP, 3. 12. 04; detaillierte Infos unter http://www.halliburtonwatch.org/about_hal/nigeria.html
8 »Halliburton SEC Filing Discloses Bribery«, AP, 5. 9. 2003
9 http://www.corporatewatch.org.uk/profiles/haliburton/haliburton4.htm

Occidental Petroleum Corporation (Oxy)

Homepage

http://www.oxy.com

Firmendaten

Umsatz: 11,4 Milliarden US$
Gewinn: 2,5 Milliarden US$[1]
Beschäftigte: 7100
Fördermenge: 566 000 Barrel pro Tag
Reserven: 2,5 Milliarden Barrel
Sitz: Los Angeles, Kalifornien (USA)

Oxy ist der größte Ölproduzent in Texas und der größte Gaserzeuger in Kalifornien. Zum Konzern gehört auch der Chemieriese Occidental Chemical Corporation (Oxychem).

In Kolumbien fördert Oxy Öl in ökologisch sensiblen Regenwaldgebieten und zerstört damit den Lebensraum indigener Völker. Vor allem aber ist das Erdöl Ursache für gewaltsame Übergriffe gegen die Bevölkerung. So kam es in der Region Arauca nach der Verlegung einer Pipeline zu Gewaltausbrüchen seitens der Guerrillagruppen Farc und ELN. Ein hochrangiger Beamter des kolumbianischen Geheimdienstes bestätigte gegenüber der amerikanischen Nichtregierungsorganisation Witness for Peace: »Natürlich werden die Ölfirmen erpresst (...) und sie zahlen. Wenn man sie fragt, sagen sie natürlich, sie würden nichts bezahlen, aber wir wissen, dass es so ist.« Brigade-General Carlos Lemus Pedraza, Kommandeur der 18. Brigade, jener kolumbianischen Einheit, durch deren Operationsgebiet die Pipeline verläuft, meint, »die Subunternehmer von Occidental, Firmen, die die Straßen bauen und das Areal für die Öl-Erschließung vorbereiten, zahlen an die Farc und ELN«. Lawrence P. Meriage, Vize-Präsident von Occidental gab das gegenüber einem Kommittee des US-Kongresses zu: »Subversive Elemente erpressen die Unternehmen. Unsere Vertragspartner sind gezwungen zu zahlen.«[2]

Ein direkter Zusammenhang zwischen Occidental und den kolumbianischen Guerillagruppen wird von Occidental stets vehement zurückgewiesen.[3]

Im Jahr 2003 verschärfte die US-Regierung ihren »Kampf gegen den Terror« in Kolumbien: Insgesamt erhielt das Land im Jahr 2003 731 Millionen Dollar aus dem Topf der »Andean Regional Initiative«. Occidental spart sich damit dreißig Millionen Dollar im Jahr, die bisher für den Pipeline-Schutz ausgegeben wurden.[4]

In Ecuador, wo die Ölförderung Lebensraum und Umwelt im Amazonasgebiet gefährdet, ist Oxy an der umstrittenen OCP-Pipeline betei-

ligt, der bereits hunderte Hektar Regenwald zum Opfer gefallen sind (siehe Seite 197 ff.). Durch seine Ölförderung im Urwaldgebiet Oriente sowie im Yasuni-Nationalpark ist der Konzern nach Angaben von Kritikern an der Zerstörung sensibler ökologischer Gebiete und der Lebensräume indigener Bevölkerungsgruppen beteiligt.
Auch die Konzerntochter Occidental Chemicals geriet bereits mehrfach in die Schlagzeilen. So stellte sie in den USA längst verbotene Agrarchemikalien her, die tausende Bananenarbeiter in Lateinamerika vergifteten. Als sich in Ecuador männliche Sterilität in den Bananenregionen flächendeckend ausbreitete, wurden 1995 über 16 000 Klagen von sterilen Bananenarbeitern gegen Chiquita und Dole, aber auch gegen die Chemiemultis Dow Chemicals, Shell und Occidental Chemical eingebracht.[5]

Kontakt

Lawrence P. Meriage (Media), Tel. +1/310/443 65 62, information@oxy.com

Weitere Infos

http://www.amazonwatch.org: Infos über die Konzernvergehen in Ecuador
http://www.accionecologica.org: Ecuadorianische Umweltschützer gegen Oxy & Co.
http://www.amnestyusa.org/business/ecuador.html: Amnesty-Report über Ecuador
http://web.amnesty.org/library/Index/ESLAMR230042004: Amnesty-Report über Kolumbien
http://www.ran.org/ran_campaigns/beyond_oil/oxy: U'wa-Kampagne
http://business-humanrights.org/Categories/Individualcompanies/O/Occidental Petroleum

Anmerkungen

1 Presseaussendung vom 24. 1. 2005
2 Witness for Peace: »The Real Costs of Pipeline Protection in Colombia: Corporate Welfare with Deadly Consequences – A Witness for Peace Report from Arauca«, 7/2002, http://www.witnessforpeace.org/pdf/arauca.pdf
3 z. B.: Pressemeldung vom 24. April 2003, http://phx.corporate-ir.net/phoenix.zhtml?c=76816&p=irol-newsArticle&ID=476417&highlight=
4 siehe auch »Riding Shotgun on a Pipeline«, *LA Times*, 16. 5. 2004
5 »Die Chemiekeule macht Bananen bitter«, *Der Standard*, 26. 11. 1999

OMV AG

Homepage http://www.omv.com

Firmendaten

Umsatz: 13,15 Milliarden US$
Gewinn: 855 Millionen US$[1]
Beschäftigte: 6500
Fördermenge : 345 000 Barrel pro Tag
Reserven: 1,4 Milliarden Barrel
Sitz: Wien (Österreich)

Mit der Übernahme der Aktienmehrheit an der rumänischen Erdölgesellschaft Petrom im Dezember 2004 um 1,5 Milliarden Euro pushte sich die Österreichische Mineralölverwertungsgesellschaft zum führenden Erdöl- und Erdgaskonzern in Zentral- und Osteuropa. Die OMV ist an mehreren internationalen Unternehmen beteiligt (Borealis/Dänemark, MOL/Ungarn, Bayernoil/Deutschland, Econgas/Petrom/Rumänien) und steht zu 31,5 Prozent im Eigentum der Republik Österreich. Die OMV war von 1997 bis 2003 an einem Konsortium beteiligt, das im Süden des Sudan nach Erdölvorkommen forschte. Dort führt das fundamentalistische Militärregime im Umfeld der Erdölanlagen einen grausamen Krieg gegen die eigene Bevölkerung, der mit den Lizenzgebühren der Ölkonzerne finanziert wird. Ganze Dörfer in der Nähe der Ölfelder wurden zerstört und die Bewohner mit unvorstellbar grausamen Methoden hingerichtet. Mehr als zwei Millionen Menschen wurden seit 1983 getötet, über fünf Millionen vertrieben.
Nach massiven Protesten von Menschenrechtsgruppen, die sich in der »Sudan-Plattform Austria« zusammengeschlossen hatten, zeigte sich die OMV eine Zeit lang zu konstruktiven Gesprächen bereit. Während der schwedische Konsortialführer Lundin seine Lizenzen an die malaysische Firma Petronas verkaufte, verblieb die OMV im Sudan, stellte aber die Explorationstätigkeiten bis auf weiteres ruhend und versprach, ihre wirtschaftliche Macht für eine Verbesserung der humanitären Lage in die Waagschale zu werfen. Im September 2003 verkaufte die OMV ihre Rechte an den staatlichen indischen Ölkonzern ONGC Videsh – mit einem Reingewinn von geschätzten siebzig Millionen Euro. Der sudanesischen Bevölkerung hinterließen die Österreicher verbrannte Erde. Die Menschenrechtsgruppen forderten daraufhin vergeblich, dass zumindest ein Teil dieser Profite in die Rückführung von Vertriebenen investiert werde.[2]
Anfang 2003 kaufte sich die OMV in zwei Ölfelder im Quellgebiet des Amazonas in Ecuador ein und bedroht damit den Regenwald und die

Lebensgrundlagen indigener Völker. 40 Prozent des ecuadorianischen Regenwaldes sind durch die direkten und indirekten Auswirkungen der Ölförderung bereits zerstört. Die in der Region verbliebenen Indios müssen in den Fördergebieten ihre traditionelle Lebensweise aufgeben und geraten in wirtschaftliche Abhängigkeit zu den Ölfirmen. Die Folge sind Armut, kulturelle Entwurzelung, Krankheiten und der drastische Anstieg von Alkoholismus und Prostitution. Aktivisten der österreichischen Umweltorganisation Global 2000 haben die Gegend um die Ölfelder bereist: »Schon jetzt sind Wasserläufe verpestet und der Boden vergiftet«, berichten sie: »Noch dazu findet die Ölförderung am Oberlauf des Rio Napo, einem wichtigen Quellfluss des Amazonas, statt. Damit wird ein ganzes Flusssystem, in dem so seltene Tiere wie Flussdelfine leben, gefährdet.« Block 21, an dem die OMV mit 17,5 Prozent beteiligt ist, liegt östlich der Kleinstadt Tena und ist ca. 1000 km^2 groß. Das wasserreiche Gebiet wird vom Rio Napo, einem der größten Quellflüsse des Amazonas, durchflossen. Bei einem Unfall besteht die Gefahr einer massiven Verseuchung. Für die weitere Ausbeutung der Förderfelder von Block 21 haben die französische Ölfirma Perenco und die OMV eine große Pipeline ins knapp 40 Kilometer entfernte Puerto Napo verlegt, mit der der Förder-Block an die ecuadorianische OCP-Pipeline (siehe Seite 197 ff.) angeschlossen worden ist. Mit der vollständigen Erschließung von Block 21 droht die Zerstörung großer Areale primären Regenwaldes im Süden des Konzessionsgebiets, der bisher noch weitgehend verschont geblieben ist.

Kontakt

Generaldirektor Wolfgang Ruttensdorfer, Tel. +43/1/40 44 02 14 01, Fax +43/1/40 44 02 09 84, info.presse-kommunikation@omv.com

Weitere Infos

http://www.8ung.at/sudanplattformaustria: Sudan-Plattform Austria
http://www.hrw.org/reports/2003/sudan1103: Report »Sudan, Oil and Human Rights«
http://www.global2000.at/pages/tregenwald_ecuador1.htm: OMV im Regenwald
http://www.accionecologica.org: Ecuadorianische Umweltschützer gegen die Ölkonzerne
http://business-humanrights.org/Categories/Individualcompanies/O/OMV

Anmerkungen

1 Umsatz 9,88 Mrd. Euro, Gewinn 642 Mio. Euro für 2004; Quelle: »OMV mit Rekordergebnis im Wachstumsjahr 2004«, Presseaussendung vom 15. 3. 04, siehe http://www.oeiag.at/asp/investorrelations_lang.asp?id=1040
2 Werner, Klaus/Weiss, Hans: Das neue Schwarzbuch Markenfirmen. Deuticke, Wien 2003.

Petróleo Brasileiro S/A (Petrobras)

PETROBRAS

Homepage

http://www2.petrobras.com.br

Firmendaten

Umsatz: 41,4 Milliarden US$
Gewinn: 6,8 Milliarden US$[1]
Beschäftigte: 48 800
Fördermenge: 2 Millionen Barrel pro Tag
Reserven: 14,9 Milliarden Barrel
Sitz: Rio de Janeiro (Brasilien)

Brasilien verfügt nach Venezuela über die zweitgrößten Ölvorkommen Südamerikas. Für deren Förderung wurde 1953 das Monopolunternehmen Petrobras gegründet. Im Mai 1995 leitete die Regierung – auf Druck des Internationalen Währungsfonds – die Privatisierung des brasilianischen Erdölsektors ein. Ein Streik der Belegschaft wurde mithilfe der Armee zerschlagen. 1997 wurde das Monopol aufgehoben und die Petrobras teilprivatisiert. Mehrheitseigentümer der noch heute größten Industriegesellschaft des Landes bleibt aber weiterhin der Staat.
Das Unternehmen tritt in Brasilien als einer der größten Unterstützer von Kultur- und Sozialprojekten auf und war sogar Hauptsponsor der globalisierungskritischen Weltsozialforen in Porto Alegre, bei denen unter anderem die multinationalen Erdölkonzerne kritisiert wurden. Seit dem Regierungsantritt von Luiz Inácio »Lula« da Silva betont die Firma, von deren gesicherten Reserven in Höhe von knapp fünfzehn Milliarden Barrel Erdöläquivalent über dreizehn in Brasilien liegen, ihre ökologische und soziale Ausrichtung. Dennoch ist nicht nur die Zeit der brasilianischen Militärdiktatur (1964–1984), sondern auch die jüngere Geschichte des Konzerns von rücksichtslosem Vorgehen gegen Umwelt und Lebensräume indigener Bevölkerungsgruppen sowie von schweren Unfällen geprägt, da notwendige Sicherheitsvorkehrungen immer wieder dem Sparstift zum Opfer fielen.
So starben 1984 bei einer Explosion auf der Ölplattform Anchova 37 Menschen. 1988 wütete auf derselben Bohrinsel sechzehn Tage ein Feuer, bevor es unter Kontrolle gebracht werden konnte. Verletzt wurde niemand. Im Januar 2000 flossen nach dem Bruch einer Pipeline 1300 Tonnen Rohöl in die Guanabara-Bucht vor Rio de Janeiro und verseuchten die Umwelt.
Im Juli 2000 flossen oberhalb der Iguaçu-Wasserfälle im Süden des Landes vier Millionen Liter Rohöl aus einer defekten Pipeline der Petrobras in zwei Flüsse. Das bedeutete das Ende des gesamten Fischbestandes der Uferregionen sowie eine langfristige Verseuchung des

Grundwassers. Verantwortlich für das Ausmaß der Katastrophe war die fehlende Notfallausrüstung der Raffinerie. Die Säuberungsmaßnahmen verursachten weitere Umweltschäden. So mussten die Arbeiter, die den schwarzen Erdölschlick aus den Uferzonen abschippten, ohne Schutzmasken arbeiten und die giftigen Dämpfe einatmen. Das katholische Pastoralkomitee CPT vermutete daraufhin, dass die Unfälle von der Unternehmensleitung provoziert worden seien, um die Privatisierung der Raffinerie zu beschleunigen.[2]

Im März 2001 versank innerhalb weniger Minuten die weltgrößte Ölplattform: die Bohrinsel P-36 rund 190 Kilometer nordöstlich von Rio. Dabei kamen zehn Ölarbeiter ums Leben. Die fünfhundert Millionen Dollar teure Bohrinsel war in Italien und Kanada fertig gestellt worden und erst seit einem Jahr in Betrieb. Sie hatte täglich etwa 85 000 Fass Rohöl gefördert. 1,5 Millionen Liter Rohöl konnten nicht mehr abgepumpt werden. Der damalige Oppositionsführer Lula da Silva wollte selbst Sabotage nicht ausschließen. »Diese Unfälle sind Teil eines Manövers, um die Firma zu demoralisieren und eine günstige Stimmung für die Privatisierung herzustellen«, meinte er damals.[3]

Seit 1988 fördert die Petrobras 700 Kilometer südwestlich von Manaus im Bundesstaat Amazonas Erdöl und Erdgas. Das Projekt »Urucu« treibt dort den Bau von Straßen, Flusswegen, Hafenanlagen u. a. voran, um unzugängliche Gebiete für Holzhändler, Bergbauunternehmer, Sojaplantagen, Viehzüchter usw. zu erschließen. Nutznießer sind beteiligte internationale Unternehmen wie Halliburton und Schlumberger, zu den Verlierern gehören laut Umweltschützern indigene Völker sowie die Pflanzen- und Tierwelt.[4]

In Ecuador plant die Petrobras den Bau einer Straße durch den Yasuni-Nationalpark im Amazonasgebiet. Die 45 Kilometer lange Straße wird noch weitgehend unberührte Regenwälder erschließen, in denen Petrobras Öl ausbeuten will. Petrobras hält dort mit fünfzehn Prozent den drittgrößten Anteil an der OCP-Pipeline (siehe Seite 197 ff.). Das Projekt der Petrobras bedrohe ihre traditionellen Lebensräume, fürchten indigene Bevölkerungsgruppen der Huaorani und Quichua. Der Yasuni-Park ist das Gebiet mit der größten biologischen Vielfalt Ecuadors und Heimat von bis zu fünftausend Baum-, fünfhundert Fisch-, sechshundert Vogel- und 120 Säugetierarten. In östlicher Richtung des Petrobras-Ölfeldes liegt der sogenannte ITT-Block, in dem die größten Ölvorräte Ecuadors nachgewiesen wurden. Indios und Umweltschützer warnen deshalb, dass die Petrobras-Straße lediglich der Anfang einer neuen Welle von Straßenbauten durch den Yasuni sein könnte.[5] Dafür wurde Brasilien mit einem Weltbankkredit in Rekordhöhe belohnt: 505 Millionen Dollar zu günstigen Konditionen, die bis 2008 bis auf 1,2 Milliarden Dollar aufgestockt werden könnten.[6]

In Bolivien profitierte die Petrobras gemeinsam mit British Gas, British Petroleum, Chaco, Pluspetrol, Total, Andina, Amoco, Repsol YPF von der Privatisierung des staatlichen Öl-Konzerns YPFB. Ab Mitte des Jahres

2008 sollen täglich vier Millionen Kubikmeter durch die beiden Firmen Repsol YPF und Petrobras exportiert werden. Bolivien würde bei diesem Geschäft allerdings nur schätzungsweise 36 Millionen US-Dollar jährlich einnehmen, der Löwenanteil des Gewinns von 141 Millionen US-Dollar entfiele auf die beiden multinationalen Konzerne.
In Angola finanziert das Öl, mit dem neunzig Prozent der staatlichen Exporteinnahmen erwirtschaftet werden, Korruption und Waffenhandel. Die Petrobras, die dort ebenfalls tätig ist, tue sich allerdings laut der Menschenrechtsorganisation Global Witness durch eine relativ hohe – wenn auch nicht ausreichende – Transparenz der Zahlungen hervor, die anderen Konzernen als Beispiel dienen könne.[7]
Auf Druck der Regierung Lula erwies sich der Konzern sogar als demokratiefördernd: Als die ehemalige Funktionärsclique der venezolanischen Ölgesellschaft PdVSA in den Jahren 2002 und 2003 versuchte, den demokratisch gewählten Präsidenten Hugo Chávez durch Sabotageaktionen zu stürzen, versorgte die Petrobras Venezuela mit beträchtlichen Mengen an Treibstoff und Erdöl und bot Chávez damit Rückendeckung. Zurzeit diskutieren die beiden Länder die Eingliederung der Petrobras in das Petrosur-Projekt, mit dem Chávez die wirtschaftliche und politische Unabhängigkeit des Subkontinents von den USA erreichen möchte.

Kontakt

Pressestelle, Tel. +55/21/32 24 13 06, imprensa@petrobras.com.br

Weitere Infos

http://www.amazonwatch.org/amazon/BR/urucu: Ölförderung im brasilianischen Amazonas
http://www.justicaambiental.org.br: Brasilianische Umweltorganisation
http://business-humanrights.org/Categories/Individualcompanies/P/Petrobras
»Angola – All the president's men«, Global Witness über Korruption im angolanischen Ölbusiness, März 2002

Anmerkungen

1 Umsatz: 108,2 Mrd. Reais, Gewinn: 17,9 Mrd. Reais lt. Presseaussendung vom 20. 3. 2005
2 http://www.npla.de/poonal/p464.htm, http://www.welt.de/daten/2000/07/20/0720vm180660.htx
3 »A maior plataforma do mundo foi à pique«, *Petro & Química*, Edição 225, Abril de 2001 (http://www.petroequimica.com.br/edicoes/ed_225/ed_225.html), Übersetzung aus dem Portugiesisischen von Klaus Werner
4 »Vom Fortschritt überrollt – Das Erdöl- und Erdgasprojekt Urucu (Brasilien)«, Klimabündnis Österreich, 7/2003
5 Presseaussendung von »Rettet den Regenwald«, 12. 5. 2004
6 »Brasiliens Umweltschützer frustriert«, Gerhard Dilger in der *taz* vom 31. 8. 2004
7 »Angola – All the president's men«, Global Witness, März 2002

Petróleos de Venezuela S.A. (PDVSA)

PDVSA

Homepage http://www.pdvsa.com

Firmendaten

Umsatz: 63 Milliarden US$
Gewinn: 6,5 Milliarden US$[1]
Beschäftigte: 27 400
Fördermenge: 3,7 Millionen Barrel pro Tag
Reserven: 77,2 Milliarden Barrel
Sitz: Caracas (Venezuela)

Venezuela besitzt die größten Rohöl- und Gasreserven – etwa die Hälfte der Gesamtvorkommen – der westlichen Hemisphäre und liegt weltweit an der fünten Stelle (zirka sieben Prozent der Weltreserven). In den Hauptlagerstätten am Orinoco-Gürtel liegt mit 235 Milliarden Barrel Schweröl das größte Einzelvorkommen der Erde. Damit und durch die geografische Nähe zu den USA kommt dem Land eine enorme strategische Bedeutung zu. Gemanagt werden diese Ölvorkommen durch den venezolanischen Staatskonzern PDVSA (teilweise in Joint Ventures mit mulitnationalen Erdölfirmen), der 1976 unter der Regierung Carlos Andrés Pérez gegründet wurde. Der Konzern ist einer der größten der südlichen Welt – und zeichnete sich bis Anfang 2003 vor allem durch Misswirtschaft und Korruption aus.
1990 kaufte der Konzern das ölverarbeitende Unternehmen Citgo mit Sitz in Houston (Texas). Außerdem besitzt PVDSA die Hälfte der deutschen Ruhr Öl (gemeinsam mit Veba Öl). Seit einiger Zeit wird ein Verkauf der Auslandsgesellschaften diskutiert. Ebenfalls 1990 privatisierte die Regierung Peres Teile der venezolanischen Ölvorkommen und stellte sie fast zum Nulltarif einer Hand voll multinationalen Konzernen – allen voran ExxonMobil – zur Verfügung. Vor allem in der Region Orinoco kam es zur massiven Zerstörung von Umwelt und indigenen Lebensräumen.
Im Februar 1999 wurde der Linksnationalist Hugo Chávez nach erfolgreichen Wahlen zum Präsidenten ernannt. Als eines der ersten Projekte nahm er die Wiederverstaatlichung der Ölindustrie in die Hand und verdoppelte deren Abgaben, um damit Programme zur Armutsbekämpfung zu finanzieren. Damit rief er die Unternehmerverbände und die USA auf den Plan. Als er auch noch die OPEC zur Ölpreiserhöhung anstiftete und ankündigte, die PDVSA-Führung auszuwechseln, kam es am 12. April 2002 zum Staatsstreich. Doch bereits zwei Tage nach dem Putsch war Chávez wieder im Amt, da sich Teile des Militärs mit dem gewählten Präsidenten solidarisierten.

Ende 2002 zettelte das PDVSA-Management einen zwei Monate dauernden Streik an, der beinahe die Wirtschaft des Landes lahm legte. Die automatischen Steuerungsanlagen von PDVSA wurden abgeschaltet, Öltanker konnten nicht anlegen. Die fünftgrößte Erdölgesellschaft der Welt hatte ihre Arbeit eingestellt. Autofahrer warteten tagelang vor den Tankstellen – in einem Land, in dem Benzin billiger ist als Mineralwasser.[2] Die Regierung stellte das Unternehmen unter militärische Aufsicht und setzte fast die Hälfte der 37 000 Mitarbeiter auf die Straße. Im Sommer 2004 kam es schließlich zu einem von der Opposition organisierten Referendum gegen den Präsidenten. Während die Regierung den lokalen Vertretungen von US-Konzernen vorwarf, ihre Beschäftigten zum Aufstand gegen Chávez zu nötigen, behauptete die Opposition, Angestellte der PDVSA seien mit der Kündigung bedroht worden, wenn sie nicht für den Präsidenten stimmen würden.[3]
Chávez, der das Referendum haushoch gewann, möchte nun auch andere Ölnationen auf seine Seite ziehen. So schwebt ihm die Gründung einer gesamt-lateinamerikanischen Erdölgesellschaft (»Petrosur«) vor. Mit 11,5 Prozent der weltweiten Ölreserven hätte der Subkontinent dann ausreichend wirtschaftliche Macht, sich gegen die Hegemonialinteressen der Industrieländer zur Wehr zu setzen.
Der Ölkonzern hat heute eine Schlüsselstellung in Chávez' Revolution: Er liefert die Dollars für die Sozialprogramme, die Millionen von Armen Alphabetisierung, Schulbildung, Kleinkredite, Landtitel und medizinische Versorgung bringen sollen. Dass aus den Einnahmen von PDVSA allein im Jahr 2003 3,7 Milliarden Dollar in Sozialfonds geflossen sind, gilt den Chávez-Gegnern als gigantische Verschwendung.[4]
Die multinationalen Ölkonzerne von Exxon bis ChevronTexaco kooperieren trotz erhöhter Abgaben weiterhin mit der PDVSA. Und diese zählt weiterhin zu den wichtigsten Lieferanten der USA. Auch wenn deren Regierung bitter aufstößt, dass der Konzern nicht nur die Vereinigten Staaten, sondern nun eben auch Kuba mit Öl versorgt.

Kontakt

Daniel Cortez, Comunicaciones Internacionales, Tel. +58/212/ 708 48 04, cortezd@pdvsa.com bzw. saladeprensa@pdvsa.com

Weitere Infos

»Profit für alle«, *brand eins*, 9/2004
http://business-humanrights.org/Categories/Individualcompanies/P/PDVSAPetrleosdeVenezuela

Anmerkungen

1 Presseaussendung vom 2. 3. 2005
2 »Profit für alle«, *brand eins*, 9/2004
3 »Venezuela probes firms over ›political coercion‹«, Reuters, 22. 3. 2004
4 »Profit für alle«, *brand eins*, 9/2004

Petroliam Nasional Berhad (Petronas)

PETRONAS

Homepage

http://www.petronas.com.my

Firmendaten

Umsatz: 25,7 Milliarden US$
Gewinn: 6,2 Milliarden US$[1]
Beschäftigte: 30 000 in 30 Ländern
Fördermenge: 1,5 Millionen Barrel pro Tag
Reserven: 6,3 Milliarden Barrel
Sitz: Kuala Lumpur (Malaysia)

Petronas, der staatliche Ölkonzern Malaysias, wurde 1974 gegründet. Die firmeneigene Homepage merkt dazu interessanterweise an, der Konzern sei »zur Gänze im Eigentum der Regierung«.[2] Bis 2002 besaß der Konzern 25 Prozent der Anteile am US-Ölkonzern Premier Oil Plc (weitere 25 Prozent hielt die US-Ölfirma Amerada Hess). Weltbekannt ist der Firmensitz: Die Petronas Twin Towers in Kuala Lumpur sind das höchste Gebäude der Erde.

Malaysien produziert zurzeit rund 630 000 Barrel Öl und fünf Milliarden Kubikfuß Gas pro Tag. Seit 1990 betreibt das Unternehmen mit Petronas Carigali (Overseas) Sdn Bhd und deren Tochterfirmen auch die Exploration und Förderung in fünfzehn Ländern weltweit – vor allem in Afrika.

Petronas bildet gemeinsam mit ExxonMobil und ChevronTexaco ein Joint Venture, das eine 1070 Kilometer lange Pipeline (Projektvolumen etwa 3,7 Milliarden US$) von Tschad nach Kribi in Kamerun verlegt hat und am 29. Juli 2003 in Betrieb ging. Ein Teil des Geldes, das im Zuge des Projekts an die Regierung des Tschad geflossen ist, wurde bereits zum Waffenkauf verwendet. Im Rahmen des Projekts kommt es immer wieder zu Menschenrechtsverletzungen, Kritiker wurden eingeschüchtert und inhaftiert. Die Trasse der Pipeline läuft durch unberührte Waldflächen und bedroht die Wasserversorgung.

Im Sudan besitzt der Konzern Anteile an mehreren Blöcken im Süden des Landes. So kaufte die Petronas Carigali Overseas Sdn Bhd im April 2003 die Rechte der schwedischen Firma Lundin, die bis dahin mit knapp über vierzig Prozent an Block 5A beteiligt war. Ende August kam Block 8 dazu, der gemeinsam mit dem Konsortium PCOSB und dem sudanesischen Staatskonzern Sudapet betrieben wird. Gleichzeitig eröffnete Petronas auch seine erste Tankstelle in dem Bürgerkriegsland. Die Ölkonzerne kooperieren dort mit dem fundamentalistischen Militärregime, das einen grausamen Krieg mit bisher über zwei Millionen Toten gegen die Bevölkerung im ölreichen Süden des Landes führt.

Finanziert wird dieser Genozid mithilfe der ausländischen Ölfirmen. Im September desselben Jahres schloss die Konzerntochter Petronas International Corporation Limited (PICL) den Transfer ihres Anteils von 25 Prozent an der Premier Oil ab und erhielt im Gegenzug deren Anteil an Produktionsfeldern in Myanmar (Burma) und Indonesien.[3] In Burma, wo der Konzern seit 1997 am Yetagun-Gasfeld im Golf von Martaban beteiligt ist, behandeln die Junta-Generäle ihre eigene Bevölkerung dermaßen grausam, dass sich zahlreiche internationale Unternehmen aus dem Land zurückgezogen haben. Im Umfeld der Erdölanlagen kam es zu Zwangsumsiedelungen, die mit Waffengewalt durchgesetzt wurden. Zwangsarbeit und willkürliche Hinrichtungen stehen an der Tagesordnung.

Kontakt

Tel. +603/20 51 50 00, webmaster@petronas.com.my

Weitere Infos

http://www.erdoel-tschad.de: Infos über das Erdölprojekt in Tschad und Kamerun
http://www.catholicrelief.org: Report »Chad's Oil: Miracle or Mirage? Following the Money in Africa's Newest Petro-State«
http://www.hrw.org/reports/2003/sudan1103: Report »Sudan, Oil and Human Rights«
http://www.icftu.org/focus.asp?Issue=Burma: Burmakampagne der freien Gewerkschaften
http://business-humanrights.org/Categories/Individualcompanies/P/Petronas

Anmerkungen

1 Fortune Global 500, 2004
2 »Wholly-owned by the Government« lt. http://www.petronas.com.my/internet/corp/centralrep2.nsf/frameset_corp?OpenFrameset
3 http://www.petronas.com.my/internet/corp/centralrep2.nsf/59a437a8f6fb7f2948256aa800418c97/24039f58e0532e4d48256a9300378c10?OpenDocument

Repsol YPF

Homepage http://www.repsolypf.com

Firmendaten

Umsatz: 56 Milliarden US$
Gewinn: 2,6 Milliarden US$[1]
Beschäftigte: 31 100 in 28 Ländern
Fördermenge: 1,17 Millionen Barrel pro Tag
Reserven: 5,4 Milliarden Barrel
Sitz: Madrid (Spanien)

Repsol ist ein relativ junges Unternehmen, das erst 1986 als Konzern einer staatseigenen spanischen Holding gegründet wurde. Ab 1989 begann der Verkauf von Anteilen, 1997 erfolgte die vollständige Privatisierung. 1999 kaufte Repsol das ehemalige argentinische Staatsunternehmen YPF SA für umgerechnet zwölf Milliarden Euro. Im Bereich Upstream konzentriert sich der Konzern auf die Förderung von Erdgas in Spanien und Öl und Gas in Lateinamerika.
Repsol YPF ist der größte Erdgasproduzent in Bolivien. Nach vom Unternehmen nicht bestätigten Angaben kontrolliert es mehr als ein Viertel der 1,5 Billionen Kubikmeter gesicherter Ergasvorkommen in dem Land. Obwohl die zweitgrößten Erdgasreserven Südamerikas auf einen Wert von siebzig bis hundert Milliarden Dollar geschätzt werden, leben siebzig Prozent der Bevölkerung in Armut. Die meisten von ihnen besitzen nicht einmal einen privaten Gasanschluss. Durch die Privatisierung des staatlichen bolivianischen Öl-Konzerns YPFB und die Übergabe der Gasreserven wurden lediglich die multinationalen Konzerne begünstigt: Repsol YPF, BP, British Gas, Total und Petrobras machen dort ein Milliardengeschäft. Ab Mitte des Jahres 2008 sollen täglich vier Millionen Kubikmeter durch Repsol YPF und Petrobras exportiert werden. Bolivien würde bei diesem Geschäft allerdings nur schätzungsweise 36 Millionen US-Dollar jährlich einnehmen, der Löwenanteil des Gewinns von 141 Millionen US-Dollar entfiele auf die beiden multinationalen Konzerne.[2]
Der bolivianische Oppositionsführer Evo Morales sieht Repsol als Inbegriff des Öl-Imperialismus. Opposition und Indiobewegungen fordern die Wiederverstaatlichung der seit den 90er-Jahren privatisierten Erdgasquellen und organisieren dafür Streiks, Blockaden der Hauptverkehrsstraßen und Flughäfen sowie die Besetzung von Förderstellen. Der von den USA unterstützte Ex-Präsident Gonzalo Sánchez de Lozada ließ im Oktober 2003 das Militär auf die Demonstranten schießen, provozierte damit beinahe einen Bürgerkrieg und musste schließlich zu-

rücktreten. Im Juni 2005 trat auch sein Nachfolger, der Multimillionär Carlos Mesa, zurück – Massendemonstrationen gegen den Ausverkauf des Erdgases brachten das Land an den Rand eines Bürgerkrieges. Für den Missstand verantwortlich sind nach Überzeugung der Kritiker insgesamt 78 Verträge, die den ausländischen Investoren praktisch sämtliche Rechte an den Erdgasfeldern übertrugen und denen zufolge sie dem bolivianischen Staat lediglich achtzehn Prozent ihrer Gewinne abführen müssen.[3]

Im Mai 2004 beschuldigte Amnesty International die Konzerne Occidental Petroleum und Repsol YPF, Militäreinheiten des kolumbianischen Militärs »mit nachgewiesenen Verbindungen« zu paramilitärischen Gruppen zu finanzieren.[4]

Marc Gavaldá vom konzernkritischen *Observatori Transnacional* in Barcelona schreibt in seinem Buch »La Recolonización« (Die Rekolonisierung): »Repsol ist am Maracaibosee Venezuelas, im kolumbianischen Urwald und an der peruanischen Küste. Der Konzern drang in den Yasuni-Nationalpark in Ecuador und in die Selva Perus ein. Er konstruiert Hochseeplattformen im Golf von Mexiko und gräbt Löcher in den Sand des argentinischen und bolivianischen El Chaco. Das Phänomen Repsol [...] reproduziert haargetreu die kolonialen Verbindungen Lateinamerikas mit seinen früheren Eroberern.«[5]

Kontakt

Begoña Elices García, Director of Public Relations,
Tel: +34/91/348 87 87, prensa@repsolypf.com

Weitere Infos

http://www.bolivia-info.de: Berichte und Analysen auf deutsch
http://web.amnesty.org/library/Index/ESLAMR230042004: Amnesty-Report über Kolumbien
http://www.accionecologica.org: Ölkonzerne in Ecuador
Marc Gavaldá: »La Recolonización. Repsol en América Latina: invasion y resistencias«, Icaria 2003
http://business-humanrights.org/Categories/Individualcompanies/R/RepsolYPF

Anmerkungen

1 Umsatz: 41,689, Gewinn: 1,95 Mrd. Euro lt. Presseaussendung vom 22. 2. 2005
2 »Zankapfel Gas«, *Junge Welt,* 14. 4. 2004
3 »Kampf um Erdgas spaltet Bolivien«, *Welt am Sonntag,* 13. 3. 2005
4 »Un laboratorio de guerra en Colombia«, 20. 4. 2005, http://web.amnesty.org/library/Index/ESLAMR230042004
5 Marc Gavaldá: »La Recolonización. Repsol en América Latina: invasion y resistencias«, Icaria 2003, zitiert nach http://www.econoticiasbolivia.com/documentos/notadeldia/recolo.html

Royal Dutch/Shell Group

Homepage	http://www.shell.com
Firmendaten	Umsatz: 265 Milliarden US$ Gewinn: 18,2 Milliarden US$[1] Beschäftigte: 119 000 in 145 Ländern Fördermenge: 3,8 Millionen Barrel pro Tag[2] Reserven: 13 Milliarden Barrel[3] Sitz: Den Haag (Holland) und London (UK)

Der britisch-holländische Konzern geriet 2004 mehrfach in die Schlagzeilen, weil er wiederholt die Angaben über seine »gesicherten« Ölreserven nach unten korrigieren musste – von ursprünglich fast zwanzig auf weniger als dreizehn Millarden Fässer Öläquivalent.[4] Dafür musste Shell rund 120 Millionen Euro Strafgelder an die Regulierungsbehörden zahlen. Das führte sogar zu Übernahmegerüchten durch den französischen Ölkonzern Total, die sich aber als haltlos erwiesen. Im Gegenteil: Aufgrund der hohen Ölpreise und der erhöhten Nachfrage aus China schrieb auch Shell 2004 Rekordgewinne. Im Oktober 2005 will man erstmals nach nahezu hundert Jahren das bisher in Holland und Großbritannien getrennte operative Geschäft zusammenlegen.[5]

1995 verhinderte die Umweltschutzorganisation Greenpeace in einer groß angelegten Kampagne ein Umweltdesaster, das durch die Versenkung der Ölplattform »Brent Spar« in der Nordsee gedroht hätte, und brachte den Konzern damit in schwere Nöte: Millionen von Autofahrern mieden fortan die Tankstellen mit dem gelben Muschel-Logo. Die Folge war ein internationales Verbot der Versenkung von Ölplattformen.

In Nigeria, wo Shell die Erdölproduktion dominiert, exekutierte im selben Jahr das Militärregime neun Angehörige des Volkes der Ogoni. Darunter den Schriftsteller und Menschenrechtsaktivisten Ken Saro Wiwa, der jahrelang gegen die schweren Umweltschäden protestiert hatte, die Shell und andere Ölkonzerne wie Elf, Agip, Mobil und Chevron im südnigerianischen Niger-Delta verursacht hatten. Saro Wiwas Angehörige und internationale Organisationen werfen Shell Mitschuld an der Hinrichtung vor. Außerdem habe der Konzern die Militärs, die regelmäßig Gräueltaten an der Bevölkerung verübten, mit Waffen versorgt. 2001 gestand Shell, tatsächlich Waffen für den Schutz seiner Anlagen an die lokale Polizei weitergegeben zu haben.

Mittlerweile gibt sich der Ölkonzern in millionenteuren Anzeigen als Vorreiter in Sachen Umweltschutz und Menschenrechte. Doch in Nige-

ria hat sich wenig geändert: Ölaustritte aus veralteten Shell-Pipelines und die technologisch überholte Verbrennung von Erdgas machen große Mengen Ackerland im Niger-Delta auf Jahrzehnte unfruchtbar, verschmutzen Luft und ehemals fischreiche Gewässer und stehlen den Bewohnern damit Lebensgrundlagen und Gesundheit. Was Shell im Gegenzug an Arbeitsplätzen, Investitionen und sozialer Unterstützung schafft, ist geradezu zynisch wenig. Wiedergutmachungszahlungen lehnt der multinationale Konzern, der in Nigeria Öl im Wert von rund dreißig Milliarden US-Dollar gefördert hat, ab. Dafür wird Shell immer öfter gerichtlich verurteilt. So sprach ein nigerianisches Gericht Betroffenen im April 2003 die Summe von 256 Millionen Naira (1,9 Mio. Euro) für Erdölaustritte zu, die acht Jahre zuvor deren Lebensgrundlage zerstört hatten.[6] Laut Transparency International ist Nigeria das zweitkorrupteste Land der Welt – daran trägt Shell einen wesentlichen Anteil. Im Dezember 2004 besetzten hunderte unbewaffnete Menschen, darunter Frauen und Kinder, Ölplattformen von Shell und forderten Arbeitsplätze und Anteile am Öl-Profit.[7]
In Durban (Südafrika) emittiere die von Shell und BP betriebene Raffinerie SAPREF täglich neunzehn Tonnen Schwefeldioxid – das Sechsfache der Shell-Raffinerie in Dänemark – und gefährde damit die Gesundheit der Anrainer, sagen Umweltschützer. Mangelnde Sicherheitsvorkehrungen hätten außerdem zum Austritt von 25 Tonnen des Nervengiftes Tetraethylblei geführt.[8] Ähnliche Vorwürfe gibt es auch aus vorwiegend von Afroamerikanern bewohnten Siedlungen in verschiedenen US-Bundesstaaten sowie aus Brasilien, Curaçao (Karibik) und den Philippinen.[9]
Shell gehört auch zu den Profiteuren des Irakkrieges. Nach dem militärischen Sieg der USA und Großbritanniens erhielt der Konzern Förderverträge für den Irak.[10]
Vor der Küste der russischen Insel Sachalin bedrohen die Aktivitäten der Ölkonzerne, darunter Shell, die letzten hundert Tiere einer Grauwal-Population, beklagt Greenpeace.[11]
In Argentinien rief Präsient Néstor Kirchner im März 2005 persönlich zum Boykott auf, weil Shell – trotz Milliardengewinnen – die Benzinpreise gewaltig erhöht hatte.[12]

Kontakt

Tel. +49/40/63 24 52 90, tellshell@shell.com

Weitere Infos

http://www.essentialaction.org/shell/Final_Report.pdf: Report über Shells Aktivitäten in Nigeria
http://www.mosop.org: Homepage der Ogoni in Nigeria
http://www.corporatewatch.org.uk/profiles/oil_gas/shell/shell1.html: Überblick über die Konzernaktivitäten bis 2001
»Behind the shine – The other Shell Report 2003«: detaillierte Zusammenfassung der Verbrechen des Konzerns von Friends of the Earth u. a.

Anmerkungen

1 Financial Report 2004
2 First Quarter 2005 results
3 »Shell suffers fifth cut in reserves«, *Guardian*, 4. 2. 2005
4 ebd.
5 »Shell reports UK record profits«, *Guardian*, 3. 2. 2005
6 »Ogoni Oil Spill: Court Upholds N255.8m Judgement Against Shell«, Vanguard, 15. 4. 2003
7 »Nigeria: Hunderte Demonstranten besetzten Öl-Plattformen«, *Wikinews*, 5. 12. 2004
8 »Behind the shine«, Friends of the Earth u. a., 2003
9 ebd.
10 To the Victors Go the Spoils of War, 8. 8. 2003, http://www.corpwatch.org/article.php?id=7989
11 »Die weltweite Spur des Öls«, Greenpeace Deutschland, 2004
12 »Argentine president calls for boycott of Shell after company hikes prices«, AFP, 10. 3. 2005

Saudi Aramco

Homepage: http://www.saudiaramco.com

Firmendaten:

Umsatz: k. A.
Gewinn: k. A.
Beschäftigte: 54 000
Fördermenge: 10 Millionen Barrel pro Tag
Reserven: 259,4 Milliarden Barrel
Sitz: Dhahran (Saudi-Arabien)

Das vom saudischen Königshaus kontrollierte Staatsunternehmen ist die größte Ölfördergesellschaft der Welt. Aramcos Tochterfirma Vela besitzt die weltgrößte Flotte von Öltankern.

Die fünf größten Ölkonzerne der Erde (ExxonMobil, BP, Shell, ChevronTexaco und Total) produzieren gemeinsam gerade neun Prozent des Rohöls weltweit. Die zehn größten kommen insgesamt auf zwölf Prozent – das entspricht der Förderung Saudi-Arabiens, wo Saudi Aramco das Monopol auf die Ölförderung hat. Laut *Oil and Gas Journal* besitzt das Land knapp 260 Milliarden Fässer nachgewiesene Ölreserven – ungefähr ein Viertel der konventionellen Weltreserven. Bis 2009 soll die saudische Produktionskapazität auf über dreizehn Millionen Barrel Öläquivalent pro Tag ausgebaut werden.

Aramco wurde 1933 von US-Ölfirmen als Arabian-American Oil Company gegründet und ab 1936 als Joint Venture zwischen Socal (heute Chevron) und Texaco betrieben. 1948 kamen Standard Oil und Socony-Vacuum Oil (beide heute ExxonMobil) dazu. Erst 1973 beteiligte sich das saudische Königshaus mit 25 Prozent, 1980 folgte die hundertprozentige Verstaatlichung. Die de facto von den USA kontrollierte Aramco bildete bis dahin einen Staat im Staate. Die Geschäftsleitung des Konzerns gestaltete die Tagespolitik im Gastland. Was blieb, sind Englisch als Firmensprache und viele Autos made in USA.[1]

Saudi-Arabien sei »ein Staat, den der US-Ölkonzern Aramco zur Wahrung seiner Interessen erfunden hatte«, schreibt der pakistanische Schriftsteller Tariq Ali. »Als der bittere Bürgerkrieg [...] mit dem Sieg der Familie al-Saud endete, gelangte damit der Wahhabismus, eine besonders rabiate und puritanische Variante des Islam, an die Macht. [...] Dank der Einnahmen aus dem Ölgeschäft wird er in die ganze Welt exportiert und wirkt in vielen muslimischen Gesellschaften als Humus für den Extremismus. Das gilt auch für Pakistan und seine Koranschulen, in denen sich die Taliban formierten.«[2]

Seit dem 11. September 2001 gilt die Hauptsorge der Sicherheit vor

Terroranschlägen auf die Ölanlagen und die über 3000 ausländischen Beschäftigten. So wurden im Mai 2004 sechs westliche Arbeitskräfte und ein Saudi getötet. Zu den Anschlägen bekannte sich die Terrororganisation Al-Qaida. Daraufhin verließen alle neunzig Beschäftigten einer zusammen mit ExxonMobil betriebenen Raffinerie das Land. Aramcos Chief Executive Abdullah Jumah sagte damals, dass »nirgends auf der Welt die Ölanlagen so gut geschützt sind wie in Saudi-Arabien«. Aramco beschäftigt fünftausend Sicherheitskräfte. Zusätzlich sind die saudische Nationalgarde, Militär und Polizei mit dem Schutz der Ölfelder, Häfen, Raffinerien und Pipelines beauftragt. Allein im Jahr 2003 gaben die Saudis 5,5 Milliarden Dollar für die Sicherheit der Erdölindustrie aus.[3]

91,7 Milliarden Dollar hat Saudi-Arabien allein im Jahr 2004 aus Ölexporten erlöst, das entspricht neunzig bis 95 Prozent der gesamten saudischen Exporte, siebzig Prozent der staatlichen Einnahmen und 35 bis vierzig Prozent des Bruttosozialprodukts. Die Saudis entrichten kaum Steuern – Saudi Aramco zahlt.[4]

Das bedeutet aber nicht Wohlstand für alle: In Saudi-Arabien, dem Land mit den höchsten Pro-Kopf-Militärausgaben der Welt, erhalten rund zehntausend Prinzen Zahlungen zwischen achthundert und 270 000 Dollar im Monat, während der Rest der Bevölkerung mit sinkenden Einkommen zu kämpfen hat: Anfang der 80er-Jahre betrug das Pro-Kopf-Einkommen noch über 19 000 Dollar, heute liegt es bei ca. 9000 Dollar.[5]

Laut dem Klimaschutzbericht »Greenhouse Gangsters vs. Climate Justice« ist Saudi Aramco der Konzern mit den größten Einzelemissionen an Treibhausgas und verantwortlich für fast sieben Prozent des weltweiten CO_2-Ausstoßes.[6]

Kontakt

Public Relations Department, Tel. +966/3/874 53 50, international.media@aramco.com

Weitere Infos

Anthony Cave Brown: Oil, God and Gold: The Story of Aramco and the Saudi Kings. Houghton Mifflin Company, 1999

Anmerkungen

1 »Aramco zahlt alles«, *Die Zeit,* 39/2003
2 »Die Ströme der Bitterkeit«, *Le Monde Diplomatique,* 12. 10. 2001
3 http://www.eia.doe.gov/emeu/cabs/hot.html
4 »Aramco zahlt alles«, *Die Zeit,* 39/2003
5 Bundesagentur für Außenwirtschaft, http://www.bfai.de/botdb_lum_MKT20050610111710.html
6 http://corpwatch.org/article.php?id=1048

Homepage | http://www.statoil.com

Firmendaten

Umsatz: 50,4 Milliarden US$
Gewinn: 4,1 Milliarden US$[1]
Beschäftigte: 24 000 in 29 Ländern
Fördermenge: 1,1 Millionen Barrel pro Tag
Reserven: 4,29 Milliarden Barrel
Sitz: Stavanger (Norwegen)

Das norwegische Unternehmen ist der drittgrößte Exporteur von Rohöl in der Welt und Marktführer in den skandinavischen Ländern sowie in Irland, Polen und den baltischen Staaten. Der Konzern ist zu vier Fünftel im Eigentum Norwegens, die Regierung will den Staatsanteil aber auf zwei Drittel reduzieren.

Der Konzern bezeichnet sich selbst als eines der umweltbewusstesten Erdölunternehmen und unterzeichnete 2001 ein Menschenrechts-Abkommen mit Amnesty International.[2] Dies wurde jedoch erst nach umfassender Kritik gegen das Unternehmen durchgeführt. So wurden in den 90er-Jahren in Malaysia im Umfeld einer Raffinerie, an der Statoil Teilhaber war, zahlreiche Familien zwangsumgesiedelt und zwei Moscheen abgerissen. Hunderte von Fischern forderten Schadenersatz wegen der Zerstörung ihrer Fischgründe. Nach jahrelangen Protesten verkaufte Statoil schließlich seine Anteile.[3] In Russland förderte Statoil gemeinsam mit der russischen Gazprom Öl im Petsjora-Meer in ökologisch äußerst sensiblen Gebieten der Arktis und war damit an der Zerstörung des Lebensraumes der Ursprungsbevölkerung der Nenetzen beteiligt.[4]

2003 enthüllte die norwegische Zeitung *Dagens Naeringsliv*, dass das Unternehmen in einem Korruptionsskandal verwickelt war, als man versuchte, sich in Irans gigantischen Gasfeldern South Pars zu etablieren. Statoil soll 15,2 Millionen US-Dollar für »Beratungstätigkeiten« bezahlt haben. Die Krise bewirkte den Rücktritt einiger Mitglieder des Statoil-Vorstands und die Ablöse des Geschäftsführers.[5]

Im selben Jahr äußerten norwegische Medien einen Korruptionsverdacht gegen Statoil in Nigeria. Die Rechte an einem der Ölblocks von Statoil wurden 1998 an das nigerianische Unternehmen Allied Energy für einen viel zu niedrigen Preis verkauft. Das Unternehmen war im Besitz einer nigerianischen Familie mit guten Beziehungen zum damaligen Diktator Sani Abacha. Der Verdacht lautete, dass sich der Konzern damit gute Bedingungen für künftige Verträge sichern wollte.[6]

Ab 1997 förderte Statoil in Venezuela Öl am Maracaibu-See und in der Region Zuata am Orinoco-Fluss. Beide Projekte wurden wegen massiver Verschmutzung der Umwelt und des Lebensraumes von Ureinwohnern kritisiert. Der Maracaibu-See ist das größte Süßwasserreservoir Südamerikas.[7]
Statoil behauptet, dass seine Zahlungen in Angola wegen der strengen norwegischen Gesetzgebung transparent wären. »Es stimmt, dass man in Norwegen leicht Daten über Zahlungen an die angolanische Regierung findet«, sagt die Organisation Global Witness dazu. »Das bedeutet sicherlich, dass der Konzern auf einem weit höheren Level an Transparenz wirtschaftet als die Mehrheit der anderen. Dennoch, Transparenz über Konzernzahlungen an Angola in Norwegen bedeutet nicht das Gleiche wie die Daten den Angolanern in Angola zur Verfügung zu stellen.«[8]

Kontakt

Wenche Skorge, Vizepräsident, Public Affairs, Tel. +47/91/87 07 41 (mobil), +47/51/99 79 17 (Büro); statoil@statoil.com

Weitere Infos

http://www.norwatch.no/filer/Statoil.pdf: Statoil-Porträt norwegischer Konzernkritiker
http://http://www.norwatch.no/filer/Burma&NorgeNy.pdf: Statoil betreibt auch Handel mit Burma
http://www.bankwatch.org/issues/oilclima/baku.ceyhan: Über die BTC-Pipeline
http://www.bakuceyhan.org.uk: Baku-Ceyhan-Kampagne
»Angola – All the president's men«: Global Witness über Korruption im angolanischen Ölbusiness, März 2002

Anmerkungen

1 »Record year for Statoil«, Presseaussendung vom 14. 2. 2005
2 »Historisk avtale mellom Amnesty og Statoil«, Amnesty International Norwegen, 2. 10. 2001, http://www.amnesty.no/web.nsf/(pages)/Amnesty_og_Statoil
3 »Forced relocation and levelled mosques«, Norwatch Newsletter 2/1997, http://www.norwatch.no/index.php?artikkelid=809&back=1, »Statoil out of Melaka refinery«, Norwatch Newsletter 4/2001
4 Leer-Salvesen: I gode hender? Norwatch 1998
5 »Dette er Statoil-saken«, *Dagens Naeringsliv*, 23. 9. 2003, »Sauberer Schnitt bei Statoil«, *Financial Times Deutschland*, 23. 9. 2003, »20 Millionen Kronen Bußgeld für Statoil«, *Handelsblatt*, 29. 6. 2004
6 »Ny korrupsjonsalarm i Statoil«, *Dagbladet*, 10. 11. 2003
7 »Oil drilling met with protests«, Norwatch Newsletter 9/1997
8 »Angola – All the president's men«, Global Witness, 3/2002

Total S.A.

Homepage | http://www.total.com

Firmendaten

Umsatz: 152 Milliarden US$
Gewinn: 11,2 Milliarden US$[1]
Beschäftigte: 130 000 in 110 Ländern
Fördermenge: 2,5 Millionen Barrel pro Tag
Reserven: 11,4 Milliarden Barrel[2]
Sitz: Paris (Frankreich)

TotalFinaElf S.A. ist ein Zusammenschluss der Erdölunternehmen Total, PetroFina und Elf Aquitaine und der viertgrößte Ölkonzern der Welt. 2003 wurde die Gruppe in Total S.A. umbenannt. Zu Total gehört auch Cepsa (Spanien) sowie der Kunststoffkonzern Hutchinson, dessen Tochterfirma Mapa Babyartikel der Marke Nup sowie Kondome der Marken Blausiegel, Fromms, R3, Big Ben und Billy Boy herstellt.
Fast überall dort, wo gröbere Menschenrechtsverletzungen im Zusammenhang mit der Erdölproduktion bekannt wurden, ist auch Total mit von der Partie. Der französische Konzern dürfte nicht einmal dort Skrupel haben, wo sich andere Weltfirmen aufgrund der skandalösen Verhältnisse im Hintergrund halten. So kooperiert Total mit dem grausamen Militärregime in Myanmar (ehemals Burma). Gemeinsam mit dem US-Konzern Unocal und staatlichen Firmen betreibt der Konzern dort das Pipelineprojekt Yadana. Die Junta-Generäle behandeln ihre eigene Bevölkerung dermaßen grausam, dass sich sogar der amerikanische Ölmulti Texaco aus dem Land zurückgezogen hat. Im Umfeld der Erdölanlagen kam es zu Zwangsumsiedelungen, die mit Waffengewalt durchgesetzt wurden. Zwangsarbeit und willkürliche Hinrichtungen stehen in Burma an der Tagesordnung. Die burmesische Oppositionsführerin und Friedensnobelpreisträgerin Aung San Suu Kyi bezeichnet Total als »beste Stütze« des Militärregimes.[3] Die zivile Opposition und Menschenrechtsgruppen fordern deshalb den Rückzug des Konzerns. Dieser will anderes wahrgenommen haben und wandte sich im Februar 2005 in einem Brief an die Öffentlichkeit: »Wenn wir auf die Sorgen der Bürger des Landes hören, hören wir meistens, dass sie uns drängen zu bleiben.«[4]
Total ist der größte Erdölkonzern in Afrika. In Nigeria war das Unternehmen jahrzehntelang an einem von Shell geführten Konsortium beteiligt, das für massive Menschenrechtsverletzungen und die Zerstörung der Lebensgrundlagen von Millionen von Menschen verantwortlich ist (siehe Shell). In Angola unterstützte die französische Elf den

Krieg des autokratischen Präsidenten José Eduardo dos Santos, der mehr als 25 Jahre lang das Land verwüstet und 1,5 Millionen Menschen das Leben gekostet hat.[5] Nach Angaben von Kritikern ist Total dort auch nach Ende des Krieges noch hauptverantwortlich für korrupte Ölgeschäfte: »ChevronTexaco and TotalFinaElf stehen an der Spitze der Liste versteckter Zahlungen: Diese beiden Unternehmen verweigern sich bekanntermaßen jeder Diskussionen über Transparenz.«[6] Laut den französischen Zeitungen *Liberation* und *Le Canarad Enchainé* hat Elf auch in der Republik Kongo (Brazzaville) gleichzeitig die Regierungs- und die Rebellenarmee finanziert, um sich dort, genauso wie im benachbarten Gabun, den Zugang zu Erdölfeldern zu sichern.
Laut Umwelt- und Entwicklungsorganisationen aus sechs Ländern verstoßen BP und seine Konsortialpartner, darunter auch Total, beim kasachischen Pipelineprojekt Baku-Tiflis-Ceyhan »klar gegen Grundregeln der Unternehmensverantwortung«. Das Konsortium soll unzulässigen Einfluss auf die Umweltgesetzgebung der Anrainerländer ausgeübt haben. Die Organisationen sprechen von massiver Bedrohung von Projektkritikern in Aserbaidschan und der Türkei und fürchten die Militarisierung der Region zum Schutz der Pipeline vor Anschlägen.[7]
Als wahrer Großmeister der Korruption wurde Anfang Februar 2001 der ehemalige Direktor von Elf Aquitaine und Millionenjongleur Alfred Sirven verhaftet. Er verteilte bei der Privatisierung der ostdeutschen Raffinerie Leuna reichlich Provisionen. Leuna ging an Elf. Verarbeitet wird Rohöl aus russischen Pipelines, die so undicht sind, dass sich laut Greenpeace jedes Jahr fünfzehn Millionen Tonnen des »schwarzen Goldes« in riesige Ölseen ergießen. Dennoch erhielt Elf für Leuna noch Ende 2002 Subventionen in Höhe von 647 Millionen Euro – Gelder, die die Steuerzahler und Steuerzahlerinnen berappen.[8] Am 17. März 2003 wurden 37 ehemalige Elf-Funktionäre angeklagt, weil sie Millionen Francs in ein geheimes Korruptionsnetzwerk fließen ließen.[9] Im November wurden die drei wichtigsten Manager zu jeweils vier bzw. fünf Jahren Haft verurteilt.[10]

Kontakt

Burkhard Reuss, Leiter der Unternehmenskommunikation Total Deutschland GmbH, Tel. +49/30/20 27 62 31, Fax +49/30/20 27 62 15, burkhard.reuss@total.de

Weitere Infos

http://www.zensiert-durch-elf.de: Greenpeace-Kampagne gegen Elf in Sibirien
http://www.globalwitness.org/campaigns/oil: Erdöl und der Krieg in Angola
http://www.burmacampaign.org.uk/total_report.html: Total-Report der Burma-Kampagne
http://burma.total.com: Stellungnahmen des Konzerns zu seiner Präsenz in Burma

http://www.foe.org/camps/intl/Appendices.htm: Infos über das kaspische Pipelineprojekt

»Angola – All the president's men«: Global Witness über Korruption im angolanischen Ölbusiness, März 2002

Anmerkungen

1 http://www.total.com/static/en/medias/topic745/Total_2004_en_results_outlook_050217_pr.pdf

2 http://www.total.com/en/group/activities/upstream/exploration_production

3 »Erdöl, Menschenrechte und Geschäftsmoral«, *Le Monde Diplomatique,* 12/2000

4 »Burma Campaign UK castigates Total's presence in Myanmar«, Brief von Jean-François Lassalle, E&P Vice President Public Affairs, 21.5.2005 (http://burma.total.com/en/news/p_5_1.htm)

5 Olivier Vallée: Elf – Erdölriese in staatlicher Mission, *Le Monde Diplomatique,* April 2002

6 »All the president's men: The devastating story of oil and banking in Angola's privatised war«, Global Witness, 2002

7 Presseinformation von Urgewald, WEED, Germanwatch und BUND vom 29.4.2003

8 »Subvention de 647 millions d'euros à la raffinerie de Leuna«, AFP, 30.10.2002

9 »Elf trial throws spotlight on oil and corruption«, Presseinformation von Global Witness, 17.3.2003

10 »Le Verdict dans l'affaire Elf reconnaît coupable les accusés mais leur héritage laissera un goût amer pour encore longtemps«, Presseinformation von Global Witness, 18.11.2003

Unocal Corp.

UNOCAL 76

Homepage	http://www.unocal.com
Firmendaten	Umsatz: 8,2 Milliarden US$ Gewinn: 1,2 Milliarden US$[1] Beschäftigte: 6700 Fördermenge: 425 000 Barrel pro Tag Reserven: 1,75 Milliarden Barrel Sitz: El Segundo, California (USA)

Gegründet 1890 als Union Oil Company of California, ist Unocal eines der ältesten Erdölunternehmen. Es produziert Öl und Gas in den USA, in Thailand, Indonesien, Bangladesch, Burma (Myanmar), Holland, Aserbaidschan, der Demokratischen Republik Kongo und betreibt Exploration in Vietnam. Im Frühjahr 2005 lieferte sich der US-Konzern Chevron mit der staatlichen China National Offshore Oil Company (CNOOC) ein Bietergefecht um die Übernahme der Unocal. Die Chinesen legten zwar mit 18,5 Milliarden Dollar das höhere Angebot auf den Tisch, doch am 20. Juli 2005 hatte Chevron mit einer 17-Milliarden-Offerte dennoch die Nase vorn: Mitglieder des US-Repräsentantenhauses sahen durch eine mögliche Übernahme die nationale Sicherheit gefährdet. Sogar der Militärausschuss des US-Kongresses hatte sich mit dem Thema befasst. Die *Financial Times* berichtete, dass Chevron Parlamentarier mit Spenden unterstützt habe, die gegen das Angebot von CNOOC Front machten. Im August 2005 zog CNOOC sein Angebot zurück.[2]

1997 plante Unocal gemeinsam mit den afghanischen Taliban den Bau einer Pipeline von Turkmenistan über Afghanistan nach Pakistan. Zusammen mit dem Energiekonzern Enron lud Unocal 1997 und 1998 Taliban-Vertreter zu Verhandlungen nach Texas ein. Die Fundamentalistenführer wurden mit Geschenken und dem Versprechen über Lizenzzahlungen in Höhe von 25 Millionen US-Dollar umworben. William O. Beeman von der Brown University (USA) vermutet, dass Osama bin Laden die Anschläge auf die beiden afrikanischen US-Botschaften im August 1998 deshalb verübte, um eine allzu enge Verbindung zwischen den Taliban und westlichen Ölinteressen zu verhindern: »Bin Laden wollte die Taliban nicht im Bett mit den USA, das hätte seine Standpunkte untergraben.«[3] Damit war das Unocal-Projekt vorerst gestorben. Erst seit dem Afghanistan-Krieg der USA hat der Konzern dort wieder einen Fuß in der Tür. Ende 2001 ernannte Präsident Bush jenen Mann, der die Unocal für die Taliban-Verhandlungen beraten hatte, zum US-Sondergesandten in Afghanistan. Zalmay Khalilzad hatte bereits An-

fang der 90er-Jahre für eine Taliban-freundliche Politik geworben.[4] Gleich nach Kriegsende wurden auch die Pipelinepläne wieder ausgegraben: Die Rohrleitung soll eine Million Barrel Rohöl pro Tag transportieren. Unocal führt das Errichtungskonsortium an und will bis 2010 2,5 Milliarden Dollar investieren. Eine Gas-Pipeline ist ebenfalls geplant.
In Indonesien wurden im Oktober 2000 sieben Menschen von der Polizei erschossen und sechzehn schwer verletzt, nachdem sie zwei Wochen lang die Unocal-Raffinerie Tanjung Santan besetzt hielten, um gegen die Verschmutzung von Luft, Wasser und Agrarflächen zu protestieren. Der Konzern, der jahrelang Reisfelder und Shrimpsfarmen verschmutzt hatte, ließ die Demonstranten gewaltsam entfernen.[5]
In Burma (Myanmar) ist Unocal am Offshore-Gasfeld Yadana mit Reserven über 140 Milliarden Kubikmetern Gas beteiligt. Im März 2005 endete ein Gerichtsprozess in den USA, in dem vierzehn burmesische Dorfbewohner dem Konzern die Duldung von Menschenrechtsverletzungen wie Mord, Vergewaltigung und Versklavung während der Konstruktion der Yadana-Gas-Pipeline vorgeworfen hatten, mit einem Vergleich. Die Anrainer hatten Unocal nach dem Alien Tort Claims Act verklagt, der Ausländern ermöglicht, Menschenrechtsverletzungen durch US-Konzerne im Ausland vor einem US-Gericht anzuklagen. Unocal wurde zu Entschädigungszahlungen verpflichtet, die Summe blieb allerdings geheim.[6]
Seit August 2002 ist Unocal mit 8,9 Prozent am Pipelineprojekt Baku-Tiflis-Ceyhan in Aserbaidschan, Georgien und der Türkei beteiligt.

Kontakt

Barry Lane, Manager, Public Relations, Tel. +1/310/726 77 31, blane@unocal.com

Weitere Infos

http://www.corpwatch.org: Corpwatch mit zahlreichen Artikeln über Unocal
http://www.icftu.org/focus.asp?Issue=Burma: Burma-Kampagne der freien Gewerkschaften
http://www.burmadaily.com: Gesammelte Schlagzeilen aus Burma
http://www.unocal.com/myanmar: »The story that the media doesn't tell« – erzählt von Unocal
http://www.bakuceyhan.org.uk: Baku-Ceyhan-Kampagne
http://business-humanrights.org/Categories/Individualcompanies/U/Unocal

Anmerkungen

1 http://www.unocal.com/aboutucl/glance.htm, Update vom 24. 2. 2005
2 »Chinesen kommen nicht an US-Ölquellen ran«, *Handelsblatt*, 20. 7. 2005
3 »Afghanistian: Oil Execs Revive Pipeline From Hell«, Forbes.com, 4. 2. 2002
4 http://www.corpwatch.org/article.php?id=1149 und http://www.corpwatch.org/article.php?id=2890
5 »Protesters shot at Unocal refinery in Indonesia«, *Jakarta Post,* 14. 10. 2000
6 »Unocal pays out on Burma ›abuses‹«, BBC, 22. 3. 2005

Anmerkungen

1. Der Homo Hydrocarbonensis oder Das Öl-Zeitalter

1 Energy Information Agency, http://www.eia.doe.gov/cabs/opecrev.html
2 Robert Baer: Die Saudi-Connection – Wie Amerika seine Seele verkaufte, C. Bertelsmann, München 2004
3 Pressekonferenz mit Außenminister Prinz Saud al Faisal bin Abdulaziz am 2. April 2004 im Hotel Imperial in Wien
4 International Energy Agency: World Energy Outlook 2004, S. 82
5 Wanda Jablonski führte bis 1988 das Fachblatt *Petroleum Intelligence Weekly*, das sie 1961 gegründet hatte. http://www.energyintel.com
6 Algerien weist in den vergangenen Jahren ein hohes Wirtschaftswachstum auf: Es lag 2004 bei 6,1 Prozent. 60 Prozent des Budgets, 30 Prozent des Bruttosozialprodukts und über 95 Prozent der Exporterlöse stammen aus dem Öl- und Gasgeschäft. Algerien verfügt über die siebtgrößten Gasreserven der Welt und ist der zweitgrößte Gasexporteur. Bei den Ölreserven liegt das Maghreb-Land auf Platz 14.
7 Nach einer Studie von J. D. Power werden europaweit im Jahr 2005 über 995 000 sogenannte S.U.V.-Allradmodelle verkauft, der Markt wird aber nach einer Studie des Marktforschungsunternehmens Polk Marketing Systems wieder schrumpfen. Internet-Link: http://www.polkglobal.com/pressoffice/press_release_20040923_EuropäischenMarktes.pdf. S.U.V.s verbrauchen rund ein Drittel Mehr Sprit und blasen rund 30 Prozent mehr Kohlendioxid in die Luft als vergleichbare Mittelklassewagen. In den USA, von wo aus der S.U.V.-Boom seinen Siegeszug antrat, sind mittlerweile sparsame Hybrid-Autos (Benzin/Elektromotor) der große Renner: 2004 wuchs der Hybridmarkt im Vergleich zu 2003 in den USA um 81 Prozent auf 83 153 verkaufte Hybrid-Modelle. Seit der Einführung der Hybrid-Autos im Jahr 2000 wuchs der Markt in den vereinigten Staaten um mehr als 960 Prozent. Internet-Link: http://www.polk.com/News/LatestNews/news_042505.htm
8 Thomas L. Friedman: Fly me to the Moon, New York Times, 5. 12. 2004
9 Interview mit Dr. Adnan Shihab-Eldin, OPEC, 23. 3. 2005
10 Sean Evers, Peter Wilson: Saudi Oil Minister Says $ 50 Oil No Threat to Growth, Bloomberg News, 29. 1. 2005

11 Fritz Vorholz: Fässer aus Papier – Spekulanten handeln mit Öl, das sie nicht besitzen. Treiben sie den Preis in die Höhe? Oder ist es die Angst vor Terror? *Die Zeit,* 12. 8. 2004
12 Interview mit Robert Laughlin, 25. 10. 2004

2. Die Mutter aller Schlachten oder Blut und Öl am Golf

1 Stefan Aust, Cordt Schnibben: Irak – Geschichte eines modernen Krieges, Deutsche Verlags-Anstalt, München 2003
2 Bob Woodward: Der Angriff – Plan of Attack. Deutsche Verlags-Anstalt, München 2004
3 Stefan Aust, Cordt Schnibben: Irak – Geschichte eines modernen Krieges, Deutsche Verlags-Anstalt, München 2003
4 Eugene Jarecki: Why We Fight, Dokumentarfilm, 2005, http://www.whywefightmovie.com
5 Daniel Yergin: Der Preis. Die Jagd nach Öl, Geld und Macht. S. Fischer, Frankfurt am Main 1991, S. 174 ff.
6 Ismail I. Nawwab, Peter C. Speers, Paul F. Hoye: Saudi Aramco and its World – Arabia and the Middle East. Aktualisierte Auflage 1995, The Saudi Arabian Oil Company (Saudi Aramco), Dhahran, Saudi Arabia
7 Sebastian Haffner: Churchill. Eine Biografie. Rowohl-Verlag, 1967 (Wiederaufgelegt von Kindler-Verlag, Berlin 2001)
8 Public Media Video: The Prize – The Epic Quest for Oil, Money and Power. VHS Band 2, Folge »The Black Giant«, Public Media Video, Majestic Communications Ltd. And MICO, 1992
9 F. William Engdahl: Mit der Ölwaffe zur Weltmacht – Der Weg zur neuen Weltordnung. Edition Steinherz, Wiesbaden 2000
10 Robert Lacey: The Kingdom. Harcourt Brace Jovanovich, New York 1981
11 Public Media Video: The Prize – The Epic Quest for Oil, Money and Power. VHS Band 3, Folge »Crude Diplomacy«, Public Media Video, Majestic Communications Ltd. And MICO, 1992
12 Mary Norton: Gut gemacht, Bohrloch Sieben! Aramco World, Mai–Juni 1988
13 Wallace Stegner: Discovery – The Search for Arabian Oil. Beirut, Lebanon: Aramco, 1971
14 Thomas W. Lippman: Inside the Mirage – Americas Partnership with Saudi Arabia. Westview Press, Boulder, Colorado (USA) und Oxford (GB) 2004
15 William A. Eddy: F. D. R. meets Ibn Saud, American Friends of the Middle East, New York 1954
16 Ryszard Kapuscinski: Schah in Schah – Eine Reportage über die Mechanismen der Macht, der Revolution und des Fundamentalismus, Eichborn, Frankfurt am Main 1997
17 Stephen Kinzer: All the Shah's Men – An American Coup and the Roots of Middle East Terror. John Wiley & Sons, Hoboken, New Jersey 2003. Siehe auch *New-York-Times*-Website: »Secrets of History – The C. I. A. in Iran«: http://www.nytimes.com/library/world/mideast/041600iran-cia-index.html

18 Wm. Roger Louis: Britain and the Middle East after 1945. In: Carl Brown (Hg.): Diplomacy in the Middle East. I. B. Tauris, London/New York 2004
19 Said K. Aburish: Nasser – The Last Arab. A Biography. Thomas Dunne Books/ St. Martin's Press, New York 2004
20 Wm. Roger Louis: Britain and the Middle East after 1945. In: Carl Brown (Hg.): Diplomacy in the Middle East. I. B. Tauris, London/New York 2004
21 Dwight D. Eisenhower: A Message to Congress, 5. Januar 1957 (Eisenhower-Doktrin zum nahen Osten, Anm.), The Department of State Bulletin, XXXV1, No. 917 (21. Januar 1957), pp. 83–87. Online verfügbar auf der Website der Dwight D. Eisenhower Library: http://www.eisenhower.archives.gov/midleast.htm
22 Wm. Roger Louis: The British Withdrawal from the Gulf 1967–71. *The Journal of Imperial and Commonwealth History,* Vol. 31, No.1, January 2003, pp. 83–108
23 Francisco Parra: Oil Politics – A Modern History of Petroleum. I. B. Tauris & Co, New York/London 2004
24 Capt. Chris Krisinger: Operation Nickel Grass: Airlift in Support of National Policy. Airpower Journal Spring 1989, http://www.airpower.maxwell.af.mil/airchronicles/apj/apj89/krisinger.html
25 Edward Cowan: Sunday Sales and Holyday Lights to be forbidden, *New York Times,* 26.11.1973
26 Edward Cowan: Houston begins to feel Gas Shortage, *New York Times,* 25.11.1973
27 Jerry M. Flint: Coping with the gasoline Shortage: Extra Tanks and Chicken on Sunday, *New York Times,* 30.11.1973
28 Kai D. Eichstädt: Bonn soll die Zeche Zahlen – Gastronomie: Pleiten drohen, *Die Zeit,* 30.11.1973
29 UPI, German Bicycle Sales Soar, *New York Times,* 10.1.1974
30 Klaus-Peter Schmid: Heute Holland – und morgen wir? – Ein Land stellt sich auf den Ölboykott ein, die Devise: Vorhänge zu und Fahrräder raus, *Die Zeit,* 9.11.1973
31 Dan van der Vat: Großbritannien geht seiner schwersten Krise seit 1945 entgegen, *Die Zeit,* 1.2.1974
32 Benzin nur mehr direkt in den Tank – Fässer und Kanister werden nicht mehr gefüllt – keine Bezinrationierung, *Arbeiterzeitung,* 11.10.1973
33 Helmut Romé: Öl als Waffe, *Arbeiterzeitung*, 11.10.1973
34 Prügeleien um den letzten Tropfen Benzin – Benzin und Heizöl waren am Samstag ausverkauft – Hamsterkäufe führten zur Benzinkrise in Österreich, *Arbeiterzeitung*, 14.10.1973
35 Mehr als 5 Liter Benzin im Haus – Hohe Strafen – Feuerwehrchef warnt vor Gefahren, *Arbeiterzeitung*, 10.11.1973
36 Daniel Yergin: Der Preis. Die Jagd nach Öl, Geld und Macht. S. Fischer, Frankfurt am Main 1991
37 Public Media Video: The Prize – The Epic Quest for Oil, Money and Power. VHS Band 3, Folge »Power to the Producers«, Public Media Video, Majestic Communications Ltd. And MICO, 1992
38 Paul Reynolds: US ready to seize Gulf oil in 1973. BBC News. http://news.bbc.co.uk/go/pr/fr/-/1/hi/world/middle_east/3333995.stm
39 Miles Ignotus (Pseudonym): Seizing Arab Oil, Harper's Magazine, März 1975, http://www.harpers.org/SeizingArabOil.html

40 Robert Dreyfuss: The Thirty-Year Itch, Mother Jones, März/April 2003, http://www.motherjones.com/news/feature/2003/03/ma_273_01.html
41 ebd.
42 Interview mit Henry Kissinger, *BusinessWeek,* 13. 1. 1975
43 Francisco Parra: Oil Politics, I. B, Tauris 2004, S. 181
44 Congressional Research Service, 21.8.1975: Oil Fields as Military Objectives: A Feasibility Study, prepared for the Special Subcommittee on Investigations, House International Relations Committee
45 Public Media Video: The Prize – The Epic Quest for Oil, Money and Power. VHS Band 3, Folge »Power to the Producers«, Public Media Video, Majestic Communications Ltd. And MICO, 1992
46 Middle East Economic Survey: December 28, 1973; *Petroleum Intelligence Weekly,* December 31, 1973
47 Der Ölpreisrausch klingt nun ab – Starker Einbruch bei Tagespreisen für Rohöl – Folgen nun auch die offiziellen Preise? *Arbeiterzeitung,* 7. 2. 1974
48 Michael C. Jensen: Drivers beginning to Shop For Best Gasoline Prices, *New York Times,* 15. 3. 1974
49 Dennis L. Meadows, Donella H. Meadows, Erich Zahn: Die Grenzen des Wachstums, Deutsche Verlagsanstalt, 1972
50 Ernst Friedrich Schumacher: Small is Beautiful. Stiftung Okologie & Landbau, 2001
51 Daniel Yergin: Der Preis. Die Jagd nach Öl, Geld und Macht. S. Fischer, Frankfurt am Main 1991
52 Gerhard Schweizer: Iran – Drehscheibe zwischen Ost und West. Klett-Cotta, Stuttgart 1991
53 Eintragungen im offiziellen Tagebuch von US-Präsident Jimmy Carter. 31. Dezember 1977 und 1. Jänner 1978, online verfügbar in der »Jimmy Carter Presidential Library«, http://www.jimmycarterlibrary.org/documents/diary/1977/index.phtml und http://www.jimmycarterlibrary.org/documents/diary/1978/index.phtml
54 AP, Iranians Protest at White House Against Carter's Visit to Iran, *New York Times,* 1. 1. 1978
55 Nicolas Gage: Hopes fading for negotiated Settlement in Iran as Shah Turns to Army, *New York Times,* 9. 11. 1978
56 Gibt Schah absolute Macht auf? Weiter schwere Unruhen im Iran – Ölversorgung vor dem Zusammenbruch, *Arbeiterzeitung,* 27. 12. 1978
57 Iran stellt Ölexporte völlig ein – Ölarbeiterstreik bewirkt auch Treibstoffrationierungen im eigenen Land, *Arbeiterzeitung,* 28. 12. 1978
58 Neuer Erdölschock: OPEC steigert Preis um 13 Prozent, *Arbeiterzeitung,* 18. 12. 1978
59 Eric Pace: On Street. Cheers, Roses, Falling Statues, *New York Times,* 17. 1. 1979
60 Lutz Bindernagel: Was kommt nun, Khomeini? *Stern,* 25. 1. 1979
61 R. W. Apple jr.: Iran – a Country adrift. *New York Times,* 17. 1. 1979
62 R. W. Apple: Khomeini arrives in Teheran, urges ouster of Foreigners; Millions rally to great him, *New York Times,* 1. 2. 1979
63 Schlafwagenexpreß ins Mittelalter – Chomeini sucht die Entscheidung, *Spiegel,* 5. 2. 1979
64 Reuters, Teheran Students Seize U.S. Embassy and Hold Hostages, *New York Times,* 5. 11. 1979

65 State-of-the-Union-Rede von Jimmy Carter am 23. 1. 1980. Internet-Link: http://www.jimmycarterlibrary.org/documents/speeches/su80jec.phtml
66 Konflikt Iran – Irak überschattet OPEC-Konferenz. Heftige Vorwürfe gegen Industriestaaten, Langzeit-Programm umstritten, *Frankfurter Allgemeine Zeitung*, 16. 9. 1980
67 Saddam Hussein kam am 16. Juli 1979 als Präsident an die Macht
68 Kenneth M. Pollack: The Persian Puzzle. Random House, New York 2004
69 Manche sahen den Irak-Iran-Krieg als Stellvertreterkrieg zwischen den USA und der Sowjetunion: »Das Augenfällige ist der kriegerische Konflikt zwischen dem Irak und dem Iran. Das wesentliche ist aber die strategische Großlage, der verdeckte Kampf um Einfluß, den die beiden Weltmächte Amerika und Rußland im Mittleren Osten führen.« Adelbert Weinstein: Der verdeckte Kampf der Weltmächte um Einfluß im Mittleren Osten – zum Krieg zwischen Iran und Irak, *Frankfurter Allgemeine Zeitung*, 11. 10. 1980
70 Tariq Aziz: Der irakisch-iranische Konflikt – Fragen und Diskussionen, Dar Al-Ma'mun, Bagdad 1981
71 Reuters, As War comes to Teheran, People Scurry to Stock Up, *New York Times,* 25. 9. 1980
72 Irak: Chomeini ist vom Wahnsinn befallen, *Spiegel*, 29. 9. 1980
73 Iraq vs. Iran, Kommentar, *New York Times,* 23. 9. 1980
74 Kenneth M. Pollack: The Persian Puzzle. Random House, New York 2004
75 Global Security Website: http://www.globalsecurity.org/military/world/war/iran-iraq.htm
76 Kenneth M. Pollack: The Persian Puzzle. Random House, New York 2004
77 National Security Archive: Shaking Hands with Saddam Hussein: The U.S. Tilts toward Iraq, 1980–1984, National Security Archive Electronic Briefing Book No. 82, http://www.gwu.edu/~nsarchiv/NSAEBB/NSAEBB82/, siehe auch: Rumsfeld made Iraq Overture in '84 despite Chemical Raids, *New York Times,* 23. 12. 2003
78 Alan Cowell: Iraq's dark Victory, *New York Times Magazine,* 25. 9. 1988
79 The reasons for Iran's Acceptance of the U. N. Security Council, Salaam, 18. 7. 1995, online unter http://www.netiran.com/?fn=artd(2935) verfügbar
80 Saïd Aburish: Saddam Hussein – The Politics of Revenge. Bloomsbury Paperbacks, London 2001
81 Der Irak schuldete dem Westen rund 35 Milliarden Dollar, 11 Milliarden der UdSSR, Kuwait und Saudi-Arabien mehr als 40 Milliarden. Quelle: Saïd Aburish: Saddam Hussein – The Politics of Revenge. Bloomsbury Paperbacks, London 2001
82 Ein Jahr nach dem Ende des Iran-Irak-Krieges, 1989, betrugen die zivilen Importe 12 Milliarden Dollar, der Import von Rüstungsgütern schlug sich mit 5 Milliarden zu Buche und die Schuldentilgung verschlang 5 Milliarden Dollar. Das Regime würde 10 Milliarden Dollar zusätzlich benötigen, allein um das Budget auszugleichen. Quelle: Phebe Marr: The Modern History of Iraq, Westview Press, Boulder, Colorado 2004
83 James Ridgeway (Hg.): The March to War. Four Walls Eight Windows, New York 1991. Das Transkript der Unterredung zwischen Iraks Präsident Saddam Hussein und US-Botschafterin April Glaspie wurde am 23. 9. 1990 in der *New York Times* gedruckt und ist auch online unter http://www.chss.montclair.edu/english/furr/glaspie.html verfügbar.

84 Amatzia Baram: The Iraqi Invasion of Kuwait. In: Thunri Munthe (Hg.): The Saddam Hussein Reader. Thunder Mouth Press, New York 2002
85 Christian J. Stöger: Kuwait – Geburt und Wiedergeburt eines Wüstenstaates. Edition Umbruch, Mödling – Wien 1992
86 LTC Fred L. Hart Jr.: The Iraqi Invasion of Kuwait: An Eyewitness Account, U. S. Army War College, Carlisle Barracks, Pennsylvania 17013, USA, online: http://users.lighthouse.net/danvaught/eyewitness01.html
87 Gefährlichster Mann der Welt, *Spiegel* 32/90, 6. 8. 1990
88 Die Irakische Armee verfügte 1990 insgesamt über 1 000 000 Mann, 6000 Panzer und 600 Kampfflugzeuge.
89 Rudoph Chimelli: Der Diktator schafft ein Fait accompli – Iraks Überfall auf Kuwait: Die Eliminierung eines Hauptgläubigers über Nacht. Der Eintagekrieg Saddam Husseins gegen das benachbarte Emirat ist eine neue blutige Etappe im großen Ringen um die Vormacht am persischen Golf, *Süddeutsche Zeitung*, 3.8.1990
90 Gefährlichster Mann der Welt, *Spiegel* 32/90, 6. 8. 1990
91 James Ridgeway (Hg.): The March to War. Four Walls Eight Windows, New York 1991
92 Thomas L. Friedman, Patrick E. Tyler: From the First, U.S. Resolve to Fight, *New York Times,* 3. 3. 1991
93 Guy Gugliotta, Caryle Murphy: Jets Roar Off in Darkness At Start of »Desert Storm«, *Washington Post,* 17. 1. 1991
94 Guy Gugliotta: Pilot: »The Entire City Was Just Sparkling«, *Washington Post,* 18. 1. 1991
95 Robert Wiener: Live from Baghdad – Making Journalism History behind the Lines. Doubleday, New York 1992
96 Bob Woodward: Die Befehlshaber. Kiepenheuer & Witsch, Köln 1991
97 Mark Potts: Price of Oil Plunges By $ 10.56 a Barrel; Major Companies to Lower Gas Prices, *Washington Post,* 18. 1.1991
98 James Ridgeway: The March to War – From Day one to War's End and Beyond. Four Walls Eight Windows, New York 1991
99 Protokoll der 40. Ordentlichen Plenar-Sitzung der IAEA vom 19. September 1996, Zahl GC(40)/OR.7, Januar 1997, Statement des irakischen Wissenschaftsministers Humam A. Abdul Ghafour, www.iaea.org/About/Policy/GC/GC40/Records/g40plr07.pdf. Ähnliche Daten werden auch von US-Quellen geliefert.
100 Robert Fisk: Horror, Destruction and Shame along Saddam's Road to Ruin, *The Independent,* 2. 3.1991
101 Nicole Schley, Sabine Busse: Die Kriege der USA. Heinrich Hugendubel Verlag, Kreuzlingen/München 2003
102 Michael Dobbs: U.S. Facing Bigger Bill For Iraq – Total Cost could Run as High as 200 Billion Dollars, *Washington Post,* 1.12. 2002, online: http://www.washingtonpost.com/ac2/wp-dyn/A58312-2002Nov30?language=printer, Conduct of the Persian Gulf War, The Final Report to the US Congress by the US Department of Defense; Appendix P., April 1992; Informationen dazu finden sich auf folgenden Websites: The Cost Of War And Reconstruction, Iraqi Debt – Who Will Foot The Bill? http://www.mees.com/postedarticles/finance/iraq/a46n10b01.htm,

Fred Horan: How much did the Gulf war cost the US? http://people.psych.cornell.edu/~fhoran/gulf/GW_cost/GW_payments.html

103 Public Media Video: The Prize – The Epic Quest for Oil, Money and Power. VHS Band 4, Folge »The Tinderbox«, Public Media Video, Majestic Communications Ltd. And MICO, 1992

104 ebd.

105 Hans Blix: Mission Irak – Wahrheit und Lügen. Der Chef der UN-Waffenkontrolleure zieht kritische Bilanz. Droemer Knaur, München 2004

106 Richard A. Clarke: Against All Enemies – Der Insiderbericht über Amerikas Krieg gegen den Terror. Hoffmann und Campe, Hamburg 2004

107 Linda Feldman: The Impact of Bush linking 9/11 and Iraq, Christian Science Monitor, 14.3.2003, http://www.csmonitor.com/2003/0314/p02s01-woiq.html

108 Bob Woodward: Bush at War. Simon & Schuster, New York 2002

109 Video-Konferenz mit Fuad Ajami am 23.5.2005, Videolink Wien–New York

110 Unocal-Pressemitteilung: http://www.unocal.com/uclnews/2001news/091401.htm

111 Steve Coll: Ghost Wars – The Secret History of the CIA, Afghanistan, and Bin Laden, from the Soviet Invasion to September 10, 2001, Penguin Books, New York 2004

112 Ahmed Rashid: Taliban – Afghanistans Gotteskrieger und der Dschihad. Droemer Knaur, München 2001

113 Jean-Charles Brisard, Guillaume Dasquié: Ben Laden: La vérité interdite, Denoël, Paris 2001

114 Video-Konferenz mit Fuad Ajami, Videolink Wien–New York, 23.5.2005

115 Thomas Kleine-Brockhoff: Die Mär vom Ölkrieg – Falsche Argumente gegen einen gefahrvollen Waffengang, *Die Zeit* 05/2003, http:/www.zeit.de/2003/05/01Leit1_05_2f03

116 Blut für Öl – Worum es im Irak wirklich geht, *Spiegel*, 13.1.2003

117 PBS, The War Behind Closed Doors. The People, the Clashes – and ultimately the Grand Strategy behind George W. Bush's Determination to go to War with Iraq, http://www.pbs.org/wgbh/pages/frontline/shows/iraq/

118 Kuwaits Frauen erhalten Wahlrecht. Erst mit 14jähriger Verspätung nach dem Golfkrieg von 1991 erhielten die Frauen am 16. Mai 2005 im Emirat das Wahlrecht. Sie dürfen damit im Jahr 2007 erstmals an den Parlamentswahlen teilnehmen. Reuters, 17.5.2005

119 Eugene Jarecki: Why We Fight, Dokumentarfilm, 2005, http://www.whywefightmovie.com

120 Steven Lee Myers: A Nation at War – G.I.'s and Marines See Little Iraqi Resistance, *New York Times*, 21.3.2003

121 Karl Marx: Der achtzehnte Brumaire des Louis Bonaparte. Karl Marx u. Friedrich Engels, Werke, Bd. 8, S. 111–207, Dietz Verlag, Berlin, DDR, 1960. Das Originalzitat lautet: »Hegel bemerkte irgendwo, dass alle großen weltgeschichtlichen Tatsachen und Personen sich sozusagen zweimal ereignen. Er hat vergessen, hinzuzufügen: das eine Mal als Tragödie, das andere Mal als Farce.«

122 Telefon-Interview Thomas Seifert mit Thomas Kleine-Brockhoff, 24.5.2005

123 Donald L. Barlett, James B. Steele: Iraq's Crude Awakening – It's only a trickle now, but it could become a gusher that rocks the world, *Time*, 19.5.2003

124 Interview Thomas Seifert mit Mohammed Nasir in Bagdad, 27. 6. 2004
125 US-Regierung: National Energy Policy, Report of the National Energy Policy Development Group, 2001. Download: http://www.whitehouse.gov/energy/National-Energy-Policy.pdf
126 John Cassidy: Beneath the Sand – Can a shattered country be rebuilt with oil? *New Yorker,* 14. 7. 2003, online verfügbar: http://www.newyorker.com/fact/content/articles/030714fa_fact3
127 David Greising: OPEC's Attempt to Flex May Fold – Lower demand for energy limits pain of production cuts, *Chicago Tribune,* 28.11. 2003
128 Christoph Twickel: Profit für alle – Ein Ölkonzern als Motor einer neuen Sozialpolitik? Maximale Rentabilität für die maximale Lebensqualität aller Bürger? Tatsächlich: Der venezolanische Präsident Hugo Chávez finanziert seine Reformen mit Erdölgeschäften, *brand eins* 09/04, Internet-Link: https://www.brandeins.de/ximages/15969_040profitf.pdf
129 Mansour Al-Nogaidan: Telling the Truth, Facing the Whip, *New York Times,* 28.11. 2003
130 Michael Scott Doran: The Saudi Paradox, Foreign Affairs January/February 2004
131 Thomas E. Ricks: Briefing Depicted Saudis as Enemies Ultimatum Urged To Pentagon Board, *Washington Post,* 6. 8. 2002
132 Craig Unger: Die Bushs und die Sauds. Öl, Macht und Terror. Piper, München 2004, vgl. auch: Thomas W. Lippman: Inside the Mirage. America's Fragile Partnership with Saudi Arabia. Westview Press, Colorado 2004
133 The Saudi Showdown, *Weekly Standard,* 15. 7. 2002
134 Gerald L. Posner: Secrets of the Kingdom – The Inside Story of the Saudi-U.S. Connection. Random House, New York 2005
135 Vortrag von Bernhard Lewis im Institut für die Wissenschaften vom Menschen, Wien, 11. 3. 2005

3. Petro-Politik oder Der Einfluss der Öl-Lobby

1 Erich Follath: Die letzten Diktatoren. Als Reporter bei den Tyrannen unserer Zeit, Droemer Knaur, München 1993
2 Anthony Sampson: The Seven Sisters. The Great Oil Companies and the World they shaped, Bantam Books, Toronto, New York, London, Sydney 1983, S. 297 ff. Der zweite Teil des vergriffenen Buches ist online verfügbar: http://journeytoforever.org/biofuel_library/sevensisters/7sistersToC.html
3 R. A. Davidson III: Reagan vs. Qaddafi – Response to International Terrorism? Eigenverlag 2002 und Global Security: http://www.globalsecurity.org/military/ops/libya-intro.htm
4 Hans-Christian Rößler: Libyen blickt jetzt nach Westen, *Frankfurter Allgemeine Sonntagszeitung,* 10. 10. 2004
5 Aznar trifft Gaddafi – Erster Besuch nach Ende der UNO-Sanktionen, dpa, 18. 9. 2003
6 Libyen braucht 35 Mrd. Dollar Investitionen – Potenzial für Österreich, APA, 6. 10. 2004

7 Neuer Freund Gaddafi – Vor allem Rom und Berlin auf Libyen-Kurs, dpa, 11.10.2004, Ehemals geächteter Machthaber gilt nun als respektabler Politiker (von Carola Frentzen und Dorothea Hülsmeier/dpa)
8 Kurt Kister: Durch die Wüste wie geölt – Plaudern in Gaddafis Zelten. Gerhard Schröder und deutsche Unternehmer zu Besuch in schwierigem Gelände, *Süddeutsche Zeitung,* 18.10.2004, S. 3
9 Wettlauf um Libyens Ölschatz, *Frankfurter Allgemeine Sonntagszeitung,* 17.10.2004
10 Hans-Christian Rößler: Großes Interesse für ein einst geschmähtes Land, *Frankfurter Allgemeine Zeitung,* 13.10.2004
11 Ronald Bruce St John: Libya is not Iraq: Preemptive Strikes, WMD and Diplomacy, Middle East Journal, Volume 58, No. 3, Summer 2004
12 Isabelle Werenfels: Wie umgehen mit dem »neuen Gaddafi«? Stiftung Wissenschaft und Politik, SWP-Aktuell 2004/47, Oktober 2004, http://www.swp-berlin.org/common/get_document.php?id=1045
13 Rainer Hermann: Öl-Expeditionen in Gaddafis Wüstenstaat, *Frankfurter Allgemeine Sonntagszeitung,* 27.6.2004
14 Nach der Öffnung Libyens geben sich Europas Politiker und Geschäftsleute die Klinke in die Hand, *Süddeutsche Zeitung,* 1.12.2004
15 Scott MacLeod und Amany Radwan: 10 Questions For Muammar Gaddafi – Libya's socialist leader talks to TIME about WMD, paradise and terrorism, *Time*, 7.2.2005
16 Nelson D. Schwartz: Libya's Black Gold Rush – With sanctions lifted, Big Oil is lining up to do business with Qaddafi, *Fortune*, 15.6.2004
17 Scott Anderson: The Makeover, *New York Times Magazine,* 19.1.2003
18 Daniel Yergin: Der Preis. Die Jagd nach Öl, Geld und Macht. S. Fischer, Frankfurt am Main1991, S. 701
19 ebd., S. 649 ff. und 697 ff.
20 Hopkirk, Peter: The Great Game – On Secret Service in High Asia. Oxford University Press, Oxford 1991
21 Raymond Cartier: Der Zweite Weltkrieg. Band 2: 1942–1945. Büchergilde Gutenberg, R. Piper & Co. Verlag, München 1967
22 Carlotta Gall, Thomas de Waal: Chechnya – Calamity in the Caucasus. New York University Press, New York 1998
23 Sander Hansen: Pipeline Politics – The Struggle for Control of the Eurasian Energy Resources. Clingendael International Energy Program, Den Haag, 2003, Internet: http://www.clingendael.nl/publications/ 2003/20030400_ciep_paper_hansen.pdf
24 Karagiannis, Emmanuel: Energy and Security in the Caucasus. RoutledgeCurzon, London 2002
25 EU-Kommission, 6.10.2004, SEK (2004) 1202: Arbeitsdokument der Kommissiondienststellen – Fragen im Zusammenhang mit der möglichen Mitgliedschaft der Türkei in der Europäischen Union {COM (2004) 656 final} Internet: http://europa.eu.int/comm/enlargement/report_2004/pdf/isssues_paper_de.pdf
26 EU-Kommission, 6.10.2004 KOM (2004) 656: Mitteilung der Kommission an den Rat und das Europäische Parlament – Empfehlung der Europäischen Kommission zu den Fortschritten der Türkei auf dem Weg zum Beitritt. Internet: http://europa.eu.int/comm/enlargement/report_2004/pdf/strategy_paper_sk.pdf

Im September 2004 publiziert eine unabhängige Expertengruppe den Türkei-Bericht: »Turkey in Europe – More than a promise?«, der an Deutlichkeit nichts zu wünschen übrig lässt und die Absichten Europas klar ausdrückt: »Der Bau der Erdölleitung Baku–Tbilisi–Ceyhan nach Erschließung des kaspischen Beckens als eine der größten Quellen für Öl und Erdgas unterstreicht die Rolle der Türkei als Schlüsselland für den Transport von Energie. Weiters könnten die geopolitische Lage der Türkei und die engen Bande zu Dutzenden Millionen von Türkischstämmigen in den Nachbarländern dazu beitragen, Europa den Zugang zum enormen Reichtum an Ressourcen in Zentralasien und den Regionen Sibiriens zu ermöglichen. Dies würde die Türkei zu einem wesentlichen Faktor für Europas Sicherheit im Bereich der Energieversorgung aus dem Mittleren Osten, dem Kaspischen Meer und Russland machen.« Internet: http://www.independentcommissiononturkey.org/pdfs/german.pdf

27 Seymour Hersh: The Price of Oil, *New Yorker,* 9.7.2001; Robert Baer: See No Evil – The True Story of a Gorund Soldier in the CIA's War on Terror. Crown Publishers, New York 2002; Time for Transparency – Coming clean on oil, mining and gas revenues. Global Witness Publishing Inc., Washington, D.C., 2004, Internet: http://www.globalwitness.org/reports/download.php/00128.pdf

28 Interview mit dem kasachischen Präsidenten Nursultan Naserbajew, Hotel Hilton, Wien, 10.9.2004

29 Kamalia Beutel: Ölpolitik in Aserbaidschan. Politische und wirtschaftliche Geschichte nach dem Zusammenbruch der UdSSR. Wissenschaftlicher Verlag Berlin, Berlin 2004

30 Uwe Buse: Das perfekte Rohr, *Spiegel* 15/2005

31 Bernhard Odehnal, Stephan Hille: Großes Spiel um kleine Quellen, *Weltwoche* 27/2002

32 Uzbekistan – The blood-red revolution, *Economist*, 19.5.2005

33 Lutz Klevemann: Der Kampf um das heilige Feuer – Wettlauf der Weltmächte am Kaspischen Meer. Rowohlt, Berlin 2002

34 Lutz Klevemann: Der große Preis, *brand eins* 10/01

35 Der Konflikt in Adscharien endete am 5. Mai 2004: Der georgische Präsident Saakaschwili vertrieb den Rebellenführer Aslan Abaschidze aus Batumi. Wie schon zuvor bei der Nelkenrevolution im November 2003, als Präsident Schewardnadse seinen Sessel für Saakaschwili räumen musste, arbeitete der damalige russische Außenminister Igor Ivanov eng mit seinem damaligen Amtskollegen Colin Powell zusammen.
The comic opera ends. Abchasien: Die abtrünnige abchasische Regierung lehnt es ab, sich Georgien wieder anzuschließen, stattdessen werden die Beziehungen zu Russland weiter intensiviert, *Economist*, 6.5.2004

36 Russia and Saudi sign first oil market pact, Reuters, 2.9.2003, Update von Dmitri Zhdannikow: Russia, Saudi sign energy pact, no word on OPEC, Reuters, 2.9.2003

37 Albrecht Reinhardt, Jens Hartmann: Der Prozess in Moskau; Ölbaron gegen Kreml-Herr. WDR-Sendung vom 19.1.2005, ARD

38 ebd.

39 In einem Interview mit dem unabhängigen Radiosender *Echo Moskwij* sagte Chodorkowski am 6. Juli 2003, dass dieser Mega-Konzern einigen im Kreml zu mächtig

wäre, »[der Merger] war jenen nicht gerade willkommen, die alles beim alten lassen wollen« (zitiert nach: Russian oligarch says pawn in Kremlin power play, Reuters, 6.7.2003)

40 Gazproms Eigentümerstruktur: Größter ausländischer Aktionär ist mit 6,43 Prozent die deutsche E.ON-Tochter Ruhrgas. Insgesamt halten Ausländer derzeit 11,5 Prozent an Gazprom, gerüchteweise in Umgehung der Regeln auch mehr.

41 The Tycoon and the President, *Economist*, 31.5.2005

42 Catherine Belton: The Friends and Foes of a Rising Oilman, *The Moscow Times,* 27.5.2005

43 A Russian's Plea to Back America, *BusinessWeek,* 13.3.2003, http://www.businessweek.com/bwdaily/dnflash/mar2003/nf20030314_7723_db053.htm

44 Peter Maas: The Triumph of the Quiet Tycoon, *The New York Times Magazine,* 2.8.2004, Internet-Link: http://www.petermaass.com/core.cfm?p=1&mag=121&magtype=1

45 The Tycoon and the President, *Economist*, 31.5.2005

46 Albrecht Reinhardt, Jens Hartmann: Der Prozess in Moskau; Ölbaron gegen Kreml-Herr. WDR-Sendung vom 19.1.2005, ARD

47 Bertrand Benoit, John Thornhill: Fear that gas supply gives Russia too much power over Europe, *Financial Times,* 12.1.2005

48 Michael Thumann: Anatomie einer Männerfreundschaft, *Die Zeit* 38/2004

49 Interview Thomas Seifert mit Nina Commeau Yannoussis, DG Transport & Energie, Europäische Kommission, Brüssel, 15.12.2004

50 Interview Thomas Seifert mit Europaparlamentarier Claude Turmes, Brüssel, Dezember 2004

51 Interview Thomas Seifert mit Europaparlamentarier Giles Chichester, Brüssel, Dezember 2004

52 Die kurzfristige Erhöhung des Anteils Norwegens im deutschen Gas-Lieferantenmix trügt nämlich. Zwar gehen in den nächsten Jahren einige ergiebige Offshore-Felder *onstream*, längerfristig geht die Förderung von Öl und Gas aus der Nordsee in den nächsten Jahrzehnten zurück, da die Lagerstätten erschöpft sind.

53 Roland Götz: Schweigen für Gas – Deutschlands Abhängigkeit von Russlands Energielieferungen, Stiftung für Wissenschaft und Politik, SWP-Aktuell 43, September 2004, http://www.swp-berlin.org/common/get_document.php?id=1024

54 Julian Darley: High Noon for Natural Gas – The New Energy Crisis. Chelsea Green Publishing Company, White River Junction, Vermont 2004. Von Julian Darley stammt der Begriff »Axis of Gas«.

55 Green Paper – Towards a European Strategy for the Security of Energy Supply. EU-Kommission, Brüssel 2000

56 Armaments, Disarmament and International Security, SIPRI Yearbook 2005, Stockholm 2005

57 Wobei anzumerken ist, dass die Dubai Air Show eine sehr wichtige Zivilflugzeug-Komponente hat, es sich somit nicht bei allen Verträgen um Rüstungsgüter handelt.

58 AWACS: Airborne Warning and Control-System: ein von Boeing entwickeltes radarbasiertes elektronisches System, das zur Luftraumaufklärung und als Einsatzleitzentrale im Luftkrieg eingesetzt wird.

59 Gerald Posner: Secrets of the Kingdom – The Inside Story of the Saudi-U.S. Con-

nection. Random House, New York 2005; Stephen Pelletière: America's Oil Wars. Praeger Pulishers, Westport 2004

60 Chrissie Hirst: The Arabian Connection – The UK Arms Trade to Saudi Arabia, Campaign Against Arms Trade (CAAT), http://www.caat.org.uk/information/publications/countries/saudi-arabia.php#4

61 Telefon-Interview mit Ian Prichard von der NGO Campaign Against Arms Trade (CAAT), 9. 6. 2005

62 Armaments, Disarmament and International Security, SIPRI Yearbook 2005, Stockholm 2005, Appendix 10A, Wert inflationsbereinigt

63 Dan Briody: The Iron Triangle – Inside the Secret World of the Carlyle Group. John Wiley, Hoboken, New Jersey 2003

64 Anthony Bianco, Stephanie Anderson Forest: Outsourcing War – An inside look at Brown & Root, the kingpin of America's new military-industrial complex, *Business Week*, 15. 9. 2003, http://www.businessweek.com/print/magazine/content/03_37/b3849012.htm?chan=mz&

65 Colombia: British Petroleum risks fuelling human rights crisis through military training, Amnesty International AI Index AMR 23/044/1997, 30. 6.1997, Internet-Link: http://web.amnesty.org/library/Index/ENGAMR230441997?open&of=ENG-390

66 The BP-Consolidation, Internet-Link: www.d2kla.org/tall.pdf

67 Barry Yeoman: Soldiers of good fortune, *Mother Jones,* May/June 2003, Internet-Link: http://www.motherjones.com/news/feature/2003/05/ma_365_01.html

68 Dan Briody: The Iron Triangle – Inside the Secret World of the Carlyle Group. John Wiley, Hoboken, New Jersey 2003

69 P. W. Singer: Outsourcing War. *Foreign Affairs,* March/April 2005

70 Dan Briody: The Halliburton Agenda – The Politics of Oil and Money. Wiley & Sons, Hoboken, New Jersey 2003

71 CorpWatch: Houston, we still have a Problem – An Alternative Annual Report on Halliburton, Mai 2005, Internet-Link: http://www.halliburtonwatch.org oder http://www.warprofiteers.com

72 Fred Schreier, Marina Caparini: Privatising Security: Law, Practice and Governance of Private Military and Security Companies. Occasional Paper #6, Geneva Centre for the Democratic Control of Armed Forces (DCAF), März 2005, Internet-Link: http://www.dcaf.ch/publications/Publications%20New/Occasional_Papers/6.pdf

73 Nelson D. Schwartz: The Pentagon's Private Army, *Fortune*, 3. 3. 2003, http://www.fortune.com/fortune/articles/0,15114,427948,00.html

74 Seymour M. Hersh: Torture at Abu Ghraib, *New Yorker,* 10. 5. 2004, Internet-Link: http://www.newyorker.com/fact/content/articles/040510fa_fact

75 Vicky Ward: Black Sheep, Big Trouble, *Vanity Fair,* Januar 2005

76 ebd.

77 Corporate Watch: http://www.corporatewatch.org.uk/magazine/issue4/cw4f8.html

78 Peter Warren Singer: Corporate Warriors – The Rise of the Privatized Military Industry. Cornell Paperbacks, Cornell University Press, Ithaca-London 2003

79 Report von *taz*-Redakteur Dominic Johnson »Shifting sands: Oil exploration in the rift valley and the Congo conflict«, http://www.pole-institute.org/documents/heritage05.pdf

80 Johannes Dieterich: Schmierstoff, *brand eins* 01/2004

81 Equatorial Guinea at the Crossroads, International Bar Association, Oktober 2003, http://www.ibanet.org/images/downloads/Equatorial_Guinea_Report.pdf
82 Peter Maass: A touch of Crude, *Mother Jones* 01/02 2005
83 US-Senatsreport zur Riggs-Bank-Geldwäsche-Affäre: http://hsgac.senate.gov/_files/071504miniorityreport_moneylaundering.pdf; die gesamte Dokumentation der Senatsuntersuchung samt Video der Anhörung der Beschuldigten vor dem Senat unter: http://hsgac.senate.gov/index.cfm?FuseAction=Hearings.Detail&HearingID=189
84 Julie Ziegler: Equatorial Guinea to Disclose More Oil Data, IMF Says, Bloomberg *Business News,* 27.1.2005

4. Die Petro-Tyrannei oder Öl als Treibstoff für Konflikte

1 Michael L. Ross: Does Oil hinder Democracy? World Politics 53, April 2001, S. 325–361, Internet-Link: http://www.polisci.ucla.edu/faculty/ross/doesoil.pdf
2 UNDP: Arab Human Development Report 2004, Internet-Link: http://hdr.undp.org
3 Michael L. Ross: Does Oil hinder Democracy? World Politics 53, April 2001, S. 325–361, Internet-Link: http://www.polisci.ucla.edu/faculty/ross/doesoil.pdf
4 Freedom House: Freedom in the World 2005. Table of Independent Countries – Comparative Measures of Freedom, Internet-Link: http://www.freedomhouse.org/research/freeworld/2005/table2005.pdf
5 Kuwait: Parlament stimmt Frauenwahlrecht zu – Knappe Mehrheit in erster Lesung, APA/AFP, 19.4.2005
6 Graham E. Fuller: Islamists in the Arab World: The Dance around Democracy. Carnegie-Papers 49, September 2004, Internet-Link: http://www.ceip.org/files/pdf/cp49.fuller.final.pdf
7 UNDP Human Development Index 2004, Internet-Link: http://hdr.undp.org/reports/global/2004/pdf/hdr04_HDI.pdf
8 Paul Collier: Economic Causes of Civil Conflict and their implications for Policy. World Bank, Washington, D. C., 2000, Internet-Link: http://www.worldbank.org/research/conflict/papers/civilconflict.pdf
9 Weltbankreport aus dem Jahr 2000
10 Michael L. Ross: Natural Resources and Civil War: An Overview, 15.8.2003, Internet-Link: http://www.polisci.ucla.edu/faculty/ross/WBpaper.pdf; Michael L. Ross: Booty Futures, Mai 2005, Internet-Link: http://www.polisci.ucla.edu/faculty/ross/bootyfutures.pdf
11 Thomas Seifert, Magazin der *Süddeutschen Zeitung,* 1999
12 Human Rights Watch: Report about Sudan, New York 2003
13 Gesellschaft für bedrohte Völker: Völkermord im Südsudan
14 Amnesty International: The human price for oil, 3.5.2000
15 Klaus Werner, Hans Weiss: Das neue Schwarzbuch Markenfirmen, Deuticke, Wien 2003
16 Peter S. Goodman: China Invests Heavily In Sudan's Oil Industry, *Washington Post,* 23.12.2004

17 Kerstin Lohse-Friedrich: Geht dem Drachen die Puste aus? Die Politische Meinung 423/2005, Konrad-Adenauer-Stiftung Berlin, http://www.kas.de/db_files/dokumente/die_politische_meinung/7_dokument_dok_pdf_6048_1.pdf
18 Howard W. French: A resource-hungry China speeds trade with Africa, *New York Times,* 9. 8. 2004
19 Bill Clinton: Mein Leben, Ullstein, Berlin 2004, S. 1217
20 Human Rights Watch: Sudan, Oil and Human Rights, USA 2003
21 Crisis in Sudan. Oil Profits behind wests tears for Darfur, Counterpunch, 9. 8. 2004
22 Stiftung für Wissenschaft und Politik: Der Sudan nach dem Naivasha-Friedensvertrag, Januar 2005
23 Ike Okonta, Oronto Douglas: Where Vultures Feast. Shell, human rights and oil. Verso, New York 2001
24 Daniel Ammann: Das Ende des schwarzen Geldes, *Weltwoche* 8/2005
25 Transparency International: Corruption Perceptions Index 2004, Download: http://www.transparency.de/uploads/media/PCI_2004_PDF.pdf
26 Matthew Yeomans: Oil. Anatomy of an Industry, The New Press, New York 2004
27 Sonia Shah: Crude – The Story of Oil. Seven Stories Press, New York 2004
28 William Boyd: Fight to the death, *The Guardian,* 23. 3. 2005
29 Die Website http://www.remembersarowiwa.com/ erinnert an Ken Saro-Wiwa
30 Human Rights Watch hat eine Reihe von Studien zum Thema Öl, Nigeria und Menschenrechte veröffentlicht: Rivers and Blood: Guns, Oil and Power in Nigeria's River State, Human Rights Watch 2005, http://hrw.org/backgrounder/africa/nigeria0205/nigeria0205.pdf; The Warri Crisis – Fuelling Violence, Human Rights Watch 2003, http://www.hrw.org/reports/2003/nigeria1103/nigeria1103.pdf; The Price of Oil – Corporate Responsibility and Human Rights Violations in Nigeria's Oil Producing Communities, Human Rights Watch 1999, http://www.hrw.org/reports/1999/nigeria/index.htm; The Ogoni Crisis, Human Rights Watch 1995, http://hrw.org/reports/1995/Nigeria.htm
31 Francisco Parra: Oil Politics – a Modern History of Petroleum, I. B. Tauris, New York 2004
32 Profit and Loss – The Story of African Oil, BBC, http://www.bbc.co.uk/worldservice/specials/1216_oil/page3.shtml (beinhaltet Real-Audio-Sendungen sowie die Sendungstranskripte)
33 Douglas A. Yates: The Rentier State in Africa: Oil Rent Dependency & Neocolonialism in the Republic of Gabon. Africa World Press, 1996
34 Ewald B. Schulte: Schmierstoff von Elf: Bimbes für Bango. Wie Frankreichs Mineralölkonzern die Politik auf Touren brachte, *Berliner Zeitung,* 24. 12. 1999
35 Extractive Industries Transparency Initiative – EITI: http://www.eitransparency.org
36 Publish what you Pay: http://www.publishwhatyoupay.org
37 George Soros: Transparency can alleviate poverty, *Financial Times,* 17. 3. 2005. Der Text erschien auf Deutsch am 16. 3. 2005 in der österreichischen Tageszeitung *Der Standard.*
38 Interview Thomas Seifert mit Ministerin für Öl und Energie, Thorhild Widvey, am Rande des OPEC International Seminar »Petroleum in an interdependent World«, Hotel Intercontinental, Wien, 16. 9. 2004

39 Suzana Sawyer: Crude Cronicles – Indigenous Politics, Multinational Oil, and Neoliberalism in Ecuador. Duke University Press, Durham und London 2004, S. 217

40 Michael Voss: Ecuador tribes vow to fight oil threat, BBC News, http://news.bbc.co.uk/2/hi/americas/4308537.stm#map

41 Das Risiko für Menschen im Ölfördergebiet an Kehlkopfkrebs zu erkranken ist 30-mal höher als im übrigen Land, der Ausbruch von Leber- oder Hautkrebs 15-mal wahrscheinlicher. (Nach einer Studie der Medizinischen Fakultät London in Zusammenarbeit mit ecuadorianischen Ärzten. Quelle: Poonal, Deutsche Ausgabe des wöchentlichen Pressedienstes Lateinamerikanischer Agenturen, Nr. 390 vom 2. Juli 1999, Internet-Link: http://www.npla.de/poonal/p390.htm#ec). – Victor Julio Lopez, der früher für das CDES (Zentrum für Menschenrechte) gearbeitet hat, kommt in einer Untersuchung zu dem Ergebnis, dass in Ecuadors Amazonas im Vergleich zur Hauptstadt Quito Krebserkrankungen doppelt so häufig und Fehlgeburten 2,5-mal so oft auftreten. (CICAME-Medicus Mundi, Cuenca 2000)

42 Matthew Yeomans: Oil – Anatomy of an Industry. The New Press, New York, London 2004, S. 63 ff.

43 Judith Kimerling: Amazon Crude, Natural Resource Defense, 1991

44 Michael Voss, BBC-Sendung »BBC Reporters« vom 22. 5. 2005

45 ChevronToxico: Website der internationalen Kampagne mit dem Ziel »ChevronTexaco für die Verseuchung des Regenwaldes mit giftigen Abwässern zur Verantwortung zu ziehen«, http://www.chevrontoxico.com

46 Texaco in Ecuador, Website: Legal Proceedings, http://texaco.com/sitelets/ecuador/en/legal_archives/

47 Claudia Ruby: Showdown im Regenwald, *Die Zeit,* 15. 1. 2004, Angaben von Michael Wild, WestLB. Doch von den zwei Milliarden fließen 70 Prozent in den Schuldendienst, das heißt wiederum ins Ausland, weitere 20 Prozent muss Ecuador in einen »Notfonds« einzahlen, der sicherstellen soll, dass das Land seine Schulden auch dann bedienen kann, wenn der Ölpreis fällt. Dem ecuadorianischen Staat bleiben zehn Prozent der Einnahmen. Entscheidend sei, berichtet *Die Zeit,* dass die Gelder parlamentarischer Kontrolle unterliegen. »Sonst wirft Ecuador seine Ölmilliarden weiter zum Fenster hinaus oder parkt sie auf Konten in Miami.« (Bob Traa, Ecuador-Experte des Internationalen Währungsfonds (IMF) in Washington, D. C.)

48 Eine Welt Netz NRW: Die West-Öl-B-Pipeline. Menschenrechtsverletzungen und Regenwaldzerstörung in Ecuador, http://www.eine-welt-netz-nrw.de/html/service/down/documents/Brosch.WestLB.pdf

49 *Poonal* Nr. 609, Ausgabe vom 10. 2. 2004

50 Interview Thomas Seifert mit Jens Elmer von der NGO »Eine Welt Netz NRW«, 31. 1. 2005

51 Interview Thomas Seifert mit Andreas Baur von der NGO GLOBAL 2000, 31. 1. 2005

52 OMV bekräftigt geplanten Rückzug aus Lateinamerika – Nach Protesten von Global 2000 zur Hauptversammlung, APA, 18. 5. 2005

5. Wie lange noch? oder Das Ende der Öl-Epoche

1 Interview Thomas Seifert mit Greenpeace-Büroleiter Lo Sze Ping, Peking, 19. 4. 2004
2 Interview Thomas Seifert mit Albrecht Stalmann, Produktionsleiter VW Shanghai, Shanghai, 11. 4. 2005
3 Andreas Lorenz: China: »Das Wunder ist bald zu Ende«, Interview mit Vizeumweltminister Pan Yue, *Spiegel*, 7. 3. 2005
4 Interview Thomas Seifert mit Shu Quing, Leiter der politischen Abteilung der chinesischen Umweltbehörde, Peking, 19. 4. 2005
5 Clingendael International Energy Programme: Study on Energy Supply Security and Geopolitics, Final Report, Den Haag, January 2004, http://europa.eu.int/comm/energy_transport/doc/2004_lv_ciep_report_en.pdf
6 Peter S. Goodman: 1,500-Mile Oil Pipeline Fading Fast For China; Japan Offers Russia An Alternate Route, *Washington Post*, 5. 4. 2004
7 Interview Thomas Seifert mit Gerhard Mangott, OIIP, Wien, Januar 2005
8 Russland baut Erdölleitung – »Niederlage« für China – Führung in Peking wollte direkte Pipeline in die Volksrepublik, AFP/APA, 31.12. 2004
9 Interview Thomas Seifert mit dem russischen Aussenminister Sergej Lawrow, Moskau, 7. 5. 2005
10 CIA: Unclassified Report to Congress on the Acquisition of Technology Relating to Weapons of Mass Destruction and Advanced Conventional Munitions, 1 July–31 December 2003, Washington, November 2004, Internet-Link: http://www.cia.gov/cia/reports/721_reports/pdfs/721report_july_dec2003.pdf
11 Interview Thomas Seifert mit Jia Quinggua, Professor am Institut für Internationale Beziehungen an der Peking-Universität, Peking, 18. 4. 2005
12 Kerstin Lohse-Friedrich: Geht dem Drachen die Puste aus? *Die Politische Meinung* 423/2005, Konrad-Adenauer-Stiftung, Berlin, http://www.kas.de/db_files/dokumente/die_politische_meinung/7_dokument_dok_pdf_6048_1.pdf
13 Ian Rutledge: Addicted to Oil – Americas Relentless Drive for Energy Security. I. B. Tauris, London, New York 2005
14 Mike Davis: City of Quartz – Excavating the Future in Los Angeles. Vintage Books, New York 1992
15 Datenquelle: Verband der Automobilindustrie VDA, http://www.vda.de/de/aktuell/statistik/auto+wirtschaft/schluesselbranche.html
16 Deutschland: Von den 45,4 Millionen Pkw kommt mit 9,7 Millionen fast ein Viertel von der Marke Volkswagen. Wenn man alle Marken des Volkswagenkonzerns (Audi, Seat, Skoda) zusammenrechnet, kommt sogar fast jedes dritte Auto auf deutschen Straßen aus einem der Werke des Wolfsburger Konzerns. Es folgt Opel mit 6,8 Millionen Wagen (14,9 %) vor Ford mit 4,2 Millionen (9,2 %) und Mercedes mit 4,1 Millionen (9,0 %). Der größte Importeur ist Renault mit 5,3 Prozent. Österreich: VW ist mit 824 208 Fahrzeugen (20,3 %) unangefochtener Marktführer, gefolgt von Opel (10,1 %), Ford (7,5 %), Renault (5,7 %), Audi (5,5 %), Mazda (5,4 %), Mercedes (5,0 %), Toyota (4,9 %), Peugeot (4,1 %) und BMW (4,0 %). (nach VDA und APA)
17 John Griffiths: It's a long and winding road fort he car that runs on hydrogen alone, *Financial Times*, 8. 2. 2005

18 Volkswagen-Umweltbericht 2003/2004 – Partnerschaft in Verantwortung, Kapitel 2.3, S. 46, Kraftstoffstrategie, http://www.volkswagen-umwelt.de/download/download.asp?lng=DEU&downloadFile=/_download/umweltbericht_2003_2004_deutsch.pdf

19 Volkswagen AG: Die Basis nachhaltiger Mobilität, http://www.volkswagen-umwelt.de/download/download.asp?lng=DEU&downloadFile=/_download/sunfuel_de.pdf; vergleichende Ökobilanz von SunDiesel (Choren-Verfahren) und konventionellem Dieselkraftstoff, http://www.volkswagen-umwelt.de/download/download.asp?lng=DEU&downloadFile=/_download/2004-10-25_Exec_Summ_LCA_Choren__konsolidiert_.pdf

20 Jeremy Rifkin: Die H_2-Revolution, S. Fischer, Frankfurt am Main 2005

21 Interview Thomas Seifert mit Wolfgang Steiger im Volkswagen-»Haus der Kommunikation«, Wolfsburg, 9.12.2004

22 CHOREN-Verfahren: C = Kohlenstoff, H = Wasserstoff, O = Sauerstoff, REN steht für RENewable, erneuerbar. C, H und O spielen im Verarbeitungsprozess eine Rolle.

23 Interview Thomas Seifert mit Heinz Kopetz vom Österreichischen Biomasseverband, Dezember 2004

24 Interview Thomas Seifert mit Jeremy Rifkin, 20.9.2004

25 Internet-Adresse der Foundation on Economic Trends: http://www.foet.org

26 Quelle: http://www.newenergy.is/subjects/46/original/video_cover/subj46-0002.pdf

27 Die Nahverkehrsunternehmen von Hamburg, Stuttgart, Amsterdam, Luxemburg, Stockholm, London, Barcelona, Madrid, Porto und Perth (Australien) haben sich zum Fuel Cell Bus Club zusammengeschlossen und wollen die gewonnenen Erfahrungen beim Einsatz mit Brennstoffzellenbussen teilen, http://www.fuel-cell-bus-club.com

28 Jeremy Rifkin: Die H_2-Revolution – Mit neuer Energie für eine gerechte Weltwirtschaft. S. Fischer, Frankfurt am Main 2005, S. 236

29 Fred Guterl, Andrew Romano: People Power, *Newsweek*, 13.9.2004, S. 44ff.

30 Datenquellen: Verband der Elektrizitätswirtschaft (http://www.strom.de), Verband der Elektrizitätsunternehmen Österreichs (http://www.veoe.at), Verband Schweizerischer Elektrizitätsunternehmen (http://www.vse.ch)

31 Ernst Friedrich Schumacher: Small is Beautiful. Stiftung Okologie & Landbau, 2001

32 Hermann Scheer: Solare Weltwirtschaft. Kunstmann, München 2002

33 Thomas L. Friedman: A Modest Geo-Green Proposal, *New York Times,* 17.6.2005, Internet-Links der »Geo-Greens«: Set America Free-Coalition: http://www.setamericafree.org/, Apollo-Alliance: http://www.apolloalliance.org/

34 Interview Thomas Seifert mit Colin Campbell am 19.10.2004 am Rande des »Global Peak Oil Gathering – A Gathering of Intelligence, Facts and Visions. 19–21. Oktober«, Koblenz-Lahnstein, http://www.gasandoil.com/peakoil

35 Kenneth S. Deffeyes: Hubbert's Peak – The Impending World Oil Shortage. Princeton University Press, Princeton, NJ, 2001; Kenneth S. Deffeyes: Beyond Oil – The View from Hubbert's Peak. Hill & Wang, New York 2005; David Goodstein: Out of Gas – The End of the Age of Oil. Norton, New York 2004; Richard Heinberg: The Party is Over. Riemann Verlag, München 2003; Colin J. Campbell: The Truth about Oil & the Looming Energy Crisis. Eagle Print, Irland 2004

36 Kenneth S. Deffeyes: Beyond Oil – The View from Hubbert's Peak. Hill & Wang, New York 2005; Richard Heinberg geht in seinem Buch »The Party's over« genau auf

mögliche Daten des Peak-Oil ein: Bei hoher Ölnachfrage gibt er das Jahr 2006 als Peak an, bei einer weltweiten Rezession kommt der Zeitpunkt des Fördermaximums erst 2010 oder 2012, bei einer globalen Depression mit einem Absturz der Weltwirtschaft geht die Nachfrage nach Öl stark zurück und der Peak-Zeitpunkt verzögert sich auf 2015. Richard Heinberg: The Party's over. Riemann, München 2003

37 Kenneth S. Deffeyes: Beyond Oil – The View from Hubbert's Peak. Hill & Wang, New York 2005

38 Petroconsultants gehört heute zur Consultingfirma IHS Energy, http://www.ihsenergy.com

39 Experten nennen das »Reserve Replacement Ratio« (RRR): Gelingt es dem Ölunternehmen, genau die Menge an Öl woanders zu finden, die übers Jahr aus der Erde geholt worden ist, spricht man von einer RRR von 100 Prozent. Liegt sie darüber, sind die Zukunftsaussichten des Unternehmens günstig, liegt dieser Wert ständig unter 100 Prozent, dann sitzt die Ölfirma irgendwann auf dem Trockenen. RRR von Shell: Zwischen 45 und 55 Prozent, 12,95 Milliarden Barrel Reserven. Exxon: RRR 112 Prozent, 22,2 Milliarden Barrel Öl- und Gasreserven. BP: RRR 106 Prozent, 10,7 Milliarden Barrel

40 Ian Cummings, John Beasant: Shell Shock – The Secrets and Spin of an Oil Giant, Mainstream Publishing, 2005

41 Helmut Hetzel: Shell korrigiert Reserven erneut nach unten, *Die Welt,* 4. 2. 2005, Internet-Link: http://www.welt.de/data/2005/02/04/458186.html

42 Präsentation von Thierry Desmarest, CEO von Total, am 16. 9. 2004: »Development of Oil and Gas Resources – The Role of the International Oil Industry«, OPEC-Seminar, Hotel Intercontinental, Wien

43 Interview Thomas Seifert mit Fatih Birol, International Energy Agency, Paris, 26.11.2004

44 Interview Thomas Seifert mit Claude Mandil, OPEC-Seminar, Hotel Intercontinental, Wien, 16. 9. 2004

45 Amory B. Lovins et al: Winning the Oil-Engame. Innovation for Profits, Jobs, and Security. Rocky Mountain Institute, Snowmass, Colorado, USA, 2004, Internet-Download: http://www.oilendgame.com/ReadTheBook.html

Epilog

1 Samuel P. Huntington: Kampf der Kulturen, Europa Verlag, Hamburg 1997

2 Chalmers Johnson: Blowback: The Costs and Consequences of American Empire. Henry Holt, New York 2000

3 Die Kosten des Apollo-Programms werden mit zirka 130 Milliarden Dollar (nach heutigem Wert) angegeben, die Gesamtausgaben der EU betrugen 2005 111 Milliarden Euro.

4 Kosten des Irak-Krieges: 207,5 Milliarden Dollar bis Ende 2005. Aufschlüsselung: 54,4 Milliarden für den Krieg im Irak (gemäß Beschluss im April 2003) plus 70,6 Milliarden (wurden vom Kongress im November 2003 freigegeben) plus 21,5 Milliarden (Nachtragshaushalt des Verteidigungsministerium für das Budget 2005).

Im Februar 2005 ersuchte Präsident Bush den US-Kongress, weitere 81,9 Milliarden bereitzustellen, 61 Milliarden davon sind für die Finanzierung der Okkupation im Irak vorgesehen.

5 Elmar Altvater: Aufstieg und Niedergang des fossilen Energieregimes Oder: Die Ökologie der globalen Ökonomie (Ausgearbeitete Version eines Vortrags in Quito, Ecuador, Februar 2004), Internet-Link: http://www.polwiss.fu-berlin.de/people/altvater/Aktuelles/Fossil.pdf

6 Grünbuch hin zu einer Europäischen Strategie für Energieversorgungssicherheit. EU-Kommission, Brüssel 2000, http://www.europa.eu.int/comm/energy_transport/doc-principal/pubfinal_de.pdf

7 Energy for the Future – Renewable Sources of Energy. White Paper for a Community Strategy and Action Plan COM (97) 599 final (26/11/1997), Europäische Kommission, Brüssel 1997, Internet-Link: http://europa.eu.int/comm/energy/library/599fi_en.pdf

8 Uppsala Hydrocarbon Depletion Study Group, Uppsala University, Sweden: http://www.peakoil.net/uhdsg/UppsalaProtocol.html

9 Apollo Alliance: http://www.apolloalliance.org/

10 Millennium-Ziele der Vereinten Nationen: ehrgeizige Entwicklungsziele, die die Mitgliedsstaaten der UNO bis 2015 umzusetzen versprochen haben, http://www.un.org/millenniumgoals/

Lektüreliste

Alt, Franz: Krieg um Öl oder Frieden durch die Sonne. Riemann-Verlag, München 2002

Campbell, Colin J.: The Truth about Oil & the Looming Energy Crisis. Eagle Print, Ireland 2004

Campbell, Colin J. u. a.: Ölwechsel! Das Ende des Erdölzeitalters und die Weichenstellung für die Zukunft. Deutscher Taschenbuch Verlag, München 2002

Cordesman, Anthony H.: Energy Developments in the Middle East. Praeger Publishers, Westport 2004

Deffeyes, Kenneth S.: Beyond Oil. The View from Hubbert's Peak. Hill and Wang, New York 2005

Deffeyes, Kenneth S.: Hubbert's Peak. The Impending World Oil Shortage. Princeton University Press, Princeton 2001

Enderlin, Serge/Michel, Serge/Woods, Paolo: Un Monde de Brut. Sur Les Routes de L'Or Noir. Èditions de Seuil, Paris 2003

Engdahl, William: A Century of War. Anglo-American Oil Politics and the New World Order. Pluto Press, London 2004

Goodstein, David: Out of Gas. The End of the Age of Oil. W. W. Norton, New York 2004

Barudio, Günther: Tränen des Teufels. Eine Weltgeschichte des Erdöls. Klett-Cotta, Stuttgart 2001

Heinberg, Richard: The Party's Over. Das Ende der Ölvorräte und die Zukunft der industrialisierten Welt. Riemann Verlag/Random House, München 2004

International Energy Agency (IEA): World Energy Outlook 2004. Paris 2004

Klare, Michael T.: Blood and Oil, The Dangers and Consequences of America's growing Dependency on imported Petroleum. Metropolitan Books, New York 2004

Kleveman, Lutz: Der Kampf um das Heilige Feuer. Wettlauf der Weltmächte am Kaspischen Meer. Rowohlt Berlin, Berlin 2002

Kromp-Kolb, Helga/Formayer, Herbert: Schwarzbuch Klimawandel. EcoWin-Verlag, Salzburg 2005

Kronberger, Hans: Blut für Öl. Der Kampf um die Ressourcen. Uranus, Wien 2004

Leggett, Jeremy: The Carbon War. Global Warming and the End of the Oil Era. Routledge, New York 2001

Leggett, Jeremy: Half Gone: Oil, Gas, Hot Air and the Global Energy Crisis. Portobello Books, London. Erscheinungsdatum: 30. November 2005

McKillop, Andrew/Newman, Sheila: The final Energy Crisis. Pluto Press, London 2005

Noreng, Øystein: Crude Power. Politics and the Oil Market. I. B. Tauris, London 2002
Okonta, Ike/Douglas, Oronto: Where Vultures Feast. Shell, Human Rights and Oil. Verso, New York 2003
OPEC: Oil Outlook to 2025. Opec Review Paper, Wien 2004
Parra, Francisco: Oil Politics. A modern History of Petroleum. I. B. Tauris, London 2004
Pelletiére, Stephen: America's Oil Wars. Praeger Publishers, Westport 2003
Pelletiére, Stephen: Iraq and the International Oil System. Why America Went to War in the Gulf. Maisonneuve Press, Washington, D. C., 2004
Pollack, Kenneth M.: The Persian Puzzle. The Conflict between Iran and America. Random House, New York 2004
Posner, Gerald: Secrets of the Kingdom. The inside Story of the Saudi-U.S. Connection. Random House, New York 2005
Roberts, Paul: The End of Oil. The Decline of the Petroleum Economy and the Rise of a new Energy Order, Bloomsbury, London 2004
Rutledge, Ian: Addicted to Oil. America's Relentless Drive for Energy Security. I. B. Tauris, London 2005
Sampson, Anthony: The Seven Sisters. Bantam Books, New York 1983
Scheer, Hermann: Solare Weltwirtschaft. Kunstmann, München 2002
Scheer, Hermann: Energieautonomie. Kunstmann, München 2005
Shah, Sonia: Crude. The Story of Oil. Seven Stories Press, New York 2004
Shelley, Toby: Oil. Politics, Powerty & the Planet. Zed Books, London 2005
Simmons, Matthew R.: Twilight in the Desert: The Coming Saudi Oil Shock and the World Economy. John Wiley & Sons, New York 2005
Werner, Klaus/Weiss, Hans: Das neue Schwarzbuch Markenfirmen. Die Machenschaften der Weltkonzerne. Deuticke, Wien 2003
Yeomans, Matthew: Oil. Anatomy of an Industry. The New Press, London 2004
Yergin, Daniel: Der Preis. Die Jagd nach Öl, Geld und Macht, S. Fischer, Frankfurt am Main 1991